异质性企业国际化路径选择研究

Study on the Choice of Heterogeneous Firms' Internationalization Path

李春顶 著

经济管理出版社
ECONOMY & MANAGEMENT PUBLISHING HOUSE

图书在版编目（CIP）数据

异质性企业国际化路径选择研究 / 李春顶著. —北京：经济管理出版社，2016.12
ISBN 978-7-5096-4615-1

Ⅰ. ①异… Ⅱ. ①李… Ⅲ. ①企业经济—国际化—研究—中国 Ⅳ. ①F279.2

中国版本图书馆 CIP 数据核字（2016）第 225920 号

组稿编辑：宋 娜
责任编辑：杨国强 张瑞军
责任印制：司东翔
责任校对：赵天宇

出版发行：经济管理出版社
（北京市海淀区北蜂窝 8 号中雅大厦 A 座 11 层 100038）
网 址：www. E-mp. com. cn
电 话：(010) 51915602
印 刷：三河市延风印装有限公司
经 销：新华书店
开 本：720mm×1000mm/16
印 张：20.25
字 数：342 千字
版 次：2016 年 12 月第 1 版 2016 年 12 月第 1 次印刷
书 号：ISBN 978-7-5096-4615-1
定 价：98.00 元

第五批《中国社会科学博士后文库》编委会及编辑部成员名单

本书获复旦大学优秀博士学位论文培育项目“异质性企业国际化路径选择研究”、中国社会科学院青年启动项目“中国企业的出口贸易和对外直接投资选择研究”、中国社会科学院世界经济与政治研究所重点课题项目“中国企业的出口贸易行为选择研究”的资助。

序　言

博士后制度在我国落地生根已逾30年，已经成为国家人才体系建设中的重要一环。30多年来，博士后制度对推动我国人事人才体制机制改革、促进科技创新和经济社会发展发挥了重要的作用，也培养了一批国家急需的高层次创新型人才。

自1986年1月开始招收第一名博士后研究人员起，截至目前，国家已累计招收14万余名博士后研究人员，已经出站的博士后大多成为各领域的科研骨干和学术带头人。其中，已有50余位博士后当选两院院士；众多博士后入选各类人才计划，其中，国家百千万人才工程年入选率达34.36%，国家杰出青年科学基金入选率平均达21.04%，教育部"长江学者"入选率平均达10%左右。

2015年底，国务院办公厅出台《关于改革完善博士后制度的意见》，要求各地各部门各设站单位按照党中央、国务院决策部署，牢固树立并切实贯彻创新、协调、绿色、开放、共享的发展理念，深入实施创新驱动发展战略和人才优先发展战略，完善体制机制，健全服务体系，推动博士后事业科学发展。这为我国博士后事业的进一步发展指明了方向，也为哲学社会科学领域博士后工作提出了新的研究方向。

习近平总书记在2016年5月17日全国哲学社会科学工作座谈会上发表重要讲话指出：一个国家的发展水平，既取决于自然科学发展水平，也取决于哲学社会科学发展水平。一个没有发达的自然科学的国家不可能走在世界前列，一个没有繁荣的哲学社会科学的国家也不可能走在世界前列。坚持和发展中国特色社会主义，需要不断在实践和理论上进行探索、用发展着的理论指导发展着的实践。在这个过程中，哲学社会科学具有不可替代的重要地位，哲学社会科学工作者具有不可替代的重要作用。这是党和国家领导人对包括哲学社会科学博士后在内的所有哲学社会科学领域的研究者、工作者提出的殷切希望！

中国社会科学院是中央直属的国家哲学社会科学研究机构，在哲学社会科学博士后工作领域处于领军地位。为充分调动哲学社会科学博士后研究人员科研创新的积极性，展示哲学社会科学领域博士后的优秀成果，提高我国哲学社会科学发展的整体水平，中国社会科学院和全国博士后管理委员会于2012年联合推出了《中国社会科学博士后文库》（以下简称《文库》），每年在全国范围内择优出版博士后成果。经过多年的发展，《文库》已经成为集中、系统、全面反映我国哲学社会科学博士后优秀成果的高端学术平台，学术影响力和社会影响力逐年提高。

下一步，做好哲学社会科学博士后工作，做好《文库》工作，要认真学习领会习近平总书记系列重要讲话精神，自觉肩负起新的时代使命，锐意创新、发奋进取。为此，需做到：

第一，始终坚持马克思主义的指导地位。哲学社会科学研究离不开正确的世界观、方法论的指导。习近平总书记深刻指出：坚持以马克思主义为指导，是当代中国哲学社会科学区别于其他哲学社会科学的根本标志，必须旗帜鲜明加以坚持。马克思主义揭示了事物的本质、内在联系及发展规律，是“伟大的认识工具”，是人们观察世界、分析问题的有力思想武器。马克思主义尽管诞生在一个半多世纪之前，但在当今时代，马克思主义与新的时代实践结合起来，愈来愈显示出更加强大的生命力。哲学社会科学博士后研究人员应该更加自觉地坚持马克思主义在科研工作中的指导地位，继续推进马克思主义中国化、时代化、大众化，继续发展21世纪马克思主义、当代中国马克思主义。要继续把《文库》建设成为马克思主义中国化最新理论成果宣传、展示、交流的平台，为中国特色社会主义建设提供强有力的理论支撑。

第二，逐步树立智库意识和品牌意识。哲学社会科学肩负着回答时代命题、规划未来道路的使命。当前中央对哲学社会科学愈发重视，尤其是提出要发挥哲学社会科学在治国理政、提高改革决策水平、推进国家治理体系和治理能力现代化中的作用。从2015年开始，中央已启动了国家高端智库的建设，这对哲学社会科学博士后工作提出了更高的针对性要求，也为哲学社会科学博士后研究提供了更为广阔的应用空间。《文库》依托中国社会科学院，面向全国哲学社会科学领域博士后科研流动站、工作站的博士后征集优秀成果，入选出版的著作也代表了哲学社会科学博士后最高的学术研究水平。因此，要善于把中国社会科学院服务党和国家决策的大智库功能与《文库》的小智库功能结合起来，进而以智库意识推动品牌意识建设，最终树立《文库》的智库意识和品牌意识。

第三，积极推动中国特色哲学社会科学学术体系和话语体系建设。改革开放30多年来，我国在经济建设、政治建设、文化建设、社会建设、生态文明建设和党的建设各个领域都取得了举世瞩目的成就，比历史上任何时期都更接近中华民族伟大复兴的目标。但正如习近平总书记所指出的那样：在解读中国实践、构建中国理论上，我们应该最有发言权，但实际上我国哲学社会科学在国际上的声音还比较小，还处于有理说不出、说了传不开的境地。这里问题的实质，就是中国特色、中国特质的哲学社会科学学术体系和话语体系的缺失和建设问题。具有中国特色、中国特质的学术体系和话语体系必然是由具有中国特色、中国特质的概念、范畴和学科等组成。这一切不是凭空想象得来的，而是在中国化的马克思主义指导下，在参考我们民族特质、历史智慧的基础上再创造出来的。在这一过程中，积极吸纳儒、释、道、墨、名、法、农、杂、兵等各家学说的精髓，无疑是保持中国特色、中国特质的重要保证。换言之，不能站在历史、文化虚无主义立场搞研究。要通过《文库》积极引导哲学社会科学博士后研究人员：一方面，要积极吸收古今中外各种学术资源，坚持古为今用、洋为中用。另一方面，要以中国自己的实践为研究定位，围绕中国自己的问题，坚持问题导向，努力探索具备中国特色、中国特质的概念、范畴与理论体系，在体现继承性和民族性，体现原创性和时代性，体现系统性和专业性方面，不断加强和深化中国特色学术体系和话语体系建设。

新形势下，我国哲学社会科学地位更加重要、任务更加繁重。衷心希望广大哲学社会科学博士后工作者和博士后们，以《文库》系列著作的出版为契机，以习近平总书记在全国哲学社会科学座谈会上的讲话为根本遵循，将自身的研究工作与时代的需求结合起来，将自身的研究工作与国家和人民的召唤结合起来，以深厚的学识修养赢得尊重，以高尚的人格魅力引领风气，在为祖国、为人民立德立功立言中，在实现中华民族伟大复兴中国梦征程中，成就自我、实现价值。

是为序。

王京清

中国社会科学院副院长

中国社会科学院博士后管理委员会主任

2016年12月1日

摘 要

新—新贸易理论是国际贸易的理论前沿，其最重要的创新是将企业异质性引入原有模型框架，从微观企业行为视角重新分析和解释国际贸易与投资以及跨国企业全球组织生产的抉择。这一理论已经显示了其对于最新贸易和投资现象的巨大解释能力，且正处于创立和发展阶段，代表了未来国际贸易理论的发展方向，所以该领域的研究其理论价值和现实意义重大。从我国当前的经济形势看，改革开放三十多年，对外贸易、利用外资以及对外投资均取得了飞速发展，尤其是对外贸易已经成为我国经济增长的重要推动力和源泉；然而，随着改革与发展的深入，我国的经济发展已经到了需要转型和升级的重要时期，此时中国的对外开放该何去何从，外贸发展战略应该如何调整，中国企业是否已经到了大规模“走出去”阶段，这些成为摆在我国面前的亟须解决和应对的主题和难题。在此背景下，本书将最新的理论与我国现实的需要结合起来，找到了两者之间的契合点，对理论进行了扩展和中国数据的检验，并从理论与实证结果出发，指出了当前我国的外贸发展战略与投资战略调整思路，剖析我国企业应有的国际化路径选择，以及对外直接投资（FDI）时的模式选择。本书的主要部分及研究结果如下：

新—新贸易理论文献综述部分。从早期的经验实证开始，介绍了新—新贸易理论的两条研究主线：一条是企业的国际化路径选择，即企业如何在出口贸易与对外直接投资之间抉择；另一条是企业的全球组织生产选择，即企业如何在外包与一体化之间抉择。文献梳理主要对比了相关研究的主要结论和研究方法。

异质性企业出口贸易行为选择部分。在模型中，引入了企业对于市场信息明确和对称的假设，推导结果显示：生产率高的企业选择出口，而生产率低的企业只供应国内市场；出口贸易对于企业生产率的影响方向是不确定的，但会提高整个社会的生产率水平。实证研究中，用分行业企业面板数据和中国制造业企业数据分别检验的结果基本都符合理论的主要结论，虽然存在“生产率悖论”，但这是加工贸易引起的。由此推理，当前我国的对外贸易和出口促进战略不可逆转，但出口至上的思路需要抛弃，出口质量和结构需要提升。在此基础上，本书提出了适应我国需要的“市场主导的非对称出口促进战略”，即以市场主导的自由贸易战略为主要方向，对那些技术含量高的重点产业有区别地鼓励和支持其对外出口的一种策略措施。

异质性企业出口贸易与对外直接投资（FDI）行为选择部分。在模型中，加入了企业对于自身的生产率信息清楚和对称的假设，从而能够确定自身是否应该进入市场以及是否应该出口或FDI。得出的结论显示：生产率高的企业会选择对外直接投资，而生产率低的企业会选择出口贸易；在出口和FDI之间，多数情况下存在的是替代关系。实证中，根据我国分行业企业数据，用三种方法计算和校正了各行业的真实生产率状况，参照有关国外的企业对外直接投资生产率水平指标，对比的结果表明：我国整体行业和企业的生产率水平并不高，尚没有达到大规模对外直接投资阶段，企业应该根据自身的生产率状况决定出口和FDI。

异质性企业对外直接投资模式选择部分。在模型中，对相关文献框架进行了简化，专注于分析企业跨国并购与绿地投资选择。模型将企业的异质性分为两类：一类表现在具有可流动能力的产业，即企业的差异化能力和竞争力可以在国际间流动和传递；另一类表现在具有不可流动能力的产业。得出的结论是：异质性表现在具有可流动能力的产业，生产率高的企业选择跨国并购，而生产率低的企业选择绿地投资；异质性表现在具有不可流动能力的产业，生产率高的企业选择绿地投资，生产率低的企业选择跨国并购。在实证中，通过对我国三十年对外直接投资的发展状况分析发现，我国对外直接投资的发展水平滞后于对外贸易和GDP

发展水平，需要有步骤地着力发展。在具体模式选择上，技术密集型产业应更多地选择跨国并购方式，而劳动力密集型产业应更多地选择绿地投资方式。

总之，本书是将最新国际贸易理论与中国实际相结合的一项研究，在理论上扩展和检验了相关结论，在实际中指导了我国企业对外贸易和直接投资的现实。然而，限于我国微观企业数据获取的困难，以及理论模型扩展的难度，本书的局限和问题在所难免，尚需进一步的研究和发展。

关键词：新—新贸易理论；企业异质性；出口贸易；对外直接投资

Abstract

New-New Trade Theory is a research frontier of international trade. The most important innovation of it is the heterogeneous firm hypothesis. Its main research fields include firm's export and FDI decision and global production organization decision. The theory had showed the huge explanation capability to present international trade and investment phenomena, and represented the future theory development orientation. Therefore it has great research theory value. Our country's present economic situation is that foreign trade, overseas investment and foreign direct investment all gain fast development in the past 30 years, and especially the international trade has become our country's economic growth impetus and headsprings. However, our country's reform and development step have reached the revolution and upgrade phase. How should our country's foreign trade development strategy adjust and whether our firms should go abroad cosmically. These problems are putting in front of us and needing resolving. In such circumstances, the paper banded together the newest theory and real situation, used our country's practical data to test the theory and used the theory to guide the practice, mainly analyzed the international trade and investment adjustment orientation, concluded our firms' internationalization path selection and FDI entry mode selection. The main body and research results as follows.

In the New-New Trade Theory literature summarization parts. We introduced from the early empirical papers, and mainly described two research clues. The first was the firms' internationalization decision selection, which was how firms should choose form export and foreign direct investment. The second clue was the firms' global production organization selection, which was how firms should choose from outsourcing and integration. The parts summarized and contrasted related research conclusions and methods.

In the heterogeneous firms' export and its economic effects parts, the model introduced the hypothesis of information symmetric for firms, and got the conclusions that higher productivity firms choose export and lower productivity firms choose sale in the country. And in the meanwhile, export influenced the firm productivity dubiously, but can improve the whole society productivity level. The empirical research improved that our country's firm's data fit for theory conclusion. In the base of these, our export strategy should not be changed but should improve the quality and industry structure. At last, we putted forward the "market orientation and non-symmetry export promotion strategy", which advised our country to insist on market orientation free trade strategy, and encourage high technology industry to export.

In the heterogeneous firms' export and foreign direct investment decision parts, the model introduced the hypothesis of information symmetric for firms that they know whether they should entry the market and export or FDI. The conclusions were that higher productivity firms would choose FDI and lower productivity firms would choose export, and the relationship between export and FDI were substitute most times. Our country firms' empirical analysis showed that the whole productivity level was not higher enough for firms to go abroad. So firms should make the export and FDI decision based on its own productivity level.

In the heterogeneous firms' FDI entry mode selection parts, the model simplified the present framework, and devoted to analyze firms' multinational merger and Greenfield investment decision. The conclusions showed that heterogeneity in the mobile capability industry, higher productivity firms would choose mergers and acquisitions, and lower productivity firms would choose Greenfield investment. In the otherwise, heterogeneity in the non-mobile capability industry, higher productivity firms would choose Greenfield investment, and lower productivity firms would choose mergers and acquisitions. In the empirical analysis, we presented our country's 30 years FDI situation and found out that FDI development level lagged the foreign trade and economic growth, so we should develop gradually. In the FDI entry mode selection, technology intensive industries should choose mergers and acquisitions, and labor intensive industries should choose Greenfield investment.

In a word, the paper was a research of associate newest international trade theory and China's practice. It extended and tested the theory, and instructed our country 's international and investment decision. But because of limited Chinese micro firm data, the paper needed further research and development.

Key Words: New -New Trade Theory; Firm Heterogeneity; Export; Foreign Direct Investment

目 录

Contents

第一章 导 论

第一节 选题背景

新—新贸易理论是国际贸易理论的前沿，代表了未来的发展思路和研究方向，能够很好地解释当前国际贸易和投资活动的现实；同时，从现有文献看，国内尚未有系统的研究，此背景下选择这一领域开展研究具有重大的理论价值。

当前，我国的出口贸易和对外直接投资（FDI）现状与新—新贸易理论的研究主题存在理想的契合点。新—新贸易理论的主要研究论题是企业的国际化路径选择，也就是企业如何在出口和 FDI 之间进行抉择，该问题正是我国企业目前面临的抉择难题。中国的出口贸易在改革开放以来的 30 多年取得了飞速发展，但遭遇的贸易壁垒以及低附加值和环境成本等弊端，被众多国内外学者批评，我国企业“走出去”的呼声越来越高。那么我国企业是否已经到了“走出去”的阶段，抑或应该继续维持出口的现状，以及我们的贸易和投资战略该如何调整，这些都是困惑当前理论界的重大问题。针对这些话题，本书引入新—新贸易理论的框架，从这一视角给出思路和回答，现实价值是显而易见的。正是基于这样的理论和现实背景产生了本书的选题。

第二节 选题目的、意义

本书的选题目的和意义体现在理论与现实两个方面。

首先看理论意义。新—新贸易理论的代表性文献大致产生于2003年，而被正式命名是在2004年，其以微观的企业为研究对象，把企业异质性引入模型假定，分析异质性企业的国际化路径选择和全球组织生产的选择。该理论的起因和目的是研究和分析当前国际贸易领域出现的新现象和问题，即随着跨国企业的不断扩大以及公司内贸易的增加和跨国企业全球组织生产的普及，以前的贸易理论并不能够说明为什么大部分的企业选择只供应国内市场，而在供应国外市场的企业中，为什么有的企业采用出口的方式，而有的企业却采用对外直接投资的方式；另外，在跨国企业全球化组织生产时，有些会选择一体化的形式、有些会选择外包，是什么决定了企业的不同选择，这些现实的问题需要有一个统一的理论体系做解释，新—新贸易理论正是在这样的背景下产生的。

新—新贸易理论是未来研究国际贸易问题的主导方向和趋势，同时其发展的时间不长，理论体系和逻辑还不够完善，还需要进一步的扩展和研究，所以把该领域问题作为选题方向应该具有重大理论价值。

其次是现实意义。新—新贸易理论是用以解释最新国际贸易现象的，从这个角度说，理论的扩展和创新本身具有现实意义。另外，本书的研究视角不仅仅局限于新—新贸易理论本身，更为重要的是对新—新贸易理论进行中国化扩展和应用，在新—新贸易理论框架中加入中国的特定变量和假设，分析模型的结果及其对于中国的政策启示。本书选取了新—新贸易理论的一个主要方向，即异质性企业的国际化路径选择问题，即企业到底应该选择出口还是FDI，以及FDI的模式，这类问题对于我国的现实具有重要的启示。当前我国企业正面临着从出口到FDI的转型，很多学者认为在当前的形势下，它们应该“走出去”以进一步增强竞争力和规避贸易摩擦，但也有很多学者认为中国企业并没有发展到应该对外直接投资的阶段，我国企业还应该继续扩大出口，以出口带动企业成长、经济增长以及就业增加。新—新贸易理论正是研究企业特征和国际化路径选择之间关系的理论，以此为指导，实证地分析和测度我国企业是否应该“走出去”，通过什么方式“走出去”，以及哪些企业应该首先“走出去”，都具有重大现实意义。

第三节 研究方法

本书的研究方法总体来说分为理论和实证两个方面。理论上，在新—新贸易理论的模型框架内，结合我国对外贸易和投资的现实，加入符合我国现实的变量或者假设，力图从理论上得到的结果能够指导中国实际。同时也考虑从理论上扩展模型，使其更加符合实际，更加容易被理解和接受。具体来说，在异质性企业出口贸易行为选择模型以及出口和对外直接投资选择的模型中，引入企业对于是否进入市场以及如何抉择具有完全信息的假设，这样可以剔除进入市场但很快被淘汰和破产的企业类型，而专注于研究企业的出口和投资选择；在异质性企业对外直接投资模式选择模型中，在原有模型基础上转换研究视角，专注于分析企业的绿地投资和跨国并购行为选择。

实证上，主要集中在两个方向。①用中国实际数据验证理论和模型的结果，所用的方法有回归分析、协整分析、因果分析以及面板数据模型分析等。具体说，首先引入中国分行业企业面板数据，用 DEA 方法计算生产率，并检验企业出口与其生产率之间的关系；其次搜集 969 家上市公司数据，对比出口企业和不出口企业生产率状况，以验证模型的结论。这里采用了两种数据，是因为每种数据都存在其局限性，相互结合的结果更加具有说服力。②就中国现实并结合新—新贸易理论的结论，剖析我国对外贸易和对外投资的发展战略和未来转型思路。

第二章 新—新贸易理论文献综述

国际贸易理论是随着贸易实践的发展而不断发展的，用来解释国际贸易的模式和趋势以及分析贸易的经济效应。国际贸易在最初的阶段表现为产业间的分工，比较优势和要素禀赋能够很好地解析该种贸易；而随着国际分工和贸易的深入，产业内分工逐渐地占据了国际贸易的主导地位，于是现实呼唤新的国际贸易理论出现，这推动了以不完全竞争、规模经济和产品差异化为基本假设的新贸易理论登上历史舞台。然而国际分工的进一步发展和企业活动国际化的深入，推动出现了以企业为核心的国际贸易新格局。现实的情形是，大多数企业只供应国内市场，而一部分企业采用出口贸易的形式供应国际市场，另有一些企业通过对外直接投资服务国际市场。在生产组织上，一方面，众多企业在采取内部化和一体化的生产结构，把产品生产的各环节和上下游产品都纳入企业内部以节约交易成本；另一方面，企业又把部分生产环节外包出去。为什么会出现这些情况，以及这些情况对于企业的成长有什么作用，不同特征的企业会选择何种贸易和投资模式等问题，以前的理论都不能够解释，这时就出现了以企业异质性、不完全竞争和规模经济为特征的新—新贸易理论（New-New Trade Theory）。

第一节 新—新贸易理论简述

新—新贸易理论的概念最先是由 Baldwin 于 2004 年提出（Baldwin 和 Nicoud，2004；Baldwin 和 Forslid，2004），而最早研究新—新贸易理论的代表文献当属 Melitz（2003）、Antras（2003）以及 Bernard 等（2003）。该理论以微观的企业为研究对象，研究企业的全球生产组织行为和贸易、投资行为。其最突出的特征在于假设企业是异质的，异质性主要体现在生产率差异。该理论中，以 Melitz（2003）为主导的方向主要探索企业的国际化路径选择，又被称为异质性企业贸易（Heterogeneous-Firms Trade，HFT）理论（Baldwin 和 Okubo，2005，2006）；而以 Antras（2003）为主导的方向主要探索企业全球组织生产抉择，又被称为企业内生边界理论（Endogenous Boundary Theory of the Firm）。

一、关于企业异质性

在古典企业理论的完全竞争模型中，所有的企业都被假设为是同质的。企业之间无成本的模仿、迅速的扩张和行业的自由进入和退出，使企业处于长期均衡状态，且在长期均衡状态下，所有企业的利润为零。按照该理论，市场中所有的企业应该不会存在利润差距，然而现实情况与此相反，企业之间的利润差别是客观存在的。为了解释理论与现实的冲突，新古典经济学通过修正完全竞争模型的假设前提，把企业的长期利润归结为市场结构的不完全性。Masson 和 Bain 在总结上述思想的基础上，提出了产业组织理论的 SCP（市场结构、企业行为和市场效率）分析范式解释企业长期利润的来源。Porter 进一步把 SCP 范式引入企业竞争战略分析，提出五种竞争力模型考察企业的优势竞争战略形成。但是，这些理论的核心观点都是坚持企业利润和竞争优势的外生性，尤其是强调外在市场结构不完全性的决定作用。随后，Rumelt（1984）的实证分析表明，产业内部比产业之间企业长期利润率的分散程度要大得多，根据这一统计结果，Rumelt 强调，企业超额利润的主要来源不是外在的市场结构特征，而是企业内部资源禀赋的差异。20 世纪 90 年代以来，许多学者从企业内部出发探讨企业长期利润或持续竞争优势的来源，提出企业内部资源基础的特异性和核心能力是企业持续竞争优势的来源。企业的异质性就是强调企业竞争优势的内生性特征，从内生的角度解析企业的利润差异和竞争力（Langlois，1995）。

根据杨瑞龙、刘刚（2002）的研究，企业异质性的基本内涵为：首先，企业是一个历史的不断内生成长和演化的有机体，企业在成长中所积累的核心知识和能力是独特的和有价值的；其次，企业的核心知识和能力作为企业的关键性生产要素是非竞争性和难以模仿与替代的，既无法通过市场公开定价和获得，又使其他企业的模仿和替代行为面临成本约束。在企业异质性假设基础上，企业通过核心知识和能力的积累及其相应的竞争行为或战略获得持续的竞争优势或超额利润，企业的利润或竞争优势是内生的。

新—新贸易理论将以上的企业异质性纳入企业贸易和投资行为选择研究之中，通过内生化假定分析企业的各种贸易行为和全球化生产行为，为国际贸易和投资的新趋势以及新动向提供全新的分析框架。

二、新—新贸易理论的内容、研究方向和基本假定

新—新贸易理论是为了解释一些新的贸易现象而产生的，该理论的最大特征是以微观企业为分析视角，研究单个企业的组织选择。其要解决和回答的问题主要包括：什么样的企业会选择服务于国际市场？它们如何服务国际市场（是通过出口的方式还是对外直接投资的方式）？什么情况下企业会选择外包而不是一体化？什么情况下企业会选择国际外包（Offshore Outsource）而不是国内外包？什么情况下企业会在国内一体化而不是国际一体化（Vertical FDI）？

上述问题实际上包含了两个主要的研究方向和线索。第一条线索是关于企业的国际化路径抉择（International Entry Decision）。在该线索中，企业可以选择退出市场、供应国内市场、出口国外市场以及对外直接投资（FDI）供应国外市场四种类型，当然在对外直接投资中还包括是通过建立新的分支还是跨国并购的方式进入。该线索的研究是当前新—新贸易理论的主要研究方向和思路，相关文献也主要集中于该领域，其要解决和分析的问题主要有：什么样的企业会选择出口？出口能够增强企业的绩效和竞争力吗？贸易自由化对于企业和国家的效应是什么？企业如何选择出口和FDI？

第二条线索是关于企业的内部化抉择（Internalization Decision）。在该线索中，企业可以选择包括一体化（Integration）和外包（Outsourcing）两种，再加入国内国外两种情况，企业的选择包括：①国内一体化，也称国内内包（Insource at Home），是指企业只在国内生产；②国际一体化，又称国际内包（Offshore Insource）和垂直对外直接投资（Vertical FDI），是指企业通过在国外设立分公司生产部分中间产品和零部件，再通过公司内贸易出口国内母公司的生产形式，其涉及公司内贸易（Intra-firm Trade）；③国内外包（Outsource at Home），是指企业通过在国内外包的形式组织生产；④国际外包（Offshore Outsource），是指企业将部分中间产品和零部件通过在国外市场外包，再通过贸易进口到国内来组织生产，这一过程会涉及贸易，称为 Arm's-Length

Trade。该领域集中要解决和分析的问题有：什么因素和原因决定了企业的外包和一体化选择？什么样的企业会选择国内外包和国际外包？什么样的企业会选择国内一体化和国际一体化？外包和垂直对外直接投资会给企业带来什么？我们用图 2-1 总结新—新贸易理论的主要内容和研究方向。

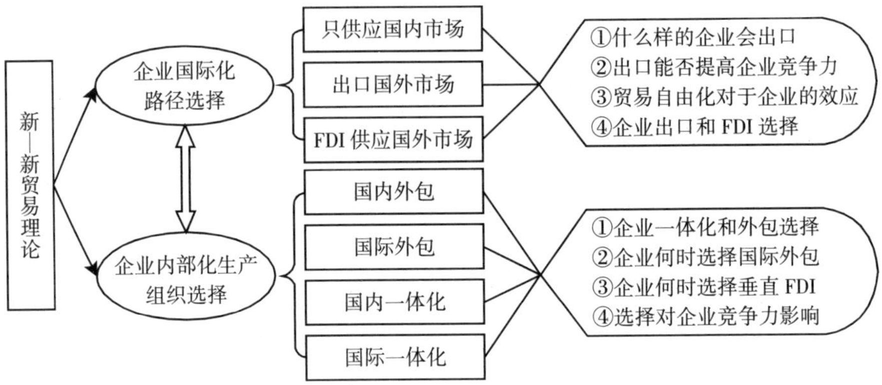

图 2-1　新—新贸易理论的研究方向和内容

三、新—新贸易理论与前期贸易理论的关系

新—新贸易理论与先前的国际贸易理论是一种互相补充的关系，是用来解释最新的国际贸易现象和趋势的研究范式。新—新贸易理论不是对以前理论的否定和抹杀，而只是开创了一个研究国际贸易的新视角，那就是从企业角度出发，在假设企业异质性的基础上研究国际贸易情形。

纵观国际贸易理论的演进历史，大致可以分为三个阶段：传统国际贸易理论、新贸易理论和新—新贸易理论。传统国际贸易理论包括古典的李嘉图比较优势理论和新古典的赫克歇尔—俄林理论，该类理论不仅假设企业是同质的，还假设产品是同质的，且市场结构为完全竞争的，没有规模经济和贸易壁垒，在此情形下，各国按照自己的比较优势和要素禀赋来专业化生产和贸易，该类理论一般用来解释产业间贸易的情况。而随着产业内贸易的发展和扩大，传统贸易理论开始无法解释该现象，这时市场结构变动和产品差异化被引入了模型，由此新贸易理论诞生了。新贸易理论仍然假设企业是同质的，而假设企业的生产是一个“黑箱子”，生产技术都是一致的，但由于不完全竞争和规模经济的存在，以及产品的差异化导致了产业内贸易存在。随着国际贸易的进一步发展，企业的差异越发表现出来，以微观企业为主体的贸易行为越来越多，这又呼唤新的贸易理论来解释，这时以企业异质性为主要假设的新—新贸易理论出现了，其接受了新贸易理论的有关市场结构和产品差异化的假定，同时加入内生的企业异质性，开创了国际贸易理论发展的新思路和新视角。我们用表 2–1 总结各个国际贸易理论之间的关系。

表 2–1 国际贸易理论基本情况比较和总结

	传统贸易理论	新贸易理论	新—新贸易理论
基本假设	同质企业、同质产品、完全竞争市场、无规模经济	同质企业、产品差异化、不完全竞争市场、规模经济	企业异质性、产品差异化、不完全竞争市场、规模经济
主要结论	贸易是按照比较优势和资源禀赋差异进行的；解释了产业间贸易的情况	市场结构差异和规模经济的存在以及产品差异化扩大了贸易；解释了产业间贸易的情况	企业的异质性导致企业的不同贸易决策选择；主要解释公司内贸易和产业间贸易，也解释了产品间贸易
理论研究文献	Ricardo（1817）；Heckscher，Ohlin（1920s）；Samuelson，Rybczynski，Venek（1950s–60s）；Jones，Bhagwati，Findlay，Deardorff（1960s–70s）	Either，Lancaster，Krugman，Helpman，Brander，Markusen（1980s）；Brander，Spencer，Dixit，Grossman（1980s）；Grossman，Helpman（1990s）	Melitz，Antras，Helpman，Eaton，Bernard，Baldwin，Jensen，Yeaple（2000s）
经验研究文献	Leontief（1950s）；Leamer（1970s）；Trefler，Davis，Weinstein（1990s）	Grubel，Lloyd（1975）；Dixit（1980s）；Levinshon（1990s）；Feenstra，Hanson（1980s–90s）	Bernard，Jensen（1990s–2000s）

资料来源：根据相关文献整理。

第二节 前期经验实证文献

新—新贸易理论之所以以企业为视角开展研究，是因为国际投资和企业跨国经营的出现，以及公司内贸易的发展使得国际贸易更多的是以企业为单位开展的，而传统的国家界限正在逐渐被打破。在企业行为中，一方面，不同的企业有着不同的国内外市场供给策略，有些企业的产品只服务于国内市场，而另一些企业的产品会选择出口而服务国外市场，同时还有一些企业以对外直接投资的方式服务国外市场，为什么会出现这些情形的差异，影响企业选择的因素又是什么，这些都需要理论解释；另一方面，跨国企业开始在全球范围内组织生产，垂直的专业化分工越来越细，这些企业在通过一体化把生产程序内部化于企业内部的同时，又通过外包的形式把部分生产程序专业化分工于其他企业，这两个矛盾在跨国企业中客观存在着，为什么会出现这样的情形，是什么导致了企业的不同选择，这些都是新—新贸易理论所要分析和解决的问题。

以上所提到的两方面问题都在有关实证文献中提出和反映，但并没有得到解决，它们构成了新—新贸易理论出现的促成因素。

首先看企业是否选择国际化的有关文献，这些文献发现的总体结论是：企业层面的差异比产业层面的差异更重要，大部分的企业（包括可贸易品企业）并不参与国际贸易，而参与国际贸易的小部分企业在规模和劳动生产率上要大于和高于只服务于国内市场的企业，而且较多的企业出口到较大市场的国家。Bernard 和 Jensen（1995）在分析贸易自由化的效应时得出，出口企业比非出口企业具有更强的竞争力，出口企业的劳动生产率更高、利润更大，并且可以提供更多更好的就业机会。Bernard 和 Jensen（1997）使用美国 1984~1992 年的数据检验是否好的企业会出口以及出口是否改善企业绩效，结果显示，好的企业会出口，出口企业的生产率和成功率都高于非出口企业，但反过来出口对于企业的作用却并不明朗。Clerides 等（1998）用哥伦比亚、墨西哥以及摩洛哥的数据证实了生产率和企业出口之间的正相关关系，但发现出口对于企业效率的提高贡献并不大。Bernard 和 Wagner（1998）建立了一个动态企业利润最大化出口决策模型，并用德国企业的面板数据检验，得出的结论是，潜在的出口沉没成本（Sunk Costs）会影响企业的决策，只有那些生产率较高的企业才会选择出口。Aw 等（1999）用韩国和中国台湾的微观企业数据测度了企业的全要素生产率（TFP）与其参与出口之间的关联度，结果表明两个地区的情况有所差异，中国台湾企业的出口和全要素生产率之间存在较强的相关性，但韩国企业的出口决策却与生产率关系较弱。Bernard 和 Jensen（2004）实证分析了 1987~1992 年美国出口繁荣的原因，他们发现，大部分的出口增加来自于现有出口企业的出口强度增加，而不是新的出口企业加入，同时企业劳动生产率的增加对于出口增长贡献不大。这些实证的结果，先前的古典、新古典以及新贸易理论都不能够很好地解释，所以现实就呼唤新的理论体系出现，以解释企业的国际化路径行为选择，以及为什么生产率高的企业会出口，而生产率低的企业不会出口。沿着这条线索所进行的研究构成了新—新贸易理论的一条主要分支，即异质性企业的国际化路径选择问题。

其次看有关企业全球组织生产的前期文献。这些文献发现，企业生产的组织越来越趋向于全球化，生产垂直型分工和垂直型对外直接投资（Vertical FDI）在加速发展，跨国公司内贸易和中间投入品贸易扩张，生产分割的趋势明显。Abraham 和 Taylor（1996）指出，企业生产分割和外包（Outsourcing）行为越来越多，并用美国 1986 年 6 月至 1987 年 9 月的数据分析了影响企业生产外包行为的因素，得出外包实现的工资福利节约、产出需求变动以及专业化技能可获得性是影响企业生产外包的三个主要因素。Feestra（1998）指出，在世界市场一体化推进的同时，企业生产活动反一体化和分割的趋势却在加强，企业越来越多地在国内外外包和组织生产。Hummels 等（2001）研究了垂直专业化（Vertical Specialization）问题，并计算了 1970~1990 年 OECD 国家和四个新兴市场国家的垂直专业化情况，得到产品分工出口占据了这些国家总出口的 21%，并且在这 20 年内增长了近 30%。Yeats（2001）的研究报告显示，全球中间产品的贸易发展飞快，其贸易量至少占到了世界总贸易量的 30%。Borga 和 Zeile（2004）的数据显示，美国企业的母公司向海外子公司的零部件出口占总出口的比重由 1996 年的 8.5%增长到 1999 年的 14.7%。这些研究和实证分析的结果显示了一种新的贸易趋势和方向，那就是企业在全球范围内组织生产和贸易的活动不断推进，但同时又有很多的企业并没有在全球组织生产，甚至还在通过一体化和内部化生产节约交易成本，那么是哪些因素影响了企业的不同选择，这些选择又对企业具有什么样的效应，这些促成了新—新贸易理论的另一个重要研究思路及方向的产生，即企业的全球组织生产活动选择。

第三节 异质性企业国际化路径文献

该部分主要涉及异质性企业的国际化路径选择以及由此而扩展的相关分析，该线索是新—新贸易理论的主要部分，也是涉及文献较多和研究已经具有一定规模和范围的部分。总结相关的文献，其内容大致可以分为企业不出口和出口选择、企业出口以及 FDI 选择、自由贸易的效应以及 FDI 与集聚四个部分，而前两个部分是新—新贸易理论的核心。以下我们从文献内容和结论、理论研究方法以及经验研究三个层次评述相关文献。

一、文献的基本内容和结论

（一）异质性企业的出口选择

最早奠定和形成新—新贸易理论基础的文献是 Melitz（2003）、Bernard 等（2003）和 Antras（2003），而 Antras（2003）更多地涉及企业内部化生产组织抉择问题，不属于该部分的研究范畴。Melitz（2003）引入了一个垄断竞争的动态产业一般均衡框架，又将企业生产率差异纳入模型中，理论分析的结果证实只有生产率高的企业会进入出口市场，而生产率低的企业只为国内市场生产，而且贸易的开展会迫使低生产率的企业退出市场。进一步的分析还表明，更多的贸易自由化有利于高生产率企业的发展。该文献所建立的理论模型实际上就构成了新—新贸易理论的基础，之后的很多研究都是以此模型为基础而设定的。Bernard 等（2003）通过扩展李嘉图模型，使其成为包含多个国家、允许地理壁垒（Geographic Barriers）及不完全竞争，存在企业异质性的贸易模型。结果得出，企业的生产率和规模影响了企业的出口，出口企业拥有较高的生产率和较大的规模，且贸易壁垒的降低会促进企业出口，论文还用美国与 46 个国家的贸易数据证实了这些结论。Bernard 和 Jensen（2001）建立了一个利润最大化企业出口决策的动态模型，并用美国制造企业的面板数据分析了影响企业出口的因素，发现市场进入成本影响企业出口，美国的出口促进措施对于出口影响不大，而汇率的变化也会影响到企业出口。Baldwin（2005）以 Melitz（2003）的模型为基础，分析了企业选择成为国内企业（Domestic Firms，D-Types）、出口企业（Export Firms，X-types）和不生产企业（Non-producers，N-types）的生产率差异，证实了高生产率企业选择出口的结论；同时论文还研究了市场开放度、贸易量和价格以及生产率的效应，证实贸易自由化具有再分配效应，对于高生产率企业有利，这与 Stolper-Samuelson 定理的结论一致。Chironi 和 Melitz（2005）也引入了 Melitz（2003）的基本模型假定，建立了一个随机的、宏观动态一般均衡两国贸易模型，并假定企业的生产率存在差异以及具有垄断竞争的市场结构，模型证明了只有相对高生产率的企业出口，并分析了外生的生产率冲击以及贸易成本变化对于企业出口和退出市场等决策的影响，其得出的结论和前期研究结果基本一致，同时，该文献的进一步扩展分析研究还为 Harrod-Balassa-Samuelson 效应提供了一个内生的微观解释，成功模拟了美国数次国际经济周期。Yeaple（2005）用一个同质企业的一般均衡框架，设定这些企业会选择异质的技术，但其选择是确定的，模型分析得出，出口企业一般规模更大，会选择更高级的技术，支付更高的工资，且生产率会更高。Namini 和 Lopez（2006）建立了一个动态一般均衡模型，分析比较企业随机选择进入出口市场和谨慎选择进入出口市场两种情况下的福利状况，结果表明，贸易自由化的积极效应会使得企业谨慎进入出口市场，但其负面效应也会让企业选择随机的进入；论文用 1991~1999 年的智利企业数据做了实证分析，发现企业在进入出口市场时会谨慎地采纳人力资本密集的技术，所以企业的出口选择是一个小心谨慎的选择，而不是随机的。

以上文献都是假定外生的企业异质性，也就是企业生产率和规模的决定是外生的、随机的，而不是内生决定的。在此基础上，一些扩展文献引入了企业技术选择机制，将生产率的决定变成由企业内生选定，当然企业的选择也是由其外生的生产率和吸收能力等决定的。Yeaple（2005）的文献实际已经引入了技术选择，但由于其基本假定是企业同质，故不将其归入此类。Bustos（2005）建立了一个垄断贸易模型，并假设企业异质性，由于企业的生产率差异、采纳技术的成本不同，所以它们会选择不同的技术；而贸易自由化通过扩大市场规模、消除技术转移的限制促使企业采纳新技术，故而最有效率的企业进入了出口市场，出口的高利润抵偿了采纳新技术的固定成本。Hansen 和 Nielsen（2007a）改变先前垄断竞争的市场结构，建立了一个双寡头贸易模型，寡头企业可以选择两种不同的技术，一种是高固定成本低边际成本，另一种是低固定成本高边际成本，结果显示，企业规模、市场一体化程度、贸易成本等因素都会影响企业的选择，一般出口导向的企业会选择低边际成本的技术，贸易成本的降低会引致更多的出口。Hansen 和 Nielsen（2007b）与 Hansen 和 Nielsen（2007a）使用了同样的方法和假设，得到了一样的结论，只不过 Hansen 和 Nielsen（2007b）是从规模经济和范围经济角度看企业的技术选择。

（二）不出口、出口、FDI 与异质性企业选择

上一部分的文献只涉及不出口和出口以及退出市场三种企业选择，而这里的文献将视角扩展到了企业通过什么样的方式服务国际市场，是通过出口还是对外直接投资（FDI）。Helpman 等（2004）开创了该类文献的新篇章，

提供了一个综合化的框架。该文献也继承了 Melitz（2003）的基本模型假定，引入企业异质性，结果得出，最有效率的企业会参与国外市场，而在这些最有效率的企业中，采取 FDI 方式进入国际市场的企业效率最高，而效率次之的以出口方式进入国际市场；同时，在企业异质性较明显和较大的产业，FDI 销售方式更多地被采用；论文还用美国 52 个生产部门参与 38 个国家市场的现实数据检验了论文的结论。Head 和 Ries（2003）建立模型用生产率差异解释了为什么一些企业只提供国内市场而其他企业会通过出口和 FDI 提供国外市场，结论是，如果对外直接投资并不能从东道国获取成本优势，则直接投资的企业生产率比出口企业更高；论文还用 1070 个日本大企业数据证实了其结论。Nocke 和 Yeaple（2006）建立了一个包含异质性企业的一般均衡框架分析企业进入国际市场的方式，包括出口、绿地投资①（Greenfield FDI）和跨国并购（Cross-border M&A），结果证明，企业的异质性尤其是企业异质性能力（Capability）的流动性在此发挥主要作用，跨国并购的企业既包括最高生产率的企业，也包括最低生产率的企业，且模型得出绿色 FDI 方式对于本国经济发展更有利，而跨国并购对于东道国更有利。

（三）贸易自由化的效应

新—新贸易理论框架下的贸易自由化效应是分析贸易成本降低对于企业、产业和国家的影响。大多文献的结论是，贸易自由化会促进原来的出口企业更多的出口，更多新的企业加入到出口行列并使这些出口企业获利，但竞争的加剧也会让原先生产率不高的企业选择退出市场，从而能够提高一国企业的整体生产率水平。Bernard 等（2006a）建立了一个典型的多产品厂商新—新贸易理论模型框架分析贸易自由化的影响，结论显示，贸易自由化促使企业生产自己最有效率的产品，并导致一些无效率企业退出生产，推动企业内部和企业之间生产率的提高；自由化还使得企业出口的产品种类减少，但出口的量增加，这表明自由化对于一国的比较优势产业是有利的。Baldwin 和 Nicoud（2004）将内生化增长率纳入 Melitz（2003）模型，推导结果是，虽然贸易自由化通过选择效应（Selection Effect）和生产再分配效应（Re-allocation Effect）提高企业的生产率，但其只是在水平意义上提高了生产率，实际上会影响增长速度。Baldwin 和 Nicoud（2005）研究了企业异质性情况

① 绿地投资是指跨国企业独立在国外设立分支生产机构，而并没有和别国企业或政府合作或者是通过并购及授权生产等方式获得分支机构。

下贸易与增长之间的关系，发现在动态情形下，自由贸易不仅会反增长（Anti-growth），还会损害福利，这与一般的内生增长模型结果不同；同时还发现市场进入成本会反增长而异质性会促进增长。Baldwin 和 Forslid（2004）分析了贸易自由化的积极和消极效应，指出贸易自由化具有反产品种类效应（Anti-Variety Effect）和斯托尔伯—萨缪尔森效应（Stolper-Samuelson Effect），第一种效应会降低福利，而第二种效应会增加福利，所以自由贸易对于劳动者和出口企业的福利影响都是不确定的。Bernard 等（2007b）研究了一般均衡条件下自由贸易如何影响国家、产业和企业，假定企业具有异质的生产率、产业要素密集度不同、国家的要素禀赋存在差异；这种情况下，贸易成本的降低导致产业和国家的资源再配置，一国的比较优势部门获得了更大的收益，但其生产率的提高却受损，甚至会损害稀缺要素的实际收益。

（四）企业异质性与产业集聚

该类文献是将企业异质性贸易（HFT）模型和新经济地理学（New Economic Geography，NEG）模型结合起来，分析在允许产业集聚的情况下，新—新贸易理论的相关结论，该类文献扩大了企业异质性的范围，把企业规模和分布差异纳入异质性定义。另外，在加入企业异质性因素后，新经济地理学的很多结论也发生了变化。在该领域做出贡献的主要是 Baldwin 和 Okubo，他们在 2005 年的文献中，将 Martin 和 Rogers（1995）的新经济地理学模型和 Melitz（2003）的新—新贸易理论模型结合在一起，构建的模型分析结果得出，自由贸易不仅影响到平均利润率，也影响到企业的地理分布。本地市场效应（Home-Market-Effect）导致大部分生产率高的企业从小的国家迁移到大的国家，意味着自由贸易提高了大国的生产率，而对于小国的生产率是有损害的。Baldwin 和 Okubo（2006a）从异质性企业贸易模型关于贸易和生产率关系的结论入手，通过把新经济地理学的模型加入到异质性企业贸易模型，允许企业的再分布（Firm-Size Distribution），得出的结论是贸易具有企业再布局效应，小国的高生产率企业会迁移到大的国家，因此贸易对于大国和小国的效应是不对称的，大国从中获利，提高了生产率，小国则相反，生产率受损。Baldwin 和 Okubo（2006b）构建模型的方式与之前文献相似，但其将关注的视角集中于新经济地理学，分析加入企业异质性之后对于新经济地理学结论的影响。结果表明，最有效率的企业最先进入大的地区，这种非随机的选择（Selection）表明原新经济地理学的实证方法高估了集聚效应；按照同一选择逻辑，不发达地区的产业补贴会有一个分类效应

(Sorting Effect)，即那些最有效率的企业，不管它们初始国籍如何，都会选择进入核心地区，而那些效率低的企业会选择进入边缘地区。

新—新贸易理论部分文献研究的主要问题基本集中于以上四个方面，其中除了企业出口选择类文献已有一定规模和较成熟的研究方法及结论外，其他几个方面的研究都还处于开拓阶段，需要进一步的扩展。这些扩展包括可以放松现有模型的假设，将其扩展为多产品多企业模型；包括可以进一步扩展企业异质性的定义，而不仅仅是从企业生产率这个方向来研究问题；关于企业生产率的量化和内生化也是很值得研究的方向；新—新贸易理论的研究视角也需要进一步扩展，而不应仅仅包括该四个方面。我们将该部分文献用图 2–2 作总结。

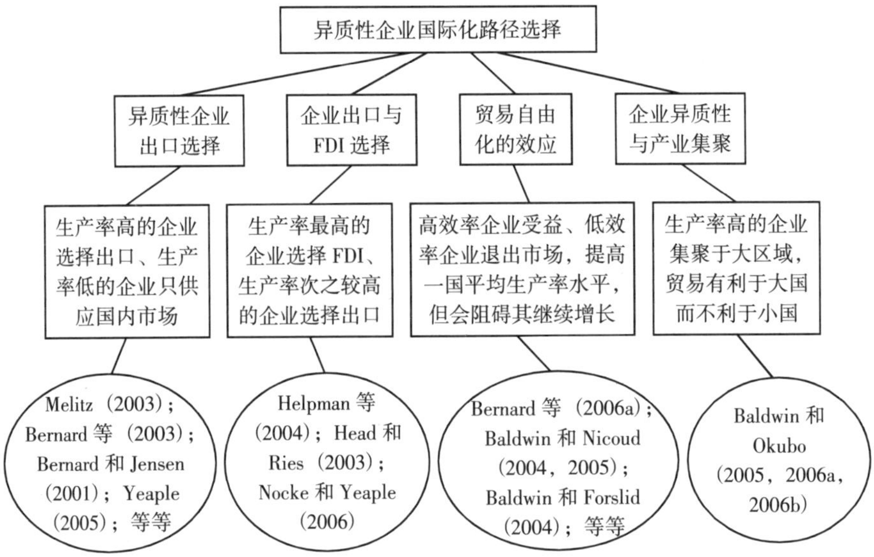

图 2–2　异质性企业国际化路径文献总结

二、理论研究方法

新—新贸易理论的模型和文献基本都是建立在一个统一的假定框架下，这些假定和模型是异质性企业贸易（HFT）模型。这些模型从新贸易理论的有关框架出发，在此基础上，引入企业边际成本差异以表达企业异质性，再假定有固定的市场进入成本和开发新产品的固定成本，贸易存在“冰山成本”①。所以可以说，新—新贸易理论模型是以新贸易理论模型为基础，再加入边际成本差异的企业异质性变量以及固定的市场进入成本而形成，所以新—新贸易理论的模型框架又被称为“异质性边际成本和固定市场进入成本模型”（Heterogeneous Marginal Costs and Fixed Market-Entry Costs Model, HMCFMEC）。

这些文献中，具有开创性和代表性的文献是 Melitz（2003），该模型假定世界由两国组成，每个国家有一个生产部门，生产需要劳动 L 这一种要素，市场是 Dixit-Stiglitz 垄断竞争模式，贸易成本以比例 $0<\phi<1$ 表示，企业的异质性以生产的边际成本表示，F_I 表示国外直接投资的固定成本，F_D 和 F_X 分别表示进入国内市场和出口市场的固定成本。模型还假定企业的边际成本是随机分布的，用 a_i 表示，其服从帕累托分布（Pareto Distribution）：$G(a)=(a/a_0)^k$（$0\leqslant a\leqslant a_0$）。再假设企业存在三种类型：N-types、D-types 和 X-types②。通过对于模型的分析得到图 2-3 的结果，横轴表示企业的边际成本，纵轴表示企业选择某种类型的概率，G(a) 表示企业的生产率分布，nG(a) 表示 n 个企业的平均生产率分布。可以看到，边际成本越高的企业选择退出市场（N-types）的概率越大，而边际成本越低的企业会越多地选择出口（X-types），也就是说高生产率的企业才会出口。模型建立两个截断条件（Cut-off Condition）和一个自由进入条件求得均衡，并以此为基础进一步分析自由贸易的福利效应和生产率效应。随后很多文献都建立在该文献基础上，例如 Baldwin（2005）、Chironi 和 Melitz（2005）等，不过那些文献也从一定程度上扩展了 Melitz（2003）的模型，例如会假设市场环境是寡头而不是垄断，或者将生产率分布内生化，等等。

具有代表性且把国内销售、出口和 FDI 三种选择都进行了分析的框架是 Helpman 等（2004），该文献的基本假定和 Melitz（2003）相似，但其分析方法和 Melitz 模型存在差异，我们做简要的介绍。设定一个包含 N 个国家的经济，使用唯一的要素——劳动 L 生产 H + 1 个部门的产品。其中，一个部门

① 冰山成本是定义国际贸易运输成本等的重要方法，其机理是把贸易的成本看作是部分商品在运输途中融化掉了，也就是不能够把全部产品的价值从出口国移动到进口国。例如假定一个二次冰山成本函数 $(1-g_{ij}y_{ij})y_{ij}=m_{ij}$，表示出口国出口 y_{ij} 的产品，到了进口国只剩下 m_{ij} 单位，其中的 $g_{ij}y_{ij}^2$ 单位在运输中“融化”了。

② N-types 表示退出市场的企业类型，D-types 表示只进入国内市场的企业类型，X-types 表示进入出口市场的企业类型。

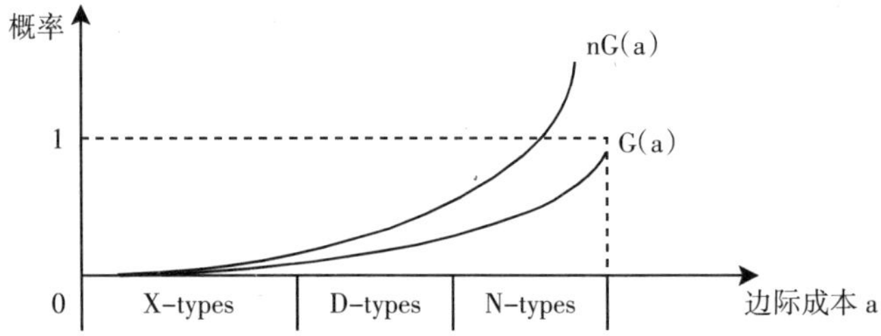

图 2-3 异质企业的出口选择

用一个劳动可以生产一单位同质产品，另 H 个部门生产差异化产品。外生变量 β_h 表示花费在部门 h 上费用占总收入的比重，剩下的部分 $1 - \sum_h \beta_h$ 是用于生产同质产品的部分。国家 i 拥有 L_i 的劳动且其工资率是 wi。考虑某一生产差异化产品部门 h，设其生产产品的单位产品劳动投入为 a，且 a 服从随机分布 G（a），F_I、F_D 和 F_X 的设定含义与 Melitz（2003）中一样。产品从 i 国出口到 j 国的冰山运输成本为 $\Gamma^{ij} > 1$①，在进入市场后，竞争环境为垄断竞争。设定消费者对于产品 h 的偏好是标准的 CES 形式，替代弹性是 $\varepsilon = 1/(1 - \alpha) > 1$，从偏好可以推出需求函数 $A^i p^{-\varepsilon}$，在垄断竞争条件下，产品的价格是 $P = W \times \dfrac{\alpha}{\alpha_D}$。i 国的企业是通过出口还是 FDI 来服务 j 国市场，涉及一个权衡（trade-off）：相对于出口，FDI 节约运输成本；相对于 FDI，出口节省国外生产的固定成本。假设均衡时，没有企业会既出口又 FDI，假设 $(wj/wi)^{\varepsilon-1} F_I > (\Gamma^{ij})^{\varepsilon-1} F_X > F_D$，可以求得均衡条件下的国内市场、出口和 FDI 的利润，如图 2-4 所示。

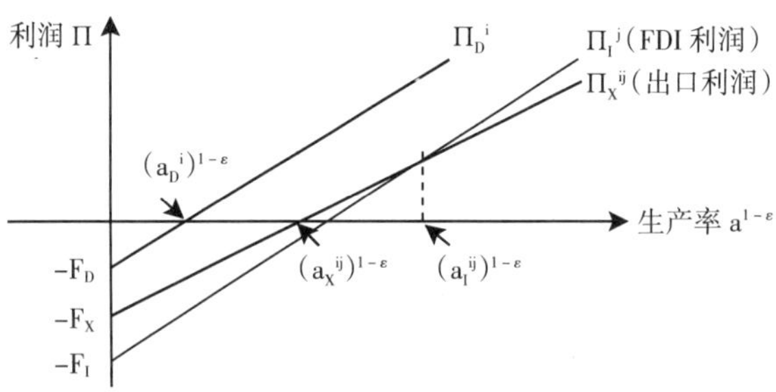

图 2-4 企业国内销售、出口和 FDI 的利润

① 表示 Γ^{ij} 单位的商品从 i 国运出，最后到达 j 国时，扣除运输成本后为 1 单位。

可以看出，生产率低于$(a_D^i)^{1-\varepsilon}$的企业会退出市场，而生产率介于$(a_D^i)^{1-\varepsilon}$和$(a_X^{ij})^{1-\varepsilon}$之间的企业在销售国内市场的同时会选择出口，只有生产率高于$(a_I^{ij})^{1-\varepsilon}$的企业在销售国内市场的同时还会对外直接投资（FDI）。本书接下来的分析就建立在这一框架的基础上。

根据以上两个典型文献模型的基本设定情况我们可以看出，该部分的研究方法基本是在一个 HMCFMEC 模型框架中进行的，用企业生产产品的边际成本差异表示企业异质性，设定有固定的市场进入成本，市场结构是不完全竞争的，在此基础上再具体分析企业对于国内销售、出口和 FDI 的选择，以及贸易对于企业和产业及国家的影响效应情况。

三、有关经验检验文献

有关经验检验文献是对以上模型的基本结论进行实证检验和证明，本部分提到的很多文献在结束理论模型研究之后也做了实证的分析，如 Head 和 Ries（2003）、Helpman 等（2004）。

Namini 和 Lopez（2006）以及 Chironi 和 Melitz（2005）等，我们在分析这些文献时已经做了介绍。以下我们将综述专门检验企业国际化路径选择理论的有关经验文献。

Bernard 等（2006）使用美国 1987~1997 年的产业和企业数据实证检验贸易成本的降低对于企业的效应，使用的方法是简单的普通最小二乘法（OLS）。结果证实，贸易成本的降低有利于高生产率企业的经济活动再分配效应，其生产率会进一步提高，而那些低生产率的企业会退出市场，一些生产率相对较高的非出口企业开始进入出口市场，而原有的出口企业出口更多。这些结论与理论模型的结果是完全一致的，说明企业异质性和生产率差别能够很好地解释新的贸易现象。Bernard 等（2007）用美国 1993~2000 年的具体企业微观数据，使用直接分析的方法对企业的贸易和投资等行为进行了全面实证解析。有关结论是：出口的企业占据主导地位，美国 1/3 以上的就业是由出口企业提供的；国际化程度越高的企业，其在经济中的作用越大，主导着美国的贸易和就业，尤其对于就业的作用是不可估量的。

该部分的经验文献与新—新贸易理论出现之前的经验研究紧密联系，不同的是这些文献的目的在于检验和核实理论结果，而之前的经验研究都是对于现实情况的揭示，其目的性存在差别，且后期的研究更加具体和深入。在研究方法上，经验研究并没有使用复杂的计量模型和处理程序，更多的是使用最小二乘法和具体数据计算。在研究结果上，可以发现理论和实证是基本完全相符的，说明该理论具有较强的说服力和现实性，最新的贸易趋势确实是由企业的异质性决定的。

以上综述了异质性企业国际化路径选择部分的所有文献，该部分是新—新贸易理论中文献较多和发展较为完善的部分，也可以说是新—新贸易理论的重点和主体，在当前对于新—新贸易理论概念和研究范围还不是十分明确和一致的情况下，有一些学者甚至认为新—新贸易理论仅仅就是这类文献。在该类文献中，又以企业是否出口的方向研究较为集中，其他几个方向的研究才刚刚开始，所以可以扩展和深入的地方有很多，例如对于企业异质性的定义，是否仅仅用生产率表示，以及生产率差异是否是外生决定的，另外，贸易对于企业生产率的效应到底如何也存在分歧，如此种种都需要进一步的发展和完善。

第四节　异质性企业全球组织生产文献

这一部分文献是研究和分析企业的全球组织生产抉择，也就是企业到底是选择一体化还是外包的形式生产产品的部件，这里又涉及国内和国外两个市场，所以就有国内垂直一体化（Vertical Integration）、垂直对外直接投资（Vertical FDI）、国内外包（Outsourcing at Home）以及国际外包（Offshore Outsourcing）四种选择。这里的文献涉及企业产品生产的程序选择，而前一部分文献涉及企业最终产品销售的决定。如果说前一部分的文献用来解释最新出现的产业内分工和产业内贸易情形，那么这一部分的文献用来解释公司内贸易和产品间分工的情形。

实际上，对于这一部分文献是否属于新—新贸易理论，似乎还存在一些分歧和有待于进一步明确的地方。实际上，Baldwin 和 Nicoud（2004）、Baldwin 和 Forslid（2004）以及 Namini 和 Lopez（2006）等在提到新—新贸易理论时，都没有将该部分的内容纳入新—新贸易理论的框架。原因可能在于，该部分的内容主要涉及产业组织的问题，且其研究文献很多，并不是都假定了企业的异质性，同时其大多文献也没有新—新贸易理论的 HMCFMEC

模型框架；不过大多的一般观点还是把该部分的内容作为新—新贸易理论的一个分支（Helpman，2006；Bernard 等，2007a），又称为企业内生边界理论。鉴于该部分内容是否属于新—新贸易理论尚存在一些疑问，同时本书也不涉及该领域问题，所以对于此部分文献，我们只简要介绍一些在企业异质性框架下进行分析并被众多学者广泛引用和提及的典型文献。

该部分研究所要回答的问题是，企业是通过外包还是一体化来组织生产，外包和一体化是在国内进行还是在国外进行。决定这些选择的因素包括交易成本和不完全合约，在分析一体化选择时一般从 Coase 的节省交易成本角度进行，而分析外包选择时一般从不完全合约的角度进行。实际上，该类问题的研究一直是产业组织理论分析的内容，且文献也较为丰富，Spencer（2005）就此问题作文献综述，提出从知识产权（Property Rights）、交易成本（Transaction Costs）、激励系统（Incentive System）以及权威授权（Delegation of Authority）四个企业边界理论方向划分文献。表 2-2 按照此方法对所有文献进行了梳理。

表 2-2 企业组织生产选择的研究文献梳理

组织形式 \ 来源	垂直一体化		外包	
	知识产权/激励系统/交易成本	权威授权	随机市场	签订合约
国内	Antras（2005）；Antras 和 Helpman（2004）；Mclaren（2000）；Grossman 和 Helpman（2002，2004）	Marin 和 Verdier（2002，2005）；Puga 和 Trefler（2002）	Spencer 和 Qiu（2001）	Antras（2005）；Antras 和 Helpman（2004）；Grossman 和 Helpman（2002，2004，2005）；Spencer 和 Qiu（2001）；Qiu 和 Spencer（2002）；Head 等（2004）；Feestra 和 Spencer（2005）
一体化世界市场	Antras（2003）；Mclaren（2000）	Marin 和 Verdier（2003）	—	Antras（2003）；Levchenko（2004）；Nunn（2005）
国外低成本地区	Antras（2005）；Antras 和 Helpman（2004）；Grossman 和 Helpman（2004）；Feestra 和 Hanson（2005）；Feestra 和 Spencer（2005）	—	Spencer 和 Qiu（2001）；Qiu 和 Spencer（2002）；Head 等（2004）；Feestra 和 Spencer（2005）	Antras（2005）；Antras 和 Helpman（2004）；Grossman 和 Helpman（2004，2005）；Feestra 和 Hanson（2005）；Feestra 和 Spencer（2005）

资料来源：Spencer（2005）。

以下我们从几个经典的文献来看该类文献的分析框架和一般结论。Antras（2003）可以看作是该类文献的一个起点，该文献的起点是试图解释为什么近 1/3 的世界贸易是公司内贸易（Intra-firm Trade）。论文把企业异质性加入了 Helpman-Krugman 的贸易框架，构建了一个企业边界（Boundaries）的不完全合约知识产权模型，分析企业如何确定生产地。结果显示，美国资本密集的中间投入品进口都是公司内贸易，而劳动密集的产品进口是直接的，即美国会将其资本密集型产品部件的生产以垂直 FDI 的方式在国外进行。论文还实证检验了模型结论。Antras 和 Helpman（2004）构建了一个南北贸易模型，假定北方国家生产差异化产品，部门最终产品生产企业的生产率水平是不同的，基于不同的生产率，企业会选择是否通过一体化或外包来获取中间投入品。模型结果发现，高生产率企业从南方获取中间品，而低生产率企业从北方获取中间品；在方式上，高生产率企业会选择一体化，而低生产率企业会选择外包；在外包的情况下，低生产率企业会选择国内外包，而高生产率企业会选择国际外包。图 2-5 是模型的分析结果，其显示了不同部门不同企业的生产组织选择。

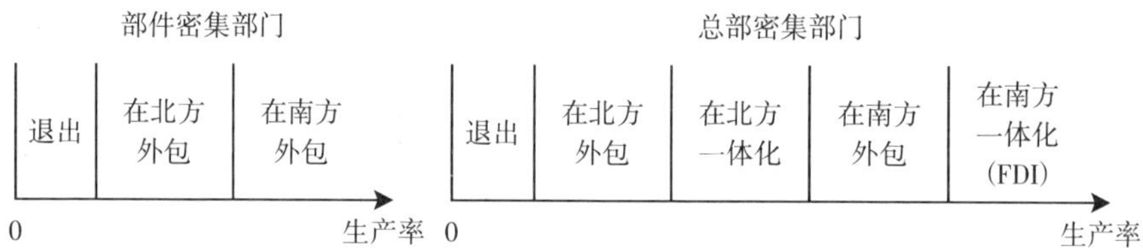

图 2-5 异质性企业生产组织选择

Grossman 和 Helpman（2005）建立了一个一般均衡的外包和贸易模型，假定外包是一个不完全合约下寻找合作伙伴的具体投资活动，分析国内外市场中间品的供给、每个市场的相对搜寻成本、一国合约制定和保护的环境等对于外包选择的影响。模型得到的结论是：南方国家的发展以及产业内贸易的推进能够促进外包业的发展，而投资技术的改进对于外包不会产生什么影响，除非南方国家的技术改进速度比北方国家更快；同时，南方国家法律环境的改善对于外包的促进结果不明确，但会增加来自北方的外包。

Grossman 等（2006）研究了跨国公司的生产组织策略，把企业生产率差异的异质性引入模型，分析国外垂直 FDI 的固定成本、运输成本以及国外市场的需求等因素对跨国企业一体化策略选择的影响。得到的结论显示，当中间品和最终品的贸易成本很低时，进入海外市场投资的固定成本决定了企业的选择，那些生产率高的企业会选择外包以降低可变成本，而生产率低的企业会选择一体化降低固定成本，所以生产会集中到低成本的国家；当贸易的成本很高时，那些起初在本国生产投入品的企业也会开始在国外投资生产；而当贸易成本极高时，一些企业会在南方国家生产初级产品，而在靠近北方市场的国家组装最终产品。图 2-6 和图 2-7 是模型分析的结果，横轴 Θ 表示企业生产率，纵轴 g 表示海外投资的进入成本，各个部分第一个字母表示中间产品生产地，第二个字母表示最终产品生产地。

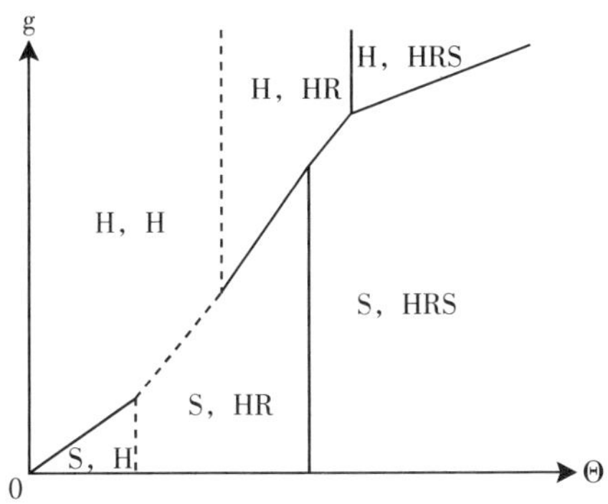

图 2-6 高运输成本情形下选择

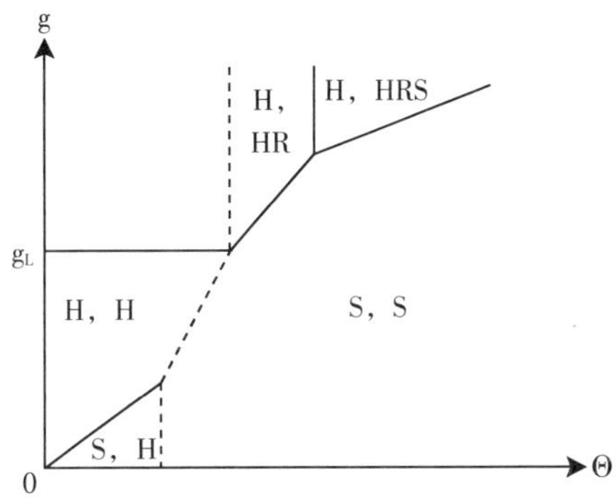

图 2-7 中等运输成本情形下选择

总之，关于异质性企业全球组织生产抉择的文献相当丰富，尤其是前期研究已经较为完善，但引入企业异质性之后形成的新—新贸易理论视角的研究为最新的跨国企业行为和生产组织提供了全新的、更富说服力的框架。事实上，由于企业全球组织生产的行为涉及的选择较多，其研究也更为复杂，现有的文献并没有能够形成一个统一的模型解释企业的所有抉择，这将是未来研究的方向，同时对于企业边界和异质性的参数假定都还不完善，需要进一步的扩展和扩充完善。

第五节 小结

新—新贸易理论是国际贸易的最新前沿和刚刚出现的一个新的理论体

系，是在国际贸易和投资出现很多新现象和新问题，原有的贸易理论又无法解释的情况下出现的新理论。该理论与前期理论的不同之处在于其以微观的企业为研究视角，把企业异质性引入原有贸易理论框架，从而解释以企业为中心的贸易新现象。

新—新贸易理论的一个主要方面和部分是研究异质性企业的国际化路径选择。该类文献主要回答为什么大多数企业的产品只供应国内市场，那些生产率较高的企业在供应国内市场的同时会以出口的形式进入国际市场，而生产率最高的企业一方面供应国内市场，一方面以对外直接投资（FDI）的形式服务国际市场。另外该类文献还得出，贸易自由化会产生有利于高生产率企业的效应，使得它们的出口增加及生产率进一步提高，但那些生产率很低的企业也会在竞争中选择退出市场。关于企业异质性和产业集聚的文献得出，若允许产业的转移，则生产率高的企业会转移和集聚到大市场区域，所以贸易对于大国是有利的，但对于小国却不利。该领域的文献正在发展和完善之中，其发展的方向必定涉及更多的问题和更细化、严谨的模型逻辑，解释力也在不断地增强。

新—新贸易理论的另一个主要方面和部分是研究异质性企业的全球组织生产选择。其面临的选择主要是一体化还是外包，再加入国内外的分割，所以企业的选择包括国内垂直一体化、国内外包、垂直 FDI 和国际外包四种。该类文献研究没有一致的结果，其选择会随着具体情况的变化而变化，不过较一般的情形是：高生产率企业倾向于选择外包，而低生产率企业倾向于选择一体化的生产组织形式；而在国内外的选择上，高生产率企业倾向于选择国际市场，而低生产率企业选择国内市场。该类文献也是处于发展之中，目前面临的主要问题是能否建立一个综合的框架解析企业的所有四种选择情况。

总之，新—新贸易理论的最重要特点是用企业的异质性解释其贸易和投资行为，更具体地说，是用企业的生产率差别分析问题。该理论的研究尚处于起步阶段，还需要广泛的研究。一个可以肯定的方向是，新—新贸易理论开创了国际贸易理论研究的新篇章，其必定会取代新贸易理论而成为未来国际贸易领域研究的主导理论。

第三章 异质性企业的出口贸易行为选择

第一节 引言

本章主要从微观企业的决策角度探讨其出口贸易行为选择，即讨论什么样的企业会选择出口，而什么样的企业选择只在国内市场销售和供应，决定企业选择的因素是什么；以及出口贸易对于微观企业利润和生产率、行业市场规模和结构、社会总福利等产生怎样的影响。

以下分析的思路安排是：理论上对现有模型框架进行了一个扩展，推导出理论上的主要结论；实证中，一方面用我国 1997~2006 年分行业企业面板数据以及 1998~2007 年 300 万家制造业企业截面数据对理论进行检验，另一方面从理论的结果出发，解析我国对外贸易发展的现状以及未来应该选择的战略转型思路。

国际贸易与微观企业生产率以及竞争力之间的关系文献，是随着新—新贸易理论的出现而被广泛关注和研究的；之前的文献虽有一些涉及，但不成系统，也没有进行专门的分析。原因在于早期贸易理论基本都是从宏观国家视角开展研究，探析贸易对于经济增长、收入分配以及就业等的效应。

从微观企业层面分析国际贸易行为，属于一个新的视角。关于出口与异质性企业生产率之间的关系，是从实证分析开始，而后扩展到理论建模。其相关文献已经在第二章中详细介绍，在此不再赘述。无论是理论还是实证，其总体的结论是，出口贸易促进了企业生产率的提高，而能够对外出口的企业本身就是生产率高的企业。而出口对于企业生产率的提升是通过自我选择效应（Self-Selection Effect）和出口学习效应（Learning-by-Exporting）共同实现的。有关文献对于不同类型国家的经验研究结果可以用表 3–1 给出分类和总结。

表 3–1　出口与企业生产率经验研究的有关结论

国家		文献	自我选择效应	出口学习效应
发达工业化国家	美国	Bernard 和 Jensen（1995）	√	/
		Bernard 和 Jensen（1996）	√	×
		Bernard 和 Jensen（1999）	√	√
		Bernard 和 Jensen（2004）	√	×
	英国	Greenaway 和 Kneller（2003）	√	√
		Girma 等（2004）	√	√
		Greenaway 和 Kneller（2004）	√	√
		Greenaway 和 Yu（2004）	√	×
		Crespi 等（2006）	√	√
	德国	Bernard 和 Wagner（2001）	√	/
		Wagner（2002）	√	√
		Arnold 和 Hussinger（2004）	√	√
	意大利	Castellani（2002）	√	√
	加拿大	Baldwin 和 Gu（2003）	√	√
	日本	Kimura 和 Kiyota（2006）	√	×
新兴工业化国家	智利	Alvarez 和 Lopez（2004）	√	√
	墨西哥	Clerides 等（1998）	√	×
	哥伦比亚	Fernandes 和 Isgut（2005）	/	√
	中国台湾	Aw 等（2000）	√	√
	韩国	Hahn（2004）	×	√
发展中国家	印度	Alessandra Tucci（2005）	/	√
	印度尼西亚	Blalock 和 Gertler（2004）	×	√
	4 个非洲国家	Bigsten 等（2000）	/	√
	9 个非洲国家	Biesebroeck（2003）	√	√
	3 个非洲国家	Mengistae 和 Pattillo（2004）	/	√

注：“√”表示结果支持该效应，“×”表示结果不支持该效应，“/”表示文献没有检验。
资料来源：根据赵伟、李淑贞（2007）及有关文献整理。

第二节　基于 HMCFMEC 框架的一个模型扩展

新—新贸易理论区别于其他贸易模型的两个要点和假设是：第一，企业是异质的，以其边际成本差异表示；第二，固定的市场进入成本以及固定的新产品创新成本。因此，该模型又被称为 HMCFMEC 框架。我们的模型以经典的 Melitz（2003）为基准，顺延其一般假设，并采纳 Baldwin（2005）以及 Baldwin 和 Nicoud（2008）的方法对其进行简化，引入企业生产边际成本的差异表示异质性，并假定存在市场进入成本（Market-entry Costs）；同时，HMCFMEC 框架相关模型大都设定企业对于是否应该进入出口市场的行为是不确定和随机的，这里，我们将放弃这一假设，而认同 Yeaple（2005）以及 Namini 和 Lopez（2006）的观点，即企业对于是否应该进入出口市场以及是否应该退出市场都是确定和清楚的；且我们的研究重点并不是放在异质性企业的技术选择和市场进入的确定性分析上，而是关注企业的出口行为选择及其经济效应。

一、基本假设

设定两个国家，使用单一生产要素和生产单一消费品的经济，其中这两个国家同质，我们的分析不考虑跨期迭代而只关注稳态时的均衡。遵照 Melitz（2003）假设一个 Dixit-Stiglitz 垄断竞争框架，存在线性冰山（Iceberg）贸易成本，到达进口国的 1 单位产品，需要从出口国运出 θ 单位，且 $\theta \geq 1$，说明商品在运输途中有损耗。另假定企业终会“死亡”，且其过程服从泊松分布[①]，危险率（Hazard Rate）为 γ。

再设定各种成本。假设同一企业的边际生产成本是不变的，则规模报酬递增主要来自于对各种固定成本投入的稀释和分担。新产品的创新和问世需

① 企业死亡表示其退出市场，不再生产，服从泊松分布过程，则企业的生产能力在其生命周期中一直保持不变，直到最终有一天退出市场。

要固定的投入成本 C_I，该成本是企业创造出某种产品的固定“沉没成本”，例如引进相关技术和自主研发都需要支出费用。而企业进入某市场也需要一定的市场进入成本，也称为“滩头成本”（Beachhead Cost），例如企业要进入某一新市场，要建立网点和营销渠道，这些构成了必需的一次性固定成本投入，企业一旦决定进入市场，则这一成本也成为沉没成本，用 C_D 和 C_X 分别表示企业进入国内市场的成本和进入出口市场的成本。

由于企业存在异质性，因而每个不同的企业自身的边际生产成本不同，用 β_i 表示企业 i 的边际生产成本，对不同的企业来说，该变量为随机变量，设其分布密度函数为 $f(\beta)$。这里，生产率越高的企业，其边际成本越低，反之则反是；且边际成本必定存在一个上限，当超过该上限时，企业生产和进入市场是入不敷出的，以 β^* 表示该上限；我们假设企业能够清楚地知道自己产品创新的能力和技术，对技术所对应的边际成本是否存在盈利也能够确定性地明了，故如果它们的研发和创新能力有限，技术水平不够，以至于边际成本高于 β^*，则此类企业根本不会进入市场，即 β 的取值范围是 $[0, \beta^*]$。

我们假设两个国家同质，因而贸易差额问题就不复存在，每个国家的工资率也相等，我们可以把劳动设为一个计账单位（Numeraire）[①]，企业异质性则完全可以看作企业创新的单位劳动投入差异，于是企业 i 创新新产品的劳动投入为 β_i。

二、均衡结果分析

以上设定了一个一般均衡框架，我们须从多方面解析其均衡。由于我们假设企业对于自身的边际成本以及进入和退出市场选择是确定的，故市场中的企业可以分成只供应本国的国内型和同时供应国内与出口的出口型两种，分别记为“D-型”和“X-型”。这里，与假设企业进入市场行为的随机性情况不同，我们剔除了不生产的“N-型”企业及其对于均衡的影响。则在均衡条件下，“D-型”企业的生产需支付产品研发创新成本 C_I 和本国市场进入成

① 记账单位（Numeraire）是指以其作为标准，将其价格定为 1，其他商品价格用其表示的一种基准商品。

本 C_D 以及生产边际成本 β_i；"X-型"企业除了需支付这三种成本外，还需支付进入出口市场的"滩头成本"C_X。

根据标准的 Dixit-Stiglitz 贸易模型，其均衡状态下的一阶条件为：

$$p\left(1-\frac{1}{\sigma}\right)=w\beta \tag{3-1}$$

式中，p 表示产品价格，w 表示工资，σ 表示不同产品之间的替代弹性，且 $\sigma>1$，β 表示生产的边际劳动投入。所以，企业的利润Π可以表示成 $(p-w\beta)q$，q 代表消费量，将式（3-1）结果代入，则有：

$$\Pi=(p-w\beta)q=\frac{1}{\sigma}pq \tag{3-2}$$

pq 是企业的总收益，因此企业利润与收益呈固定正比例关系，比例系数是 1/σ。所以企业利润增加的前提是销售量增加，此需要企业产品价格较低，在研发成本和市场进入成本固定时，反推则需要企业有较低的边际成本。所以选择出口的企业必定具有较低的 β_i，以抵消国外市场更高的"滩头成本"C_X。由此，市场存在两个边际成本的"临界点"（Cut-off Level），国内市场进入临界点和出口市场进入临界点，分别记为 β_D 和 β_X。由于出口企业具有较高的生产率，所以 $\beta_D>\beta_X$。

在均衡状态下，市场存在两类企业，边际成本介于［β_X，β_D］的企业只供应国内市场；边际成本低于 β_X 的企业不仅供应国内市场，还出口国外。那么在稳态中的 β 分布如何呢？由于企业服从一个泊松分布的"死亡"过程，同时新的企业仍在研发创新和进入市场之中，则在均衡时，每一边际成本水平的企业数量是确定的，设为 m，所以均衡的所有企业 β 总分布必定为 $mf(\beta)$。我们用图 3-1 直观地表示企业均衡状态选择，可见边际成本较低的少部分高生产率企业选择出口，而多数边际成本高的低生产率企业只能供应国内市场。

（一）求解临界值条件（Cut-off Condition）

由 Dixit-Stiglitz 垄断竞争贸易模型框架，假设企业 i 的标准常替代弹性（CES）需求函数为：

$$q_i=\frac{E(p_i)^{-\sigma}}{\int p_j^{1-\sigma}dj} \tag{3-3}$$

式中，q_i 表示企业 i 的需求，E 表示市场中所有产品种类的总费用。由于假设市场中所有产品的价格—成本溢价相同，也就是价格在成本基础上的

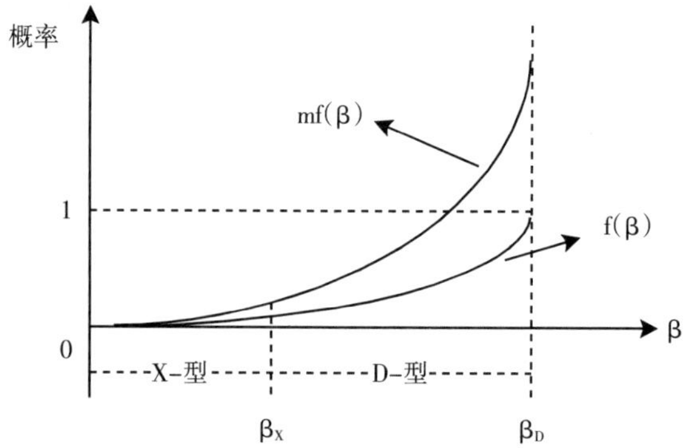

图 3-1 不同类型企业的选择均衡

加成比率相等，所以式（3-3）又等于：

$$q_i = \frac{E(\beta_i)^{-\sigma}}{\int \beta_j^{1-\sigma} dj} \tag{3-4}$$

将 β 的分布密度函数代入，进一步可以得到：

$$q_i = \frac{E(\beta_i)^{-\sigma}}{m\left[\int_0^{\beta_D} \beta_j^{1-\sigma} df(\beta) + \theta^{1-\sigma}\int_0^{\beta_X} \beta_j^{1-\sigma} df(\beta)\right]} \tag{3-5}$$

将式（3-5）左边乘以 p_i，得到企业 i 的总收益：

$$p_i q_i = \frac{E\beta^{1-\sigma}}{m\left[\int_0^{\beta_D} \beta^{1-\sigma} df(\beta|\beta_D) + \theta^{1-\sigma}\int_0^{\beta_X} \beta^{1-\sigma} df(\beta|\beta_D)\right]} \tag{3-6}$$

令 $\eta = \int_0^{\beta_D} \beta^{1-\sigma} df\ (\beta|\beta_D) + \theta^{1-\sigma}\int_0^{\beta_X} \beta^{1-\sigma} df\ (\beta|\beta_D)$，上式可以化为 $p_i q_i = \frac{E\beta^{1-\sigma}}{m\eta}$。这里，η 可以看作是市场中所有国内企业和出口企业边际生产成本的加权平均，θ 是冰山运输成本。从以上结果中我们已经得到，企业的利润将是其总收益的 1/σ，则：

$$\Pi = \frac{1}{\sigma} p_i q_i = \frac{E\beta^{1-\sigma}}{\sigma m\eta} \tag{3-7}$$

在稳态均衡中，由于企业的“滩头成本”是固定的沉没成本，在企业存在死亡危险率 γ 的情况下，企业生产周期中的未来利润总和要至少足以抵消该市场进入成本，所以稳态中的市场进入成本临界条件应该等于其利润总和，那么：

$$C_D=\frac{E\beta_D^{1-\sigma}}{\eta m\sigma\gamma};\ C_X=\frac{\rho E\beta_X^{1-\sigma}}{\eta m\sigma\gamma};\ \rho=\theta^{1-\sigma}\in[0,\ 1] \tag{3-8}$$

式中，ρ 为贸易自由度（Freeness），当冰山贸易成本 θ 为无穷大时，ρ = 0 表示无贸易发生；当冰山成本 θ = 1，即不存在成本时，ρ = 1 表示完全自由贸易。

（二）求解市场进入条件（Free Entry Condition）

这里要确定的就是一国的市场中有多少企业存在，即确定 m 的企业数量。在稳态条件下，m 的数量必定会一直增加到其可获得的期望利润等于其预期总成本为止。对于市场中存在的 X-型以及 D-型企业来说，它们的期望利润必等于平均利润。再由 Dixit-Stiglitz 均衡结果，单个企业的期望利润是：

$$\Pi^e=\frac{E}{\sigma m\gamma} \tag{3-9}$$

与此同时，市场中的单个企业预期成本包括产品研发创新成本、国内市场进入成本以及出口市场进入成本，根据这些成本的存在概率分布情况，我们可以求得其预期成本：

$$C^e=C_D+C_X\frac{f(\beta_X)}{f(\beta_D)}+C_I\frac{1}{f(\beta_D)} \tag{3-10}$$

上式说明，企业预期成本等于本国市场进入成本加上出口市场进入成本乘以进入出口市场的概率，再加上产品研发和创新成本乘以研发和创新的概率。均衡中，式（3-9）和式（3-10）的值应该相等，也即：

$$\frac{E}{\sigma m\gamma}=C_D+C_X\frac{f(\beta_X)}{f(\beta_D)}+C_I\frac{1}{f(\beta_D)} \tag{3-11}$$

从上式中我们可以求解得 m 的值。但在一般情况下，由于不知道 β 的密度函数 f(β) 的具体形式，所以无法具体求解。

（三）具体形式

针对以上最后的问题，遵照 Cabral 和 Mata（2001）以及 Baldwin（2005），假设企业边际生产成本服从帕累托分布（Pareto Distribution），其累积密度函数为：

$$f(\beta)=\left(\frac{\beta}{\beta^*}\right)^n;\ \beta\in[0,\ \beta^*] \tag{3-12}$$

式中，当 n = 1 时，β 密度函数为线性分布，帕累托分布还有一个良好的“分形”特性（Fractal Nature）①，即其任何连续区间的“切片”（Slice）都服从同样的分布情形，表示的是同一个分布函数，这样的特性可以很好地简化我们的求解。假设存在正则性条件② $\lambda = n/(\sigma-1) > 1$，所以 η 整体收敛；再设定 $\zeta = C_X/C_D$ 以及 $\varphi = \rho^{\beta}\zeta^{1-\beta}$，这里 ζ 表示固定的贸易成本，φ 表示贸易开放度（Openness）。于是，根据式（3-6）、式（3-8）和式（3-12），可解得：

$$\eta = \frac{\beta_D^{1-\sigma}(1+\varphi)}{1-1/\lambda} \tag{3-13}$$

将上式的结果代入式（3-8），求出：

$$C_D = \frac{(1-1/\lambda)}{1+\varphi}\frac{E}{m\sigma\gamma} \tag{3-14}$$

由式（3-9）和式（3-10），我们得到 $C^e = E/m\sigma\gamma$，结合式（3-14），求得：

$$C^e = \frac{C_D(1+\varphi)}{1-1/\lambda} \tag{3-15}$$

将这些结果代入以上求得的两个均衡条件式（3-8）和式（3-11）中，得到具体均衡结果：

$$\beta_X = \beta^*\left[\frac{\varphi(\lambda-1)C_I}{C_X(1+\varphi)}\right]^{\frac{1}{n}};\ \beta_D = \beta^*\left[\frac{(\lambda-1)C_I}{C_D(1+\varphi)}\right]^{\frac{1}{n}};\ m = \frac{E(\lambda-1)}{\lambda\sigma\gamma C_D(1+\varphi)} \tag{3-16}$$

$$\frac{\beta_X}{\beta_D} = \left(\frac{\rho}{\zeta}\right)^{\frac{1}{\sigma-1}};\ \eta = (\beta^*)^{1-\sigma}\left(\frac{1+\varphi}{1-1/\lambda}\right)^{1+1/\lambda}\left(\frac{C_D}{\lambda C_I}\right);$$

$$P = \frac{\beta^* C_D^{(\lambda-1)/n}(\sigma\gamma/E)^{\frac{1}{\sigma-1}}}{1-1/\sigma}\left[\frac{C_I(\lambda-1)}{1+\varphi}\right]^{\frac{1}{n}} \tag{3-17}$$

以上 P 是标准常替代弹性（CES）价格指数。由式（3-5）、式（3-6）和式（3-7），可以计算单个企业的出口总额，用 $V_X(\beta)$ 表示，即：

$$V_X(\beta) = p_i q_i^X = \frac{p_i E(\beta_i)^{-\sigma}}{\int \beta_X^{1-\sigma}dj} \tag{3-18}$$

① 分形是指一种具有自相似特征的现象、图像或者物理过程；也就是说，在分形中，每一组成部分都在特征上和整体相似，只是变小了一些而已。

②这里引入正则性条件是为了降低奇异性，使分布平稳，从而方便求解。

式中，q_i^X 表示出口数量，将式（3-17）以及其他相关结果代入上式，可以分别求出单个企业的出口总额以及整个市场的贸易总额（用 V^* 表示），如下：

$$V_X(\beta)=\left[\frac{\beta}{\beta_X}\right]^{1-\sigma}\gamma\sigma C_X,\ V^*=\frac{E\varphi}{1+\varphi},\ 0\leqslant\beta\leqslant\beta_X \tag{3-19}$$

由上可知，在该两国模型中，只有少数的边际生产成本低于 β_X 的企业出口，而边际生产成本在区间［β_X，β_D］的企业只供应国内市场，边际生产成本高于 β_D 的企业不会进入市场。贸易的模式如图 3-2 所示。

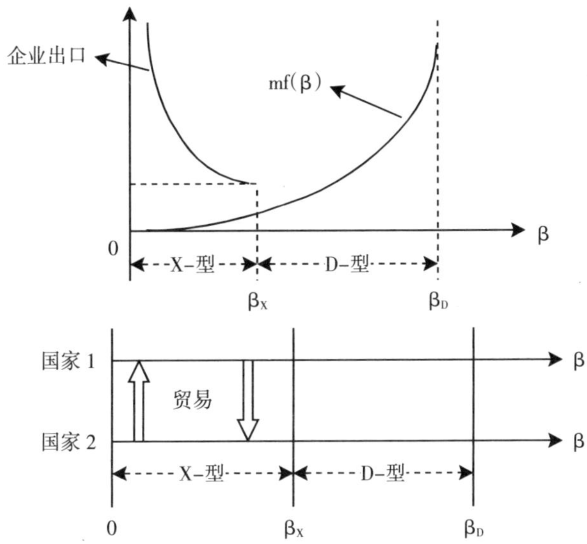

图 3-2　两国贸易模式

三、经济效应分析

国际贸易的经济效应是理论模型分析的一个重要方面，我们从自由贸易对于企业生产率的影响、对于贸易量和贸易模式的影响以及对于社会总福利的影响三个方面解析并得到有关结论。

（一）自由贸易与企业生产率

Melitz（2003）的研究结果显示，自由贸易对于企业生产率具有显著正向作用，有选择效应（Selection Effects）和生产再分配效应（Production Reallocation Effect）。选择效应通过降低边际成本临界值将部分竞争力弱的企业排除出市场，生产再分配效应是指将原本生产率低的企业的生产转移到了生产率高的企业那里，从而能够提高企业生产率。

我们用实际产出与劳动投入的比率代表企业生产率，而一国生产的总收益为E，总劳动投入为L，则企业的劳动生产率为（E/L)/P^p，P^p 代表生产者价格指数，由式（3–17）的结果得，$P^p=(m\eta)^{1/(1-\sigma)}/(1-1/\sigma)$，再由式(3–13)、式（3–15）和式（3–16)，则企业平均生产率Ω为：

$$\Omega=\frac{1-1/\sigma}{\beta_D}\left(\frac{L}{\sigma\gamma C_D}\right)^{\frac{1}{\sigma-1}} \tag{3-20}$$

由于自由贸易会使 β_D 下降，所以企业平均生产率Ω必定提高，也就是说自由贸易会提高企业生产率。而自由贸易的结果是，国内边际生产成本的临界点降低而出口边际生产成本的临界点上升，下面我们还要具体分析。之所以如此，是自由贸易降低了壁垒，贸易可能性增加，出口企业增加，所以出口边际成本反而上升了。我们用图3–3表示自由贸易对于临界点和企业生产的影响，可见出口企业数量增多，出口额增加，但也使得部分生产率低的企业退出了市场，且生产率相对低的企业生产和销售规模下降。

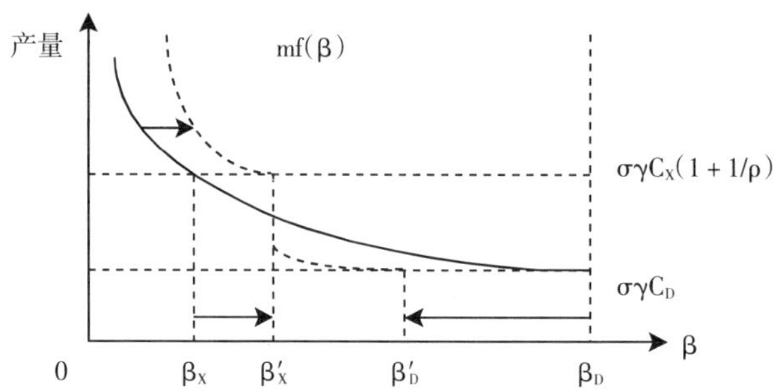

图3–3 自由贸易对于企业市场进入边界点以及生产的影响

（二）自由贸易与贸易量和贸易模式

关于自由贸易和贸易自由化的度量，有两种方法：一种是可变贸易成本下降，也就是我们之前定义的冰山贸易成本下降，以贸易自由度ρ表示，当 $\rho=1$ 时，冰山贸易成本 $\theta=1$，则表示贸易完全自由化；当 $\rho=0$ 时，$\theta=+\infty$，贸易完全封闭。另一种方法是用不同的“滩头成本”表示贸易自由化，即当 C_X/C_D 下降时，贸易自由化加深。我们按照惯常的做法，选择第一种方式，这也是最直观和更符合实际的自由化表示方法。

首先分析自由贸易对于边际成本临界点的影响。在我们的模型中，贸易自由化意味着 $d\varphi > 0$，$d\zeta < 0$ 和 $d\rho > 0$，由式（3–16）结果可以看出，显然自由贸易会减少 β_D 而增加 β_X。当贸易完全封闭的时候，即使边际生产成本为 0 的企业也不会出口。而无论贸易自由到何种程度，即使完全自由化，两种边际生产成本也不会相等，除非 $C_X = C_D$，而这种情况一般来说是不太可能的。所以，我们得到，贸易自由化降低了企业进入国内市场的边际成本临界值，而提高了企业出口国外的边际成本临界值。

其次分析贸易自由化对于市场中企业数量 m 的影响。同样的由式（3–16）可知，自由贸易减少了每个国家中生产企业的数量，我们用相对变化量分析，即 $\hat{X} = dX/X$ 的形式表示企业数量相对变化与贸易自由化相对变化之间的关系，对式（3–16）进行计算能够得到：

$$\hat{m} = -\frac{\lambda\varphi}{1+\varphi}\hat{\rho} \tag{3–21}$$

也就是说：$\frac{dm}{d\rho} = -\frac{\lambda\varphi}{1+\varphi} < 0$，即自由贸易减少市场中生产企业的数量。

最后探索贸易自由化与贸易模式变化之间的关系。我们对式（3–19）求解关于贸易自由化变量 φ 的导数，得到：

$$\frac{dV^*}{d\varphi} = \frac{E}{1+\varphi} - \frac{E\varphi}{(1+\varphi)^2} = \frac{E}{(1+\varphi)^2} > 0 \tag{3–22}$$

说明自由贸易能够增加世界贸易总值，促进贸易发展。同时，能够得到：

$$\frac{dV_X(\beta)}{d\varphi} = V_X(\beta)\frac{\sigma-1}{\beta_X}\frac{d\beta}{d\varphi} \tag{3–23}$$

式中，前两项为正，最后一项符号不确定，由图 3–3 可知，当 β 的取值小于 β_X 时，$d\beta/d\varphi > 0$，即自由贸易对于已经在出口市场的企业具有贸易促进作用；而当 β 的取值大于 β_X 而小于国内市场进入成本 β_D 时，$d\beta/d\varphi < 0$，即贸易自由化对于新进入出口市场的企业具有贸易抑制作用，减少了其出口份额。故而贸易自由化一方面具有贸易扩张效应，另一方面也具有贸易转移效应，将贸易从生产率低的出口企业转移到生产率高的出口企业。

（三）自由贸易与社会福利

假设所有企业的总利润为 Π^*，间接效用函数是：$U = \ln E - \ln P$，其中 $P = \frac{(m\eta)^{1/(1-\sigma)}}{1-1/\sigma}$，且由于我们假设劳动为记账单位，即工资率为 1，所以 $E = L - L_I + \Pi^*$，这里 L_I 指新产品研发和创新的成本。由上可以得到：

$$\hat{U} = -\hat{P} = -\hat{\beta}_D = \frac{\varphi}{n(1+\varphi)}\left[\lambda\hat{\rho} + (\lambda - 1)\hat{\zeta}\right] \quad (3\text{–}24)$$

显然，贸易自由化使得 ρ 和 ζ 的变化都为正，则总福利 U 的变化也为正，所以自由贸易使得社会总福利增加，贸易是对整个世界有利的。

四、相关结论及对我国的启示

以上我们从一个新—新贸易理论的经典框架出发，构建模型解析了异质性企业的出口贸易行为选择，以及由此产生的对于企业和社会的经济效应。总结起来，能够得到以下几个结论：

第一，企业边际生产成本差异从而生产率的差异形成的异质性是其选择是否出口的关键因素。现实中的企业分为出口企业和国内销售企业，那些生产率高的企业选择出口，而生产率较低的企业选择在国内销售其产品。同时，在出口企业中，生产率越高，出口规模越大，而生产率越低，出口规模越小。

第二，出口和自由贸易对于企业生产率的作用方向是不确定的，只有那些生产率相对较高的企业能够从自由贸易中获利，相反生产率较低的出口企业却在自由贸易中受损。

第三，自由贸易会提高全社会企业的平均生产率，抬高企业国内市场的进入门槛，即国内市场进入所需的边际成本临界值下降；降低出口市场进入门槛，也即出口市场进入所需的边际成本临界值提高。

第四，自由贸易会减少市场中企业的数量，原因在于自由化使得部分生产率低的企业退出了市场，而增加了生产率高的企业的市场份额。

第五，自由贸易对于整个世界的贸易总量存在正向拉动作用；对贸易模式产生贸易转移效应，也就是说自由化促使贸易从那些生产率低的企业转移到了生产率高的企业。

第六，自由贸易有利于全社会总福利的提高，所以贸易是一个双赢的结果，应该不断推动贸易的自由化。

以上的结论与先前的贸易理论具有很多相似之处，但差异也是显然的，主要表现在对于贸易产生的本质原因解释以及自由化的经济效应有关方面。这些结论的获得对于我国企业出口贸易行为选择以及政府贸易战略的制定具有重大指导意义和启示。

对于企业来说：①出口行为选择必须慎重，评估好自己的生产效率和竞争力，只有确定能够从出口贸易中获益的情况下才对外出口；有一些企业错误地认为出口就是有利，经常不顾自身的能力盲目出口，结果丧失了国内市场的机会，得不偿失。②生产率最重要，企业应该高度重视提高自身的劳动生产率和全要素生产率，这样才能获得更多的市场份额，取得长足发展和进步。③充分认识自由贸易的经济效应，避免自由化对于企业造成的冲击，尽可能趋利避害，从自由化中获得最大收益。

对于政府来说：①出口导向策略是促进经济增长的重要贸易战略，但注意不应给予出口企业相关出口优惠和补贴，要致力于创造企业出口的良好公平市场环境，让企业自主选择贸易行为。②贸易自由化的效应具有双向性，对于不同生产率的企业影响不同，我国经济发展水平和企业生产率尚处于发展中行列，所以在开放策略选择上要适度和渐进，不要一次性过度开放，以免自由化给企业带来损害。③自由贸易能够提高企业的总体生产率，能够带来整个社会福利的增加，所以自由化是一个方向，我国应该坚定地不断开放国内市场，从全球化中汲取营养。④我国出口贸易发展迅速，改革开放以来取得了骄人的成绩，说明我国企业的生产率确实已经有了很大的提高，竞争力在不断增强，推动了我国经济飞速增长，所以应继续重视和关注出口贸易对于我国企业和经济实力的积极效应，把握和制定正确的外贸发展战略，及时转变贸易增长方式，推动我国经济又好又快地发展。

第三节　实证检验：中国制造业分行业企业面板数据的分析

根据新—新贸易理论模型的主要结论，一方面，企业生产率是其出口贸易行为选择的主要决定因素，生产率高的企业比生产率低的企业更倾向于国际化经营，即生产率越高，企业会越多地对外出口；另一方面，出口贸易对于企业生产率的影响方向是不确定的。对于模型的结论，需要实证检验，国外文献中的实证研究已有不少，但到目前为止尚未见用中国数据进行检验的研究。本节我们将打破这一空白，用中国的行业企业数据实证检验模型的结果。检验的问题包括：企业生产率与出口贸易之间是否存在正相关关系；在相关关系中，两者的因果性如何，是单向因果关系还是双向因果关系，企业生产率差异是出口选择的原因，还是出口行为是企业生产率提高的原因；从面板总体看，两者关系如何；等等。

一、数据描述

实证研究的数据主要是企业的生产率和相对应的出口贸易额，在企业的生产率上，我们主要采用非参数生产前沿动态方法之一的数据包络分析（DEA）法，用专门的 DEAP 2.1 软件计算企业全要素生产率。从现有检验新—新贸易理论的文献看，基本思路大多是选取大量企业样本，然后将这些样本按照出口和不出口类型分组，再分别计算它们的生产率，比较两组企业的生产率情况，从而可以验证理论的结果。但该种方法对于中国企业的检验由于数据获取的困难而无法实现，我们无法得到具体企业的出口及其内部投入产出情况，尤其是要获取大量样本的企业情况，几乎是无法实现的。鉴于此，我们择优选取历年《中国统计年鉴》中按行业分全部国有及规模以上非国有工业企业年度数据为样本，主要选取了其中的制造业企业样本，这里规模以上非国有企业是指年主营业务收入在 500 万元以上的企业；同时，限于统计数据难以搜集，我们截取 1997~2006 年为样本时间段。整个 10 年的数据包含企业 1704789 家，分 28 个制造业行业。在计算全要素生产率中，主要的数据变量包括产出、资本和劳动投入等。对于相对应行业企业的出口数据，主要来自于《中国海关统计年鉴》（1998~2006），同时还对有关行业进行了计算加总和归并。

二、基于 DEA 方法的分行业企业 TFP 增长率计算

这里采用非参数生产前沿方法进行核算。生产前沿是判断生产者个体生产效率高低的基准，落在生产前沿上的生产点称为“最佳实践者”，而落在生产前沿“内部”的生产点称为技术上存在效率损失的点（涂正革、肖耿，2006）。数据包络分析（Data Envelopment Analysis，DEA）技术是一种应用非常广泛的非参数方法，通过数学规划计算生产技术前沿、评价生产者的技术效率。非参数方法的最大优点是不需要设定生产者最优行为目标，而且也不需要对生产函数的形式做特殊的假定，同时对样本容量的要求比较低。

DEA 技术的观念最初由 Farrell（1957）提出，其基本思路是用“最小的”或“匹配最紧密”的凸面球壳包络投入产出数据集，所得到数据集合的边界就代表“最佳实践”的技术前沿。DEA 是一种数据驱使方法，依靠投入产出的数据挖掘出两大信息：技术前沿和相对于参照技术的效率评价。

（一）数据包络方法（DEA）介绍

其原理是，在给定投入下，实际产出与潜在的最大产出之间的距离测量了生产活动的效率，给定产出之下，实际投入与潜在最小投入的距离也测量了生产活动的效率，此概念叫作技术效率。对潜在最大产出的求解，实际研究中采用绩效最好的各经济体的产出来定义，通过线性规划方法得到，直观思路是：设想单一投入品、单一产出品的生产活动中，以横轴代表投入品、纵轴代表产出品，将各经济体的生产行为观察点描出，之后将同样投入水平下产出最高的点连起来，就可得到绩效最好的各经济体的产出前沿。具体方法为：收集到同一时期各经济体的生产行为观察值之后，基于线性空间里的距离函数定义和相应的计算方法，可以度量出各个经济主体的相对绩效。如果实际产出正好吻合于产出前沿，则称为技术效率等于 1；如果实际产出低于产出前沿对应的水平，则技术效率小于 1，与前沿的距离越远，则技术效率越低；数据包络分析方法中不会出现技术效率大于 1 的情形。

具体来说，这里我们的研究将用 DEA Malmquist 指数法，其由瑞典经济学家和统计学家 Malmquist 在 1953 年提出，用来分析不同时期的消费变化。1989 年，Fare，Grosskopf 和 Ross 将 Malmquist 的思想用到了生产率分析上；1994 年，相关学者又建立了用来考察全要素生产率变化（Total Productivity Change，TFPCH）的 Malmquist 指数。根据 Fare 等（1994），一个参考技术或者最佳实践前沿面可以由三种等价的方式表述：投入要求集（Input Requirement Set）、产出可能性集（Output Possibility Set）和曲线图。在每一个特定时期 $t = 1, 2, \cdots, T$，决策单元（Decision-making Unit）$k = 1, 2, \cdots, K$，使用 $n = 1, 2, \cdots, N$ 种投入 $x^t_{k,n}$，得到第 $m = 1, 2, \cdots, M$ 种产出 $y^t_{k,m}$。在规模报酬不变，投入要素强可处置（Strong Disposability of Input）的条件下，生产前沿投入集为：

$$L^t(y^t|C, S) = \left\{(x^t_1, x^t_2, \cdots, x^t_N): y^t_{k,m} \leqslant \sum_{k=1}^{K} z^t_k y^t_{k,m}, \ \sum_{k=1}^{K} z^t_k y^t_{k,n} \leqslant x^t_{k,n} \quad z^t_k \geqslant 0\right\} \tag{3-25}$$

Z 表示每一个决策单元观察值的权重，则在（C，S）条件下投入导向的 Farrel 技术效率函数可以定义为：

$$F^t(y^t, x^t|C, S) = \min\lambda^k$$

$$\text{s.t.} \quad y^t_{k,m} \leqslant \sum_{k=1}^{K} z^t_k y^t_{k,m} \quad m = 1, 2, \cdots, M$$

$$\sum_{k=1}^{K} z^t_k y^t_{k,n} \leqslant \lambda^k x^t_{k,n} \quad n = 1, 2, \cdots, N$$

$$z^t_k \geqslant 0 \quad k = 1, 2, \cdots, K \tag{3-26}$$

Malmquist 生产率变动指数是用来定义谢泼德距离函数（Shephard Distance Function），根据 Fare 等（1994），距离函数是 Farrell 技术效率的倒数，即：

$$D^t_i(y^t, x^t|C, S) = 1/F^t_i(y^t, x^t|C, S) \tag{3-27}$$

根据 Caves 等（1982），投入导向的 TFP 指数可以用 Malmquist 生产率指数表示：

$$M^t_i = D^t_i(x^t, y^t|C, S)/D^t_i(x^{t+1}, y^{t+1}|C, S) \tag{3-28}$$

这个指数测度了在时期 t 的技术条件下，从时期 t 到 t+1 的技术效率的变化。同样，我们可以定义在时期 t+1 的技术条件下，测度从时期 t 到 t+1 的技术效率变化的 Malmquist 生产率指数：

$$M^{t+1}_i = D^{t+1}_i(x^t, y^t|C, S)/D^{t+1}_i(x^{t+1}, y^{t+1}|C, S) \tag{3-29}$$

根据 Fare 等（1992）的分析，Malmquist 的全要素生产率变化（TFPCH）又可分解为技术变化（TECHCH）与技术效率变化（TECH）的乘积。在实证研究中，有两种分解 Malmquist 指数的思路（Ray 和 Desli，1997；Fare 等，1997）。为了得到以时期 t 为基期 t+1 期的全要素生产率，可以利用 Fare 等（1997）的思路，用上述两个 Malmquist 生产率指数的几何平均数来计算生产率的变化。

$$M_i(x^{t+1}, y^{t+1}; x^t, y^t) = \left[\frac{D^t_i(x^t, y^t|C, S)}{D^t_i(x^{t+1}, y^{t+1}|C, S)} \times \frac{D^{t+1}_i(x^t, y^t|C, S)}{D^{t+1}_i(x^{t+1}, y^{t+1}|C, S)}\right]^{\frac{1}{2}} = \frac{D^t_i(x^t, y^t|C, S)}{D^{t+1}_i(x^{t+1}, y^{t+1}|C, S)}\left[\frac{D^{t+1}_i(x^{t+1}, y^{t+1}|C, S)}{D^t_i(x^{t+1}, y^{t+1}|C, S)} \times \frac{D^{t+1}_i(x^t, y^t|C, S)}{D^t_i(x^t, y^t|C, S)}\right]^{\frac{1}{2}} \tag{3-30}$$

也即 TFPCH = TECH × TECHCH，全要素生产率变化等于技术效率变化乘以技术变化。实际测度中，可以通过相关软件完成，常用的有 DEAP 程序、GAUSS 程序和 EMS 程序。

（二）分行业企业各年度 TFP 增长率测算

我们利用 DEAP 软件 2.1 版，所需的数据来自于《中国统计年鉴》（1998~2007），用年度工业增加值表示行业企业的总产值，用固定资产净值年平均余额表示当年资本投入，用从业人员年均人数表示当年劳动投入量。与此同时，我们对前两个数值进行价格平减，用 1991 年为基期的工业品出厂价格指数对工业增加值进行价格平减，用 1991 年为基期的固定资产投资价格指数对固定资产净值年平均余额进行价格平减。价格指数数据以及各年度相关数据与价格处理后的数据见附录。软件分析计算的各年度 TFP 变化结果如表 3-2 所示（其中各年度具体的生产率变化及其分解情况详见附录）。

表 3-2　DEAP 软件计算的 1998~2006 年我国分行业制造类企业 TFP 增长率情况

单位：%

行业＼年份	1998	1999	2000	2001	2002	2003	2004	2005	2006
食品加工业	6.292	0.278	1.075	1.181	1.153	1.173	0.140	9.378	1.055
食品制造业	5.324	0.306	1.162	1.036	1.136	1.148	0.172	7.151	1.070
饮料制造业	2.294	0.387	1.019	1.042	1.097	1.078	0.203	6.320	1.101
烟草加工业	1.520	0.798	0.992	1.223	1.338	1.196	0.231	5.336	1.133
纺织业	5.330	0.295	1.147	1.074	1.097	1.077	0.132	9.536	1.072
服装及其他纤维制品制造	4.432	0.485	1.102	1.108	1.014	1.113	0.142	7.858	1.082
皮革毛皮羽绒及其制品业	5.832	0.519	1.065	1.202	1.093	1.102	0.146	7.696	1.086
木材加工及竹藤棕草制品业	8.185	0.269	1.050	1.130	1.089	1.153	0.176	7.651	1.138
家具制造业	5.350	0.391	1.059	1.191	1.037	1.036	0.173	7.264	0.975
造纸及纸制品业	5.328	0.274	0.901	1.066	1.146	1.068	0.185	6.019	1.056
印刷业记录媒介的复制	3.651	0.338	0.959	1.106	1.097	1.039	0.213	4.783	1.093
文教体育用品制造业	3.061	0.558	1.021	1.133	0.988	1.116	0.149	6.934	1.085
石油加工及炼焦业	5.144	0.216	1.298	1.231	1.168	1.177	0.186	5.953	1.099
化学原料及制品制造业	6.273	0.228	1.057	1.105	1.121	1.238	0.323	4.102	0.987
医药制造业	2.425	0.630	1.077	1.032	1.019	1.038	0.229	4.430	1.040
化学纤维制造业	9.464	0.258	1.139	0.843	1.283	1.095	0.184	6.131	1.140
橡胶制品业	3.087	0.365	1.033	1.007	1.174	1.216	0.171	6.284	1.011
塑料制品业	6.659	0.297	1.095	1.067	1.145	1.047	0.161	6.915	1.155
非金属矿物制品业	5.896	0.259	1.075	1.095	1.108	1.185	0.192	5.826	1.127
黑色金属冶炼及压延加工业	4.359	0.236	1.097	1.177	1.140	1.399	0.324	4.370	0.947

续表

行业＼年份	1998	1999	2000	2001	2002	2003	2004	2005	2006
有色金属冶炼及压延加工业	6.622	0.222	1.196	1.110	1.013	1.299	0.255	5.262	1.374
金属制品业	4.684	0.396	1.061	1.099	1.170	1.151	0.211	5.668	1.090
普通机械制造业	2.973	0.507	1.080	1.158	1.152	1.247	0.235	5.635	1.057
专用设备制造业	3.163	0.483	1.093	1.115	1.232	0.989	0.196	6.642	1.138
交通运输设备制造业	3.477	0.453	1.029	1.185	1.289	1.213	0.235	4.106	1.049
电气机械及器材制造业	3.656	0.526	1.160	1.088	1.126	1.174	0.209	5.891	1.100
电子及通信设备制造业	4.383	0.518	1.200	0.904	1.088	1.175	0.180	5.515	1.060
仪器仪表文化办公用机械	4.473	0.522	1.144	1.083	1.084	1.305	0.198	5.852	1.131

对于 DEA 方法计算的 TFP 结果，需要注意的是，其反映的是年度生产率增长率，而不是全要素生产率的年度值；且由于我们计算输入的数据是 1997~2006 年的，得到的 TFP 结果将是 1998~2006 年的。由表 3-2 可知，1998 年和 2005 年各行业的生产率增长最快，而 1999 年和 2004 年的生产率增长较慢，其他年份增长速度处于中等水平。从行业平均看，总体增长较为稳定，其中皮革毛皮羽绒及其制品业、仪器仪表文化办公用机械和木材加工及竹藤棕草制品业增长较快，而饮料制造业、印刷业记录媒介的复制以及橡胶制品业增长稍为缓慢。我们用图 3-4 和表 3-3 总结各年度总体 TFP 增长情况以及各行业年均 TFP 增长情况。

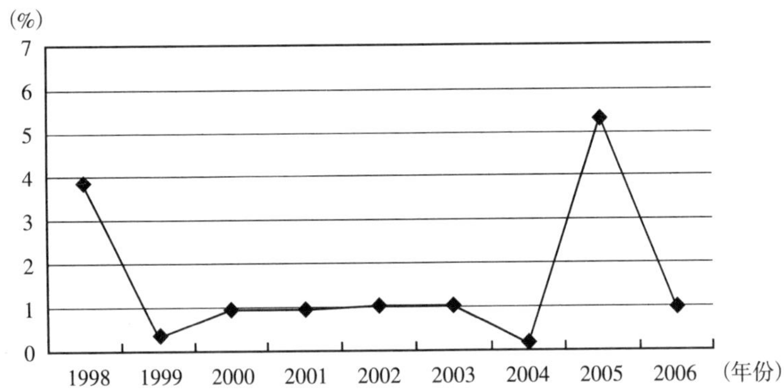

图 3-4　1998~2006 年我国总体 TFP 年度平均增长率

表 3-3 各行业 1998~2006 年平均 TFP 增长率按降序排列情况

单位：%

行业	TFPCH	行业	TFPCH
皮革毛皮羽绒及其制品业	1.213	电子及通信设备制造业	1.143
仪器仪表文化办公用机械	1.205	烟草加工业	1.142
木材加工及竹藤棕草制品业	1.197	纺织业	1.133
有色金属冶炼及压延加工业	1.189	化学原料及制品制造业	1.131
电气机械及器材制造业	1.177	交通运输设备制造业	1.131
化学纤维制造业	1.174	非金属矿物制品业	1.129
食品加工业	1.172	石油加工及炼焦业	1.128
金属制品业	1.16	黑色金属冶炼及压延加工业	1.123
普通机械制造业	1.16	文教体育用品制造业	1.104
服装及其他纤维制品制造	1.153	造纸及纸制品业	1.081
塑料制品业	1.151	医药制造业	1.073
家具制造业	1.149	橡胶制品业	1.068
食品制造业	1.144	印刷业记录媒介的复制	1.058
专用设备制造业	1.144	饮料制造业	1.052

三、各行业分年度出口贸易数据描述

分行业年度出口贸易数据来自《中国海关统计年鉴》（1998~2006）。同时，由于我们得到的 TFP 是年度增长率数据，故与此对应的我们需要以分行业出口贸易年度增长率数据进行分析。但由于资料搜集的困难，无法得到更早年份的数据，故在此基础上，只能获取 1999~2006 年的各行业出口贸易增长率情况，这决定了实证分析只能在 1999~2006 年的行业企业面板数据层面开展。

另外，《中国海关统计年鉴》中难以找到与 TFP 计算中行业划分完全相同的行业，我们只能找到一些替代数据。行业分类上，剔除了无法获取出口贸易数据的印刷业记录媒介的复制、文教体育用品制造业、化学纤维制造业以及黑色金属冶炼及压延加工业 4 个行业，且把食品加工业和食品制造业进行了合并，取生产率变化（TFPCH）均值，合称为食品加工、制造业，所以最终用以分析的行业数为 23 个；在具体行业上，我们用近似相同的行业代替 TFP 计算中分类的行业，具体替代情况如表 3-4 所示。

表 3-4 出口贸易数据获取中的行业替代情况

TFP 计算行业分类	出口对应行业	TFP 计算行业分类	出口对应行业
食品加工业	食品	医药制造业	医药品
食品制造业		橡胶制品业	橡胶制品
饮料制造业	饮料	塑料制品业	非初级形状塑料
烟草加工业	烟草及其制品	非金属矿物制品业	非金属矿物制品
纺织业	纺纱、织物、制成品	有色金属冶炼及压延加工业	有色金属
服装及其他纤维制品制造	服装及衣着附件	金属制品业	金属制品
皮革毛皮羽绒及其制品业	皮革、皮革制品	普通机械制造业	通用工业机械
木材加工及竹藤棕草制品业	软木及木制品	专用设备制造业	特种工业专用机械
家具制造业	家具及其零件	交通运输设备制造业	陆路车辆
造纸及纸制品业	纸及纸板、纸制品业	电气机械及器材制造业	电力机械、器具
石油加工及炼焦业	石油、石油产品及有关原料	电子及通信设备制造业	电信及声音的录制
化学原料及制品制造业	其他化学原料及产品	仪器仪表文化办公用机械	专业、科学及控制用仪器

我们将得到的数据用 1991 年为基期的工业品出厂价格指数进行价格平减（所用名义数据见附录），得到去除价格因素后的 1999~2006 年我国分行业出口贸易增长率情况，如表 3-5 所示。

表 3-5 价格调整后的 1999~2006 年我国分行业出口增长率情况

单位：%

行业 \ 年份	1999	2000	2001	2002	2003	2004	2005	2006
食品加工、制造业	0.0153	0.1482	0.0592	0.1742	0.1831	0.0109	0.3653	-0.0057
饮料制造业	0.1226	-0.0101	0.1149	0.1562	-0.0669	0.2550	-0.1213	-0.0562
烟草加工业	-0.4034	-0.1274	0.2966	0.1455	0.1139	-0.0183	-0.0032	0.0222
纺织业	0.0433	0.2026	0.0569	0.2496	0.2787	0.1713	0.1701	0.1515
服装及其他纤维制品制造	0.0262	0.1658	0.0298	0.1523	0.2321	0.1199	0.1424	0.2489
皮革毛皮羽绒及其制品业	0.0466	0.4455	0.5895	0.1305	0.1689	0.2372	0.0395	0.1267
木材加工及竹藤棕草制品业	0.3092	0.2026	0.1338	0.3090	0.1906	0.4311	0.1878	0.3166
家具制造业	0.2568	0.2879	0.1197	0.3494	0.3220	0.3164	0.2514	0.2240
造纸及纸制品业	-0.0482	0.4860	0.0715	0.1748	0.3170	0.1574	0.3216	0.3331
石油加工及炼焦业	-0.1357	1.0241	-0.1464	0.0550	0.4055	-0.0475	0.6226	0.0658
化学原料及制品制造业	0.2197	0.0656	0.1592	0.1414	0.2124	0.3818	0.2273	0.1454
医药制造业	0.0170	0.0357	0.1212	0.2009	0.2033	0.0657	0.1130	0.1531

续表

行业 \ 年份	1999	2000	2001	2002	2003	2004	2005	2006
橡胶制品业	0.2244	0.2911	0.0398	0.2590	0.2503	0.4150	0.3935	0.3254
塑料制品业	0.0223	0.1717	0.0328	0.3085	0.3359	0.5827	0.5144	0.3427
非金属矿物制品业	0.0744	0.1516	0.0453	0.2963	0.2233	0.2631	0.2641	0.2365
有色金属冶炼及压延加工业	0.0896	0.1903	0.0057	0.1734	0.3913	0.6043	0.1238	0.6180
金属制品业	0.0933	0.2087	0.1196	0.2608	0.2412	0.3123	0.2479	0.2613
普通机械制造业	0.1932	0.3570	0.2499	0.3330	0.4080	0.3819	0.2370	0.2710
专用设备制造业	0.1340	0.3780	0.2360	0.2338	0.3742	0.3128	0.3463	0.4357
交通运输设备制造业	0.1284	0.6182	0.0225	0.1727	0.4684	0.3505	0.2659	0.2276
电气机械及器材制造业	0.3188	0.3075	0.0646	0.2926	0.2966	0.3251	0.2094	0.3081
电子及通信设备制造业	0.2051	0.4520	0.2344	0.3779	0.3748	0.4337	0.3195	0.2653
仪器仪表文化办公用机械	0.2250	0.3520	-0.0272	0.3835	0.7972	0.6755	0.4626	0.1954

资料来源：根据《中国海关统计年鉴》(1997~2006) 以及《中国统计年鉴》(2006) 有关数据计算整理。

四、实证研究结果

对于企业生产率与出口贸易之间关系的解析，我们分两个层次进行：层次之一是指把每一个行业独立看作一个时间序列，以时间序列的分析方法研究两者之间相关关系和因果关系；层次之二是用面板数据的分析方法模拟两者关系。

（一）从时间序列分析方法角度研究

由于样本时间长度有限，仅仅有 9 年的数据，这对分析的有效性会造成影响，但好在分析研究的变量较少，解释变量和被解释变量都只有 1 个，所以在一定程度上还是能够反映变量之间关系的。

首先，我们将每一个行业独立分析，解析 TFP 增长与出口贸易增长之间的相关关系，用 Eviews 软件求解的两者之间相关系数如表 3-6 所示。可以看出几个特征：其一，绝大多数行业 TFP 与出口之间表现出了正相关的关系；其二，大多数行业中两者之间的关系并不显著，即相关性不强；其三，只有少数的几个行业如食品加工制造、造纸及纸制品业、石油加工及炼焦业、塑料制品业和橡胶制品业等表现出了较好的正向相关关系。从这一结果容易得出结论，总体看企业生产率与出口贸易增长之间表现出了正相关的关系，也就是说生产率高的企业会更多的出口；但大多行业表现的相关程度并不高。出现这样的结果，可能的原因在于：第一，所用数据的真实性和可靠性存在一定问题；第二，生产率效应可能存在滞后，直接的相关性分析效果不佳；第三，用行业企业数据来替代企业数据自然存在一些问题，并不能很好地表现企业生产率与出口增长之间的关系。

表 3–6　分行业企业出口贸易增长与全要素生产率增长之间的相关性系数

行业	相关系数	行业	相关系数
食品加工、制造业	0.8436	橡胶制品业	0.3344
饮料制造业	–0.6200	塑料制品业	0.4035
烟草加工业	0.0914	非金属矿物制品业	0.3181
纺织业	0.0742	有色金属冶炼及压延加工业	–0.2390
服装及其他纤维制品制造	0.0731	金属制品业	0.1588
皮革毛皮羽绒及其制品业	–0.3259	普通机械制造业	–0.3174
木材加工及竹藤棕草制品业	–0.4063	专用设备制造业	0.2162
家具制造业	–0.1269	交通运输设备制造业	–0.0317
造纸及纸制品业	0.3132	电气机械及器材制造业	–0.3082
石油加工及炼焦业	0.4809	电子及通信设备制造业	–0.0379
化学原料及制品制造业	–0.0718	仪器仪表文化办公用机械	0.0878
医药制造业	0.1111	总体所有行业	0.0820

资料来源：Eviews 6.0 软件计算分析所得。

其次，将所有行业的样本看作整体，将它们的出口与全要素生产率数据累加在一起，分析总体性的 Granger 因果关系。在进行 Granger 因果关系检验之前，必须首先检验序列的协整性，而此又必须确定序列的平稳性。我们对所有行业累加的 TFP 和 EX 及其差分进行扩展迪基—富勒检验（ADF），检验中选取有趋势项和常数项的模型：

$$\Delta Y_t = \alpha + \eta t + \lambda Y_{t-1} + \sum_{i=1}^{m} \alpha_i \Delta Y_{t-i} + \varepsilon_t \tag{3–31}$$

式中，α 代表常数因子，ηt 是趋势项，加入滞后项是为了使残差项为白噪声序列。检验结果如表 3–7 所示，可见全要素生产率 TFP 与出口 EX 两个序列都是一阶“单整”的，即均为 I(1) 序列。

表 3–7　ADF 单位根检验结果

变量	检验形式（C，T，K）	ADF 统计量	5%临界值	结果
TFP	(C，T，7)	–2.234539	–2.899619	不平稳
ΔTFP	(C，N，6)	–35.19236	–2.899619	平稳

续表

变量	检验形式（C，T，K）	ADF 统计量	5%临界值	结果
EX	（C，T，2）	-3.490577	-3.512290	不平稳
ΔEX	（C，N，1）	-13.63354	-1.944811	平稳

注：C，T，K 分别表示检验方程中的常数项、时间趋势和滞后阶数，N 表示无趋势项，Δ 表示差分项，滞后阶数的确定根据 AIC 准则，使 AIC 达到最小的 K 值不断尝试而获得。

对于两个同阶单整序列，我们可以对其进行协整检验，确定两者之间是否具有稳定的关系。如果具有稳定关系，则线性回归的结果是有效的，否则会存在“伪回归”问题。我们用 EG 两步法进行协整检验，即用一个变量对另一个变量回归，如果回归残差平稳，则两者之间存在协整关系。所以，先用最小二乘法（OLS）对整体行业 TFP 和 EX 进行回归，得到回归方程如下：

$$EX = \underset{(5.986501)}{0.155865} + \underset{(0.749924)}{0.007347}\ TFP + \varepsilon$$

$$R^2 = 0.711743;\ S.E. = 0.190358 \quad (3\text{-}32)$$

对该回归方程的残差序列进行 ADF 单位根检验，结果如表 3-8 所示，显然残差序列在三种置信区间都是平稳的，说明变量之间存在协整关系，即存在稳定的长期发展关系。不过式（3-32）的结果说明，出口和全要素生产率增长之间的相关性不强，这一结果可能是我们把不同的行业企业样本简单累加引起的，导致难以揭示真实关系；不过，协整检验的主要目的是确定两者之间的因果关系，对于其回归系数确定我们会用更有效的面板数据方法求解。

表 3-8 回归残差单位根 ADF 检验

Augmented Dickey-Fuller test statistic		t-Statistic	Prob.*
		-13.32202	0.0000
Test critical values	1% level	-2.593468	
	5% level	-1.944811	
	10% level	-1.614175	

确定了序列协整关系后，就可以对总体行业的两变量进行格兰杰（Granger）因果检验，以确定到底是全要素生产率决定了企业的出口规模，还是企业出口带动了全要素生产率的改善，抑或两者之间具有双向因果关系。根据数据特点，我们建立如下的基本模型：

$$EX_t = \alpha_0 + \sum_{i=1}^{n} \alpha_{t-i} TFP_{t-i} + \sum_{j=1}^{n} \beta_j EX_{t-j} + \varepsilon_t$$

$$TFP_t = \delta_0 + \sum_{i=1}^{n} \delta_{t-i} EX_{t-i} + \sum_{j=1}^{n} \beta_j TFP_{t-j} + \varepsilon_t' \quad (3-33)$$

其中，两个干扰项之间互不相关。用格兰杰因果检验法，并根据 AIC 原则，多次试验选取滞后阶数为 2，得到分析结果如表 3-9 所示。我们发现，TFP 不是 EX 变化的原因的假定被拒绝，也就是说 TFP 是企业出口贸易的原因；但反过来我们不能拒绝出口不是 TFP 增长的格兰杰原因，即出口不能确定会对 TFP 增长产生作用。这其实与新—新贸易理论的结果是一致的，即企业生产率状况决定了其自身的出口贸易行为选择，但反过来出口却不一定能够提高企业生产率。

表 3-9　Granger 因果检验结果

假设	观察值	F 统计量	概率	结论
TFP does not Granger Cause EX	83	2.79635	0.06716	拒绝
EX does not Granger Cause TFP		0.35371	0.70320	不拒绝

（二）面板数据分析

我们以第 i 个产业的出口增长率 EX_i 为被解释变量，其 TFP 增长率 TFP_i 为解释变量，构造回归方程：

$$EX_i = C_i + \beta_i TFP_i \quad (3-34)$$

由于面板数据存在两维性，模型选择正误决定了参数估计的有效性，所以我们首先要对模型的设定进行检验，决定采用固定效应模型还是随机效应模型。对固定效应模型，用回归结果的 F 检验决定；对随机效应模型，用回归的 Hausman 检验决定。结果如表 3-10 所示，可见固定效应模型通过了检验，而随机效应模型在任何检验水平下都不显著，所以我们选择固定效应模型。

表 3-10　F 检验和 Hausman 检验结果

	F	Prob	Hausman	Prob
统计量的值	3.757792***	0.0000	0.253886	0.6144

注：*** 表示在 1%水平下显著，通过检验。

固定效应模型的回归结果如表 3-11 所示，总体来看，出口增长与 TFP 增长之间呈现了正相关的关系。但该回归的结果不够理想，首先是相关系数只有 0.021378；其次是可决系数较小，只有 0.418513，调整后的可决系数也只有 0.304496，不过作为一个时间长度较短的面板数据来说，这样的决定系数已经较好；最后，T 统计量较小而相伴概率过高，说明 TFP 系数显著为 0 的概率还存在。但从总体来说，回归结果的各项检验基本可以接受。再看各行业对于出口贸易贡献的固定效应，大多行业表现了正向的贡献，不过贡献度不高，超过 0.1 的行业屈指可数，说明 TFP 因素并不能解释企业出口贸易的全部，甚至可以说，决定企业出口贸易的主要因素可能并不在于其生产率状况。

表 3-11 面板数据固定效应模型回归分析结果

变量	系数	标准差	T 统计量	相伴概率
C	0.188206	0.044344	4.244184	0.0000
TFP	0.021378	0.027798	0.769026	0.4431
固定效应				
食品加工、制造业	-0.107633	橡胶制品业		0.053843
饮料制造业	-0.171657	塑料制品业		0.066246
烟草加工业	-0.217695	非金属矿物制品业		-0.025592
纺织业	-0.085685	有色金属冶炼及压延加工业		0.054996
服装及其他纤维制品制造	-0.085685	金属制品业		-0.001723
皮革毛皮羽绒及其制品业	-0.002324	普通机械制造业		0.083413
木材加工及竹藤棕草制品业	0.035390	专用设备制造业		0.083705
家具制造业	0.042669	交通运输设备制造业		0.065353
造纸及纸制品业	0.007139	电气机械及器材制造业		0.044333
石油加工及炼焦业	0.009276	电子及通信设备制造业		0.113527
化学原料及制品制造业	-0.021258	仪器仪表文化办公用机械		0.161875
医药制造业	-0.102513	/		/
统计量				
R-squared	0.418513	Mean dependent var		0.221241
Adjusted R-squared	0.304496	S.D. dependent var		0.178973
S.E. of regression	0.149258	Akaike info criterion		-0.813818
Sum squared resid	3.408542	Schwarz criterion		-0.272171
Log likelihood	105.8712	Durbin-Watson stat		2.485826
F-statistic	3.670615	Prob（F-statistic）		0.000000

五、结论

从以上实证研究的结果我们可以得到这样的几个结论：第一，企业出口行为与其生产率之间确实存在相关性，且相关关系为正，也就是说生产率高的企业会更多的出口，而生产率低的企业不出口或出口较少，这与新—新贸易理论的结论是吻合的，说明中国企业数据也支持该理论。第二，因果关系检验说明，生产率是引起企业出口的原因，即生产率高低决定了企业的出口贸易行为选择；但反过来则不成立，即不能确定出口会引起生产率的变化，出口不是生产率变动的原因；该单向因果关系与新—新贸易理论的结论也是一致的。第三，虽然实证的结果基本都印证了理论模型，但我们发现，我国分行业企业的出口贸易与其 TFP 之间的相关关系并不显著，相关系数不高。这一方面可能与我国出口贸易有相当比例是加工贸易有关；另一方面也可能在于生产率并不能解释企业出口行为选择的全部，影响企业出口行为的因素是多方面的。这事实上对新—新贸易理论提出了一个新的挑战和扩展思路，即仅用企业生产率差异这个因素是不能够全面解释企业国际化行为选择的全部的，必须在模型中加入其他的因素和变量。

综上所述，本节选取了我国制造业分行业的企业面板数据，用非参数数据包络分析（DEA）技术计算了企业全要素生产率的年度增长率情况，并对其与企业出口贸易增长之间的关系进行了全面的分析，得到的结论与新—新贸易理论的结果是一致的。这里，我们用中国数据检验了新—新贸易理论，并且我们的分析还为该理论的未来发展提出了一个方向，即仅有生产率差异是不够的，新—新贸易理论需要加入更多的能够刻画企业异质性的变量，才能更好地模拟和解释现实。但需要指出的是，本节分析所用数据并非真正意义上的企业数据，没有涉及单个企业以及各行业内部不同企业之间的具体差异情况，所以检验的可信度存在一定问题，有必要从单个企业的数据角度进一步检验。

第四节　基于中国 300 万家制造业企业数据的检验

本节我们将从直接的微观企业数据来检验和证明新—新贸易理论的有关结论，但由于我国企业对外直接投资发展滞后，很少企业开展了真正意义上的“走出去”，所以我们只对出口企业和非出口企业的生产率情况进行对比。

一、数据来源和处理、生产率计算方法

（一）数据来源和处理

我们的数据来自于中国工业企业数据库（1998~2007），由复旦大学 985 中国经济国际竞争力研究基地购买和提供。该数据库按照最新的国民经济行业分类[①] 分年度收集了全国 300 多万家企业的信息，平均每年收集的企业有 30 多万家，为了保密起见，数据库中的企业只有代码而没有具体名称。由于每年度收集的企业不具有连续性，所以要建立分年度的企业面板数据是相当困难的，即使能够做到，整个数据的整理工作量是不可估量的。所以我们将不同的年份单独处理，按照行业划分，采用截面数据方法分析，因为截面样本量巨大，做这样的处理是有意义和可信的。另外，由于我们主要分析企业出口和生产率之间的关系，故选取其中我国出口较为典型的制造业企业更有价值。我们按照数据库中行业分类方法，选取了所有的 30 个制造业行业中企业作为样本，这些行业的名称及在数据库中的代码如表 3-12 所示，在接下来的分析中，为了简化篇幅，我们用行业代码代表具体名称。

我们在生产率计算中用到的数据包括企业产出和投入，产出我们选取工业增加值指标，它是指工业行业在报告期内以货币表现的工业生产活动的最终成果，比工业总产值更能反映特定时期的企业产品状况。投入来看，从理

① 最新的国民经济行业分类是 2003 年颁布的 GB/T4754-2003，分从 A 到 T 共 20 大类 98 个行业，其中制造业属于 C 类共 30 个行业。

表 3-12　制造业 30 个行业代码及名称情况

行业代码	行业名称	行业代码	行业名称	行业代码	行业名称
13	农副食品加工业	23	印刷业和记录媒介的复制	33	有色金属冶炼及压延加工业
14	食品加工业	24	文教体育用品制造业	34	金属制品业
15	饮料制造业	25	石油加工、炼焦及核燃料加工业	35	通用设备制造业
16	烟草制品业	26	化学原料及化学制品制造业	36	专用设备制造业
17	纺织业	27	医药制造业	37	交通运输设备制造业
18	纺织服装、鞋、帽制造业	28	化学纤维制造业	39	电器机械及器材制造业
19	皮革、毛皮、羽毛及其制品业	29	橡胶制品业	40	通信设备、计算机及其他电子设备制造业
20	木材加工及木、竹、藤、棕、草制品业	30	塑料制品业	41	仪器仪表及文化、办公用机械制造业
21	家具制造业	31	非金属矿物制品业	42	工艺品及其他制造业
22	造纸及纸制品业	32	黑色金属冶炼及压延加工业	43	废弃资源和废旧材料回收加工业

论上资本和劳动足以反映企业的投入增值关系，其他中间投入品不过是将原值复制，并不能创造新增价值，所以就效率分析而言，只有资本和劳动是最根本、最重要的投入变量，因此我们选取资本和劳动作为投入要素。

在资本投入的处理中，由于资本包括年度内的流动资本以及固定资本总额，它们都构成了企业的投入，所以我们选取资产合计值作为资本总量。劳动投入的处理上，我们选取全部从业人员平均人数。由于我们所有的分析都是在同年度内的截面比较和处理，不存在不同年份之间的对比，所以这些变量无须进行价格平减。

（二）生产率计算方法

理论上，计算生产率常用的方法包括参数和非参数两种，参数方法是指通过测算出生产函数的具体形式再计算生产率，常用的有“索洛余值法”等，其优点是能够识别随机因素的影响，缺点是要求样本容量较大，且对于模型的设定可能会不准确而导致估计结果的偏差；非参数方法的估计过程不需要设定具体的生产函数形式，是一种确定性方法，常用的有如数据包络分析（DEA）方法，其优点是对于样本容量要求低，可以避免模型设定的错误，但缺点是无法识别随机因素的影响。

本节在生产率计算上，根据样本量巨大的特点，无论是参数方法或者非参数方法，要逐一测算 300 多万家企业的全要素生产率，工作量是无法想象的，也难以实现。我们只能退而求其次，采用两种较为方便的方法计算企业生产率。第一种是近似全要素生产率（Approximate TFP，ATFP），来自于 Head 和 Ries（2003）文献，Griliches 和 Mairesse（1990）同样也应用了此种计算方法，其本源是参数方法中"索洛残值法"的衍生，它的优点是计算方便且集合了参数方法的优势，公式如下：

$$ATFP = \ln Q/L - s\ln K/L \tag{3-35}$$

式中，Q 为产出，L 为劳动投入，K 为资本投入，s 表示生产函数中资本的贡献度，其值在 0~1，如果为 0 则生产率等于劳动生产率，如果为 1，则生产率为资本生产率（Q/K），这里再引用 Hall 和 Jones（1999）而设定 s = 1/3，做这样的设定有两点理由：第一，相关文献很多使用，且通过检验基本符合实际情形，具有统计上的普遍性；第二，我们用中国的数据做了简单的检验，发现这样的设定也是符合我国实际的。为了弥补对于 s = 1/3 设定可能存在的问题，我们再用第二种方法，即劳动生产率进行对照，这里记为 LTFP，即单位劳动的产出，为了数据的简化，我们取对数，则 LTFP = lnQ/L。在两种生产率相互比较和对照下，应该是能够准确反映企业生产率状况的。

二、初步检验与出口企业的"生产率悖论"

以下的检验方法是：首先，把所有的企业按照其是否出口分为出口企业（X-type）和国内企业（D-type）两种类型。区分的办法是，只要数据库中企业出口值大于 0，则归为出口企业；而其出口值为 0，则归为国内企业。其次，计算并比较两类企业的生产率大小。由于不同行业之间的企业生产率是存在差异的，不具有可比性，所以我们选择在行业内进行比较，选取制造业所有的 30 个行业；与此同时，由于每个行业涉及的企业很多，而单个样本的比较是没有意义的，故我们计算每个行业内不同类型企业的平均生产率进行比较。最后，选取出口企业进行回归分析，探求出口企业生产率与出口贸易之间的关系。由于数据处理量巨大，我们首先只选取 2005~2007 年的数据，且选取代表性的 20 个制造业行业进行初步检验，得到的结果如表 3-13 所示。

表 3-13　2005~2007 年我国分行业不同类型企业全要素生产率计算结果

行业	2005年				2006年				2007年			
	X企业数	D企业数	X企业TFP均值	D企业TFP均值	X企业数	D企业数	X企业TFP均值	D企业TFP均值	X企业数	D企业数	X企业TFP均值	D企业TFP均值
13	3090	11009	2.9468	3.0332	3303	12877	4.4483	4.5645	2593	15126	3.0433	3.3754
14	1352	3982	2.6157	2.6238	1396	4466	2.7674	2.8046	1220	5275	2.8240	3.0304
15	515	2893	2.8713	2.6756	523	3290	3.0318	2.8722	388	3945	3.0765	3.1080
17	8158	13927	2.3786	2.5177	8421	16578	2.4964	2.6516	8173	19425	2.5472	2.7938
18	6871	4815	2.1729	2.3087	7235	5679	2.2915	2.4376	7580	7000	2.3623	2.5581
22	1029	6257	2.6050	2.5157	1031	6733	2.6896	2.6703	890	7347	2.5996	2.8464
24	2308	1028	2.1299	2.3889	2375	1208	2.2335	2.4733	2558	1488	2.3128	2.6151
26	3866	14365	2.8696	2.8335	3928	16230	3.0029	2.9951	3795	18717	3.1339	3.1893
27	1084	3733	2.7921	2.6711	1095	4127	2.9458	2.7868	1031	4562	2.9899	3.0297
28	231	1032	2.6844	2.8314	244	1118	2.8146	2.9739	242	1295	3.0189	3.1122
29	998	1950	2.2803	2.5063	1036	2253	2.4691	2.6878	1024	2600	2.5495	2.9037
30	3508	8280	2.3859	2.5485	3709	9526	2.4966	2.6977	3993	11133	2.5054	2.8585
32	646	5720	3.0940	2.9552	637	6112	3.2262	3.1149	568	6406	3.3391	3.3346
33	833	4163	2.9035	2.9781	901	4789	3.1614	3.2504	793	5754	3.2178	3.4167
34	4068	9351	2.4141	2.5393	4477	10805	2.5162	2.6946	4818	12866	2.5822	2.8749
35	4768	14830	2.4842	2.5167	5076	17431	2.6043	2.6873	5314	21066	2.6857	2.8783
36	2434	7506	2.5058	2.5107	2742	8574	2.6380	2.6772	2886	10224	2.6487	2.8698
39	4839	10141	2.3537	2.5780	5258	11327	2.4796	2.7450	5679	13351	2.5301	2.8934
40	4441	4152	2.3496	2.4148	4728	4651	2.4903	2.5428	5410	5445	2.5349	2.6545
42	3203	1855	2.2704	2.4696	3452	2232	2.3753	2.5997	3523	2813	2.4887	2.7680

分析表 3-13 的结果我们发现一个奇怪的现象：各年中绝大多数行业的出口企业生产率均值低于非出口企业，这一结果与新—新贸易理论以及其他国家的经验结果正好相反。具体看，2005 年的各行业生产率结果中，符合新—新贸易理论的行业只有 15、22、26、27、32，2006 年的结果同样只有这五个行业符合理论，2007 年的结果只有行业 32 符合。总结起来，有以下规律：在出口和供应国内市场中，多数行业的大多数企业选择只供应国内市场，且我国绝大多数行业的非出口企业全要素生产率高于出口企业；出口企业和非出口企业生产率大小关系与具体行业的特征有稳定的关系；随着时间的推移，非出口企业生产率高于出口企业的行业范围不断扩大。

这里，我们把我国出口企业平均生产率低于非出口企业，从而与新—新贸易理论以及普遍的经验结果相违背的现象称为出口企业的"生产率悖论"。

以上的实证结果只是从三个年份计算了部分行业的生产率，那么我国出口企业的“生产率悖论”是否在一段时间以来一直存在，或者这一变化规律是否具有行业的连贯性，有必要更加全面地分析。

三、“生产率悖论”的全面检验

我国出口企业表现出“生产率悖论”，背后必然存在固有的原因，所以我们必须全面地检验和确定我国企业是否存在“生产率悖论”，并试图解开谜底。我们使用同样的数据，搜集制造业所有的30个行业中全部的企业，分行业、分地区、分企业类型、区分加工贸易进行检验，以探求“生产率悖论”的原因。

（一）总体检验

我们首先对1998~2007年我国30个制造业行业中的所有出口企业和国内企业生产率均值进行计算和比较大小。分析结果显示，我国的大多数行业中，国内企业的数量是超过出口企业的，也就是说多数企业实际上是选择只供应国内市场；同时，在出口企业中，多数企业将其总产值的大部分用于出口，也就是说出口值占总产值的比重较高，可能是这些企业中加工贸易较多。总体检验的结果如表3-14所示（最终的具体计算结果见附录），“√”表示没有“生产率悖论”，即出口企业生产率均值高于国内企业；“×”表示存在“生产率悖论”，即出口企业生产率均值小于国内企业。

表3-14 1998~2007年我国制造业企业30个行业存在“生产率悖论”的情况

行业 \ 年份	1998		1999		2000		2001		2002		2003		2004		2005		2006		2007	
	A	L	A	L	A	L	A	L	A	L	A	L	A	L	A	L	A	L	A	L
13	√	√	√	√	√	√	√	√	×	√	×	×	×	×	×	×	×	×	×	×
14	√	√	√	√	√	√	√	√	√	√	√	√	√	√	×	√	×	√	×	×
15	√	√	√	√	√	√	√	√	√	×	√	√	√	√	√	√	√	√	√	√
16	√	√	√	√	√	√	√	√	√	√	√	√	√	√	√	√	√	√	√	√
17	×	√	×	×	×	×	√	√	×	×	×	×	×	×	×	×	×	×	×	×
18	×	×	×	×	×	×	×	×	×	×	×	×	×	×	×	×	×	×	×	×
19	×	×	×	×	×	×	×	×	×	×	×	×	×	×	×	×	×	×	×	×
20	√	√	×	√	×	√	√	√	×	×	×	×	√	√	×	×	×	√	×	×
21	×	√	×	×	×	×	×	√	×	×	√	×	×	×	×	×	×	×	×	×
22	√	√	√	√	√	√	√	√	√	√	×	√	×	√	√	√	√	√	×	×

续表

年份 行业	1998		1999		2000		2001		2002		2003		2004		2005		2006		2007	
	A	L	A	L	A	L	A	L	A	L	A	L	A	L	A	L	A	L	A	L
23	√	√	√	√	√	√	√	√	√	√	√	√	×	√	√	√	√	√	×	×
24	×	×	×	×	×	×	×	×	×	×	×	×	×	×	×	×	×	×	×	×
25	×	√	√	√	√	√	√	√	√	√	√	×	√	√	√	√	√	√	√	√
26	√	√	√	√	√	√	√	√	√	√	√	√	√	√	√	√	√	√	×	√
27	√	√	√	√	√	√	√	√	√	√	√	√	√	√	√	√	√	√	×	√
28	√	√	√	√	×	√	√	√	√	√	√	√	×	×	×	×	×	×	×	√
29	×	√	√	√	×	√	√	√	×	×	×	√	×	×	×	×	×	×	×	×
30	√	√	×	×	×	×	×	×	×	×	×	×	×	×	×	×	×	×	×	×
31	√	√	√	√	√	√	√	√	√	√	√	√	√	√	√	√	√	√	√	×
32	×	√	×	√	×	√	√	√	√	√	×	√	√	√	√	√	√	√	×	√
33	×	√	×	√	√	√	×	√	×	√	×	√	×	×	×	√	×	√	×	×
34	×	×	×	×	×	×	√	×	×	×	×	×	×	×	×	×	×	×	×	×
35	×	√	×	√	√	√	√	√	√	√	×	√	√	√	×	√	×	×	×	×
36	√	√	√	√	√	√	√	√	√	√	√	√	√	√	×	√	×	√	×	×
37	√	√	√	√	√	√	√	√	√	√	√	√	√	√	√	√	√	√	×	×
39	×	×	×	√	×	×	—	—	×	×	×	×	×	×	×	×	×	×	×	×
40	√	√	×	√	×	√	√	√	×	×	×	×	√	×	×	×	×	×	×	×
41	×	×	×	×	×	×	√	√	×	×	×	×	×	×	×	×	×	×	×	×
42	√	√	√	√	×	√	√	√	√	×	×	√	×	×	×	×	×	×	×	×
43	×	×	×	×	×	×	×	×	×	×	√	√	×	√	√	√	√	√	×	√

注：“A”代表 ATFP，表示近似全要素生产率，“L”代表 LTFP，表示劳动生产率；“√”表示该行业出口企业生产率均值高于非出口企业，即不存在“生产率悖论”，“×”表示该行业出口企业生产率均值低于非出口企业，即存在“生产率悖论”；“—”表示缺乏该行业的企业数据。

观察以上结果，发现我国出口企业存在“生产率悖论”的行业较为普遍，从近似全要素生产率检验结果看，基本上每年都有超过半数的行业存在“生产率悖论”，同时这种趋势随着时间的推移愈显突出。我们用表 3-15 总结以上的结果，可以得到以下几点特征：

（1）我国出口企业确实存在“生产率悖论”，即出口企业的生产率均值低于国内企业。也就是说，同行业内只供应国内市场的企业生产率效率却高于出口企业。从各年度的 ATFP 和 LTFP 检验结果看，基本每一年度内都有超过一半以上的行业存在“生产率悖论”。

（2）我国出口企业的“生产率悖论”有随着时间的推移愈加显著的趋

表 3-15 1998~2007 年我国制造业企业“生产率悖论”情况整理

<table>
<tr><th rowspan="2">年份</th><th colspan="2">ATFP 有悖论的行业</th><th colspan="2">LTFP 有悖论的行业</th><th rowspan="2">一直有悖论行业</th><th rowspan="2">一直无悖论行业</th></tr>
<tr><th>数量</th><th>所占比重（%）</th><th>数量</th><th>所占比重（%）</th></tr>
<tr><td>1998</td><td>14</td><td>46.67</td><td>7</td><td>23.33</td><td rowspan="2">18、19</td><td rowspan="2">16</td></tr>
<tr><td>1999</td><td>15</td><td>50</td><td>9</td><td>30</td></tr>
<tr><td>2000</td><td>16</td><td>53.33</td><td>10</td><td>33.33</td><td>超 60%的年份
有悖论行业</td><td>超 60%的年份
无悖论行业</td></tr>
<tr><td>2001</td><td>7</td><td>23.33</td><td>6</td><td>20</td><td rowspan="8">13、17
24、30
34、39
40、41
42、43</td><td rowspan="8">14、15
16、22
23、25
26、27
36、37</td></tr>
<tr><td>2002</td><td>15</td><td>50</td><td>15</td><td>50</td></tr>
<tr><td>2003</td><td>17</td><td>56.67</td><td>13</td><td>43.33</td></tr>
<tr><td>2004</td><td>15</td><td>50</td><td>15</td><td>50</td></tr>
<tr><td>2005</td><td>18</td><td>60</td><td>15</td><td>50</td></tr>
<tr><td>2006</td><td>19</td><td>63.33</td><td>15</td><td>50</td></tr>
<tr><td>2007</td><td>26</td><td>86.67</td><td>22</td><td>73.33</td></tr>
<tr><td>合计</td><td>162</td><td>54</td><td>127</td><td>42.33</td></tr>
</table>

势，我们从两种生产率中悖论行业所占比重看，除了 2001 年外，其他年份的悖论比重基本都是在不断上升，2007 年甚至都达到了 80%左右的行业存在“生产率悖论”。

（3）比较两种生产率结果，发现全要素生产率存在悖论的行业要多于劳动生产率。出现这一结果的原因，可能是由于劳动生产率忽略了资本效率的贡献，而资本效率存在悖论的程度更加严重。当然也有可能在于我们的全要素生产率计算方法存在瑕疵，没有能够准确反映企业生产率状况。不过，无论哪种生产率的结果都显示了我国出口企业“生产率悖论”是普遍存在的。

（4）总结一直有悖论和悖论较多以及一直无悖论和悖论较少的行业，我们发现存在一个规律，即悖论的行业一般都是出口企业较多，占企业总数份额较大，且出口值占总产值比重较大的行业；而无悖论行业则正好相反；初步猜测可能是加工贸易企业较多所致。

所以，从我国制造业企业 1998~2007 年的总体检验结果看，我国出口企业的“生产率悖论”是存在的，我们可以得出如下结论 1。

结论 1：我国制造业企业普遍存在着行业内的“生产率悖论”，即国内企业生产率均值高于出口企业，且这种趋势随着时间的推移愈加突出和明显。与此同时，存在悖论的行业中的企业具有出口企业占企业总数比重大，且出口企业出口值占其生产总值比重大的特点。

（二）分地区检验

分地区检验是想比较我国出口企业的“生产率悖论”在不同地区之间分布是否平均或集中，呈现了怎样的规律，由此探析地区因素是否能够解释“生产率悖论”的原因。为了简化计算和比较，同时又能够准确反映分地区因素的作用，我们选取悖论最为显著的 2007 年数据，且选择了悖论较为突出的农副食品加工业（13），纺织服装、鞋、帽制造业（18）以及皮革、毛皮、羽毛及其制品业（19）作为研究对象。检验结果如表 3-16 所示。

表 3-16　2007 年我国制造业企业典型行业分地区“生产率悖论”检验结果

行业	北京		天津		河北		山西		内蒙古	
	ATFP	LTFP	ATFP	LTFP	ATFP	LTFP	ATFP	LTFP	ATFP	LTFP
13	×	×	×	×	×	×	×	×	×	×
18	×	×	×	×	×	×	×	×	×	×
19	×	×	×	×	×	×	—	—	—	×

行业	辽宁		吉林		黑龙江		上海		江苏	
	ATFP	LTFP	ATFP	LTFP	ATFP	LTFP	ATFP	LTFP	ATFP	LTFP
13	×	×	×	×	×	×	×	×	×	×
18	×	×	×	×	×	×	×	×	×	×
19	×	×	×	×	×	×	×	×	×	×

行业	浙江		安徽		福建		江西		山东	
	ATFP	LTFP	ATFP	LTFP	ATFP	LTFP	ATFP	LTFP	ATFP	LTFP
13	√	√	√	√	√	√	√	√	√	√
18	√	√	√	√	√	√	√	√	√	√
19	×	×	×	×	×	×	×	×	×	×

行业	河南		湖北		湖南		广东		广西	
	ATFP	LTFP	ATFP	LTFP	ATFP	LTFP	ATFP	LTFP	ATFP	LTFP
13	×	×	×	×	×	×	×	×	×	×
18	×	×	×	×	×	×	×	×	×	×
19	√	√	√	√	√	√	√	√	√	√

行业	重庆		四川		陕西		海南		云南	
	ATFP	LTFP	ATFP	LTFP	ATFP	LTFP	ATFP	LTFP	ATFP	LTFP
13	×	×	×	×	×	×	×	×	×	×
18	×	×	×	×	×	×	—	—	—	—
19	√	√	√	√	—	—	—	—	—	—

注：①ATFP 表示近似全要素生产率，LTFP 表示劳动生产率；“√”表示该行业出口企业生产率均值高于非出口企业，也即不存在“生产率悖论”，“×”表示该行业出口企业生产率均值低于非出口企业，也即存在“生产率悖论”；“—”表示缺乏该行业的企业数据。②由于有关省份无出口企业或出口企业太少，我们则没有列出，这些省份包括贵州、西藏、甘肃、青海、宁夏和新疆。

从表 3-16 可以看出，“生产率悖论”在各省份中还是普遍的存在，且其分布没有集中的趋势，而是在各个省份都广泛存在，也就是说分地区是不能够解释和消除我国出口企业的“生产率悖论”的。如果深入细致地观察结果，有一个不太显著的趋势是，出口较多的东部和南部省份“生产率悖论”表现稍为明显，但也不具有明显的特征，如出口大省浙江和广东，部分行业却表现了不存在悖论的结果。由此，我们能够得到以下的结论 2。

结论 2： 我国出口企业的“生产率悖论”在各个地区之间普遍存在，不具有集中和不平衡的分布，分地区检验无法解释和消除悖论。与此同时，一个表现不太显著的趋势是，长三角、珠三角和环渤海经济圈等出口较多的企业，“生产率悖论”表现稍为突出。

（三）分企业类型检验

进行分企业类型检验，是出于这样的假想：我国企业和国外相比具有一个重要区别是国有企业占有相当大的比重，且它们也许成为了出口贸易中的重要力量，但由于这些国有企业冗员较多，导致生产率可能较低，故而引起了我国出口企业的“生产率悖论”。基于这样的假设，我们按照数据库中的企业类型进行分类，选取 2007 年的制造业数据，区分国有企业、集体企业、私营企业和外商投资企业四种类型，分别进行检验，结果如表 3-17 所示。

表 3-17 2007 年我国制造业企业分行业按企业类型分类的“生产率悖论”检验结果

行业	国有企业				集体企业				私营企业				外商投资企业			
	ATFP 均值		LTFP 均值		ATFP 均值		LTFP 均值		ATFP 均值		LTFP 均值		ATFP 均值		LTFP 均值	
	X 企	D 企	X 企	D 企	X 企	D 企	X 企	D 企	X 企	D 企	X 企	D 企	X 企	D 企	X 企	D 企
13	2.42	2.69	4.27	4.43	3.17	3.23	4.76	4.91	3.01	3.07	4.79	4.83	2.72	3.02	4.53	4.93
14	2.37	2.41	4.38	4.18	2.64	2.91	4.39	4.58	2.82	3.05	4.49	4.64	2.70	2.88	4.60	4.81
15	3.01	2.33	5.14	4.12	2.67	2.81	4.42	4.50	2.66	3.08	4.52	4.77	3.18	3.13	5.40	5.24
16	5.14	3.56	5.81	5.74	2.04	2.58	3.89	4.13	—	—	—	—	—	—	—	—
17	2.02	2.04	3.78	3.69	2.50	2.58	4.04	4.17	2.48	2.77	3.99	4.37	2.41	2.61	4.11	4.38
18	2.00	2.27	3.43	3.82	1.93	2.25	3.22	3.69	2.30	2.48	3.60	3.85	2.25	2.37	3.69	3.83
19	2.25	2.59	3.62	4.17	2.35	2.78	3.58	4.30	2.53	2.99	3.90	4.51	2.30	2.49	3.76	4.00
20	1.37	2.31	2.50	3.96	2.75	2.89	4.35	4.48	2.68	2.90	4.08	4.34	2.46	2.62	4.16	4.42
21	1.57	1.55	3.60	3.18	2.11	2.62	3.43	4.19	2.54	3.00	4.06	4.53	2.31	2.63	4.00	4.35
22	2.29	2.58	3.87	4.31	2.76	2.62	4.33	4.30	2.54	2.81	3.97	4.43	2.63	2.67	4.59	4.60
23	2.14	2.12	3.95	3.84	2.03	2.50	3.68	4.21	2.58	2.67	4.11	4.32	2.60	2.52	4.52	4.47
24	1.49	2.00	3.32	3.73	2.30	2.62	3.57	4.18	2.38	2.60	3.72	4.02	2.26	2.36	3.79	3.87

续表

行业	国有企业				集体企业				私营企业				外商投资企业			
	ATFP 均值		LTFP 均值		ATFP 均值		LTFP 均值		ATFP 均值		LTFP 均值		ATFP 均值		LTFP 均值	
	X 企	D 企	X 企	D 企	X 企	D 企	X 企	D 企	X 企	D 企	X 企	D 企	X 企	D 企	X 企	D 企
25	3.56	2.96	5.71	5.13	1.76	3.00	3.47	4.84	3.03	3.49	5.23	5.42	3.46	3.56	5.89	5.93
26	2.66	2.43	4.64	4.25	2.82	2.89	4.49	4.64	2.96	3.10	4.45	4.77	3.21	3.14	5.40	5.27
27	2.52	2.12	4.47	3.96	3.46	2.54	5.49	4.29	2.74	3.11	4.40	4.83	2.87	2.95	4.89	4.94
28	3.08	2.56	5.27	4.76	2.23	2.99	3.64	4.74	3.37	2.90	4.70	4.66	3.03	2.73	5.23	2.74
29	1.99	2.31	3.88	4.02	2.28	2.54	3.87	4.19	2.54	2.95	4.19	4.55	2.45	2.81	4.25	4.64
30	1.38	2.12	2.85	3.89	2.34	2.57	3.92	4.26	2.51	2.82	4.04	4.47	2.44	2.81	4.25	4.72
31	1.53	2.17	3.35	3.88	2.69	2.59	4.28	4.20	2.72	2.87	4.18	4.46	2.61	2.69	4.41	4.68
32	3.32	2.98	5.69	4.79	3.37	2.81	5.39	4.61	2.92	3.29	4.67	5.01	3.33	3.34	5.64	5.52
33	3.02	3.06	5.15	4.90	2.99	3.52	4.81	5.38	2.82	3.28	4.61	5.05	3.06	3.12	5.15	5.25
34	2.34	2.18	4.31	3.99	2.38	2.65	3.94	4.35	2.58	2.82	4.15	4.43	2.52	2.75	4.35	4.66
35	1.95	2.16	3.81	3.89	2.59	2.69	4.13	4.37	2.54	2.85	4.10	4.47	2.73	2.84	4.68	4.79
36	1.84	2.01	3.72	3.82	2.76	2.79	4.30	4.49	2.46	3.01	4.15	4.64	2.72	2.79	4.69	4.76
37	2.08	2.15	4.00	3.93	2.43	2.50	4.00	4.14	2.47	2.77	4.06	4.38	2.63	2.86	4.59	4.91
39	2.13	2.47	3.89	4.32	2.21	2.88	3.72	4.68	2.45	2.90	4.00	4.58	2.50	2.81	4.29	4.74
40	1.93	2.57	3.69	4.49	2.37	2.50	3.61	4.21	2.22	2.44	3.84	4.08	2.51	2.62	4.31	4.46
41	2.33	2.21	4.11	4.09	2.38	2.76	3.69	4.49	2.40	2.79	4.07	4.41	2.51	2.85	4.32	4.80
42	2.15	2.35	3.77	4.06	2.67	2.58	3.97	4.11	2.51	2.72	3.90	4.17	2.36	2.56	3.90	4.19
43	—	—	—	—	4.37	2.98	6.63	4.76	3.15	3.33	5.14	5.21	3.03	2.71	5.24	4.73

注：为了节约表格，我们将生产率数值统一取到小数点后两位数；表中“—”表示缺乏该行业的企业数据，“X 企”是指出口型企业，“D 企”是指只供应国内市场的国内企业；加粗字体表示存在“生产率悖论”。

综观检验结果，我们发现，从单个行业生产率均值比较看，外商投资企业生产率总体高于其他类型企业，而国有企业表现确实不如集体、私营和外商投资企业的现象，但是否由此可以得出是由于国有企业的低效率引起了“生产率悖论”？从检验结果看，正好相反，悖论最为显著和突出的表现在私营企业内，而表现最不显著的是国有企业，集体企业和外商投资企业介于两者之间。所以，虽然国有企业生产率较低，但其出口企业生产率相较国内企业却并不低，不会促进“生产率悖论”的出现。以上的结果告诉我们，私营企业的“生产率悖论”是引起我国出口企业整体显现悖论的重要因素，而私营企业具有的特征，可能是规模较小且加工贸易较多，故而猜测，可能是加工贸易引起了“生产率悖论”。由此我们得到结论 3。

结论 3：从分企业类型检验结果看，“生产率悖论”表现最为显著的是私营企业，其次是集体企业，而国有企业最不显著；由此可见，国有企业的低效率并非悖论的形成原因，而私营企业中存在的较多加工贸易也许是问题的关键。

（四）分企业规模检验

分企业规模进行检验，是要得到“生产率悖论”在不同规模的企业之间分布情况，因为我们认为，规模较大的企业是容易得到国家和地方的财政支持与出口补贴的，而这些企业生产效率不一定会高，故而有可能影响出口企业整体的平均生产率，从而形成悖论。我们的检验同样选取悖论最为突出的 2007 年数据，按照企业规模特点分大型企业、小型企业和中型企业分别检验，结果如表 3-18 所示。

表 3-18 2007 年我国制造业企业分行业按企业规模分类的“生产率悖论”检验结果

行业	大型企业				小型企业				中型企业			
	ATFP 均值		LTFP 均值		ATFP 均值		LTFP 均值		ATFP 均值		LTFP 均值	
	X 企业	D 企业	X 企业	D 企业	X 企业	D 企业	X 企业	D 企业	X 企业	D 企业	X 企业	D 企业
13	2.8442	3.0870	4.7575	5.0378	2.8250	3.0958	4.5953	4.8576	2.7141	2.8351	4.5355	4.7391
14	3.0964	2.9188	5.0972	4.8351	2.6147	2.7626	4.4149	4.4870	2.6275	2.7289	4.5160	4.5566
15	3.3694	2.9588	5.5872	4.9351	2.7685	2.8213	4.7737	4.6111	3.1457	2.9374	5.2560	4.8922
16	5.0256	4.6691	7.6626	7.0590	0.7208	2.8912	2.1809	4.9569	4.4503	3.1910	6.9502	5.2306
17	2.3419	2.5761	4.2557	4.4376	2.4033	2.6002	4.0297	4.2591	2.2845	2.3336	4.0867	4.0765
18	2.5353	2.9501	4.4129	4.7351	2.1937	2.3601	3.5710	3.7740	2.2155	2.4128	3.7889	4.0663
19	2.1603	2.8025	3.7233	4.5958	2.2751	2.6252	3.6713	4.1360	2.2513	2.6408	3.8054	4.2470
20	3.3435	1.8856	5.3385	3.6075	2.5238	2.7698	4.1163	4.2989	2.5166	2.6100	4.3088	4.4233
21	2.4032	2.4486	4.2025	4.1462	2.2627	2.6705	3.8531	4.2755	2.1836	2.4590	3.8660	4.1783
22	2.9626	2.6725	5.2301	4.8510	2.3423	2.6229	4.0791	4.3413	2.5003	2.6236	4.4691	4.4894
23	—	2.7048	—	4.6339	2.2207	2.4281	3.9910	4.1861	2.3193	2.4153	4.1554	4.2865
24	2.1556	—	3.7822	—	2.1809	2.4277	3.6591	3.9465	2.0099	2.3780	3.5810	4.0575
25	3.6318	2.6692	5.9447	4.9489	3.3969	3.3663	5.7315	5.3630	3.1899	3.1111	5.5235	5.2402
26	2.7015	2.5502	4.8072	4.6205	2.9646	2.9885	4.8696	4.7975	2.8383	2.7379	4.8703	4.6638
27	2.7742	4.1573	4.7047	6.3563	2.7004	2.7612	4.5823	4.6269	2.9816	2.7631	4.9861	4.6664
28	2.8727	2.3873	5.0702	4.7242	2.7238	2.9302	4.7772	4.7979	2.9335	2.6196	5.1736	4.6679
29	3.1648	2.9429	5.2530	4.8117	2.3343	2.6950	3.9648	4.3530	2.3407	2.7532	4.1061	4.4874
30	2.6433	—	4.5014	—	2.3227	2.6677	4.0153	4.3900	2.2847	2.5018	4.0304	4.3278
31	2.2482	2.4879	4.2106	4.4511	2.5776	2.6946	4.1919	4.3949	2.5579	2.5793	4.4249	4.4654

续表

行业	大型企业				小型企业				中型企业			
	ATFP 均值		LTFP 均值		ATFP 均值		LTFP 均值		ATFP 均值		LTFP 均值	
	X 企业	D 企业	X 企业	D 企业	X 企业	D 企业	X 企业	D 企业	X 企业	D 企业	X 企业	D 企业
32	3.3457	3.2638	5.6462	5.4191	3.1044	3.1306	5.1878	4.9609	3.0242	3.1589	5.1805	5.1362
33	3.1043	3.0394	5.3017	5.2446	3.0008	3.2610	4.9712	5.1322	3.0743	3.1464	5.1317	5.1458
34	2.6821	2.8216	4.6465	4.7451	2.3959	2.6928	4.0601	4.4070	2.4761	2.6281	4.2691	4.4584
35	2.6513	1.5854	4.6447	3.8112	2.4941	2.7001	4.2495	4.4085	2.5119	2.5907	4.3769	4.4002
36	2.4764	2.4108	4.3979	4.3738	2.4711	2.7121	4.3040	4.4610	2.4428	2.6353	4.2994	4.4838
37	2.8796	2.8495	4.9734	4.9956	2.4043	2.5972	4.1899	4.3225	2.5452	2.6451	4.4946	4.5233
39	2.6514	2.8492	4.5217	4.9066	2.3185	2.7387	4.0036	4.5106	2.3632	2.7407	4.1227	4.6163
40	2.7313	2.7648	4.6590	4.7539	2.2792	2.4929	3.9486	4.2043	2.3897	2.5069	4.1881	4.3055
41	2.9412	2.8945	4.8097	4.8009	2.2326	2.6707	3.8731	4.4446	2.2765	2.6625	3.9970	4.4577
42	2.6302	—	4.4811	—	2.3253	2.5778	3.7793	4.1458	2.1652	2.4947	3.7884	4.2333
43	—	4.6637	—	6.4936	3.0858	3.2130	5.1801	5.1081	—	2.5193	—	4.2469

注："—"表示缺乏该行业的企业数据；X 企业是指出口型企业，D 企业是指只供应国内市场的国内企业；加粗字体表示存在"生产率悖论"。

观察检验结果，发现大型企业的生产率在某些行业相对较低，但多数行业的生产率高于小型与中型企业。同时，"生产率悖论"表现最为显著的是小型企业，其次是中型企业，而最不显著的是大型企业，说明大型企业的存在不但不是悖论的原因，反而是能够平缓悖论的。另外，小型企业是悖论的主要推动力，这背后极有可能又是加工贸易使然，因为加工贸易一般都是规模较小的贴牌生产企业，利用国内廉价劳动力资源，产品主要出口，且生产率可能不高。因此，我们形成以下结论 4。

结论 4：从分企业规模检验结果看，"生产率悖论"表现显著程度由高到低的顺序是小型企业、中型企业、大型企业，且大型企业的生产率并不低于中小型企业，所以大型企业的存在不是悖论的原因，而小型企业悖论突出可能又是加工贸易使然。

（五）去除加工贸易企业的检验

我国进出口贸易中，加工贸易占据了一半以上的份额，且加工贸易的典型特点是，利用我国廉价的劳动力资源，为国外产品加工和"贴牌"生产，这些企业大都规模较小，以私营为主，产品主要用于出口，且生产率较低。加工贸易型出口企业的大量存在，很有可能就拉低了我国出口企业整体的生产率均值水平，导致“生产率悖论”。另外，以上的检验也说明，加工贸易可能是悖论形成的重要原因，所以我们有必要去除出口企业中的加工贸易企业，再进行检验。由于统计数据库中并没有区分加工贸易类型，我们无法直接而准确地去除这些企业，但加工贸易的典型特征是利用进口投入品加工后出口，且产品主要用于出口，但由于我们的数据库中缺乏企业进口的数据，故只能从出口入手。根据加工贸易企业的最终产品主要用于出口的特点，我们求出企业当年出口值占其当年总产值的比重，将这一比重大于50%的企业定义为加工贸易企业①，从样本中去除，然后进行检验。这里选取的依然是2007年数据，分行业检验结果如表3-19所示。

表3-19　2007年我国制造业企业分行业去除加工贸易后的“生产率悖论”检验结果

行业	ATFP均值			LTFP均值		
	X企业（去除加工贸易）	X企业（整体）	D企业	X企业（去除加工贸易）	X企业（整体）	D企业
13	3.3218	2.8100	3.0821	5.1850	4.5902	4.8515
14	2.9185	2.6259	2.7602	4.8138	4.4488	4.4949
15	3.1929	2.8743	2.8375	5.3081	4.9112	4.6501
16	4.7908	4.5465	3.1992	7.3767	7.0638	5.2876
17	**2.5144**	**2.3810**	**2.5827**	4.3001	4.0436	4.2475
18	2.4592	2.1973	2.3628	3.9370	3.5994	3.7882
19	3.0072	2.2706	2.6261	4.5572	3.6920	4.1413
20	**2.6414**	**2.5257**	**2.7655**	4.3409	4.1361	4.3018
21	2.7135	2.2492	2.6633	4.4600	3.8585	4.2722
22	2.7065	2.3806	2.6230	4.6403	4.1684	4.3506
23	2.4495	2.2440	2.4276	4.3363	4.0299	4.1909
24	2.4556	2.1573	2.4265	4.0673	3.6488	3.9492
25	3.5358	3.3581	3.3158	5.8040	5.6897	5.3382
26	3.2585	2.9480	2.9755	5.3443	4.8692	4.7907
27	3.0302	2.7527	2.7627	5.0433	4.6575	4.6309

① 实际上，做这样的设定存在两方面的问题：第一，加工贸易企业更多的表现在先进口再出口，但从出口上并不能区分它们，原因是如果利用国内资源，生产的产品主要销往国外，这不属于加工贸易；第二，加工贸易的企业应该是产品的主要份额用于出口，所以选取50%作为分界线也许过低，从而去除了不少非加工贸易的出口企业。不过，这样设定的结果是不但去除了加工贸易企业，可能还会去除不少非加工贸易企业，但无论如何，只要其能够去除加工贸易，我们的检验结果就有效。

续表

行业	ATFP 均值			LTFP 均值		
	X 企业（去除加工贸易）	X 企业（整体）	D 企业	X 企业（去除加工贸易）	X 企业（整体）	D 企业
28	3.1807	2.7792	2.9037	5.3928	4.8826	4.7875
29	2.7206	2.3415	2.6977	4.5011	4.0024	4.3590
30	**2.6532**	**2.3184**	**2.6637**	4.4790	4.0198	4.3885
31	2.8896	2.5725	2.6869	4.7384	4.2264	4.3996
32	3.3660	3.0991	3.1356	5.4893	5.2124	4.9863
33	3.3655	3.0196	3.2525	5.3819	5.0151	5.1335
34	2.7421	2.4071	2.6909	4.5886	4.0885	4.4088
35	2.7180	2.4973	2.6965	4.5627	4.2684	4.4082
36	**2.6604**	**2.4670**	**2.7088**	4.5534	4.3041	4.4619
37	2.6711	2.4416	2.6005	4.5544	4.2671	4.3360
39	**2.6942**	**2.3309**	**2.7389**	**4.5130**	**4.0331**	**4.5156**
40	2.6532	2.3347	2.4954	4.4758	4.0563	4.2155
41	2.7486	2.2468	2.6707	4.5865	3.9037	4.4457
42	**2.4671**	**2.3125**	**2.5757**	**4.0996**	**3.7816**	**4.1481**
43	3.3938	3.0858	3.1943	5.5821	5.1801	5.0841

注：X 企业是指出口型企业，D 企业是指只供应国内市场的国内企业；加粗字体表示存在“生产率悖论”。

我们可以清楚地看出，检验结果大大消除和化解了“生产率悖论”，去除加工贸易后的出口企业生产率均值 100%的高于出口企业整体的生产率均值，且绝大多数行业去除加工贸易后的出口企业生产率均值高于国内企业。从 ATFP 结果看，除了行业 17、20、30、36、39 和 42 外，其他行业的“生产率悖论”全部被化解，且出口企业生产率均值大大高于国内企业；从 LTFP 结果看，更是只有行业 39 与 42 还存在悖论，其他行业的悖论则不复存在。这一结果说明，出口企业中加工贸易的大量存在是形成“生产率悖论”的主要原因。

这里还有两点需要说明：第一，还有少数行业存在“生产率悖论”的情况，但具体分析这些行业，基本是我国较少出口的行业，这些行业出口企业也较少，所以不具有统计上的一般性，出现悖论也很正常，同时统计数据也存在失真的可能。第二，去除加工贸易后，劳动生产率的检验结果比近似全要素生产率更为理想，原因可能是，近似全要素生产率计算结果不够准确，或者全要素生产率更多地考察技术效率的贡献，但技术效率在出口企业和国内企业之间的差异表现上不够显著和突出。由此，我们得到结论 5。

结论 5：我国出口贸易中，加工贸易占据了一半以上的份额，出口企业中生产率较低的加工贸易企业的大量存在拉低了出口企业总体的生产率均值水平，从而形成悖论。故加工贸易是我国出口企业出现“生产率悖论”的主要原因。

四、出口企业出口规模与生产率负相关吗？

经过以上部分的分类核算与比较，我们发现造成我国出口企业出现“生产率悖论”的主要原因在于加工贸易，在去除了加工贸易企业后，我国行业内出口企业的生产率均值是大于国内企业的。那么，接下来我们还需要进一步分析的问题是，对于出口企业来说，出口与生产率之间显示了怎样的关系？我们的检验方法大致为：首先，选取 2007 年的所有制造业行业企业数据[①]，将所有的企业结合在一起，使用 ATFP 和 LTFP 分别检验，再将所有的企业样本去除掉加工贸易企业，进行检验；其次，选取我国出口较为典型的纺织服装、鞋、帽制造业（行业代码为 18）进行分行业总体检验和去除加工贸易后检验。

（一）计量模型与变量说明

影响企业出口的因素很多，大体来说，包括企业生产率、企业规模、企业盈利情况、贸易壁垒、国内外市场进入成本、汇率以及市场开放度和政府对于行业的政策支持力度等。由此，我们选取的变量如下：

（1）出口规模（EX）。这里我们不再选取企业的直接出口值，因为这一指标忽略了企业的大小，不能真实反映企业出口规模情况，因此我们用企业出口值与其自身当期的产值（工业增加值）之比反映企业出口情况。

（2）生产率（TFP）。我们选取以上计算的近似全要素生产率（ATFP）和劳动生产率（LTFP）分别进行回归检验。

（3）企业盈利状况（PRO）。选取企业利润总额与当期总产值（工业增加

① 这里之所以选取 2007 年的数据，一是因为该数据为最新数据，能够准确反映最新的企业信息情况；二是因为 2007 年的数据中“生产率悖论”表现最为突出，研究更有意义。

值）的比来反映企业的利润率和盈利状况。

（4）企业规模指标（Y）。选取企业当年工业总产值作为规模的指标，但考虑到具体模型数据很大，我们对工业总产值取对数处理，虽然这会影响到回归系数，但因为我们只需要得到影响企业出口的因素显著性和方向性，故不影响结果。

（5）企业类型（LX）。我国出口企业中，国有和集体企业占有一定比例，且这些企业得到了国家相关政策上的扶持，所以有必要引入一个企业类型的虚拟变量。在具体检验中，如果该企业为国有或者集体企业类型，则记为1，其他类型则记为0，以反映企业类型对于出口的促进作用。

（6）出口退税率（TS）。出口退税率反映了国家对于具体行业出口的支持，对于企业出口是有积极作用的。在具体数据的获取上，行业出口退税率根据相关细分行业的退税率情况求均值获得，具体细分行业退税率来自国家税务总局出口退税率查询系统。

（7）国家或地方对于具体行业的出口支持情况（FC）。根据国家出口重点扶持行业情况引入一个反映行业出口扶持的虚拟变量，将国家重点扶持的行业取值为1，其他行业取值为0。根据各省市和国家出口支持情况，选取的扶持行业为17、18、35、36、37、39、40和41，主要是纺织服装业和机电产业①。

我们用表3-20描述这些变量，并且据此建立计量方程（3-36）和计量方程（3-37）：

方程1：$EX = C + \alpha ATFP + \beta_1 PRO + \beta_2 Y + \beta_3 TS + \gamma_1 LX + \gamma_2 FC$ （3-36）

方程2：$EX = C + \alpha LTFP + \beta_1 PRO + \beta_2 Y + \beta_3 TS + \gamma_1 LX + \gamma_2 FC$ （3-37）

表3-20 回归分析的变量描述和数据来源

变量性质	变量	缩写	变量说明及数据来源	预期符号
因变量	出口规模	EX	用企业出口值除以当年总产值的比表示，数据来自于2007年中国工业企业数据库	无
自变量	生产率	ATFP/LTFP	反映企业的生产率状况指标，数据根据2007年中国工业企业数据库计算所得	+

① 对这两类行业的选取，可能有些问题，因为国家和地方重点扶持出口的产业可能更为广泛，但作为一个虚拟变量，且还要经过显著性检验等，所以即使选取存在问题，对于总体结果影响也不大。

续表

变量性质	变量	缩写	变量说明及数据来源	预期符号
控制变量	企业盈利状况	PRO	用企业年度利润总额除以当年总产值表示，数据来源于2007年中国工业企业数据库	+
	企业规模	Y	用企业年度总产值表示，数据来源于2007年中国工业企业数据库	+
	出口退税率	TS	行业的年度出口退税情况，对于企业出口有刺激作用，数据来源于国家税务总局出口退税率查询系统	+
虚拟变量	企业类型	LX	企业是否是国有或者集体企业，数据来源于2007年中国工业企业数据库	+
	政府的出口扶持	FC	国家或者地方政府对于出口行业的扶持情况，总体讲纺织业和机电产业定为扶持产业	+

（二）未剔除加工贸易的检验

这里我们不剔除加工贸易，分别进行总体分析和分行业分析。总体分析是把所有行业的企业集合在一起，而分行业是选取我国出口典型的行业18单独分析，之所以要做这样的划分，是既希望尽可能反映所有企业总体的情况，又由于总体中可能包含有太多的出口影响因素，所以结合分行业分析进行比较和对照。

我们的总体数据包含65448个企业样本，分行业数据包含7151个企业样本，先对这些数据求两两之间的相关性系数，如表3-21所示。由此发现，企业出口和生产率之间基本呈现负相关关系，且相关性强于其他因素，而其他变量与出口的关系方向在不同的样本群体中存在差异和不确定性。在这些变量中，两两之间相关性最强的是ATFP和LTFP，说明两个生产率指标基本准确地反映了企业的生产率水平，其他的如生产率与企业规模及利润的关系也较为明确且关联较强。

表3-21 未剔除加工贸易的总体数据变量和分行业数据变量之间相关性情况

相关性	EX	ATFP	LTFP	PRO	Y	LX	TS	FC
EX	1.0000	0.0047	−0.2305	−0.1163	−0.0543	0.0466	0.0213	−0.0050
ATFP	**−0.3078**	1.0000	−0.0152	0.0505	−0.1109	0.1549	0.0215	−0.0341
LTFP	**−0.2341**	**0.9242**	1.0000	−0.1716	0.5508	−0.3658	−0.1708	0.0080
PRO	**−0.0444**	**0.2620**	**0.2662**	1.0000	−0.4750	0.5504	0.1140	−0.1328
Y	**−0.0298**	**0.4392**	**0.4819**	**0.1888**	1.0000	−0.8811	−0.1928	0.2126

续表

相关性	EX	ATFP	LTFP	PRO	Y	LX	TS	FC
LX	**-0.0069**	**0.4392**	**0.4819**	**0.1888**	—	1.0000	0.1991	-0.2423
TS	—	—	—	—	—	—	1.0000	0.7384
FC	—	—	—	—	—	—	—	1.0000

注：表中上半部分是总体数据的相关性，下半部分的加粗字体是分行业数据的相关性；“—”表示缺少数据，是由于分行业中企业的退税和扶持相同，所以该两变量不起作用。

在相关性分析的基础上，我们分别利用总体数据和分行业数据，对方程1和方程2回归，结果如表3-22所示，每一个方程中都有两个结果，主要是针对第一个结果中某些变量显著性不强，不能通过检验，而去除这些变量后再次回归，我们以再次回归的结果为主要观察对象，也即表中回归（2）、回归（4）、回归（6）和回归（8）的结果。

表3-22　未剔除加工贸易的OLS回归结果

系数	总体回归				分行业回归			
	方程1		方程2		方程1		方程2	
	（1）	（2）	（3）	（4）	（5）	（6）	（7）	（8）
C	3.8085*** (28.47581)	3.8301*** (28.77469)	3.9067*** (30.19955)	3.9394*** (31.12398)	2.9256*** (10.5854)	2.9130*** (10.5411)	3.8450*** (13.6405)	3.7811*** (13.6127)
ATFP	-0.0010** (-2.142176)	-0.0010** (-2.171728)			-1.2872*** (-29.3272)	-1.2841*** (-19.2717)		
LTFP			-1.2126*** (-66.30297)	-1.2133*** (-66.37381)			-0.9011*** (21.7293)	-0.8887*** (21.9123)
PRO	-0.6347*** (-44.13535)	-0.6345*** (-44.12384)	-0.6057*** (-43.53325)	-0.6056*** (-43.52216)	0.2087** (2.4512)	0.2110** (2.4780)	0.0882 (1.0102)	
Y	-0.0705*** (-5.784918)	-0.0715*** (-5.876987)	0.4020*** (29.17567)	0.4013*** (29.15007)	0.3028*** (10.2619)	0.3027*** (10.2578)	0.2541*** (8.2010)	0.2559*** (8.2801)
LX	0.1915*** (12.32964)	0.1986*** (13.30741)	0.4627*** (29.89273)	0.4676*** (31.27641)	-0.4163* (-1.8762)		-0.4110* (-1.8061)	
TS	1.4872*** (3.159285)	0.8410*** (3.185978)	0.5575 (1.223063)					
FC	-0.0955* (-1.657862)		-0.2172*** (-3.893524)	-0.1608*** (-5.115850)				
R^2	0.431921	0.431880	0.492795	0.492775	0.509678	0.509239	0.464342	0.463775
S.E.	4.008582	4.008636	3.880502	3.880517	2.275387	2.275788	2.332600	2.332979
F-Statistic	359.6318	430.9970	1115.628	1338.445	220.0769	292.1595	122.8515	243.4601
N	65448	65448	65448	65448	7151	7151	7151	7151

注：括号中的数字是T统计值；*、** 和 *** 分别代表统计显著性为10%、5%和1%。

观察回归结果，可以发现，决定系数都较小，基本小于 0.5，说明方程拟合度不高，可能设定存在一些问题，或者影响我国企业出口的最主要因素还没有找到；从回归残差和 F 统计量看，结果比较理想。再看相关变量的回归系数，在调整后基本都能够通过 1%的显著性检验，说明它们和出口之间的关系是显著的。我们具体来看相关关系的方向。第一，生产率与出口负相关，这与先前的研究结果相同，但却似乎违背了一般理论结果，在这里也许是没有剔除加工贸易的原因导致的；再观察 ATFP 和 LTFP 的系数，发现劳动生产率与出口的相关性更强一些，可能是劳动生产率更准确地反映了企业生产率状况，同时分行业回归的相关性强于总体回归，说明分行业数据可能更为突出地显现企业出口与生产率的关系。第二，企业盈利状况与出口的关系方向不确定，在总体数据中表现为负相关，而在分行业数据中表现为正相关和相关性不显著。第三，企业规模与出口的关系，基本正相关且非常显著，相关关系也较强，说明规模是影响企业出口的一个重要因素。第四，企业类型对于出口的影响在总体数据中表现显著正相关，说明国有和集体企业确实在出口中存在优势，但在分行业数据中关系并不显著，可能是分行业中国有企业样本较少导致结果失真。第五，出口退税率与企业出口基本正相关，与我们的预期相同。第六，政府扶持政策与企业出口表现了负相关关系，可能是我们选取的扶持行业存在一些问题，或者是扶持政策在现实中不一定有效。

（三）剔除加工贸易的检验

以上结果显示，企业出口规模与生产率负相关，这可能是加工贸易企业的存在所引起的，所以我们有必要剔除加工贸易进行再次回归检验。剔除的方法和以上分析与比较出口企业和国内企业生产率均值部分相同。分析方法选取剔除后的所有行业企业总体和典型出口行业 18 分别进行，总体数据和分行业数据两两之间的相关系数如表 3-23 所示。结果与未剔除加工贸易前基本类似，只不过企业出口和生产率之间的负相关系数似乎有所下降。

表 3-23　剔除加工贸易后的总体数据变量和分行业数据变量之间相关性情况

相关性	EX	ATFP	LTFP	PRO	Y	LX	TS	FC
EX	1.0000	−0.1196	−0.1298	0.0001	−0.1390	−0.0128	0.0097	0.0728
ATFP	−0.0945	1.0000	0.9584	0.2266	0.5453	0.0163	−0.1388	−0.2068
LTFP	−0.0824	0.9336	1.0000	0.2160	0.5998	0.0325	−0.1444	−0.2118
PRO	0.0630	0.3207	0.3433	1.0000	0.1539	−0.0217	−0.0195	−0.0303

续表

相关性	EX	ATFP	LTFP	PRO	Y	LX	TS	FC
Y	**-0.0540**	**0.4880**	**0.5569**	**0.2503**	1.0000	0.1621	-0.0698	-0.2133
LX	**0.0838**	**-0.0257**	**0.0256**	**0.0454**	**0.0683**	1.0000	0.0137	-0.0495
TS	—	—	—	—	—	—	1.0000	0.7699
FC	—	—	—	—	—	—	—	1.0000

注：表中上半部分是总体数据的相关性，下半部分的加粗字体是分行业数据的相关性；"—"表示缺少数据，是由于分行业中企业的退税和扶持相同，所以该两变量不起作用。

以下我们用同样的分析和分类方法，分别得到总体回归和分行业回归的主要参考结果（2）、（4）、（6）和（8），如表 3-24 所示。决定系数和回归残差以及 F 统计量结果与未剔除加工贸易企业时基本一致。再具体看回归系数，第一，生产率与企业出口规模依然表现了负相关关系，但相关系数和显著性均低于未剔除加工贸易时的情况，说明剔除加工贸易是能够在一定程度上降低两者之间的负相关性。第二，企业盈利状况在总体数据中与出口相关性不显著，但在分行业回归中呈现了正相关性，这是符合预期的。第三，企业规模在总体回归中与出口显著正相关，但相关性不强，但在分行业回归中则相关性不显著，这一正相关关系也是基本符合预期的。第四，企业类型与出口的关系不明确也不显著，说明其不一定是影响出口的因素。第五，出口退税与出口呈现了较为显著的负相关性，这可能是退税政策存在滞后性，国家提高退税率往往是在出口增长下降的时候，而我们的模型是截面数据，无法引入滞后效应。第六，政府扶持措施表现出与出口的显著正相关，这与预期相符。

表 3-24 剔除加工贸易后的 OLS 回归结果

系数	总体回归				分行业回归			
	方程 1		方程 2		方程 1		方程 2	
	（1）	（2）	（3）	（4）	（5）	（6）	（7）	（8）
C	0.0352*** (13.3787)	0.0347*** (13.3726)	0.0358*** (13.6664)	0.0353*** (13.6526)	-0.3188*** (4.9537)	0.2899*** (11.8722)	0.3299*** (5.1431)	0.3069*** (9.0216)
ATFP	-0.0010** (-2.3394)	-0.0009** (-2.1922)			-0.0201* (-1.8622)	-0.0234** (-2.4182)		
LTFP			-0.0010*** (-2.6230)	-0.0009** (-2.4899)			-0.0168* (-1.6741)	-0.0189** (-2.2074)
PRO	0.0012 (1.3069)		0.0012 (1.3157)		0.0487* (1.9266)	0.0494** (1.9667)	0.0483* (1.9020)	0.0491** (1.9376)

续表

系数	总体回归				分行业回归			
	方程 1		方程 2		方程 1		方程 2	
	(1)	(2)	(3)	(4)	(5)	(6)	(7)	(8)
Y	-0.0009*** (-3.2096)	-0.0008*** (-3.1298)	-0.0008*** (-2.7167)	-0.0007*** (-2.6380)	-0.0037 (-0.5386)		-0.0032 (-0.4453)	
LX	0.0008 (0.4499)		0.0008 (0.4430)		0.0714 (1.5580)		0.0761* (1.6653)	
TS	-0.0210** (-2.4625)	-0.0209** (-2.4518)	-0.0215** (-2.5201)	-0.0214** (-2.5079)				
FC	0.0033*** (2.9459)	0.0033*** (2.9515)	0.0033*** (2.9797)	0.0033*** (2.9823)				
R^2	0.4278	0.426770	0.428531	0.4275	0.425140	0.418647	0.423485	0.416230
S.E.	0.0145	0.014521	0.014516	0.014516	0.142182	0.142289	0.142302	0.142464
F-Statistic	8.6141	12.45354	8.854714	12.81061	2.507964	3.714764	2.338868	3.225248
N	1816	1816	1816	1816	394	394	394	394

注：括号中的数字是 T 统计值，*、** 和 *** 分别代表统计显著性为 10%、5%和 1%。

（四）为什么企业出口规模和生产率负相关

以上的回归结果告诉我们，在影响企业出口的因素中，生产率确实是一个相对较为主要的因素，其他因素的影响方向和显著性在不同的样本中存在不同的结果。但深入解析出口与企业生产率的回归结果，它们之间的相关性较为微弱，与此同时，两者之间自始至终都表现出负相关的关系，这看似与新一新贸易理论是不符合的，也不太符合一般逻辑。那么，为什么出现这一结果，可能的原因有以下几点：

（1）回归分析中变量选取有些问题，我们用企业出口值与当期产值的比来体现出口情况，这虽然真实地反映了企业的出口规模，有利于去除规模因素而准确定量出口与生产率之间的关系，但也有可能因此过滤了企业直接出口值与其生产率之间的正相关关系，从而形成出负相关的结果。

（2）影响我国企业出口的主要因素可能并不是生产率，而是其他未被发现的更重要的因素，这样回归结果不可信，从而出现的负相关关系是失真的。实际上，我们的回归结果中，这种负相关性系数确实较小，说明相关性并不强；另外，方程的拟合度都较低，说明计量方程存在问题。

（3）企业存在一种出口后的惰性，也就是说，那些刚进入出口市场的企业，有动力和激励去创新和提高技术水平与生产率水平，也正是具有了生产率的优势，它们进入了出口市场；但是，一旦它们进入市场且拥有了一定市场份额后，它们不再有动力去革新和技术升级，这样随着它们出口增加，生产率却在退化，也就出现了出口规模和生产率水平负相关的结果。

(4) 研究结果表明，企业出口规模与其盈利状况即利润率负相关，说明出口的利润可能不如国内销售的利润，因此那些生产率高的企业就不会大量地出口，而那些不具备竞争力的企业更多盯住国外市场，由此企业出口规模与生产率也就负相关了。

(5) 实际上，新—新贸易理论的主要结论是，出口企业生产率高于国内企业，但同时出口对于企业生产率的影响是不确定的，说明出口不一定能促进企业生产率提高，也就是说出口越多的企业不一定就生产率越高。因此，出口企业出口规模与生产率负相关也并不是完全违背新—新贸易理论，只是不太符合一般的逻辑，且从新—新贸易理论的结果进行推论，似乎不太相符而已。

五、出口贸易是否提高了我国企业的生产率

在分析了企业生产率对于出口贸易的影响之后，我们还需要分析的是，出口贸易是否提高了我国企业的生产率？按照新—新贸易理论的有关经验研究，出口贸易对于企业生产率的影响是不显著的，即并不能够提高企业的生产率。那么，我国的情况如何？以下实证研究的数据来源、生产率计算方法同上，采用的研究样本同样是2007年的所有制造业企业数据，大约有30万家企业。研究方法也主要是回归分析，使用最小二乘法，目标是检验出口贸易与企业生产率之间相关关系的显著性和方向性。在检验中，需要说明的是，数据库中收集的30多万家制造业企业中，大多数企业是不出口的，出口企业只占其中的小部分，而根据研究的需要，这些不出口企业必须加以剔除，所以最后的企业样本不到30万。另外，由于不同行业的企业生产率相对值存在差异，且行业之间的因素也会影响到企业生产率的提高，所以我们在总体检验的基础上，再进行进一步的分行业检验。

(一) 变量选取和计量方程

影响企业生产率的因素有很多，大体来说，包括出口规模、企业规模、企业盈利情况、企业研发投入、企业职工教育投入以及企业的类型等。由此，我们的计量模型包括以下变量：

(1) 生产率（TFP）。我们根据以上方法计算企业的近似全要素生产率

（ATFP）和劳动生产率（LTFP）分别进行检验。

（2）出口规模（EX）。这里我们没有选取企业的直接出口值，因为直接出口值指标忽略了企业的大小，不能真实反映企业的出口规模和水平，因此我们用企业出口值与其当期的总产值（工业增加值）之比来反映企业出口规模和水平。

（3）企业盈利状况（PRO）。选取企业利润总额与当期总产值（工业增加值）的比来反映企业的利润率和盈利状况。

（4）企业规模指标（Y）。选取企业当年工业总产值作为规模的指标，但考虑到具体模型数据很大，我们对工业总产值取对数处理，虽然这会影响到回归系数，但因为我们只需要得到影响企业出口因素的显著性和方向性，故并不影响结果。

（5）企业研发投入（R&D）。这是与企业生产率直接相关的变量，但由于我们的数据库中收集的企业大多数并没有研发投入，即研发投入为 0，所以该变量的分析结果也不一定会非常理想。

（6）企业职工教育投入（JY）。此变量和研发投入一样与企业生产率直接相关，但同样由于数据库中大多数企业的职工教育投入为 0，所以结果也不一定会非常理想。

（7）企业类型（LX）。我国出口企业中，国有和集体企业占有较大比例，且这些企业得到了国家相关技术改造等政策上的扶持，所以有必要引入一个企业类型的虚拟变量。在具体检验中，如果该企业为国有或者集体企业类型，则记为 1，其他类型则记为 0，以反映企业类型对于出口的促进作用。

由此，我们用表 3-25 描述这些变量情况，并建立计量方程（3-38）和计量方程（3-39）：

方程 1：$$ATFP = C + \alpha EX + \beta_1 PRO + \beta_2 Y + \beta_3 R\&D + \beta_4 JY + \gamma LX \tag{3-38}$$

方程 2：$$LTFP = C + \alpha EX + \beta_1 PRO + \beta_2 Y + \beta_3 R\&D + \beta_4 JY + \gamma LX \tag{3-39}$$

表 3-25　回归分析的变量描述和数据来源

变量性质	变量	缩写	变量说明及数据来源	预期符号
自变量	生产率	ATFP/LTFP	反映企业的生产率状况指标，数据根据 2007 年中国工业企业数据库计算所得	无

续表

变量性质	变量	缩写	变量说明及数据来源	预期符号
因变量	出口规模	EX	用企业出口值除以当年总产值的比表示，数据来自于2007年中国工业企业数据库	+
控制变量	企业盈利状况	PRO	用企业年度利润总额除以当年总产值表示，数据来源于2007年中国工业企业数据库	+
	企业规模	Y	用企业年度总产值表示，数据来源于2007年中国工业企业数据库	+
	企业研发投入	R&D	企业对于研发和技术创新的投入指标，数据来源于2007年中国工业企业数据库	+
	企业职工教育投入	JY	企业对于职工培训和教育的投入指标，数据来源于2007年中国工业企业数据库	+
虚拟变量	企业类型	LX	企业是否是国有或者集体企业，数据来源于2007年中国工业企业数据库	+

（二）总体检验

按照以上的模型设定，我们将2007年制造业30个行业的所有企业样本作为研究对象，分析影响企业生产率的因素，并重点解析出口规模对生产率影响的显著性和方向。总体分析的好处是样本量大，结果更具有一般性意义；弊端是总体样本可能会忽略更多行业间企业的差异和特殊的生产率影响因素，导致方程拟合度差甚至扭曲实际结果。

我们的总体样本经过筛选，有65448家企业，这些变量的描述性统计结果如表3-26所示，可见，近似全要素生产率、研发投入以及企业职工教育培训投入等变量的离散程度较高，而其他变量分布较为集中。另外，企业出口规模和利润率情况是一个相对值，但我们看到其最大值远大于1，出现这一结果主要是由于进行相对比较的分母是年度工业增加值，代表了企业年度创造的新价值，而企业出口值和利润总额的数据代表的是企业的销售总值以及获取的利润总额，还包括往年存货的销售额和由此带来的利润，所以存在某些企业的相对值远大于1是正常的。

表3-26 总体样本各变量描述性统计情况

变量	ATFP	LTFP	EX	PRO	Y	LX	R&D	JY
均值	3.4788	3.9905	3.1434	0.2651	9.9897	0.5926	73.3251	30.8065
中值	2.3207	3.9097	2.7272	0.1015	10.3345	0.0000	0.0000	0.0000
最大值	6407.00	11.6976	319.4348	112.1795	18.4076	15.2839	341500	21287.00
最小值	−19.000	−0.2231	0	−76.3044	−3.6002	0.0000	−15717	−655.00

续表

变量	ATFP	LTFP	EX	PRO	Y	LX	R&D	JY
标准差	32.9725	1.0492	4.0739	1.3068	2.7292	2.3637	2444.42	274.0707
总和	227680.7	261168.1	205730	17352.20	653806.7	38782.04	4798984	2016222

对总体数据样本进行简单的相关性分析，得到的系数如表 3–27 所示。我们发现，出口贸易与近似全要素生产率和劳动生产率之间表现了不一样的相关性方向，出口与全要素生产率关系为正，但与劳动生产率关系为负，且出口与劳动生产率的相关性强于全要素生产率，这一结果从一般理论上难以理解，由于数据样本量巨大，简单地进行两两相关检验可能并不准确，我们需要进行进一步的检验。再看其他因素与两种生产率的关系，同样存在不一样的矛盾结果，说明这个简单分析是有问题的。

表 3–27　总体数据变量之间相关性

相关系数	ATFP	LTFP	EX	PRO	Y	LX	R&D	JY
ATFP	1.000000							
LTFP	−0.015235	1.000000						
EX	0.004690	−0.230463	1.000000					
PRO	0.050454	−0.171647	−0.116342	1.000000				
Y	−0.110881	0.550826	−0.054262	−0.474967	1.000000			
LX	0.154913	−0.365807	0.046623	0.550400	−0.881067	1.000000		
R&D	−0.000008	0.048663	−0.015404	−0.000709	0.050162	−0.005538	1.000000	
JY	−0.001634	0.103648	−0.034083	−0.007615	0.122481	−0.023549	0.380740	1.000000

以下我们对方程 1 和方程 2 进行总体样本的回归分析，结果如表 3–28 所示。其中，（1）和（3）是初次回归结果，去除检验有问题和不能通过显著性检验的变量，再次回归的结果为（2）和（4），所以两个方程的结果基本以最终的回归为准。观察结果，我们发现，企业研发投入在两个方程中都不显著，原因可能是研发具有滞后性，在当期是表现不出效果的。再逐一分析其他各变量：第一，出口规模对于企业生产率的影响显著且为负，两个方程的检验结果一致，这和一般的理论逻辑是相悖的，说明出口的学习效应和竞争效应对我国企业并没有显现。第二，企业盈利状况和生产率关系显著为负，两方程结果相同。这与我们的预期也相违背，说明利润率高的企业不一定生产率高。第三，企业规模与生产率关系显著为正，说明规模越大的企业生产

率越高，原因可能是规模大的企业竞争力强，有充足的资金和实力进行技术创新和改造。第四，企业职工教育投入与生产率显著负相关，这也不符合预期和一般逻辑，原因可能与研发投入一样具有滞后性，教育培训投入在当期很难表现出来，而需要进行教育和培训的企业，往往正是效率较为低下的企业，这样出现负相关的结果也就不奇怪了。第五，企业类型与生产率显著正相关，说明国有企业确实存在着一些自身的优势，在引进技术和技术改造上处于优势地位，能够推动企业生产率提高。

表 3-28 总体样本回归结果

系数	方程 1		方程 2	
	(1)	(2)	(3)	(4)
C	-12.9140*** (-11.9701)	-12.9104*** (-11.9685)	0.1104*** (4.1160)	0.1098*** (4.0971)
EX	-0.0719** (-2.2678)	-0.0719** (-2.2673)	-0.0522*** (-66.3060)	-0.0522*** (-66.3090)
PRO	-1.3474*** (-11.4023)	-1.3474*** (-11.4024)	-0.0106*** (-3.5949)	-0.0106*** (-3.5954)
Y	1.4623*** (14.5054)	1.4619*** (14.5041)	0.3909*** (1.1772)	0.3910*** (156.0688)
R&D	-0.000113 (0.8407)		0.0000164 (1.1772)	
JY	-0.0012** (-2.3520)	-0.00124*** (-2.6121)	-0.0000632*** (-4.9712)	-0.0000576*** (-4.8823)
LX	4.0610*** (33.3510)	4.0606*** (33.3519)	0.2426*** (80.1511)	0.2426*** (80.1767)
R^2	0.4289	0.4290	0.4077	0.4077
S.E.	32.4930	32.4928	0.8075	0.8076
D-W	1.9922	1.9922	1.6857	1.6858
N	65448	65448	65448	65448

注：括号内数据是 T 检验值；* 表示 10%的水平下通过检验，** 表示 5%的水平下通过检验，*** 表示 1%的水平下通过检验。

总体检验在大样本情形下反映了企业的一般特征，但由于不同行业之间的企业存在差异，我们又不可能准确区分和控制这些行业间差异性的影响，所以结果可能会存在偏差，这样有必要进行分行业的检验。所以这里我们暂且不对有关结果进行深入的剖析，在比照分行业检验后再全面解析。

（三）分行业检验

在分行业检验中，我们把所有的制造业企业按照数据库中的行业分类划分，共有 30 个行业。对每一个行业的企业数据进行单独处理，计算分行业出口规模和生产率之间的简单相关性，得到的系数如表 3-29 所示，可见所有的行业都显示了负相关性，与总体检验一致，说明企业出口规模对生产率确实存在负向的影响效应。

表 3-29　制造业各行业出口规模与生产率之间的相关系数

行业	13	14	15	16	17	18	19	20	21	22
ATFP	−0.3531	−0.3880	−0.3783	−0.7194	−0.2806	−0.3078	−0.3959	−0.3303	−0.3502	−0.3977
LTFP	−0.3083	−0.3381	−0.3228	−0.7184	−0.2597	−0.2341	−0.3144	−0.2831	−0.3045	−0.3718
行业	23	24	25	26	27	28	29	30	31	32
ATFP	−0.2983	−0.3298	−0.3201	−0.2068	−0.3494	−0.4261	−0.4367	−0.3579	−0.3358	−0.2719
LTFP	−0.3106	−0.2532	−0.2140	−0.1685	−0.3415	−0.4029	−0.3871	−0.2899	−0.3244	−0.1993
行业	33	34	35	36	37	39	40	41	42	43
ATFP	−0.2261	−0.3251	−0.3425	−0.2853	−0.3222	−0.3518	−0.2329	−0.2976	−0.2275	−0.1327
LTFP	−0.1648	−0.2696	−0.3048	−0.2365	−0.2741	−0.2938	−0.1569	−0.2582	−0.1505	−0.1367

表 3-30 和表 3-31 列示了分行业方程 1 和方程 2 的最终有效检验结果，省略了检验以及剔除不显著变量的过程。从表中可见，全要素生产率和劳动生产率的结果基本一致，企业生产率与出口规模显著负相关，与企业盈利能力显著正相关，与企业规模显著正相关，与研发投入不具有显著相关性，与企业对职工教育投入负相关居多但不显著，与企业类型也是负相关较多但不显著。

表 3-30　制造业分行业方程 1 回归结果

行业	C	EX	PRO	Y	R&D	JY	LX	R^2	N
13	−0.7654***	−0.0298***		0.3417***		−0.0004***		0.2956	2578
14		−0.0879***	0.1228***	0.2630***		0.000089**	−0.4200***	0.3320	1205
15		−0.0569***	0.0958***	0.2675***				0.3902	384
16	−4.2856***	−0.3203*		0.6240***		−0.00008***		0.8901	26
17	−0.7731***	−0.0606***	0.4550***	0.1661***		−0.0001***	−0.1688***	0.2139	8131
18	−0.3545***	−0.0836***	0.3672***	0.2746***		−0.0001***	−0.2031***	0.3110	7151
19		−0.1033***	0.3042***	0.2487***		−0.0002***		0.3471	3488
20	−0.3661**	−0.0665***	0.2034***	0.3016***		−0.0003***		0.3006	1318

续表

行业	C	EX	PRO	Y	R&D	JY	LX	R^2	N
21	0.3596**	-0.0558***	0.3471***	0.1993***				0.2639	1517
22		-0.0738***	0.4299***	0.2373***				0.3810	799
23		-0.0873***	0.5484***	0.2267***				0.3679	507
24	0.3498***	-0.0699***	0.4538***	0.1992***		0.0003**		0.2693	2293
25	1.2745*	-0.1110**		0.1854***			-1.3729***	0.3667	48
26	-0.7897***	-0.0662***	-0.2118***	0.3588***		-0.0005***	-0.2952***	0.3236	2733
27	-0.6562**	-0.0680***	0.6483***	0.3217***				0.4129	485
28		-0.1363***		0.2574***		-0.0005***		0.3521	181
29		-0.1043***	0.1856***	0.2488***			-0.2816*	0.3561	843
30		-0.0640***	0.3014***	0.2406***		-0.0002***	-0.2557**	0.3285	3596
31	-0.2416*	-0.0887***	0.2929***	0.2867***		-0.0003***	-0.3078***	0.3264	2441
32		-0.0495***	0.1088*	0.2672***		-0.0005***		0.2856	435
33		-0.0409***	0.1148*	0.2690***		-0.00009*		0.2828	570
34	-0.2120**	-0.6653***	-0.1303***	0.2727***		-0.0005***		0.3150	4267
35	-0.3529***	-0.0711***	0.0947***	0.2908***		-0.0004***	-0.3216***	0.3164	4038
36	-0.3907***	-0.0677***	0.1866***	0.2851***		-0.0001**	-0.3125**	0.2919	1958
37		-0.0565***	0.2115***	0.2387***			-0.3004***	0.3378	2028
39		-0.0730***	0.3123***	0.2395***				0.3386	4205
40	-0.4638***	-0.0503***	0.1509***	0.2672***		0.0002***		0.3449	3848
41	-0.4970***	-0.0788***	0.3296***	0.2843***		0.0003***		0.3795	1118
42	-0.5234***	-0.0486***	0.6179***	0.2934***		-0.0005***	0.2877***	0.2883	3233
43				0.2890***				0.3113	24

注：表中每一行业的结果为通过显著性检验后的最终有效结果；* 表示 10%的水平下通过检验，** 表示 5%的水平下通过检验，*** 表示 1%的水平下通过检验。

表 3-31　制造业分行业方程 2 回归结果

行业	C	EX	PRO	Y	R&D	JY	LX	R^2	N
13	0.3598**	-0.0277***		0.4015***	0.0000018*	-0.000056***		0.2905	2578
14	0.6468***	-0.0834***	0.0915***	0.3705***		-0.0001***	-0.3854**	0.3357	1205
15	1.1719***	-0.0498***	0.0937***	0.3437***				0.4259	384
16	-4.1174***	-0.4129*		0.7912***		-0.0001***		0.8839	26
17	1.3276***	-0.0591***	0.4162***	0.2706***		-0.0002***	-0.2673***	0.2567	8131
18	0.3599***	-0.0688***	0.4066***	0.3369***			-0.2814***	0.3114	7151
19	0.5468***	-0.0892***	0.2712***	0.3282***			-0.2615**	0.3243	3488
20	0.3719*	-0.0620***	0.1455***	0.3859***		-0.0003***		0.3191	1318

续表

行业	C	EX	PRO	Y	R&D	JY	LX	R^2	N
21	1.3818***	−0.0551***	0.3013***	0.2554***				0.2494	1517
22		−0.0773***	0.3746***	0.4055***				0.4568	799
23	0.9012***	−0.1101***	0.4788***	0.3159***				0.3808	507
24	1.4553***	−0.0592***	0.4927***	0.2335***				0.2279	2293
25	1.9903**			0.3019***			−1.7977***	0.3628	48
26	−0.7882***	−0.0639***	−0.2080***	0.5342***		−0.0005***	−0.4866***	0.4115	2733
27		−0.0657***	0.6134***	0.4358***				0.4291	485
28		−0.1282***		0.4346***		−0.0009***		0.3879	181
29	0.7204***	−0.1090***	0.1855***	0.3388***				0.3538	843
30	0.5702***	−0.0628***	0.2730***	0.3491***		−0.0003***	−0.4307***	0.3298	3596
31		−0.0966***	0.2476***	0.4233***		−0.0002***	−0.3509***	0.3736	2441
32	0.6099*	−0.0406***		0.3927***		−0.0005***	−0.3690*	0.3754	435
33		−0.0339***		0.4404***		−0.0001**		0.3584	570
34	0.3056***	−0.0663***	0.1201***	0.3846***		−0.0006***		0.3502	4267
35	−0.3529***	−0.0711***	0.0947***	0.2908***		−0.0004***	−0.3216***	0.3164	4038
36	0.4787***	−0.0699***	0.2061***	0.3772***			−0.4569***	0.3104	1958
37		−0.0545***	0.1843***	0.4066***			−0.2834***	0.3943	2028
39	0.9008***	−0.0748***	0.3510***	0.3150***			−0.2172**	0.3377	4205
40	0.2311**	−0.0499***	0.1160***	0.3598**		0.0001***	−0.3856**	0.3462	3848
41	0.3766**	−0.0867***	0.3896***	0.3619***		0.0003**	−0.3123*	0.3694	1118
42	0.2795**	−0.0370***	0.6372***	0.3558***		−0.0005***	0.1685*	0.2741	3233
43				0.4820***				0.3472	24

注：表中每一行业的结果为通过显著性检验后的最终有效结果；* 表示 10%的水平下通过检验，** 表示 5%的水平下通过检验，*** 表示 1%的水平下通过检验。

（四）实证结果解析

总结和分析总体检验与分行业检验，我们能够得到以下几点结论：

（1）企业出口规模对于生产率的影响显著为负。无论是总体检验还是分行业检验都一致得到该结果，这在一定程度上不符合新—新贸易理论。按照该理论，出口贸易存在“学习效应”和“竞争效应”，能够提高企业生产率；同时，即使新—新贸易理论的经验分析得到出口对于企业生产率的影响不明确，即出口并不能够显著提高企业生产率，但也不是具有负向的影响。根据我国实际，出现该结果的可能原因有三：其一，我国出口贸易中，加工贸易企业居多，它们以出口为主，利用我国廉价劳动力资源，生产效率一般较低。这些企业又出口规模较大，这样就有可能导致出口规模越大却生产率越低的结果。其二，出口企业具有出口惰性，一旦进入国际市场，就失去了继续提高生产效率和技术革新的动力，而那些刚刚进入国际市场的企业一般生产率较高，所以对于出口企业来说，出口规模就与生产率负相关。其三，我国国内市场进入成本可能高于国外，所以我国企业和别国不同，它们是生产率低的先进入国际市场，这些企业出口规模大，而只有生产率高的企业会在国内经营，这些企业出口规模较小，于是就出现了企业出口规模与生产率负相关的结果。

（2）企业盈利能力在分行业检验中与生产率显著正相关，但在总体检验中却负相关，原因可能是总体样本中过多的行业内影响因素导致结果失真，而分行业的正相关关系是符合预期和一般逻辑的。

（3）企业规模与生产率显著正相关，无论是总体检验还是分行业检验，结果一致，说明了规模越大的企业生产率越高，这与一般逻辑是一致的。

（4）企业研发投入和职工教育培训投入与生产率关系不显著，原因可能是该两个变量具有滞后的效应，当期无法体现，但限于数据库无法获取时间序列样本，无从进一步解析滞后效应。

（5）企业类型变量在总体检验中与生产率正相关，但在分行业检验中与生产率负相关，可能是国有和集体企业在总体上具有优势，由于冗员繁多且效率较低，在行业内的企业中生产率又相对较低。

六、结论

本节选取我国制造业所有 30 个行业 1998~2007 年的数据，全面检验了我国企业出口与生产率之间的关系。发现我国出口企业存在着“生产率悖论”，即同行业内部，只供应国内市场的企业生产率高于出口企业，这与新—新贸易理论的结论截然相反，但进一步的深入分析发现，我国出口中大量加工贸易企业的存在是引起悖论的主要原因，在剔除加工贸易企业之后，出口企业的生产率均值显著高于只供应国内市场企业，悖论由此化解。

在对出口企业的生产率对出口规模影响的回归检验中，无论是否剔除加工贸易企业，两者之间均呈现出显著的负相关性，这一结果似乎与一般逻辑相违背，但实际上，新—新贸易理论的相关经验分析也发现出口并不能提高企业生产率。也就是说，并不一定出口规模越大的企业生产率越高，所以这一负相关性也不违背新—新贸易理论。与此同时，我们又对企业出口规模对于生产率的影响进行了回归检验，总体和分行业的实证分析结果显示，企业出口规模、企业盈利能力、企业规模三个变量是影响生产率的主要因素；其中，企业出口规模对于生产率的影响为负，企业盈利能力和规模对于生产率的影响为正。由此，出口贸易并没有提高我国企业的生产率，不仅如此，还对企业生产率有负面影响，这在一定程度上也不符合新—新贸易理论以及一般理论逻辑。这两个方面都显示了出口与生产率之间的显著负相关性，其中的原因可能是我国加工贸易较多、企业存在出口惰性以及国内较高的市场进入成本。

总结以上，我国出口企业虽然出现了“生产率悖论”的现象，但其中的原因是加工贸易使然，在剔除此类企业后，我国企业的状况同样符合新—新贸易理论。

第五节　中国贸易战略转型的宏观背景：三十年出口与增长的经验

本节的目的和意义是为我们从新—新贸易理论视角分析中国外贸发展战略的调整奠定一个宏观背景。通过回顾中国三十年对外贸易的发展以及对于经济增长做出的贡献，能够从历史的过程和发展阶段，并结合新—新贸易理论，更好地理解与剖析未来的贸易战略转型。

改革开放以来，我国经济取得了飞速的发展，被誉为“中国奇迹”。那么中国经济为什么能够获此殊荣，其背后的根本原因在哪里，国内外学者一直以来都在试图揭开谜底。综观国内现有的研究文献，大体上是从经济、政治或制度等角度进行解释：经济上，按照自由主义的说法，中国经济持续增长是市场化改革的结果（赵琪，2007），除此之外，民间投资以及廉价劳动力也被认为是中国经济增长的重要因素；政治和制度上，制度变迁是经济增长的内在本质动力，而中国集权式的政治体制正好发挥了政府在制度变迁中的重大作用，从而促进了经济增长（张蕾、胡宏力，2008）。

在探讨中国经济增长的深层原因中，西方学者的解释大致可划分为实验主义学派和趋同学派（张谊浩，2001）两大类。实验主义学派认为，中国的经济增长是因为在许多经济领域实行了局部放松管制，这种渐进改革引起了高速经济增长，并形成了预料不到的良性循环，这些渐进改革包括企业改革、税费改革以及非资本主义制度的实验等。趋同学派与实验主义存在一定的差别，他们认为促使1978年以来中国经济增长的因素与东南亚取得高速经济增长的因素相同，即日益增加的自由化、国际化和经济活动的私有化。其认为，中国的成功是由于体制改革可以与非社会主义市场经济趋同；中国高密度人口集中在低收入的农村，适合劳动力密集型的出口带动型增长；且中国的高速增长在许多领域已经出现，同时表现为激进而不是渐进的改革；与此同时，中国在农业、国有工业中进行非资本主义制度实验也证明是成功的，所以有必要朝着更典型的市场经济制度方向改革。

在这些解释中，无论是国内的经济、政治和制度分析，还是国外的实验主义与趋同学派，都一致认为，对外开放和出口贸易是中国经济增长的重要原因。国内外对于我国出口贸易与经济增长之间关系的定量研究也已经证明了这一不争的事实。那么，中国改革开放三十年以来，出口贸易到底对于经济增长产生了怎样的影响？如何影响？我们有什么经验可以总结？对于我国未来外贸发展路径有何启示？这些都是本节所要探讨的问题。

一、三十年经济成就

1978~2008年的三十年中，我国经济取得了巨大成就，截至2007年底，经济总量已经跃居世界第三，2015年，很快超过日本成为世界第二大经济体。引自著名经济学家蒙代尔的话，中国在2050年左右将会成为世界第一大国。这样的数字和预测让人备受鼓舞，撇弃未来不谈，在过去的三十年中，中国的发展确实让世人为之震惊和刮目相看。一些具体的数据可以见证我们的成绩。

（1）国内生产总值在过去的三十年增长了68倍多，由1978年的3645.2亿元增长到2007年底的249530亿元和2008年1~7月的130619亿元，年均增长13.7%。其中第一产业增加了26.3倍，第二产业增加了68.5倍，第三产业增加了61.3倍（具体数据详见附录）。图3-5描述了1978~2008年我国GDP的年度增长率情况和三产GDP增长率情况，可见我国经济增长速度近年来一直保持着平稳快速增长的势头。

（2）产业结构不断优化，第一产业在国民经济中的地位和份额不断下

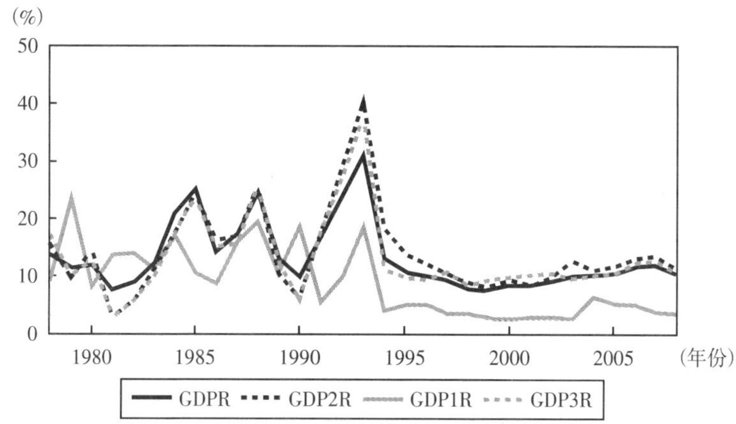

图 3-5 1978~2008 年我国 GDP 增长率以及三产 GDP 增长率

注：GDPR 表示 GDP 增长率，GDP1R 表示第一产业总产值增长率，依次类推。

资料来源：根据《中国统计年鉴》（1980~2007）数据整理，2008 年数据截至 7 月。

降，由 1978 年的占比 28.2%下降到 2008 年 1~7 月的 9%；第二产业基本保持不变而有所下降，维持在 13%左右；第三产业的份额有一定的提高，从 20 世纪 80 年代的占比 35%左右上升到近年的 40%左右（具体数据详见附录），图 3-6 显示了这一比重变化情况。可见我国产业结构已经由“一二三”逐步变成“三二一”。

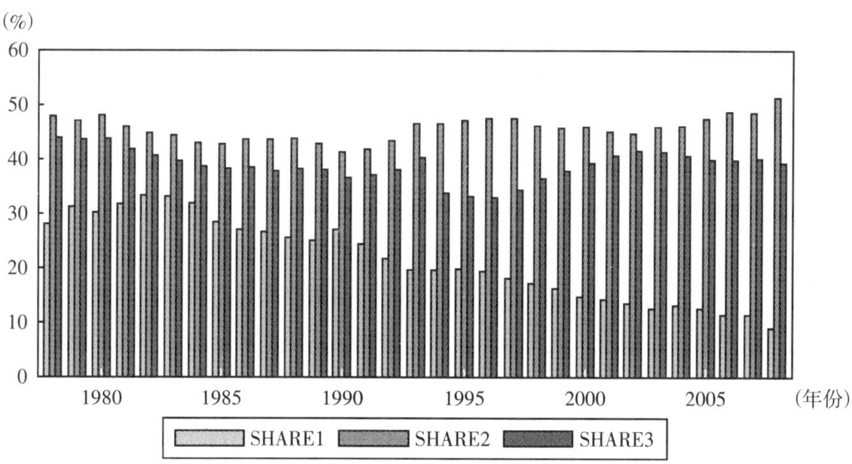

图 3-6 1978~2008 年我国三产占 GDP 总量的比重情况

注：2008 年数据截至 7 月，SHARE1 表示第一产业在 GDP 中的份额比例，其他依次类推。

资料来源：《中国统计年鉴》（1990~2007）以及 Wind 数据库有关数据。

(3) 财政收入和实力大增。财政收入在三十年中增加了 41.5 倍多，财政支出也增加了 32.2 倍多。1978 年我国财政收入只有 1132.2 亿元，到 2007 年底财政收入已经增长到了 48177.1 亿元，年均增长率 14.1%（具体数据详见附录）。图 3-7 刻画了 1978~2008 年我国财政收入、支出和盈余的情况，一个总的趋势是三类数值都在不断增长。

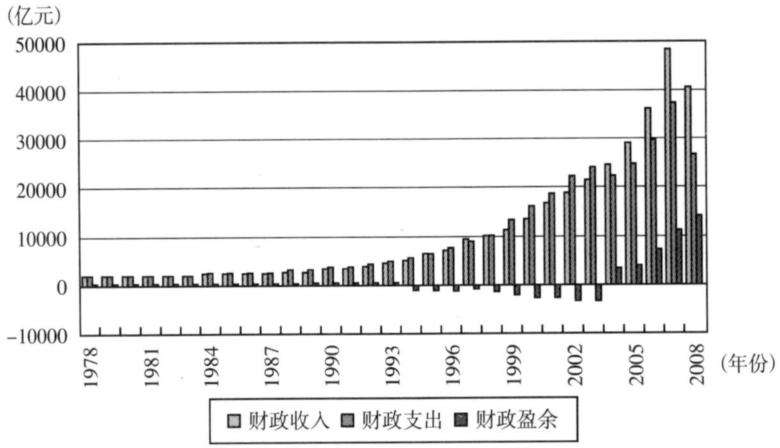

图 3-7 1978~2008 年我国财政收支及盈余情况

注：2008 年数据截至 7 月。
资料来源：《中国统计年鉴》(1991~2007)。

(4) 外汇储备增长迅速，我国已经成为世界第一大外汇储备国。三十年间，我国外汇储备增长了 10000 多倍，由 1978 年的 1.7 亿美元增长到截至 2008 年 7 月的 18088.3 亿美元，年均增长 24.6%（具体数据详见附录）。图 3-8 是 1978~2008 年我国外汇储备情况。

(5) 外贸进出口规模剧增，尤其是外贸出口。从 1978~2008 年的贸易数据看，进出口贸易总额增长了 100 多倍，年均增长率 20.3%；其中出口增长了近 130 倍，年均增长率 17.5%；进口增长了 80 多倍，年均增长率 16.7%；贸易差额由逆差状态变成大幅顺差（具体数据详见附录）。图 3-9 是我国 1978~2008 年的贸易总额、出口、进口以及贸易差额的有关情况。

(6) 城乡居民收入增长明显。2008 年 1~6 月，我国城镇居民人均可支配收入 8065 元，而 1978 年仅有 343.4 元；同样的农村居民人均现金收入也从 1978 年的 133.6 元增长到了 2008 年 1~7 月的 2528 元，而 2007 年全年的人均收入是 4140 元（具体详见附录）。图 3-10 是我国 1978~2008 年城乡居民

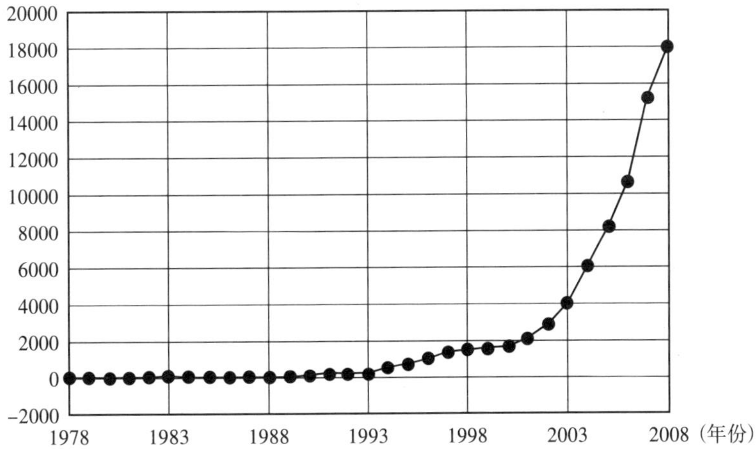

图 3-8 1978~2008 年我国外汇储备情况

注：2008 年数据截至 7 月。
资料来源：《中国统计年鉴》（1990~2007 年）及国家统计局网站统计数据。

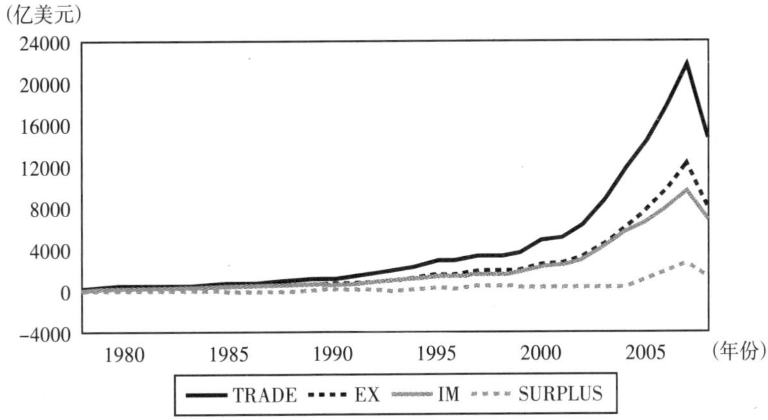

图 3-9 1978~2008 年我国贸易进出口以及贸易顺差有关情况

注：2008 年数据截至 7 月
资料来源：《中国统计年鉴》（1995~2007）以及国家统计局网站数据资料。

人均收入情况。

由上可知，三十年发展的成就是显著的，其中，推动经济增长的变量和因素有很多，既有经济和自然禀赋的因素，也有政治与制度变迁的推动作用。改革开放，改革是内部根本推动力，而开放则是推波助澜的主要动力。在对外开放中，出口贸易的作用自然不可忽视。

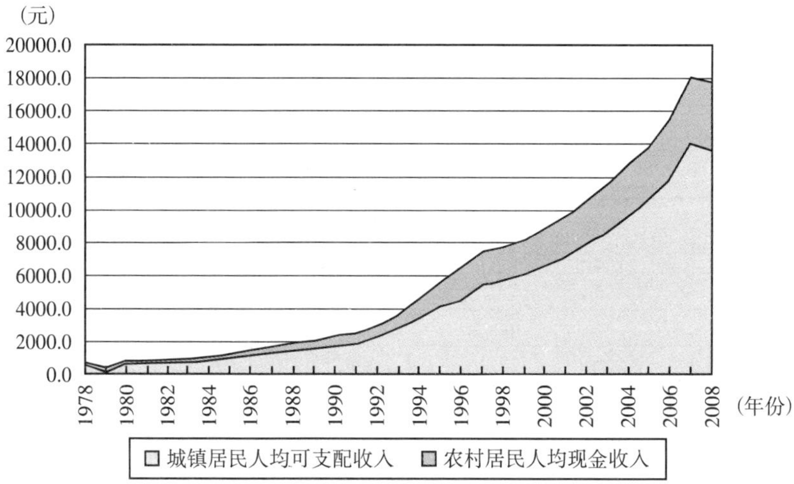

图 3-10　1978~2008 年我国城乡居民收入情况

注：2008 年数据根据 1~6 月值同比计算而得。

资料来源：《中国统计年鉴》（1995~2007）以及国家统计局网站数据资料。

二、理论回顾及相关研究结果

出口贸易与经济增长之间的关系，一直以来都是研究者们关注的一个重要领域。总体来说，这些研究集中于理论和实证两个方面。理论主要从内部机理角度剖析出口如何促进经济增长，并且会带来什么样的经济效应；实证则是用具体的国家和地区数据验证出口与经济增长之间的关系。

（一）理论回顾

出口贸易与经济增长的关系是国际贸易理论主要探讨的问题之一，贸易理论的诞生，意味着对其研究的开始。所以传统的关于出口与增长关系的文献主要包括古典和新古典的贸易理论，也就是斯密的绝对优势论、李嘉图的比较优势论以及俄林的要素禀赋理论。第二次世界大战之后，由于技术进步导致的新产业、新工艺出现以及跨国公司的发展，国际贸易出现了一些新变化，以不完全竞争和规模经济为主要特征的新贸易理论应运而生，主要包括技术差距论、需求偏好相似论、产品生命周期理论以及产业内贸易理论。新增长理论认为，知识、技术、人力资本是经济实现持续增长的决定因素，而出口贸易又是实现技术外溢、知识溢出、人力资本溢出进而促进经济增长的重要途径。所以，在开放经济条件下，通过出口贸易产生的知识和技术溢出效应，可以加速技术、知识和人力资本在世界范围内的传播，使知识和专业化人力资本能够在贸易伙伴国内迅速积累，从而提高各国的总产出水平，加速经济增长。近年来，以异质性企业的贸易行为选择为研究方向的新—新贸易理论诞生，虽然没有直接阐述出口与经济增长之间的关系，但其认为，出口贸易能够提高企业的生产率，增强企业竞争力，从而最终会带动经济增长，故新—新贸易理论实际上也证明了出口和增长之间的正向关系。

关于出口促进经济增长的机制，现有文献主要指出了这样几条路径：①出口优化了资源配置，有利于发挥自身比较优势。出口提高了生产专业化程度，利于资源流向最有效率的企业，从而能够推动社会生产率提高，带动经济增长。②出口具有示范效应和技术外溢效应。出口加强了与其他企业的联系，起到示范作用和影响，同时出口贸易能够通过模仿及“逆向工程”溢出技术和先进管理经验。③出口能够带动国内外投资的扩张。研究表明，一国出口部门的要素收益远远高于进口竞争部门的要素收益，这就是说，出口部门的平均利润率水平，必然会引致一部分国内要素流入出口部门，在国内要素流动机制比较平滑的条件下，大量的要素流入意味着出口部门的国内投资大量增加。④出口获得规模经济效益，推动经济增长。出口扩大了市场，使企业能够扩大生产规模，提高生产效率，降低单位成本，获得规模经济效益，从而有益于经济增长。⑤出口刺激技术创新，促进技术进步。出口加剧了竞争，从而刺激本国企业的产品和技术创新，促进经济增长。⑥出口带动国内就业，同时带动国内的消费需求，最终推动经济增长（武敬云，2006）。这些效应机制如图 3-11 所示。

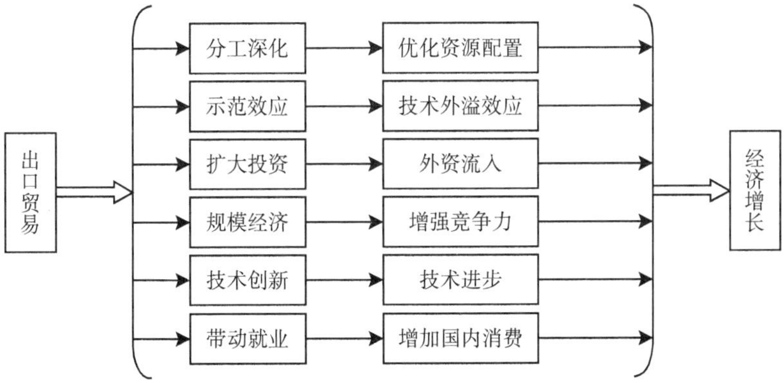

图 3-11　出口贸易促进经济增长的机制和路径

资料来源：根据以上分析整理。

（二）有关实证研究的文献

出口导向经济增长（ELG）的命题，在近二十年来引起了研究者们广泛的兴趣，大量的研究文献从实证角度，针对不同国家和地区，运用不同的模型与分析方法得到了不一致的结论，既有支持的，也有不支持的。总体来说，已有的研究从实证分析方法上可以分为两类：第一类利用跨国数据来检验 ELG 假设。例如 Maizels（1963）运用秩相关检验方法分析了 7 个发达国家制造业出口平均增长与产出增长的关系，得出了支持假设的结论；Balassa（1978）对 11 个半工业化国家的检验同样支持了假设；Dollar（1992）以及 McNab 和 Moore（1998）的研究都得到了支持假设的结论。第二类是对单个国家的数据进行检验。例如 Jung 和 Marshall（1985）运用双变量系统 VARD 模型的 Granger 因果检验技术分析了 37 个发展中国家和地区实际 GDP 与出口之间的关系，发现有 5 个国家支持假设，有 11 个国家出现相反的因果关系（即经济增长导向出口，GLE），而有 20 个国家的出口与增长之间不存在因果关系；Chow（1987）的研究同样对不同的国家出现了不同的结果；其他研究还有如 Karunaratne（1994）和 Ghatak（1998）等。

关于中国出口贸易与经济增长之间关系的研究，总体来说起步较晚，从 20 世纪 90 年代才陆续开始，同时国内研究较多，国外文献相对较少涉足。在国外文献中，Kwan 和 Cotsomitis（1991）运用 Granger 因果检验研究中国 1952~1985 年与 1952~1978 年两个时期的情况，发现在 1952~1985 年期间存在双向因果关系，而在 1952~1978 年期间不存在因果关系；Kwan 和 Kwok（1995）利用 1952~1985 年度数据，运用双变量系统 VARL 模型检验，得出我国出口和实际国民收入之间确实存在双向因果关系；Shan 和 Sun（1998）采用月度数据，在一个 6 变量的 VARL 系统中检验，发现我国出口和经济增长之间存在双向因果关系（许和连，2003）。

国内文献中，近年来相关研究较多，得到的结论总体是支持出口导向经济增长（ELG）假设的。例如，钟昌标、叶劲松（1999）运用省际数据对我国 1985~1996 年的出口与经济增长之间关系进行了实证研究，结果显示，我国各省份出口贸易与经济增长之间具有较强的相关性，其中，出口对于东部省份的促进作用比较明显，对于西部省份的经济增长贡献则较弱；尹晓波（2002）利用我国 1985~2001 年的数据检验了进出口和经济增长之间的关系，得到出口贸易是推动经济增长的重要因素；易行健（2006）对我国 1978~2004 年的数据进行了检验，结果表明，GDP、出口与进口之间存在唯一的协整关系，同时出口是经济增长的格兰杰原因；黄玖立、李坤望（2006）研究了1970~2000年各省区出口开放程度和地区市场规模与经济增长之间的关系，结果证明出口开放显著影响人均收入增长，从而出口是推动经济增长的重要原因；周阳（2006）用线性回归和格兰杰因果检验以及方差分解方法分析，得到出口与经济增长之间存在正相关关系，出口是促进经济增长的重要原因；李丽、杜凌（2007）利用1983~2003年的年度数据和1995~2004年的季度数据，运用协整检验及格兰杰因果检验进行分析，结果显示我国出口与经济增长之间存在互为因果的反馈性联系，也就是存在双向因果关系。这些结果如图3-12所示。

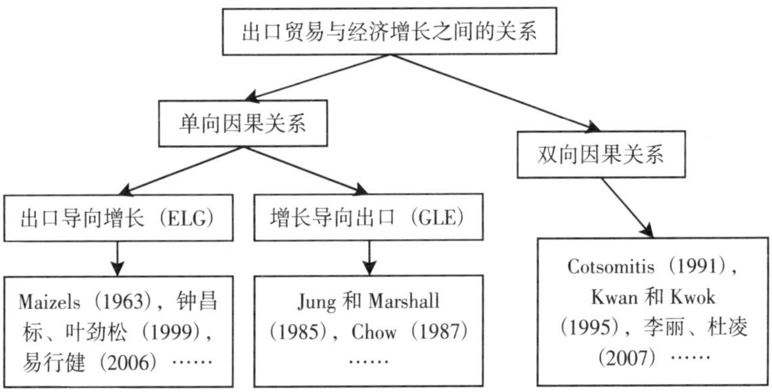

图3-12 出口与增长之间关系的实证文献结果总结

资料来源：根据以上分析整理。

三、我国出口与增长的定量检验（1978~2008年）

基于我国出口贸易与经济增长之间因果关系的不明确，我们用1978~2008年的年度数据重新检验两者之间的因果关系和相关关系。我们的检验与以往文献相比的创新在于：第一，我们加入最新的数据，并在回归分析中加入多变量；第二，我们从多种角度检验，单位根和协整检验两者之间是否具有稳定关系，格兰杰因果检验两者之间的因果关系，方差分解解析两者之间相互影响的轨迹，多变量回归分析获取两者之间的真实影响程度。

分析数据来源于历年《中国对外经济统计年鉴》和《中国统计年鉴》，同时2007年的进出口数据由于尚无人民币计价值，用当年美元和人民币中间汇率计算转换而得，2008 年进出口数据根据国家统计局上半年年报公布的增长率情况估算而得。我们用《中国统计年鉴》中的工业品出厂价格指数（以 1980 年为基期），对名义数据进行价格指数平减，得到实际值。为了消除异方差，我们对变量进行自然对数变换，分别用 lnGDP 和 lnEX 表示国内生产总值和出口的对数。图 3-13 是出口与国内生产总值之间的数值和关系，可见两者同向变化，线性正相关关系明显。我们分别从单位根和协整检验、因果性检验、方差分解以及线性回归四个方面进行分析。

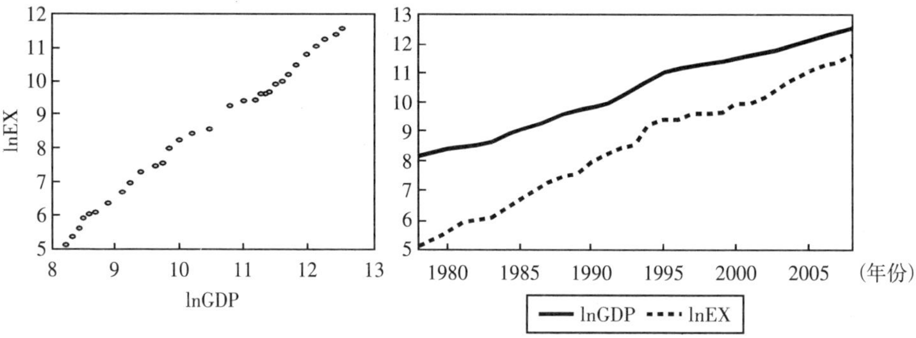

图 3-13 lnGDP 和 lnEX 的数值及关系

（一）单位根和协整检验

对时间序列进行协整检验，首先必须要确定序列的平稳性，为此我们对 lnGDP 和 lnEX 及其差分分别进行扩展迪基—富勒检验（ADF）。检验中选取有趋势项和常数项的模型：

$$\Delta Y_t = \alpha + \eta t + \lambda Y_{t-1} + \sum_{i=1}^{m} \alpha_i \Delta Y_{t-i} + \varepsilon_t \tag{3-40}$$

式中，α 代表常数因子，ηt 是趋势项，加入滞后项是为了使残差项为白噪声序列。检验结果如表 3-32 所示，可见该两个序列都不平稳，但其一阶差分都是平稳的，所以它们都是一阶“单整”的，即均为 I(1) 序列。

表 3-32 ADF 单位根检验结果

变量	检验形式（C，T，K）	ADF 统计量	5%临界值	是否平稳
lnGDP	（C，T，1）	-2.539508	-3.574244	否
ΔlnGDP	（C，N，1）	-3.016587	-2.971853	是

续表

变量	检验形式（C，T，K）	ADF 统计量	5%临界值	是否平稳
lnEX	（C，T，1）	-1.832029	-3.568379	否
ΔlnEX	（C，N，1）	-5.165826	-2.967767	是

注：C，T，K 分别表示检验方程中的常数项、时间趋势和滞后阶数，N 表示无趋势项，Δ 表示差分项，滞后阶数的确定根据 AIC 准则，使 AIC 达到最小的 K 值不断尝试而获得。

对于两个单整序列，我们可以对其进行协整检验，确定两者之间是否具有稳定的关系。如果具有稳定关系，则简单线性回归的结果是有效的，否则会存在“伪回归”问题。我们用 EG 两步法进行协整检验，即用一个变量对另一个变量回归，如果回归残差平稳，则两者之间存在协整关系。所以，首先用最小二乘法（OLS）对 lnGDP 和 lnEX 进行回归，得到方程如下：

$$\ln GDP = \underset{(47.93521)}{4.392564} + \underset{(67.14871)}{0.705546}\ln EX + \varepsilon$$

$$R^2 = 0.993609;\ S.E. = 0.113650 \tag{3-41}$$

对该回归方程的残差序列进行 ADF 单位根检验，结果如表 3-33 所示，显然残差序列在三种置信区间都是平稳的，说明变量之间存在协整关系，即存在稳定的长期发展关系。所以式（3-41）的回归结果是有效的，即出口贸易和 GDP 之间的同向变动关系非常显著，lnEX 每变动 1 个单位，lnGDP 同方向变动 0.705546。

表 3-33 lnGDP 和 lnEX 回归残差单位根 ADF 检验

		t-Statistic	Prob
Augmented Dickey-Fuller test statistic		-5.565646	0.0005
Test critical values	1% level	-4.309824	
	5% level	-3.574244	
	10% level	-3.221728	

（二）Granger 因果检验

知道了 lnGDP 和 lnEX 之间的稳定相关关系之后，我们还需要确定两者之间的因果关系，即到底是出口导向经济增长（ELG）还是经济增长导向出口（GLE），抑或为双向因果。为此，我们用 Granger 检验方法具体分析，其原理是利用经济关系发挥作用的时间差和滞后效应，根据经济变量各自的前期指标在解释、影响对方指标中的显著程度，判断因果关系的存在性和方向。根据数据特点，我们建立如下的基本模型：

$$\ln GDP_t = \alpha_0 + \sum_{i=1}^{n} \alpha_{t-i} \ln EX_{t-i} + \sum_{j=1}^{n} \beta_j \ln GDP_{t-j} + \varepsilon_t \tag{3-42}$$

$$\ln EX_t = \delta_0 + \sum_{i=1}^{m} \delta_{t-i} \ln GDP_{t-i} + \sum_{j=1}^{m} \gamma_j \ln EX_{t-j} + \varepsilon_t' \tag{3-43}$$

其中，两个干扰项之间互不相关。用格兰杰因果检验法，并根据 AIC 原则，多次试验选取滞后阶数为 1，得到分析结果如表 3-34 所示。可见，lnEX 不是 lnGDP 变化原因的相伴概率为 0.00168，也就是说，超过 99%的概率下，lnEX 是 lnGDP 变化的原因；而 lnGDP 不是 lnEX 变化原因的相伴概率为 0.73840，故在较大的可能性下我们不能拒绝该假定。因此，我们得出结论，出口贸易是经济增长的原因，而经济增长并不是出口贸易的增长原因；即两者之间存在单向因果关系，其方向是出口导向经济增长（ELG）。

表 3-34　格兰杰因果检验结果

零假设	观察期	F 统计量	相伴概率	结论
lnEX 不是 lnGDP 变化的原因	30	12.1782	0.00168	拒绝
lnGDP 不是 lnEX 变化的原因		0.11386	0.73840	不拒绝

（三）方差分解

考察 VAR 模型时，可以用方差分解来分析模型的动态特征，其思想是把系统中每个内生变量的波动按照其成因分解为与各方程信息相关联的几个组成部分，从而了解各信息对模型内生变量的相对重要性。我们对 lnGDP 的冲击效应进行方差分解，取滞后期为 10，得到表 3-35 的分解结果和图 3-14 的分解图，可见影响效应明显，在第 3 期之后，其冲击效应已达到了 8.80078%，且一直呈递增趋势。所以，这再次证明，出口贸易对于经济增长的正向带动作用显著。

表 3-35　lnGDP 的方差分解结果

时期	标准误	lnGDP	lnEX
1	0.044161	100.0000	0.000000
2	0.080271	97.95030	2.049696
3	0.115894	91.19922	8.800780
4	0.151167	83.16219	16.83781
5	0.185037	76.16666	23.83334
6	0.216619	70.73076	29.26924

续表

时期	标准误	lnGDP	lnEX
7	0.245533	66.65879	33.34121
8	0.271782	63.62265	36.37735
9	0.295563	61.33783	38.66217
10	0.317148	59.59202	40.40798

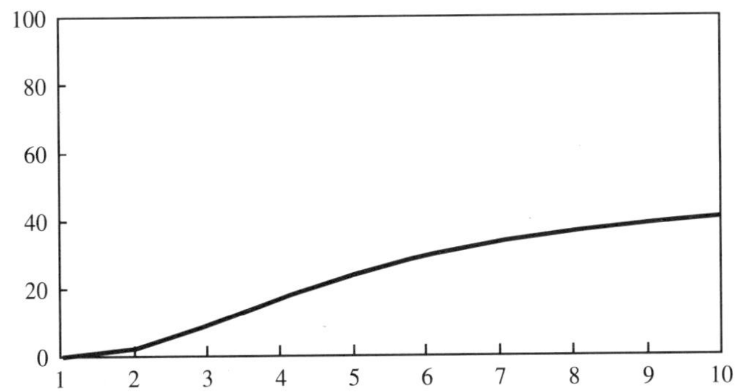

图 3-14 lnGDP 方差分解图

（四）加入其他变量的回归分析结果

为了全面考察我国对外贸易对于经济增长的效应，按照国内生产总值宏观恒等式，我们加入国内消费（lnCO）、投资（lnIV）、进口（lnIM）等变量数据，由于政府购买在国内没有相关统计，且其总额相对来说较小，所以我们暂不考虑。由此，建立模型并进行 OLS 回归，结果如表 3-36 所示，可决系数和 T 统计量都显示回归结果良好。此结果表明，出口贸易对于我国经济增长起到了重要推动作用，而进口贸易对经济增长起着反方向的阻碍作用，消费和投资对于经济增长也起着正向推动作用，且它们对于经济增长的贡献远大于出口贸易。

表 3-36 OLS 回归结果

变量	回归系数	标准误	T 统计量	概率
C	0.543051	0.176954	3.068883	0.0050
lnEX	0.068249	0.046598	1.464612	0.0550
lnIM	-0.079817	0.039672	-2.011935	0.0547
lnCO	0.630875	0.056228	11.21990	0.0000
lnIV	0.391035	0.053732	7.277480	0.0000

续表

变量	回归系数	标准误	T统计量	概率
R-squared	0.999705	Mean dependent var		10.39117
Adjusted R-squared	0.999660	S.D. dependent var		1.397782
S.E. of regression	0.025772	Akaike info criterion		-4.332342
Sum squared resid	0.017270	Schwarz criterion		-4.101053
Log likelihood	72.15130	F-statistic		22054.91
Durbin-Watson stat	0.984353	Prob（F-statistic）		0.000000

四、中国三十年外贸改革与发展之路

以上检验告诉我们，三十年改革开放，出口贸易对我国经济增长起到了不可估量的推动作用和积极影响。那么，接下来我们要分析的是，为什么我国出口贸易在短短三十年之内增长如此之快，已经成为全球第二大出口国。一个毋庸置疑的答案是，我国外贸体制改革和对外贸易战略的转变起了关键性作用。总结起来，自 1978 年改革开放至今，我国外贸体制大体经历了三个阶段，外贸战略的调整也经历了一系列的过程，正是这些适时而动的调整，大大推动了出口贸易的发展。

（一）1979~1992 年，中国实行以初步开放为特征的贸易保护政策

十一届三中全会确定改革开放战略之后，外贸领域进行了一系列改革，包括放权让利、实行外贸承包经营责任制，外贸经营权由原来的外贸总公司下放到各总公司的部分口岸分公司。随着计划控制的减少和外贸经营权逐步放开，我国恢复了出口许可证制度，对部分进出口商品实行配额管理，同时恢复和加强了对出口商品的协调管理以及对海关、商检、外汇的管理。关税和配额等贸易政策手段发挥越来越大的作用。在出口体制放开的同时，进口体制则仍然处于高度保护的状态，行政手段长期成为我国进口的主要管理手段。

总体来说，这段时期我国实行的是内向型发展战略，沿海地区实行的是出口替代的外向型战略。我国外贸的指导思想是在自力更生的基础上积极发展与世界各国之间平等互利的经济合作，并努力采用先进技术和设备。正是这些放权让利，为我国商品对外出口提供了平台，同时内地以保护为主，促进了产业的发展和恢复。不过这一时期，我国外贸的总体规模有限，对于国

民经济的贡献尚待提高。

（二）1992~2001 年，我国进一步深化了经济和外贸体制改革，不断提高对外开放水平，加速了贸易自由化

1992 年邓小平南方谈话开启了改革的序幕，1994 年外贸体制改革取得了丰硕的成果。改革内容包括：改革汇率制度，强化外贸企业自负盈亏机制；实行汇率并轨，实行以市场供求为基础、单一的有管理的人民币浮动汇率制度；实行外汇收入结汇制，取消各类外汇留成，取消出口企业外汇上交和额度管理制度；按照国际通行做法完善出口退税制度；推行有利于出口贸易的信贷政策，成立国家进出口银行对资本货物出口提供信贷支持，对出口贸易提供风险担保。同时，赋予国有大中型生产企业自营进出口权，赋予第二批 100 多家科研院所科技产品的进出口经营权，并对有固定渠道、有外贸供货、多年来对外贸发展做出贡献的地县级外贸货源公司的进出口经营权放宽了审定标准等（李洁，2004）。

正是这一放权让利的改革，推动了我国对外贸易，尤其是出口贸易的快速发展，我国劳动力比较优势被充分发挥出来，出口对于经济增长的贡献度也不断提高，对于就业和人民生活水平的改善起到了不可忽视的作用。

（三）2001 年至今，我国进入 WTO 过渡期，对外贸易开放度不断深化，外贸发展也进入了转型期

2001 年 12 月 11 日，我国正式成为 WTO 的成员国，按照加入 WTO 的要求，我国必须逐步开放本国市场，贸易自由化和投资便利化不断深入，过渡期正式来临。根据整个过渡期所具有的关于关税减让和市场开放的时间特征，我国“入世”过渡期分前后两个阶段。前过渡期是指“入世”后的前三年，在此期间，我国关税大幅降低，取消了大多数的非关税措施，服务业领域适度开放，但一些主要敏感领域尚处于保护阶段。2005 年之后，我国进入了后过渡期，此阶段前后大概 7~10 年的时间。此间，一些主要的敏感领域结束保护，市场开放提速，逐步取消外资进入的地域限制、数量限制和股权限制，市场开放的力度和范围明显超过前三年。

加入 WTO 不仅加快了我国的对外开放步伐，同时也降低了我国产品进入国际市场的贸易壁垒，我国劳动力密集型产品的优势充分发挥出来，“中国制造”席卷全球，2007 年我国成为全球第二大出口国和第三大贸易国。然而贸易顺差的过大遭到各国反对，我国出口产品在国际市场频繁遭遇贸易摩擦和争端，我国进入了贸易转型和升级时期。

在外贸发展战略上，我国大体经历了从进口替代战略到出口导向战略的过渡和调整，近年来内外综合平衡的贸易战略正在广泛讨论。具体来说，从20世纪90年代开始，我国先后提出了“市场多元化”、“以质取胜”、“大经贸”、“科技兴贸”、“自贸区”等战略。这些战略在特定的时期和情况下大大推动了我国外贸的发展，促进了经济增长。表3-37总结了这些战略施行的时间、内涵及作用。

表3-37 近年来施行的具体贸易战略情况

名称	年份	内涵	措施和结果
市场多元化战略	1990	在巩固发达国家市场的同时，加快开拓发展中国家特别是周边国家和地区市场	出口贸易集中度不断下降；推进战略资源进口来源多元化
以质取胜战略	1991	从出口商品的各个环节确保质量，推动我国外贸增长由粗放型向集约型转变，增加出口商品的附加值和技术含量	以价取胜和以量取胜的格局没有根本改变；从国家和产业层面，提升“中国制造”的整体形象和贸易利益
大经贸战略	1994	鼓励各类企业参与外经贸活动，实现外经贸经营主体多元化；促进外贸、外资、对外工程承包与劳务合作、对外援助、对外投资等各项外经贸业务的相互渗透与融合；推动商品、技术和服务贸易的协调发展；加强外经贸主管部门与各相关部门的协作配合	外贸经营主体不断多元化，多轮驱动的大经贸格局基本形成；推动内外贸一体；加强贸易和产业的联系与融合，形成大商务格局
科技兴贸战略	1999	大力促进高新技术产品出口；利用高新技术改造传统出口产业，提高出口产品的技术含量和附加值	高技术含量与低附加值产品出口并存；技术消化、吸收和再创新能力有待增强
自贸区战略	2001	与其他国家和地区建立自由贸易区，通过地区一体化推动对外贸易发展	成为加入WTO后以开放促改革和发展的新平台；与越来越多的国家建立了自贸区，包括CEPA、中国—东盟自贸区、中国—智利自贸区、中国—巴基斯坦自贸区、中国—澳大利亚自贸区

资料来源：根据何亚东（2008）及相关资料文献总结整理。

五、经验总结

以上我们系统解析了中国经济三十年的增长成就、出口与经济增长之间的因果关系以及我国出口战略的发展和演进历程，在此基础上，我们能够得到以下的结论和经验：

第一，三十年的经济成就开创了中国奇迹，其中，出口贸易是一个重要的因素，大大推动了经济增长，作用显著，方向明确；出口推动了经济增长，而经济增长对于出口的反向促进作用不明显。故对于出口的重视，是我们成功的一大法宝。

第二，出口贸易的发展又主要归功于我国不断调整的外贸体制，以及我国市场化改革的逐步深入与市场经济体制的不断成熟。也可以说，从本源上说，改革是促动开放的本质原因。所以，三十年经济成就的取得，改革是根本内因，而开放是起促进作用的外因。

第三，出口贸易对于经济增长的贡献不仅体现在直接的推动上，还表现在促进技术进步和创新、增加就业和消费、扩张投资等间接的方式手段上。所以通常度量出口贡献度的回归方法往往低估了出口的作用。

第四，不同时期的外贸促进战略对于我国出口贸易的发展起到了重要作用，解决了不同时期的外贸困境和难题，推动了外贸质量和效益的提高。因此，针对不同时期的具体国内外环境，及时调整和制定不同的外贸政策和发展战略，是推动一国对外贸易发展的关键策略。

第五，对外贸易是发展中国家实现经济起飞和追赶的重要手段，东亚新兴工业化国家的腾飞以及新兴市场国家的崛起共同证明了出口贸易对于经济增长的巨大推动作用。故而，进口替代以及出口导向的经济发展战略对于后发国家的发展意义重大。

第六，出口虽然对于我国经济增长起到了积极推动作用，但与国内消费和投资的贡献相比，仍然较为逊色，说明我国经济增长的外贸依存度并没有想象中的过高而存在安全性问题，也不会制约我国经济的未来发展。

总之，出口导向型经济发展战略是我国三十年增长奇迹的重要经验之一。我国必须继续加快改革开放的步伐，以改革促开放，以开放带动改革的进程；继续扩大与国外的经济联系，提高出口贸易的质量和效益，推动我国经济又好又快地发展。

第六节　中国外贸发展战略调整与政策选择：来自新—新贸易理论的启示

改革开放以来，我国对外贸易成就斐然，由改革以前的净进口国变成了当前最大的贸易顺差国和外汇储备国。出口贸易总额 2007 年底已排名世界第二。在取得成就的同时，我国外贸环境和形势也发生了较大的变化。首先，贸易顺差的激增以及由此滋生的人民币汇率低估问题导致他国不满，贸易摩擦频繁不断，出口导向型发展战略遭遇阻碍；其次，巨额的外汇储备带来人民币升值压力、外汇贬值和储备缩水，以及外汇占款引起流动性过剩与通货膨胀问题，继续依赖出口维持经济增长的路径已经羁绊重重；再次，我国经济持续多年的高速增长已经积累了相当的工业化基础，粗放型和追求数量式增长策略需要进行升级和转型，对外贸易也需要不断提升效益和质量，实现出口产品的升级；最后，我国已经进入了 WTO 后过渡期，对外开放的深度和广度在不断提升，自由贸易发展亟须我们转变思路，积极应对，从自由贸易中获取最大收益和尽可能地降低损失。

在这样的形势之下，当前我国的外贸发展前景不容乐观，“出口至上”的思路不但已经不适应发展的需要，同时也很难继续推行。尤其是在 2008 年国际经济形势遭遇困境，全球性通胀肆虐，“次贷危机”蔓延全球，美国、欧盟以及日本经济均增长乏力的情况下，再加上多哈回合 2008 年谈判再次搁浅，我国出口贸易必将迎来“冰雪寒冬”。因此，我国对外贸易发展战略的调整已经迫在眉睫，本节从外贸发展战略的理论与相关文献开始，在对我国现有外贸发展战略进行分析和评述的基础上，以新—新贸易理论为视角，提出下一步外贸发展战略调整的思路和政策选择。

一、外贸发展战略的有关理论

“对外贸易发展战略”的概念是在第二次世界大战之后被提出的，当时一大批发展中国家取得了民族独立运动的胜利，从而经济发展问题的重要性提升，对于发展中国家如何实现工业化、实现经济腾飞的讨论日益激烈。

1958年，美国经济学家Hirschman在其著作《经济发展战略》中，首次提出了“发展战略”的概念，之后将其运用到对外贸易发展领域，诞生了“对外贸易发展战略”这一名词。

对外贸易发展战略实际属于一国发展战略的范畴，其有狭义和广义两层含义。狭义的含义是研究发展中国家如何运用对外贸易来推动本国工业化的进程；而贸易战略的目标是提高本国的经济增长率，具体表现为一国为此制定的一系列对外贸易政策和措施。广义的对外贸易战略，研究的不仅是利用对外贸易促进经济增长，还包括利用对外贸易促进社会的发展，相应的贸易政策和措施在一国不同的经济发展阶段有着不同的内容（石磊，2006）。

关于对外贸易发展战略，理论界的研究并没有形成一致的意见。钱纳里等应用多国计量模型进行分析和比较，把这些发展中国家的对外贸易战略划分为出口促进战略、进口替代战略和平衡战略；克鲁格曼利用统计数据对第二次世界大战后10个发展中国家制造业的有效保护率进行了测算，把发展中国家实际执行的对外贸易战略分为出口促进战略、进口替代战略和温和的进口替代战略；世界银行在1987年根据1963~1985年41个国家和地区的资料，把发展中国家的对外贸易战略分为坚定外向型、一般外向型、一般内向型和坚定内向型（李应振、李玉举，2006）。尹翔硕（2001）根据贸易奖励制度是否中性，把对外贸易战略分为出口导向和进口替代两种；他认为，如果奖励制度是偏向国内市场的，就是进口替代，如果是中性的，则是出口导向，这一解析较为新颖。这些分类方法的基础相同，类别内涵也基本相似。综合这些分类，一般地，我们将对外贸易发展战略分为资源导向贸易战略、进口替代贸易战略、出口导向贸易战略和混合型贸易战略，以下分别详述。

（一）资源导向贸易战略

其含义是指通过大力出口本国、本地区特有的自然资源来实现经济发展的贸易战略。具体说来，就是通过出口具有资源优势的原材料及初级产品换取外汇，再将获得的外汇从发达国家进口技术、中间制品、生产资料，由此逐步地推进本国的工业化。这一战略一般是刚刚独立且自然资源丰富的发展中国家采用的方法，尤其是那些经过长期殖民统治的落后国家，其整体经济依赖于单一的农副产品，民族工业几乎处于空白状态，此时振兴经济的唯一选择就是利用出口本国资源来实现工业化的起步。历史上，采用该战略较为成功的国家如澳大利亚，其利用本地资源优势，出口较多资源产品，实现了快速的经济增长。但大多数国家在该战略上的使用并不成功，甚至陷入了

“资源之咒”，即自然资源越丰富的国家，其经济增长反而越缓慢（张鸿，2005）。

资源导向贸易战略的优势比较直接明了，即一国如果拥有丰富的自然禀赋，则可以通过出口资源获取工业化和发展所需的资本和外汇，加强与外界联系，进而实现本国的发展壮大。但该策略的劣势也是显著的，从“资源之咒”可见一斑，其原因是：第一，该战略会恶化贸易条件：资源性产品的收入需求弹性较小，甚至具有负的弹性，这样当经济不断发展的同时，对于资源性产品的需求反而会下降，而工业制成品的收入需求弹性较大，这决定了依赖资源产品出口的国家贸易条件不断恶化，发展动力不足。第二，自然资源的价格波动性较大：处于经济周期的不同时期，自然资源的需求状况是不同的，在经济繁荣时期，自然资源需求量较大，则这些依赖自然资源的国家收入增加，经济增长提速；然而一旦全球经济步入衰退时期，这些国家的收入下降，增长乏力，故而资源导向型国家的经济增长是难以持续的，也难以获得持久的动力。

（二）进口替代贸易战略

该战略是一种内向型战略，世界银行的定义是指“对工业和贸易的奖励制度有偏向，重视内销的生产，轻视出口的生产”。而理论界一个比较一般的定义是，以国内生产的同类产品取代进口品，其内涵包括以下内容：第一，强调本国的工业化和现代化，加强经济自力更生能力；第二，在进口关键技术和设备的同时，努力提高产品的本国化比率，节约外汇和实现外部经济平衡；第三，运用本币高估和幼稚产业保护实现替代；第四，对本国市场实行不同程度的保护（石磊，2006）。进口替代贸易战略实际是发展中国家实现工业化和经济腾飞的一项重要战略，尤其是在经济发展的初期，应用价值较大，新兴工业化国家和新兴市场国家的经济发展基本都使用了这一发展战略。

进口替代贸易战略的作用和优势，体现于两点：一是消除发展民族经济的障碍；二是消除不利的贸易条件，为实现工业化创造条件。发展中国家的实践证明，该战略推动了发展中国家经济的发展，促使这些国家的民族工业体系建成、国民经济独立性增强、人民生活水平提高。与此同时，该战略的弊端和不足也是明显的，主要表现在：第一，造成农业发展停滞；第二，造成外汇短缺和国际收支恶化；第三，高保护成本造成经济效率低下；第四，造成不合理的资源配置；第五，造成利润使用不当，加剧两极分化；第六，阻碍外贸出口，使经济越来越内向化。

（三）出口导向贸易战略

该战略又称“出口促进贸易战略”，是指发展中国家政府实施鼓励加工工业产品出口，以替代原来以初级产品出口为主，改善产业结构，增加外汇收入，从而推动国内经济发展的战略。该战略最初由拉尼斯于 1973 年提出，其理论依据是李嘉图的“比较优势论”，即按照比较利益进行国际分工并相互贸易的国家都能够从贸易中获益。从实践看，几乎所有国家的经济发展都未曾脱离出口导向贸易战略的实施。

具体来说，出口导向贸易战略具有以下几点优势：第一，能够刺激整个工业生产效率的提高；第二，能够克服发展中国家市场狭小的限制，获得规模经济效益，提高产品的国际竞争力；第三，可以大大增加外汇收入，改善国际收支，为经济发展提供更多的资金，促进经济发展；第四，有利于增加就业机会，提高人均收入，促进工业基础的强化和加快工业化进程；第五，有利于发展中国家建立更有效率的产业结构。事实上，新兴工业化国家以及新崛起的新兴市场国家的经济增长成就，都不可抹杀该战略的贡献。虽然具有较多的积极作用，但该战略的局限性亦不可避免，主要体现在该战略在推动一国工业化起步之后，由于对国外市场的依赖以及产生的贸易顺差必然招致他国报复，故而难以持续。具体说来，表现在：其一，该战略具有内在矛盾性和不可持续性：在该贸易战略下顺差不可避免，由此外汇储备增加，本币升值，出口难以持续，同时他国的贸易壁垒也会阻碍出口，结果出口难以继续扩张。其二，国际市场变幻莫测，需求也在不断变化之中，故而依赖出口的经济增长方式难以稳定。其三，出口导向战略有双重依赖性：技术依赖投资国，销售依赖进口国，这为发展的可持续性埋下了隐患。其四，该战略会加剧国内经济发展不平衡，造成经济波动，即经济周期的变化将促使该国经济时起时落，不稳定和动荡（刘石成，2007）。

（四）混合型贸易战略

该战略是进口替代战略和出口导向战略的有效组合，包括进口替代战略中面向国内市场的独立自主的工业化、改进后的政府干预和保护、出口导向战略中的出口鼓励政策等措施的组合。实际上，从实现经济增长的国家看，多数都是采用混合型战略，纯粹的进口替代和出口导向是不多见的。

从理论上说，混合型贸易战略的优势是明显的，它结合了进口替代和出口导向的优点，既实现本国产业的发展，又推动出口贸易的增长。但该混合型战略也被指出具有问题，表现在进口替代和出口导向能否混合。美国经济学家特里芬认为，不同的发展战略不能相互结合，会导致前后矛盾和相互混乱，因为每一种发展战略都有其自己的内在逻辑，从某一战略中借取一些零部件拼凑到其他战略上，会出现前后矛盾甚至乱作一团。但也有学者表示可以混合，通过进口替代拓宽各国可以形成优势的产业空间，以更好地实施出口替代；而通过出口替代，增强出口能力，改善贸易条件，可以更有力地实施进口替代（姜巍，2007）。这几种对外贸易战略如表 3–38 所示。

表 3–38　几种对外贸易发展战略总结

名称	内涵	优点	弊端
资源导向贸易战略	通过大力出口本国、本地区特有的自然资源来实现经济发展的贸易战略	通过出口资源获取工业化和发展所需的资本和外汇，加强与外界联系，进而实现本国的发展壮大	①恶化贸易条件；②自然资源的价格波动性较大，难以获得持久的动力
进口替代贸易战略	以国内生产的同类产品取代进口品，实现本国的工业化	①消除发展民族经济的障碍；②消除不利的贸易条件，为实现工业化创造条件	①造成农业发展停滞；②造成外汇短缺和国际收支恶化；③造成经济效率低下；④造成不合理的资源配置；⑤造成利润使用不当，加剧两极分化；⑥阻碍外贸出口
出口导向贸易战略	指发展中国家实施鼓励加工工业产品出口，以替代原来以初级产品出口为主，改善产业结构，增加外汇收入，推动国内经济发展的战略	①刺激整个工业生产效率的提高；②克服发展中国家市场狭小的限制，获得规模经济效益；③增加外汇收入，改善国际收支，为经济发展提供更多的资金；④增加就业机会，提高人均收入；⑤利于发展中国家建立更有效率的产业结构	①该战略具有内在矛盾性和不可持续性；②依赖出口的经济增长方式难以稳定；③出口导向战略有双重依赖性；④加剧国内经济发展不平衡，造成经济波动
混合型贸易战略	进口替代战略和出口导向战略的有效组合，包括进口替代战略中面向国内市场的独立自主的工业化、改进后的政府干预和保护以及出口导向战略中的出口鼓励政策等措施的组合	它结合了进口替代和出口导向的优点；通过进口替代拓宽各国可以形成优势的产业空间，以更好地实施出口替代；而通过出口替代，增强出口能力，改善贸易条件，可以更有力地实施进口替代	不同的发展战略不一定能够相互结合，会导致前后矛盾和相互混乱

资料来源：根据以上分析整理。

二、我国现有外贸发展战略及其存在的问题

我国的外贸发展战略，总体来说经历了两个阶段，即改革开放以前的进口替代贸易战略时期和改革开放之后的出口导向贸易战略时期。具体来看，又存在一系列不同时期的具体贸易促进战略，例如“市场多元化”、“以质取胜”、“科技兴贸”等。这些贸易战略的选择，对于我国对外贸易发展以及经济持续快速增长起到了不可估量的积极作用。然而，随着国内外经济形势的变化，出口导向的外贸发展战略已经显现出弊端和不合时宜，我国须尽快转变对外贸易战略和发展模式。这些新的变化和问题表现在：

（1）贸易摩擦和争端不断，出口难以为继。随着我国出口贸易量的增加，对外贸易摩擦近年不断升级，遭遇摩擦的产品范围和摩擦形式层出不穷，从劳动力密集型加工业到工业制成品，从反倾销、反补贴、技术性贸易壁垒、特殊保障措施到知识产权摩擦，可谓铺天盖地、全面启动。造成贸易摩擦的原因，总体来说是由于我国的贸易顺差激增，引起他国不满和报复，以及贸易保护主义推波助澜。在此背景下，寄希望于出口贸易继续增长而推动经济发展，可能性和机会显然不大，所以出口导向的战略会遭遇贸易摩擦的阻碍。

（2）人民币汇率变动使得出口增长和贸易顺差不可持续。出口导向战略带来的巨大外汇储备，会引起外币供给增加和人民币需求增长，则人民币汇率有升值趋势和压力，以平抑外汇顺差。按照休谟的现金—物价流动机制理论，在自由市场和浮动汇率制下，一国的国际收支是会自动达到平衡的。事实上，近年人民币汇率已经进入升值期，与人民币汇率有关的贸易摩擦和争端也不断增多，自 2005 年 7 月 21 日人民币汇率形成机制改革以来，人民币已经累计升值 20%多。升值的结果是出口商品价格竞争力下降，出口减少而进口增加，故我国的出口还会遭遇人民币升值的压力。

（3）我国对外贸易已经进入质量提升和产业升级阶段。经过改革开放三十年的发展，我国对外贸易已积累一定的基础，经济发展进入工业化中期阶段，产业升级已步入重要时期。从对外贸易看，我国一直以来都是依靠国内廉价的劳动力资源，发挥比较优势，出口产业重点是两头在外的加工工业和低附加值的劳动力密集型产业，这些产业的发展虽然对我国经济增长做出了重要贡献，但也牺牲了国内的环境和资源，是不可持续的粗放式增长方式，

需要尽快提高外贸质量，增加出口效益。从经济增长看，我国正处于加速工业化和自主创新的产业结构提升时期，产业结构升级要求出口产品结构相应变化以推动高科技产业的发展。所以转变外贸发展战略，提升外贸质量也是我国经济继续发展的客观需要。

（4）WTO后过渡期要求我国不断提高开放领域和深度，贸易自由化成为趋势。我国从2001年成为WTO成员开始，前五年即到2005年处于WTO前过渡期，而从2005年开始进入后过渡期，这一时期将对一些敏感领域进一步开放。所以我国对外贸易政策未来几年的发展趋势是市场自由化程度越来越高，政府的干预和保护必须逐步退出市场。所以我国的对外贸易战略需要尽快转变，以应对贸易自由化给我们带来的机遇和挑战。

（5）近年国际经济形势恶化，出口面临困境。2007年以来，肇发于美国的“次贷危机”席卷全球，世界金融机构和体系面临巨大冲击和挑战，美国几大主要金融机构纷纷告急，贝尔斯登破产、房地美和房利美危机、雷曼兄弟破产、美林被收购以及美国国际集团（AIG）告急，一系列问题的出现意味着全球金融体系可能将迎来一场大危机；与此同时，以粮油等基础商品价格上涨引起的全球通胀也在威胁着各经济体的增长。深陷危机的现实决定了我国未来的出口之路不会平坦，国际需求会急剧下降，这样的背景下，我国必须找到新的经济增长点，及时转变对外贸易战略，才能推动经济继续增长和规避风险。

以上五个方面的问题和因素决定了我国实际正处于对外贸易方式和战略转型的关键时期，关于如何转变，国内相关研究已相当丰富。刘义圣（2002）提出了有管理的贸易自由化政策，即对大多数产业实行自由贸易政策的同时，对少数产业实行低保护和温和的出口鼓励政策。陈家勤（2003）提出“经济增长导向”的外贸发展战略，是指在经济全球化、贸易和投资自由化的驱动下，抓住加入WTO和世界产业转移的机遇，积极参与国际分工与合作，充分利用国内外两个市场和两种资源，大力发展出口贸易，加快国内产业结构调整与升级，优化出口商品结构，推动国民经济持续快速健康发展。刘力（2004）提出要摒弃“出口至上”的做法，实行出口、进口和内销并重的平衡贸易战略。李玉举（2006）提出了“动态平衡外贸发展战略”，即保持长期之内的进出口基本平衡，而不是短期的静态平衡；两者之间，要以动态平衡为主，辅之以静态平衡，保证外贸平衡获得最佳效果；同时还提出了“梯度参与”区域经济合作的外贸战略，含义是对外贸易遵循出口比重

"梯度性"标准参与区域经济一体化和区域贸易自由化，扩大出口贸易市场。姜巍（2007）提出"开放型内外均衡"外贸发展战略，即以开放经济条件下宏观经济的内外均衡作为理论基础，注重内部经济与外部经济的协调、外贸发展与社会进步的协调、环境改善与资源利用的协调、城乡区域的协调等；在此框架下，要从需求和供给两个方面权衡来推动进出口的发展，在适度出口的同时更重视有效进口，注重全要素生产率、国际竞争力和综合国力的提高，并以进出口的基本动态平衡为手段和形式，以内外需的良性互动为动力机制，实现内部经济与外部经济的共同均衡。刘艳红（2007）提出外贸战略的调整要从出口导向转变到内需主导上来，她认为出口导向战略正面临越来越大的国内外阻力，需及时调整外贸发展战略，才能摆脱困境。李应振、刘石成（2007）提出了"保护性出口促进战略"，也称为"内撑外开贸易战略"，是以国际比较优势为依据，以国内市场为依托，以适度保护为辅助，全面对外开放的贸易战略。

这些对外贸易战略的提出从不同的角度考察了我国外贸未来的发展方向和思路，都具有一定的创新性和实用价值。我们在这些提法的基础上，从近年出现的新—新贸易理论出发，结合我国对外贸易面对的国内外经济形势，进一步分析未来外贸发展战略调整的思路和相关政策选择。

三、新—新贸易理论视角的外贸发展战略调整思路

我国的对外贸易实践一直都是在国际贸易相关理论的指导下进行的，其中影响最为深远的当属"比较优势理论"。我国出口贸易遵循比较优势原则，发挥劳动力资源丰富和廉价的优势，重点发展和出口劳动力密集型加工业及相关产业，取得了重大成就。在古典和新古典贸易理论之后，以规模经济和不完全竞争为特征的新贸易理论兴起，其认为由于市场是不完全的，且存在规模经济效应，所以专业化能够降低企业边际生产成本，提高利润，同时国家整体获益增加，因此对于一个国家来说，应该更多地参与国际分工，扩大出口，获得规模经济收益。出口导向的对外贸易发展战略实际上也体现了新贸易理论的思想。在比较优势和新贸易理论之外，波特的竞争优势理论为我国出口贸易起了重要指导作用。竞争优势强调优势的形成和综合竞争力，比较优势则强调相比较而言的相对优势，所以比较优势只是竞争优势的基础，有了比较优势不一定有竞争优势，而竞争优势相对更重要。由此，众多学者

提出我国对外贸易要更加重视竞争优势，由比较优势向竞争优势转变。

近年来，新—新贸易理论诞生，打破了新贸易理论的主导地位，该理论最重要的特征是从微观企业角度分析贸易和投资行为，假设企业具有异质性，即其劳动生产率存在差别。这与之前的所有贸易理论假设企业同质不同，该理论的主要结论是：企业的贸易和投资行为越来越表现一体化的趋向，它们自主地决定出口和 FDI 的国际化路径选择，并且在全球范围内组织生产。这里起关键作用的是企业的异质性，研究显示，选择出口的企业生产率高于只供应国内市场的企业，而选择 FDI 方式的企业生产率又高于出口的企业。同时，在出口贸易的经济效应上，出口对于企业生产率的作用方向不确定，对于那些生产率较高的企业是有利的，但对于生产率较低的企业并不利。同时，出口贸易能够提高全社会企业的平均生产率，迫使一部分生产率低的企业退出市场而增加生产率高的企业的市场份额。

新—新贸易理论的结论对于我国外贸战略调整和选择有以下几点启示：第一，出口贸易能够提高一国企业的平均生产率，所以我国应该继续重视对外贸易的发展，不断开放国内市场和开拓国际市场，逐步实现贸易自由化。第二，出口贸易具有贸易转移效应，对生产率高的企业有利，增加其市场份额，但不利于生产率低的企业，会迫使它们退出市场。所以，我国在对外开放的过程中须遵循渐进原则，对于一些弱势产业和领域，须逐步开放，适当给予保护，从而免受贸易自由化的伤害。第三，对外贸易是企业的行为选择，政府不宜干预，应该努力为企业创造完善自由的市场环境，由企业根据自身的生产率情况选择是否出口以及是否对外直接投资。第四，生产率最重要，是决定企业出口的关键因素，所以应该鼓励企业创新和提高生产率，优化出口贸易结构，更多地注重质量和效益，限制和废除“两高一资”产业发展。第五，在对外贸易的同时，鼓励和帮助生产率高的企业积极“走出去”，开展对外直接投资，因为生产率高的企业能够从对外直接投资中获得更多的好处。第六，“出口至上”的战略需要抛弃，不要对企业出口给予任何形式的补贴，因为不是所有的企业都能够从出口中获益，对那些生产率低的企业，供应国内市场的利润更高，故不要为了出口而补贴企业，扭曲了市场，使得社会总收益受损。

在以上分析的基础上，再结合当前我国国内外的经济形势特点，笔者试提出“市场主导的非对称出口促进战略”，其内涵是以市场主导的自由贸易战略为主要方向，对于那些技术含量高的重点产业有区别地鼓励和支持其对外出口的一种策略措施。之所以强调市场主导，是由于自由贸易是我国未来的发展方向，同时自由的市场最有利于对外贸易发展，也有利于资源配置；强调出口促进，是由于我国未来经济增长仍然离不开国际市场，对外贸易是发展中国家实现腾飞的重要路径，同时我国出口产业结构升级需要一定的鼓励和支持政策；与此同时，我们强调非对称的出口促进，主要是扶持升级的产业、高技术产业、附加值高的产业，而对那些劳动力密集的产业，我们无须再去鼓励和给予优惠，应该让其在国际产业分工中转移到其他国家。总结起来，我国外贸发展战略调整的思路与方向是，贸易不断自由化、出口产业升级化、注重贸易效益和质量化，实现出口贸易对于经济增长的进一步推动。

四、相关贸易政策选择

根据“市场主导的非对称出口促进战略”以及以上提到的外贸发展战略调整的思路和方向，我国对外贸易政策选择应该重点注意以下几个方面：

（1）正视外贸对经济增长的积极作用，切实推动我国出口贸易的发展。无论是古典贸易理论、新古典贸易理论、新贸易理论还是新—新贸易理论，都肯定了贸易对于经济增长的促进作用，以及对于企业生产率的提升作用。所以无论我国对外贸易的规模已经发展到何种程度，都需要正视外贸的积极效应，切实推动我国出口贸易不断继续发展。纵使在我国存在较多贸易顺差的情况下，同样如此。平衡贸易的方式应该是增加进口，而不能单方面的减少出口，以免对经济产生过度冲击。

（2）重视和支持出口产业结构的升级，鼓励企业提高生产率。随着国内经济发展，低附加值、低产业结构以及高污染的出口产业已经不利于我国经济进一步持续增长。我国出口产业亟须升级，以增强竞争力和获取更多贸易收益。新—新贸易理论告诉我们，企业生产率决定了其对外贸易选择行为，生产率越高的企业获益越大。所以政府应该尽可能地支持和鼓励企业提高生产率，而企业要把技术创新升级作为重中之重，努力提高生产率和竞争力，这样才能够在国际市场上游刃有余而不断壮大。

（3）逐步深化对外开放，渐进实现自由贸易。对外开放能够加强和国际市场的联系，有利于出口贸易的扩大，吸收国际先进经验和技术。同时，对外开放是我国一项重要国策，历史事实证明其有利于我国经济的发展。另外，我国在 WTO 后过渡期的承诺决定了对外开放，逐步实现自由贸易是未来的必然选择。

(4) 转变外贸增长方式，提高质量和效益。在外贸增长方式上，需要抛弃一味追求数量增长的状况，这种选择不仅利润微薄，牺牲国内的廉价劳动力和资源环境，同时还容易招致贸易伙伴国的不满和报复，可谓“吃力不讨好”。故而我们须提高外贸的质量和效益，体现在更多的出口高附加值的产品，提高出口产品的利润空间。

(5) 逐步建立市场化的人民币汇率形成机制，促进贸易平衡。人民币汇率问题是引起我国贸易摩擦的一个重要因素，贸易伙伴国指责我国操纵和低估汇率，从而形成了贸易顺差。事实上，人民币汇率虽然存在低估现象，但并没有被蓄意操纵，问题的主因是我国汇率形成机制不完善，政府主导和控制太多，没有实现市场化，从而也就不能充分利用市场的自动调节功能。所以我国人民币汇率形成机制须逐步市场化和不断完善，充分发挥其自动调控职能，这样既避免了操纵的指责，也有利于实现国际收支平衡。

(6) 政府调控的手段须间接化和无形化，避免行政干预和管理。在实践非对称出口促进战略时，对于需要重点发展的产业，其扶持手段不应是直接的出口补贴或者行政化干预和政策倾斜，这样反而可能难以奏效，不利于企业竞争力的提高。正确的手段应该是间接调控，用税收优惠措施和便利的融资方式或者帮助培养产业发展环境的方法，达到推动产业发展和增加出口的目的。

第七节　小结

本章主要从理论和实证两个方面分析了异质性企业的出口贸易行为选择及其经济效应。在对相关文献进行梳理和分析的基础上，扩展了一个标准的 HMCFMEC 框架，将企业市场进入行为扩展到确定性和非随机的情形下，得到的结论与标准模型结论基本一致：出口企业的生产率高于不出口企业；出口对于企业生产率的影响是不确定的，出口贸易有利于生产率高的企业而不利于生产率低的企业。

在实证研究部分，用我国分行业的制造业企业面板数据，采纳 DEA 技术计算出了各行业分年度的 TFP 增长率，与出口贸易增长率的对应数据实证研究结果显示，劳动生产率确实是影响企业出口的重要因素，两者呈现正相关关系；因果检验的结果表明，生产率是企业出口的原因，但出口并不是企业生产率提高的原因。这些结果都与理论研究相一致。

然而，在使用中国工业企业数据（1998~2007）检验我国企业出口和生产率关系时，发现我国出口企业的生产率均值普遍低于只供应国内市场的企业，与新—新贸易理论的结论正好相反，我们把这一现象称为我国出口企业的“生产率悖论”。在进一步分析的基础上，发现我国大量存在的加工贸易是悖论背后的主要原因，去除了加工贸易企业后的检验结果与理论完全一致。然而，在对出口企业的回归分析中，我们又发现企业出口和生产率存在显著的负相关性，这与新—新贸易理论的正相关或者无显著相关似乎又有些矛盾，初步推断是由于我国出口企业存在“出口惰性”以及国内市场进入成本较高引起的。

在理论与实证的基础上，运用该理论的结论，我们剖析了 1978~2008 年的三十年间，我国出口贸易的状况以及对于经济增长的贡献，发现出口确实是中国经济“增长奇迹”的一个重要推动力量。与此同时，我们还分析了中国外贸的未来发展战略和路径，从新—新贸易理论的思想出发，提出了“市场主导的非对称出口促进战略”的思路和政策选择。

第四章 中国企业的“出口—生产率悖论”

第一节 引 言

第三章的中国企业层面实证研究发现，中国企业的出口和生产率关系中存在“出口—生产率悖论”现象。本章针对这一问题进行专门的分析和研究，梳理现有研究文献，全面解析“出口—生产率悖论”的问题，并再次使用中国工业企业数据对悖论现象进行进一步的实证分析。

从微观企业异质性视角分析企业的贸易行为选择是国际贸易理论发展的最新学术前沿，而生产率的差异是企业异质性的核心。一系列实证和理论研究发现，正是由于生产率的差异决定了企业贸易行为的选择；高生产率的企业选择进入出口市场，而低生产率的企业只在国内销售，从而出口企业的生产率显著地高于内销企业。异质性企业贸易理论以精美的理论模型（Melitz，2003；Bernard 等，2003）推导和演绎了“出口—生产率”关系的内在机制，并且得到了现有可获得的几乎所有类型国家企业数据的支撑。

然而，一系列中国全样本规模以上工业企业数据的实证研究却发现了不一样的结果，即出口企业的生产率显著地低于内销企业，与最新的异质性企业贸易理论核心结论正好相反。对于这一现象目前学术界并没有定论的统一称谓，有的称为“生产率悖论”（李春顶，2010；汤二子、刘海洋，2011a，2011b；徐蕾、尹翔硕，2012；范剑勇、冯猛，2013；安虎森等，2013；盛丹，2013），有的称为“生产率之谜”（于春海、张胜满，2013；戴觅、余淼杰、Madhura Maitra，2014）。整体上，称为“生产率悖论”的文献更多，同时由于中国企业的检验结果与理论的论断恰好相悖，悖论似乎更能体现这种不同，又由于直接涉及企业的“出口—生产率”关系，故而本书中定义这一现象为“出口—生产率悖论”[①]。综观现有的文献，中国企业的“出口—生产率悖论”现象是指出口企业的生产率显著低于内销企业[②]（或者称为只供应国内市场企业[③]）。与此相关的一些定义还包括：汤二子、刘海洋（2011b）将企业出口与生产率的负相关关系称为“生产率陷阱”，戴翔（2013）将生产率并非中国企业对外直接投资决定因素的结果称为“‘走出去’的生产率悖论”。

出口企业的生产率之所以会高于内销企业，原因是存在“自我选择”效应和“出口学习”效应。由于进入出口市场需要支付比进入国内市场更高的固定进入成本和贸易成本，仅有高生产率企业会自选择进入出口市场（Melitz，2003），称为“自我选择”效应。出口企业进入国外市场能够学习别国的生产技术和经验，获得学习提高的机会，称为“出口学习”效应。两种效应都决定了出口企业将具有更高的生产率。

中国企业的“出口—生产率悖论”研究文献发现，全样本规模以上[④]工业出口企业[⑤]的生产率水平显著低于内销企业，这一现象在加工贸易企业、外资企业和出口密度（企业出口额占销售额的比重）高的企业中更加明显，在近年（2005 年之后）的企业样本中更加突出，在沿海地区企业样本中更加显著。

“出口—生产率悖论”的发现具有重要的理论和现实价值。理论上，异质性企业贸易理论是最新的学术前沿，几乎所有国家企业数据的实证分析结果都支撑理论的推断，中国企业层面的数据却提供了截然相反的结果，对理论提出了挑战。同时，生产率异质性和“出口—生产率”关系是异质性企业贸易理论的核心假设和内容，中国的“出口—生产率悖论”违反了理论的核

① 当然，这一称谓可以进一步商榷，这里仅仅是给出本书的一个定义和称谓。

② 有的文献将企业出口与生产率显著负相关的现象也包含在“出口—生产率悖论”中，但多数文献并没有包含这一方面，同时另有文献重新定义了这一负相关现象，故而我们只取“出口企业生产率显著低于内销企业”为悖论的内涵。

③ 有的称为非出口企业，但由于非出口企业包含了对外直接投资的企业，故而我们认为不够准确。但在下文的具体文献梳理中，我们本着尊重文献原有称谓的原则，依然会在有的情况下称为非出口企业，而没有全文统一。

④ 规模以上是指年主营业务收入在 500 万元以上的企业。

⑤ 这一数据来源于国家统计局的中国工业企业数据，目前发现“出口—生产率悖论”的研究基本都是基于这一企业数据库的实证研究。

心结论，这一特例不容小觑。现实中，中国是全球第一大贸易国，最大的发展中经济体，中国企业出口贸易的行为选择值得重视。另外，中国的经济增长和贸易发展模式具有自身特点，“出口—生产率悖论”揭示的企业二元出口模式具有独特的中国特色。

第二节　“出口—生产率悖论”在现有文献中的位置

国际贸易的理论和实证研究随着国际分工的发展不断推进，呈现了几个不同的发展阶段。第一阶段解释不同国家不同商品之间的贸易，呈现的是产内间的国际分工，比较优势和要素禀赋是贸易的主要原因。这一阶段的贸易理论建立在同质企业、同质产品、完全竞争的市场、没有规模经济的假设之下。李嘉图的古典贸易理论和赫克歇尔—俄林的新古典贸易理论都属于这一类别，统称为传统贸易理论。第二阶段解释不同国家相同产业内部的贸易，呈现的是产业内的国际分工，差异化产品和规模经济是贸易的主要原因。这一阶段的贸易理论建立在同质企业、产品差异化、市场不完全竞争和规模经济的假设下。这一类贸易理论和实证研究被称为新贸易理论。第三阶段解释不同国家企业的贸易行为选择，完全从微观企业的视角分析企业的贸易行为。这一阶段的贸易理论建立在企业异质性、产品差异、不完全竞争市场、规模经济的假设下，企业异质性是其中的核心假定，该类贸易理论和实证研究被称为新—新贸易理论。表 4–1 归纳总结了国际贸易理论的发展进程。

表 4–1　国际贸易理论的发展历程

类别/内容	传统贸易理论（古典和新古典贸易理论）	新贸易理论	新—新贸易理论
时间	19 世纪至 20 世纪 70 年代	20 世纪 80 年代至 21 世纪初	21 世纪初开始
基本假设	同质企业、同质产品、完全竞争市场、无规模经济	同质企业、产品差异化、不完全竞争市场、规模经济	企业异质性、产品差异、不完全竞争市场、规模经济

续表

类别/内容	传统贸易理论（古典和新古典贸易理论）	新贸易理论	新—新贸易理论
主要结论	贸易是按照比较优势和资源禀赋差异进行的；解释了产业间贸易的情况	市场结构差异和规模经济存在以及产品差异化扩大了贸易；解释了产业内贸易的情况	企业的异质性导致企业的不同贸易决策选择；主要解释公司内贸易和产业间贸易，也解释了产品间贸易
理论研究文献	Ricardo（1810s）；Heckscher，Ohlin（1920s）；Samuelson，Rybczynski，Venek（1950s–60s）；Jones，Bhagwati，Deardorff（1960s–70s）	Either，Lancaster，Krugman，Helpman，Brander，Markusen（1980s）；Brander，Spencer，Dixit，Grossman（1980s）；Grossman，Helpman（1990s）	Melitz，Antras，Helpman，Eaton，Bernard，Baldwin，Jensen，Yeaple（2000s）
经验研究文献	Leontief（1950s）；Leamer（1970s）；Trefler，Davis，Weinstein（1990s）	Grubel，Lloyd（1970s）；Dixit（1980s）；Levinshon（1990s）；Feenstra，Hanson（1980s–90s）	Bernard，Jensen，Aw，Wagner，Greenaway，Loecker，Baldwin Clerides（1990s–2000s）

资料来源：作者归纳整理。

新—新贸易理论是近10多年来国际贸易的最新学术前沿，在理论上具有开创性价值，涌现出一批广受关注的研究成果，顶级的经济学期刊中这一领域的文献层出不穷，成为经济学研究中的理论热点之一。新—新贸易理论的概念最早由Baldwin于2004年提出（Baldwin和Nicoud，2004；Baldwin和Forslid，2004），最早的代表性文献主要有Melitz（2003）、Antras（2003）以及Bernard等（2003）。目前，新—新贸易理论的提法、分类以及涵盖的内容还没有统一的定论，尚处于发展之中。从较为认可的分类看，新—新贸易理论包括两个不同方向上的研究。一类是以Melitz（2003）为代表，主要探索异质性企业的贸易、投资等国际化路径行为选择，又被称为异质性企业贸易（Heterogeneous-Firms Trade，HFT）理论（Baldwin和Okubo，2005，2006）。另一类是以Antras（2003）为代表，主要探索异质性企业的外包、一体化等全球生产组织行为选择，又被称为企业内生边界理论（Endogenous Boundary Theory of the Firm）。图4–1列示了新—新贸易理论的框架体系。

新—新贸易理论的研究中，异质性企业贸易理论是其中的主要方向和内容，也是发展更快的方向。异质性企业贸易理论主要从企业异质性出发，分析研究企业的贸易行为选择和贸易行为带来的影响效应等。主要文献大体上可以归纳为四个方面：一是异质性企业的贸易行为选择，包括出口行为选择、进口行为选择、对外直接投资（FDI）行为选择，出口产品数量选择

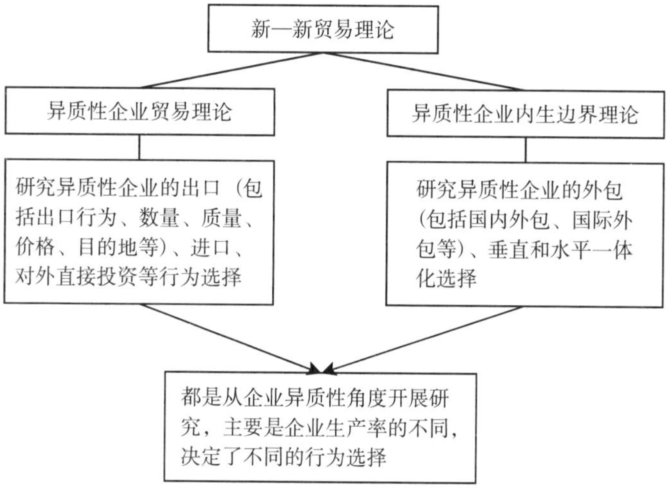

图 4-1　新—新贸易理论框架体系

资料来源：作者整理。

（扩展边际和集约边际），出口产品价格和质量选择，出口市场选择，出口产品种类选择（多产品模型），以及其他新的企业贸易选择现象［如任务贸易（Task Trade）、临时贸易（Temporary Trade）、相继出口（Sequential Trade）］等。这是异质性企业贸易文献的主体，沿着贸易行为选择不断向纵深发展。二是贸易和贸易开放对异质性企业的影响，包括对企业效率和规模影响、对企业劳动要素价格影响、对企业资源配置的影响等。三是在异质性企业框架下分析其他政策措施及其影响，例如分析汇率变动对于企业贸易行为的影响、融资约束对于企业贸易的影响、反倾销对于企业的影响等。四是生产率之外的企业异质性多元化及贸易行为选择。图 4-2 归纳总结异质性企业贸易文献的主要研究方向。

异质性企业贸易理论中，企业的各种贸易行为选择是其中主要的方向和内容。异质性企业的贸易行为选择中，出口贸易最基本且最重要。异质性企业的出口贸易行为选择是新—新贸易理论以及异质性企业贸易理论的最初和主要研究主题。异质性企业出口贸易选择的主要决定因素是生产率水平，生产率高的企业会进入出口市场，而生产率低的企业只供应国内市场，即出口企业的生产率水平显著高于内销企业。故而，在异质性企业贸易理论中，企业的异质性主要表现在生产率的差异，生产率水平决定了企业的出口选择。企业的“出口—生产率”关系是异质性企业贸易理论和实证的重要主题，而

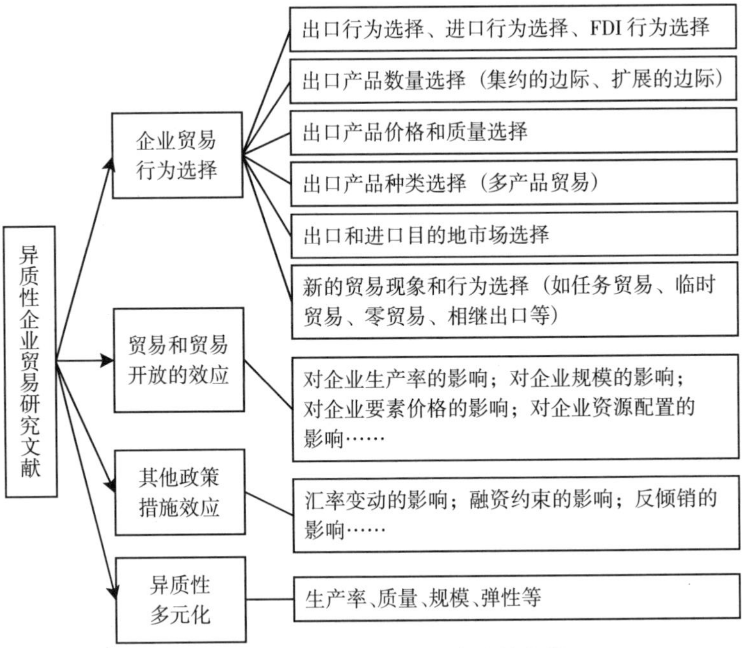

图 4–2　异质性企业贸易研究文献分类

资料来源：作者整理。

中国企业的“出口—生产率悖论”是这一研究内容中，使用中国企业数据发现的与现有理论和实证结果正好相反的现象。

综上所述，“出口—生产率悖论”的研究是最新前沿的新—新贸易理论中异质性企业贸易理论研究主题之一，属于其中的异质性企业出口贸易行为选择研究。图 4–3 列示“出口—生产率悖论”在现有文献中的位置。

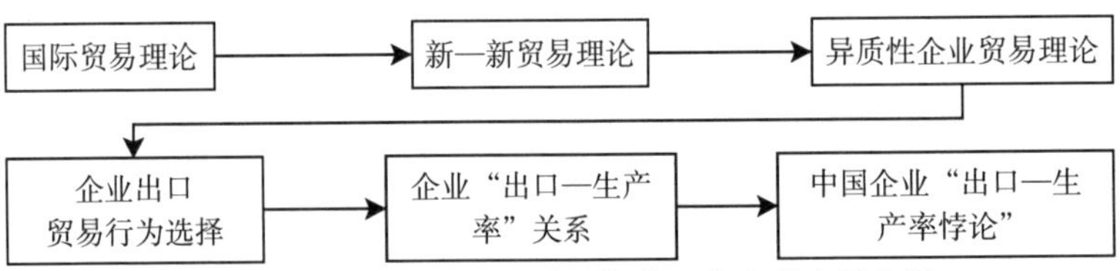

图 4–3　“出口—生产率悖论”在现有文献中的位置

资料来源：作者整理。

第三节 企业“出口—生产率”关系的研究文献

企业“出口—生产率”关系是异质性企业贸易研究文献中的重要组成部分，涉及理论和实证两个方面，同时涵盖了国外和国内的研究。理论研究主要包含在国外文献中，实证研究同样是以国外研究为主。国内实证研究主要是使用中国企业检验现有的理论，发现了两种截然不同的结果。一类检验发现中国企业“出口—生产率”关系符合异质性企业贸易理论，即生产率高的企业出口，而生产率低的企业只供应国内市场；另一类检验却发现中国企业存在“出口—生产率悖论”，即中国出口企业的生产率反而低于内销企业。因此，梳理企业“出口—生产率”关系文献是准确认识中国企业“出口—生产率悖论”的基础和前提。以下从理论和实证两个方面评析现有文献。

一、理论研究

企业“出口—生产率”行为选择的理论研究是异质性企业贸易理论文献的最重要组成部分。最早的核心代表性文献是 Melitz（2003），以及具有一定代表性的 Benard 等（2003），随后出现了一系列的深化和扩展研究。异质性企业出口贸易行为选择理论文献的结论基础来源于实证发现，基本一致的结论是：生产率高的企业选择出口，生产率低的企业只供应国内市场，出口贸易会引起生产率低的企业退出市场，生产率高的企业获得更多利润并通过“出口学习”效应提高生产率。

（一）文献梳理

Melitz（2003）引入了一个垄断竞争的动态产业一般均衡框架，并将企业生产率差异纳入模型，理论分析证实只有生产率高的企业才会进入出口市场，生产率低的企业只供应国内市场，而贸易会迫使低生产率的企业退出市场，进一步的分析还表明，贸易自由化有利于高生产率企业的发展。该文献所建立的理论模型是异质性企业贸易理论的基础，随后的很多研究都是在此理论框架的基础上发展的。Bernard 等（2003）通过扩展李嘉图模型，构建了一个包含多个国家、允许地理壁垒（Geographic Barriers）及不完全竞争，存在企业异质性的贸易模型。理论分析结果发现，企业的生产率和规模影响企业的出口，出口企业拥有较高的生产率和较大的规模，且贸易壁垒的降低会促进企业出口。Baldwin（2005）以 Melitz（2003）的模型框架为基础，分析了企业选择成为内销企业（Domestic Firms，D-Types）、出口企业（Export Firms，X-types）和不生产企业（Non-producers，N-types）的生产率差异，证实了高生产率企业选择出口的结论；同时，论文还分析了市场开放度、贸易数量和价格对于企业生产率的影响，揭示了贸易自由化具有再分配效应，对于高生产率企业有利。Ghironi 和 Melitz（2005）在 Melitz（2003）的基本模型框架下建立了一个随机宏观动态一般均衡贸易模型，假定企业的生产率异质性以及垄断竞争的市场结构，模型证明了只有相对高生产率的企业出口，并分析了外生的生产率冲击以及贸易成本变化对企业出口和退出市场决策的影响。Yeaple（2005）建立了一个微观企业的一般均衡框架，假定企业会选择异质的技术，模型分析结论得到，出口企业一般规模更大，会选择高级的技术，支付高的工资，且生产率会更高。

异质性企业出口贸易行为选择的理论文献通常假定异质性生产率是外生给定的，在此基础上，一些扩展研究文献引入企业技术选择机制，将企业生产率的决定内生化，并进一步分析生产率异质性对于企业出口的影响。Bustos（2005）建立一个异质性企业垄断贸易模型，认为采纳技术的成本不同决定了企业的差异化技术选择，贸易自由化通过扩大市场规模、消除技术转移的限制促使企业采纳新技术，决定了最有效率的企业才能进入出口市场，出口的高利润抵偿了采纳新技术的固定成本。Hansen 和 Nielsen（2007）建立了一个企业寡头贸易模型，寡头企业可以选择两种不同的技术：一种是高固定成本低边际成本，另一种是低固定成本高边际成本。分析结果证明，出口导向的企业会选择低边际成本的技术，也即生产率更高的技术，同时贸易成本的降低会激励更多的出口。异质性企业出口贸易行为选择理论文献另一个方向上的扩展是，分析生产率之外其他异质性因素对企业出口贸易行为的影响。Egger 和 Kreickemeier（2012）的理论与实证研究发现，企业劳动者的管理才能会影响企业的生产率水平，进而影响出口行为，所以管理人员比例大的企业更倾向于出口。Holmes 和 Stevens（2012）的研究发现，规模大的企业会更多出口，因为它们能够开展更远距离的贸易。Oldenski（2012）分析了信息传导成本对于异质性企业出口贸易和对外直接投资选择的影响，发现信息传导成本低的企业更容易出口和对外直接投资。

（二）建模方法与框架

异质性企业“出口—生产率”关系的理论研究文献基本都建立在 Melitz（2003）的模型框架下，被称为异质性企业贸易模型（HFT Model）。HFT 模型以新贸易理论模型为基础，加入边际成本差异的企业异质性变量，以及固定的国内和国外市场进入成本，存在贸易成本。异质性企业贸易的模型框架又被称为“异质性边际成本和固定市场进入成本模型”（Heterogeneous Marginal Costs and Fixed Market-Entry Costs Model，HMCFMEC）。

异质性企业贸易模型中，具有开创和代表性的文献是 Melitz（2003），模型假定一个两国经济，每个国家有一个生产部门，生产要素为劳动 L，市场是 Dixit-Stiglitz 垄断竞争模式。企业生产需要固定成本和可变成本，企业存在生产率的异质性，以生产的可变边际成本表示，生产率越高的企业生产的边际成本越低，而生产率越低的企业生产的边际成本越高。企业进入市场需要支付固定沉没成本 $f_e > 0$，企业进入国内和国外出口市场都需要支付固定成本，且进入出口市场的固定成本大于进入国内市场。假设贸易存在冰山贸易成本 $\tau>1$，企业进入出口市场不仅面临贸易成本，同时面临固定的出口市场进入成本。

企业进入市场的利润与生产率水平（边际成本）具有正相关关系，构成了自由进入（Free Entry）的利润关系线，同时企业存在生产率水平决定的零边界利润条件（Zero Cutoff Profit Condition），在零边界利润线上的企业利润为 0。自由进入利润线和零边界利润条件的交叉点决定了企业进入市场的边界生产率水平 φ^*。如图 4-4 所示，横轴为企业生产率水平，纵轴为利润水平。可见，生产率低于临界生产率水平 φ^* 的企业将退出市场，而高于 φ^* 的

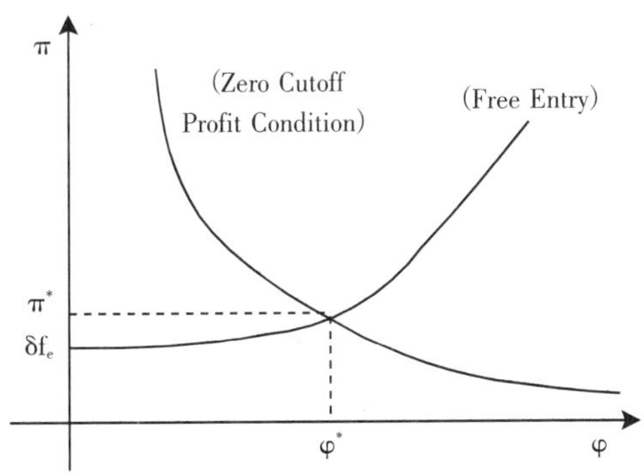

图 4-4　均衡边界生产率水平的决定

资料来源：Melitz（2003）。

企业将进入市场。进一步考虑进入出口市场的企业，需要承担贸易成本和国外市场固定进入成本，额外的承担成本要求出口企业具有更高的生产率水平。因而，出口企业的生产率水平将高于内销企业。

进一步地，贸易将对企业的利润和要素分配产生影响。贸易的存在和发展将增加企业的利润，促进资源更多地配置于高生产率的出口企业，而低生产率企业将退出市场。贸易自由化降低了贸易成本，促使更多的企业进入出口市场，高生产率企业的规模和利润增加，低生产率企业将退出市场。图 4-5 直观地给出了贸易对于企业利润的影响，横轴为企业生产率水平，纵轴为利润水平。显然，封闭条件（Autarky）下的企业生产率—利润曲线斜率低于贸易（Trade）情形。

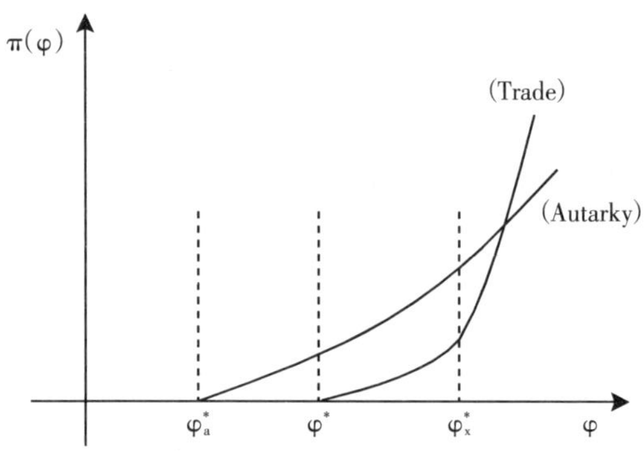

图 4-5 贸易对企业的影响效应

资料来源：Melitz（2003）。

Melitz（2003）的模型框架成为异质性企业贸易理论的核心框架体系，后续的理论研究模型多数建立在这一框架的基础上，是名副其实的代表性理论框架。

二、实证研究

“出口—生产率”关系的实证研究主要关注企业生产率与出口选择之间的关系。一方面，分析出口企业和内销企业之间的生产率差异，是否出口企业生产率显著高于内销企业，侧重检验出口企业是否存在“自我选择”效应，也就是只有生产率高的企业才选择出口；另一方面，分析出口贸易是否提高了企业的生产率，侧重检验是否存在“出口学习”效应，也就是企业通过出口贸易提高了自身的生产率。无论是“自我选择”效应还是“出口学习”效应，一个显性的共同结果是：出口企业生产率高于内销企业。“出口—生产率悖论”是通过中国企业的实证分析发现，中国出口企业的生产率反而显著的低于内销企业，这与理论的结果正好相反，构成了一个“悖论”。在某种程度上，“出口—生产率悖论”更多涉及企业出口的“自我选择”效应检验。

（一）文献梳理

“出口—生产率”关系的国内外文献丰富，使用不同国家的企业数据进行了一系列的实证研究，包括发达国家企业数据、新兴工业化国家和地区企业数据、南美新兴市场国家企业数据、东欧转轨国家企业数据、非洲欠发达国家企业数据，以及中国等发展中大国的企业数据。整体上，实证研究的结论支持出口企业生产率高于内销企业的结果，出口企业生产率的“自我选择”效应显著，但发达国家的“出口学习”效应不及发展中国家明显。

1. 国外研究文献

我们根据企业样本数据的来源国家不同分别分析，从发达国家、新兴工业化国家和地区、南美新兴市场国家、东欧转轨国家和非洲欠发达国家五个国家类型进行梳理。国外文献中有一些针对中国企业的实证研究，我们单独列出进行梳理。

发达国家数据实证研究的文献占据主体地位，结论基本都支持出口企业具有更高生产率的结果，仅有瑞士的检验有所例外。Benard 和 Jensen（1995）使用美国 1976~1987 年的微观企业数据实证分析了企业出口、就业和工资的关系，发现出口企业比非出口企业更有竞争力、生产率更高、盈利能力更强、有更多的就业机会。Bernard 和 Wagner（1997）使用 1978~1992 年 7624 家德国企业数据进行了实证研究，发现出口企业的生产率更高，但出口对于企业生产率的作用不明显。Bernard 和 Jensen（1999）使用美国 1984~1992 年的企业数据实证研究的结果发现，出口企业具有更高的生产率、就业人数、产出、工资和资本密集度，但出口对于企业生产率的影响不显著。Wagner（2002）使用德国企业数据发现，出口企业生产率、就业和工资显著地高于非出口企业。Castellani（2002）使用意大利企业数据实证检验发现，当以出口总量占总销售额的比重表示出口时，出口对企业生产率有显著的正向推动作用；当以是否出口的哑变量表示出口时，出口对企业生产率的作用不明显。这一结论一定程度上支持了发达国家企业“出口学习”效应不显著的命题。Delgado 等（2002）使用 1991~1996 年西班牙企业数据实证研究发现，出口企业生产率显著高于非出口企业，并且“自我选择”效应大于“出口学习”效应。Baldwin 和 Gu（2003）使用 1973~1997 年的加拿大企业数据进行实证研究发现出口企业生产率高于非出口企业，本国企业“出口学习”效应大于外资企业，新进入市场企业的“出口学习”效应大于老企业。Girma 等（2004）使用 1988~1999 年 8992 家英国企业的实证研究揭示，出口企业生产率高于非出口企业，出口企业存在“自我选择”效应，同时“出口学习”效应显著。Greenaway 和 Kneller（2004）使用英国企业数据的实证研究发现，企业出口中沉没成本是重要的，“自我选择”效应存在，更有效率的企业进入出口市场，同时产业集聚和空间集聚有利于出口。Benard 和 Jensen（2004）使用美国企业数据实证研究发现，出口企业具有更高的生产率，但出口并不显著提高企业生产率，同一产业内出口存在资源再配置效应，资源流向更高效率的企业。Arnold 和 Hussinger（2005）使用德国 1992~2000 年 2149 家企业数据发现，更高效率的企业自我选择进入出口市场，但出口并不显著提高企业的生产率。Kimura 和 Kiyota（2006）使用 1994~2000 年 22000 家日本企业数据实证研究发现，出口企业生产率高于非出口企业，存在显著的“出口学习”效应。Cassiman 等（2010）使用 1990~1998 年的西班牙企业数据实证研究了出口和生产率关系，发现企业生产率和出口的正向关系是由出口企业的产品创新引起的。瑞士企业的研究结果与其他发达国家有所不同，Greenaway 等（2005）使用瑞士 1980~1997 年 3570 家企业的实证研究发现，出口企业和非出口企业生产率相差无几，没有显著差异，企业是否进入出口市场对其生产率也没有影响。故而，瑞士出口企业既不存在“自我选择”效应，也不存在“出口学习”效应，瑞士的不同结果在分析中认为是由于经济高度的开放引起的。

新兴工业化国家或地区的企业数据实证研究的结果也基本支持出口企业具有更高生产率的结论，但韩国企业数据的检验有所例外。Aw 和 Hwang（1995）使用中国台湾 1986 年电子行业 2832 家企业数据实证研究发现，3/4 的行业符合出口企业生产率显著高于非出口企业的结果。Aw 等（2007）使用 1986 年、1991 年和 1996 年的中国台湾企业数据实证研究发现，出口企业具有更高的生产率，且出口的“学习效应”明显。Aw 等（2008）使用中国台湾 2000~2004 年电子行业企业数据实证研究发现，出口企业生产率高于非出口企业，存在“出口学习”效应，出口企业通过增加研发投入提高生产率。针对韩国企业的实证研究结果有所不同，Aw 等（2000）使用韩国和中国台湾的企业数据实证研究发现，中国台湾出口企业生产率显著高于非出口企业，符合“自我选择”效应，但韩国出口企业生产率并不十分显著地高于非出口企业；论文指出，在韩国，生产要素而非生产率是企业出口决策更重要的影响因素。

南美新兴市场国家企业数据实证研究结果一致支持出口企业的生产率高于非出口企业的结论。Clerides 等（1998）使用哥伦比亚、墨西哥、摩洛哥的微观企业数据进行实证研究，发现出口企业生产率更高，但“出口学习”效应不显著，存在显著的“自我选择”效应。Kasahara 和 Lapham（2013）使用 1990~1996 年智利微观企业数据的实证研究发现，出口企业拥有更高的生产率。

东欧转轨国家企业数据实证研究结果基本支持出口企业具有更高生产率的结论，但斯洛文尼亚的检验并不总是支持这一结论。Damijan 等（2004）使用斯洛文尼亚企业数据的实证研究结果发现，固定进入成本影响企业的出口，出口企业生产率并不总是高于非出口企业，只有向发达国家出口的企业生产率高于非出口企业，而向欠发达国家出口的企业生产率并不高于非出口企业，同时“出口学习”效应很明显。Loecker（2007）使用斯洛文尼亚企业数据实证研究结果发现，出口企业生产率高于非出口企业，存在显著的“出口学习”效应，企业向高收入国家出口的收益更大。

非洲欠发达国家企业数据实证研究结果也一致支持出口企业生产率高于非出口企业的结论。Mengistae 和 Pattillo（2004）使用埃塞俄比亚、加纳和肯尼亚三国的企业数据实证研究发现，出口企业生产率平均高于非出口企业 17%，而出口企业生产率增加率高于非出口企业 10%。Biesebroeck（2005）使用撒哈拉非洲 9 个国家的企业数据实证研究结果发现，出口企业生产率显著高于非出口企业，存在“自我选择”效应；而出口能够提高企业的生产率，存在“出口学习”效应，生产率提高的效应是通过规模经济实现的。Bigsten 和 Gebreeyesus（2009）使用埃塞俄比亚 1996~2004 年 7870 家企业数据的实证研究发现，出口企业具有更高的生产率、更高的工资和更多的就业。表 4-2 总结了国外代表文献的实证研究情况。

2. 中国的研究文献

现有文献主要使用中国企业数据实证分析“出口—生产率”关系，探究出口企业和内销企业的生产率差异，以及出口对于企业生产率的影响。针对

表 4-2 企业"出口—生产率"关系国外实证研究文献梳理

国家类型	文献	国家	是否符合理论	数据样本	实证结果
发达国家	Benard 和 Jensen (1995)	美国	是	1976~1987 年企业数据	存在"自我选择"效应
	Benard 和 Wagner（1997）	德国	是	1978~1992 年 7624 家企业数据	存在"自我选择"效应，但"出口学习"效应不明显
	Benard 和 Jensen (1999)	美国	是	1984~1992 年企业数据	存在"自我选择"效应，但"出口学习"效应不明显
	Wagner（2002）	德国	是	1978~1989 年企业数据	存在"自我选择"效应
	Castellani (2002)	意大利	部分符合	1989~1991 年，1992~1994 年企业数据	当以出口总量占总销售额的比重表示出口时，存在"出口学习"效应；当以是否出口的哑变量表示出口时，"出口学习"效应不显著
	Delgado 等 (2002)	西班牙	是	1991~1996 年企业数据	存在"自我选择"效应和"出口学习"效应，且"自我选择"效应大于"出口学习"效应
	Baldwin 和 Gu (2003)	加拿大	是	1973~1997 年企业数据	存在"自我选择"效应，"出口学习"效应本国企业和新企业更强
	Girma 等 (2004)	英国	是	1988~1999 年 8992 家企业数据	存在"自我选择"效应和"出口学习"效应
	Greenaway 和 Kneller（2004）	英国	是	1989~2002 年 11225 家企业数据	存在"自我选择"效应
	Benard 和 Jensen (2004)	美国	是	1983~1992 年企业数据	存在"自我选择"效应，但"出口学习"效应不明显
	Arnold 和 Hussinger (2005)	德国	是	1992~2000 年 2149 家企业数据	存在"自我选择"效应，但"出口学习"效应不明显
	Kimura 和 Kiyota	日本	是	1994~2000 年 22000 家企业数据	存在"自我选择"效应和"出口学习"效应
	Cassiman 等 (2010)	西班牙	是	1990~1998 年企业数据	存在"出口学习"效应
	Greenaway 等 (2005)	瑞士	否	1980~1997 年 3570 家企业数据	既不存在"自我选择"效应，也不存在"出口学习"效应

续表

国家类型	文献	国家	是否符合理论	数据样本	实证结果
新兴工业化国家和地区	Aw 和 Hwang（1995）	中国台湾	是	1986 年电子行业 2832 家企业	存在“自我选择”效应
	Aw 等（2007）	中国台湾	是	1986 年、1991 年、1996 年企业数据	存在“自我选择”效应和“出口学习”效应
	Aw 等（2000）	韩国/中国台湾	部分符合	中国台湾 1981 年、1986 年，1991 年，韩国 1983 年、1988 年、1993 年企业数据	中国台湾企业存在“自我选择”效应，但韩国出口企业生产率并不显著高于非出口企业
南美新兴市场国家	Clerides 等（1998）	哥伦比亚、墨西哥、摩洛哥	是	哥伦比亚 1981~1991 年，墨西哥 1986~1990 年，摩洛哥 1984~1991 年数据	存在“自我选择”效应，但“出口学习”效应不明显
	Kasahara 和 Lapham（2013）	智利	是	1990~1996 年企业数据	存在“自我选择”效应
东欧转型国家	Damijan 等（2004）	斯洛文尼亚	是	1994~2002 年企业数据	向发达国家出口存在“自我选择”效应，向欠发达国家出口不存在“自我选择”效应，有“出口学习”效应
	Loecker（2007）	斯洛文尼亚	是	1994~2000 年企业数据	存在“自我选择”效应和“出口学习”效应
非洲欠发达国家	Mengistae 和 Pattillo（2004）	埃塞俄比亚、加纳、肯尼亚	是	1992~1995 年的调查数据	存在“自我选择”效应
	Biesebroeck（2005）	撒哈拉非洲九国	是	1991~1996 年的调查数据	存在“自我选择”效应和“出口学习”效应
	Bigsten 和 Gebreeyesus（2009）	埃塞俄比亚	是	1996~2004 年 7870 家企业数据	存在“自我选择”效应

资料来源：作者整理。

中国企业的实证研究主要集中在最近五年，早期的研究很少，多数是在 Melitz（2003）的异质性企业贸易理论模型确定之后的检验。针对中国企业的研究以中文文献为主，外文文献较少。实证结果中，部分研究支持出口企业生产率高于内销企业的结论，部分研究不支持这一结论并且发现内销企业的生产率反而高于出口企业。后者构成了中国企业的“出口—生产率”悖论现象，我们将在后续内容中单独梳理和详细分析这一部分文献。这里我们主要梳理针对中国企业检验且符合理论上“出口—生产率”关系的研究文献。

较早分析中国企业“出口—生产率”关系的文献是 Kraay（1999），使用 1988~1992 年 2105 家中国企业调查数据实证研究发现，出口企业具有更高的生产率，但差异并不大；同时，企业的“出口学习”效应显著。唐宜红、林发勤（2009）使用 2005 年工业普查的企业数据实证检验了 Melitz（2003）的异质性企业模型在中国的适用性，发现企业生产率越高越容易出口，外商投资企业和东部企业更容易出口。张杰等（2009）使用 1999~2003 年中国工业企业数据实证分析了出口对企业生产率的影响，发现中国企业既存在“自我选择”效应，也存在“出口学习”效应；样本期内，有出口行为的企业在多项指标上强于没有出口行为的企业，且出口稳健地促进了中国本土制造业企业的全要素生产率。易靖韬（2009）使用浙江省 2001~2003 年企业面板数据实证分析了异质性企业的出口参与决策，发现市场进入成本显著存在，故而生产率高且规模大的企业更加容易出口。易靖韬、傅佳莎（2011）使用浙江省 2001~2003 年的企业面板数据实证研究发现，只有生产率较高的企业才能克服出口市场的沉没成本，通过“自我选择”进入出口市场，而生产率低的企业会退出；一旦企业进入出口市场，将从出口市场中积累出口学习经验。即同时存在“自我选择”效应和“出口学习”效应。钱学锋、王菊蓉（2011）使用 1999~2007 年中国工业企业数据①，考察了出口与企业生产率的内在关系，发现出口企业相对于非出口企业的生产率存在显著的出口溢价，具有较高生产率的企业主动选择进入出口市场，而进入出口市场将进一步促进企业生产率水平的提升，存在“自我选择”效应和“出口学习”效应。赵伟等（2011）基于中国 2000~2003 年的工业企业数据进行实证分析发现，劳动生产率对企业出口决策具有显著负向影响，而全要素生产率表现出稳健的正向影响，企业规模对出口具有显著正向影响。邱斌等（2012）基于 1999~2007 年的工业企业数据，采用倍差匹配法实证检验了企业出口和生产率关系，发现中国制造业企业同时存在“出口学习”效应和“自我选择”效应。表 4–3 整理总结了现有支持出口企业具有更高生产率结论的文献。

（二）实证方法

企业“出口—生产率”关系的实证研究方法主要是使用企业数据进行计

①下文中中国工业企业数据都是指国家统计局发布的规模以上中国工业企业数据。

表 4-3 支持中国出口企业生产率更高结论的代表性文献梳理

文献	样本数据	实证结论
Kraay (1999)	1988~1992 年 2105 家中国企业调查数据	出口企业具有更高的生产率，但差异并不大；存在“出口学习”效应
唐宜红、林发勤（2009）	2005 年工业普查的企业数据	企业生产率越高越容易出口，外商投资企业和东部企业更容易出口
张杰等 (2009)	1999~2003 年中国工业企业数据	中国企业既存在“自我选择”效应，也存在“出口学习”效应
易靖韬 (2009)	浙江省 2001~2003 年企业面板数据	市场进入成本显著存在，生产率高且规模大的企业更加容易出口
易靖韬、傅佳莎（2011）	浙江省 2001~2003 年的企业面板数据	生产率较高的企业才能克服出口市场的沉没成本，通过“自我选择”进入出口市场，同时存在“出口学习”效应
钱学锋、王菊蓉 (2011)	1999~2007 年中国工业企业数据	出口企业相对于非出口企业的生产率存在显著的出口溢价，存在“自我选择”效应和“出口学习”效应
赵伟等 (2011)	2000~2003 年的工业企业数据	劳动生产率对企业出口决策具有显著负向影响，而全要素生产率表现出稳健的正向影响
邱斌等 (2012)	1999~2007 年工业企业数据	中国制造业企业同时存在“自我选择”效应和“出口学习”效应，且效应随着时间推移逐渐增强

资料来源：作者整理。

量统计分析，数据可以是大样本企业截面数据，也可以是大样本企业面板数据。实证研究的主题内容主要有两个方面：一是出口企业生产率是否显著高于非出口企业，存在出口行为的“自我选择”效应；二是出口活动是否提高了企业生产率，存在“出口学习”效应。

最基本的实证方法是计算和比较出口企业（Exporter）和非出口企业（Non-Exporter）的平均劳动生产率或全要素生产率，进而检验出口企业是否具有更高的效率。第二步实证方法是计算“出口溢价（Export Premier）”，即出口企业相对于非出口企业的生产率百分比差异，或者说出口企业比非出口企业生产率百分比高出程度。通常回归方程为：

$$\ln TFP_{it} = \alpha + \beta Export_{it} + cControl_{it} + e_{it} \quad (4-1)$$

式中，i 代表企业，t 代表时间，TFP 代表生产率水平，Export 代表出口状态的二元哑变量（出口企业为 1，非出口企业为 0），Control 代表一系列控制变量，通常包括行业控制变量、地区控制变量、企业规模和年份控制变量等。回归式中系数 β 检验出口企业和非出口企业相比的生产率水平，如果显著大于 0，则出口企业具有更高的生产率；反之则反是。第三步实证检验同时分析新进入出口企业、连续出口企业、退出出口企业与非出口企业之间的生产率差异，可以同时检验企业的“自我选择”效应和“出口学习”效应。实证回归方程通常为：

$$\ln TFP_{it}-\ln TFP_{i0}=\alpha+\beta_1 Start_{it}+\beta_2 Both_{it}+\beta_3 Stop_{it}+cControl_{i0}+e_{it} \tag{4-2}$$

式中，t 和 0 是两个不同的时间，t 为当前时间，0 为过去时间。$Start_{it}$ 表示新出口企业，即过去不出口，现在出口（$Export_{i0}=0$，$Export_{it}=1$），是一个二元哑变量；$Both_{it}$ 表示持续出口企业，即过去出口，现在也出口（$Export_{i0}=1$，$Export_{it}=1$），是一个二元哑变量；$Stop_{it}$ 表示退出出口企业，即过去出口，现在不出口（$Export_{i0}=1$，$Export_{it}=0$），也是一个二元哑变量；这三个哑变量的比较参照对象是非出口企业。计量回归结果中，β_1 的系数大小和显著性揭示新出口企业与非出口企业生产率的差异，可以检验“出口学习”效应；β_2 的系数大小和显著性揭示持续出口企业与非出口企业生产率的差异，可以检验出口企业是否具有更高的生产率；β_3 的系数大小和显著性揭示退出出口市场企业与非出口企业生产率的差异，可以检验生产率是否是企业退出出口市场的因素。

以上三类实证方法是企业“出口—生产率”关系研究的主体方法。与此同时，现有文献的研究方法在此基础上又有两个方向上的扩展。第一个方向的扩展是，采用匹配方法比较出口企业和匹配的非出口企业的生产率差异，解决因果关系引起的内生性问题。现实中，出口企业生产率高于非出口企业可能是“自我选择”效应引起的，也可能是“出口学习”效应，企业出口行为与生产率之间的因果关系无法确定。使用匹配方法为出口企业找到匹配的控制组，控制组企业不出口且在其他方面与出口企业相似度高，通过探究出口企业和匹配控制组之间的生产率关系就可以确定企业出口和生产率之间的关系。这一类研究方法的文献主要有 Wagner（2002）、Girma 等（2003，2004）、Arnold 和 Hussinger（2005a）、Yasar 和 Rejesus（2005）、Kostevc（2005）等。

第二个方向的扩展是，比较出口企业和非出口企业的生产率分布，并用非参数的 Kolmogorov-Smirnov 检验比较两类企业的生产率分布差异，分析出口企业是否具有更高的生产率。这一研究方法的主要文献有 Wagner（2006）、Arnold 和 Hussinger（2005b）等。这一方向上的一个相关扩展是，采用分位数回归分析不同生产率水平区间里的企业出口和生产率之间的关系。这一扩展方法的研究文献主要有 Yasar 等（2003）[①]。图 4-6 总结了现有研究方法。

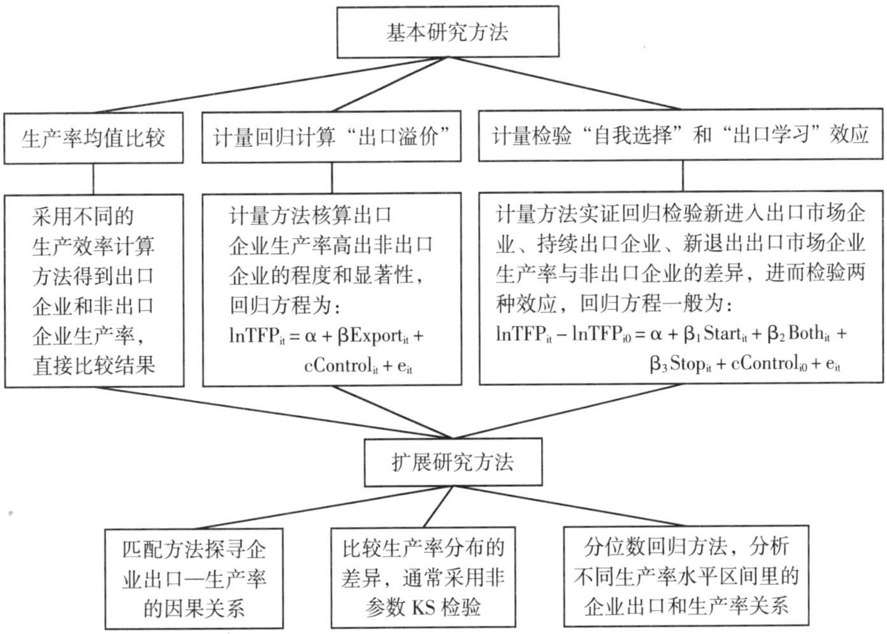

图 4-6　“出口—生产率”文献研究方法

资料来源：作者整理。

第四节　中国企业“出口—生产率悖论”的事实证据

使用中国企业数据对“出口—生产率”关系的研究中，更多的文献发现中国出口企业在大样本整体上呈现了生产率反而低于内销企业的现象，与异质性企业贸易理论的核心结论相反，也就是存在“出口—生产率悖论”，也有文献称之为“生产率之谜”。

① 对于“出口—生产率”关系的实证研究方法的分析，可以进一步参见 Wagner（2007）。

较早发现和分析“出口—生产率悖论”的文献主要有李春顶、尹翔硕（2009），李春顶（2010），Lu（2010），Lu 等（2010）等。李春顶、尹翔硕（2009）使用 1998~2007 年中国工业企业大样本数据，整体上检验了出口企业和内销企业的生产率状况，发现细分行业出口企业的生产率均值普遍低于内销企业，且企业出口与生产率之间呈现负相关关系。李春顶（2010）同样使用 1998~2007 年中国工业企业大样本数据，进一步细分行业、地区、企业所有制、加工贸易企业等探寻出口企业和内销企业的生产率差异，发现出口企业生产率均值整体上低于内销企业，并且企业出口和生产率关系显著为负。进一步研究发现加工贸易企业是“出口—生产率悖论”的原因，剔除加工贸易企业后则“悖论”消失。Lu（2010）使用 1998~2007 年中国工业企业数据全面分析了出口企业和非出口企业的差异，发现中国出口企业与非出口企业相比，反而生产率更低、在国内市场销售比重更少，且出口强度（Export Intensity）分布呈现 U 形。这与经典异质性企业贸易理论结论相反，论文指出是要素禀赋导致了这一现象，本国要素充裕的产品在国内市场面临的竞争比国际市场更加激烈，故而供应国内市场的企业具有更高的生产率。Lu 等（2010）使用 1998~2005 年中国工业企业数据，实证分析了在中国生产的外资子公司（Foreign Affiliate）的出口行为决策，发现外资子公司中，出口企业的生产率显著低于非出口企业，即在中国生产经营的外资子公司存在“出口—生产率悖论”，而中国本土企业的出口—生产率关系符合异质性企业贸易结论，论文进一步通过区分外资子公司的生产过程（研发和制造等），从理论上解释了生产率差异的原因。

在此之后，中国企业的“出口—生产率悖论”受到国内外相关研究的关注，陆续涌现出一系列后续细化或者深入的实证检验研究。国外文献方面，Dai 等（2011）使用 2000~2005 年中国工业企业和海关统计合并数据实证检验揭示了“出口—生产率悖论”的存在，并从加工贸易角度分析了悖论存在的原因。Yang 和 He（2014）使用 1998~2007 年中国工业企业大规模样本，采用 OP 半参数方法估计了全要素生产率，实证检验了“出口—生产率悖论”，并从本地市场保护和出口溢出效应角度解释了原因。

国内文献对于中国企业“出口—生产率悖论”的进一步实证检验更加丰富，采用了不同的数据、不同的计量方法、不同的生产率计算方法、不同的数据分类等进一步探究“悖论”的存在性和证据。马述忠（2010）使用 2001~2007 年 227 家上市公司样本实证检验发现，企业生产率在即将出口和不出口企业之间没有显著性差异，即将出口的企业生产率没有明显高于不出口企业，从而中国企业出口的“自我选择”效应不存在，但进一步的检验发现存在显著的“出口学习”效应。李春顶等（2010）使用1998~2007年中国工业企业数据进一步实证考察了“出口—生产率悖论”，通过细致的分地区、所有制类型、规模以及行业类型的检验，得到了中国出口企业生产率悖论的确凿证据。赵伟、赵金亮（2011）使用2000~2003年中国工业企业数据实证分析发现，中国企业的出口区别于国外成熟市场经济体，出口倾向并非完全由生产率决定，而是依据所有制类型不同表现出巨大差异，该文虽然没有明确证明和分析“悖论”，但提供了间接的证据。汤二子、刘海洋（2011a）使用2005~2008年中国工业企业数据进一步从总量法和均值法两个方面比较出口企业和非出口企业的生产率差异，验证了中国出口企业“生产率悖论”的存在，并发现企业出口和生产率之间存在显著负相关性。汤二子、刘海洋（2011b）使用2008年中国工业企业数据实证发现中国出口企业同时存在“生产率悖论”和“生产率陷阱”，即不仅出口企业生产率低于非出口企业，且出口对企业生产率提升存在负向影响。汤二子等（2011）使用2007年中国工业企业数据，分别采用生产率比较和统计方法检验，发现出口企业生产率均值在大部分情况下都低于非出口企业，存在“生产率悖论”。范剑勇、冯猛（2013）使用1998~2007年工业企业数据，根据出口密度不同分组检验，发现出口密度低的组别中不存在“生产率悖论”现象且存在“出口学习”效应，但出口密度高的组别中显著存在“生产率悖论”且没有“出口学习”效应。聂文星、朱丽霞（2013）使用1998~2007年工业企业数据，采用数据包络分析等多种全要素生产率计算方法实证检验“生产率悖论”，发现2005年之后中国出现向“生产率悖论”转化的趋势。盛丹（2013）使用1998~2006年中国工业企业数据，发现中国外资企业的出口存在明显的“生产率悖论”，而内资企业的出口行为则符合异质性企业贸易理论的预测。其他的相关研究文献还有很多，如汤二子、孙振（2012），李建萍、张乃丽（2014），孙少勤等（2014），我们不再一一列举。表4-4梳理了代表性研究文献。

中国企业“出口—生产率悖论”的检验基本都是采用国家统计局规模以上制造业企业数据，采用不同的生产率计算方法、不同的计量回归方程、不同的研究方法、细分不同的组别和类型进行实证检验。在研究方法上，与“出口—生产率”文献研究方法相同，包括直接的总量和均值比较，“出口溢

表 4-4 中国企业“出口—生产率悖论”的代表性文献梳理

类型	文献	样本数据	实证结论
早期文献	李春顶、尹翔硕（2009）	1998~2007 年中国工业企业数据	细分行业出口企业的生产率均值普遍低于内销企业，且企业出口与生产率之间呈现负相关关系
	李春顶（2010）	1998~2007 年中国工业企业数据	进一步细分行业、地区、企业所有制、加工贸易企业等发现出口企业生产率均值整体上低于内销企业，进一步研究发现加工贸易企业是“出口—生产率悖论”的原因
	Lu（2010）	1998~2007 年中国工业企业数据	出口企业与非出口企业相比，反而生产率更低、在国内市场销售比重更少，且出口强度分布呈现 U 形
	Lu 等（2010）	1998~2005 年中国工业企业数据	外资子公司中，出口企业的生产率反而低于非出口企业，即在中国生产经营的外资子公司存在“出口—生产率悖论”，而中国本土企业的出口—生产率关系符合异质性企业贸易结论
国际进一步研究文献	Dai 等（2011）	2000~2005 年中国工业企业和海关统计合并数据	揭示了“出口—生产率悖论”的存在，并从加工贸易角度分析了悖论存在的原因
	Yang 和 He（2014）	1998~2007 年中国工业企业数据	验证了“出口—生产率之谜”的存在，并从本地市场保护和出口溢出效应角度解释了原因
国内进一步研究文献	马述忠（2010）	2001~2007 年 227 家上市公司样本	企业生产率在即将出口和不出口企业之间没有显著性差异，从而不存在“自我选择”效应，但进一步的检验发现存在显著的“出口学习”效应
	李春顶等（2010）	1998~2007 年中国工业企业数据	通过细致的分地区、所有制类型、规模以及行业类型的检验，得到了中国出口企业生产率悖论的确凿证据
	赵伟、赵金亮（2011）	2000~2003 年中国工业企业数据	中国企业的出口区别于国外成熟市场经济体，出口倾向并非完全由生产率决定，而是依据所有制类型不同表现出巨大差异
	汤二子、刘海洋（2011a，2011b）等	2005~2008 年，2005 年，2006 年中国工业企业数据	从多角度和多方向提供了中国出口企业“生产率悖论”的证据
	范剑勇、冯猛（2013）	1998~2007 年中国工业企业数据	根据出口密度不同分组检验，发现出口密度低的组别中不存在“生产率悖论”现象且存在“出口学习”效应，但出口密度高的组别中显著存在“生产率悖论”且没有“出口学习”效应
	聂文星、朱丽霞（2013）	1998~2007 年中国工业企业数据	数据包络分析等多种全要素生产率计算方法实证检验“生产率悖论”，发现 2005 年之后中国出现向“生产率悖论”转化的趋势
	盛丹（2013）	1998~2006 年中国工业企业数据	外资企业的出口存在明显的“生产率悖论”，而内资企业的出口行为则符合异质性企业贸易理论的预测

资料来源：作者整理。

价”回归计算比较，计量方程回归分析，匹配模型分析，生产率分布比较和检验，以及分位数回归等。

总结现有实证研究的结果，可以形成一些共识性的结论：中国企业的“出口—生产率悖论”在规模以上全样本中国工业企业数据中现实存在；悖论随着时间的推移而更加突出，2000 年之前无悖论现象，2005 年之后表现明显；悖论在沿海地区比内陆地区更加突出，在小型企业比中型和大型企业突出，在外资企业和私营企业比集体和国有企业突出；悖论在加工贸易企业、外资企业和出口密度（出口占总产出比重）高的企业中尤其明显。

第五节　中国企业“出口—生产率悖论”的原因解释

对于“出口—生产率悖论”的原因解释是现有文献中的重要组成部分。总结起来，现有解释主要有以下几个方面：加工贸易，外资企业，要素密集度，国内市场进入成本和贸易成本，出口密度，市场分割和地方保护，企业技术和制度的路径依赖，中国企业出口决定中生产率不重要等。以下我们逐一梳理。

一、加工贸易企业存在和占比高

中国出口贸易中，加工贸易占据“半壁江山”。加工贸易的特征是“两头在外”，企业处于加工制造环节，加工的产品主要用于出口。加工贸易企业不一定具有较高的生产率，故而可能会在整体上拉低出口企业的生产率。现有文献区分和剔除加工贸易企业进行检验，发现“出口—生产率悖论”现象消失，从而证实加工贸易企业的大量存在是悖论的原因。

李春顶（2010）采用估算方法去除中国工业企业样本中的加工贸易企业，将出口占产出比重超过 50%的企业去除（因为加工贸易企业的产出主要用于出口），进一步的检验发现悖论现象消失，从而证明加工贸易企业的大量存在是悖论存在的原因。Dai 等（2011）和戴觅等（2014）进一步将 2000~2006 年中国工业企业数据和海关数据合并筛选出加工贸易企业，发现中国20%的出口企业完全从事加工贸易，这些企业的生产率比非出口企业低10%~20%，剔除加工贸易之后中国企业“出口—生产率”关系符合异质性企业理论。Gao和Yin（2014）在理论上证明了贸易中介和加工贸易的存在对于解释“出口—生产率悖论”的作用，指出贸易中介和加工贸易的大量存在降低了国外市场的进入成本，进而出口企业不需要较高的生产率。

二、外资企业存在“出口—生产率悖论”

中国外商直接投资额较大，外资企业和外资子公司大量存在，外资企业在中国从事制造环节的生产，再将产品销售到其他国家，这类企业的出口面临国外市场的进入成本较低，在国外市场往往有成熟的销售渠道，不需要高的生产率抵消国外市场的高进入成本。事实上，外资企业和加工贸易企业有较大的重合，外资子公司在中国的生产制造活动很多都是从事加工贸易，而中国的加工贸易企业中相当大的比重是外资企业或者中外合资企业。现有文献发现外资企业中存在显著的“出口—生产率悖论”，而去除外资企业之后的企业样本则不存在悖论现象。

Lu等（2010）使用1998~2005年的中国工业企业数据筛选出外资子公司（Foreign Affiliate）样本，实证研究发现外资子公司中，出口企业生产率显著低于非出口企业；而剔除外资企业的样本中，出口企业生产率高于非出口企业。论文进一步从理论模型角度分析了外资子公司的出口和供应本地市场等选择以及相应的生产率要求，从研发和制造加工的分工角度解释了为何中国的外资子公司中出口企业生产率低于非出口企业。盛丹（2013）使用1998~2006年中国工业企业数据实证研究发现，外资企业的出口存在明显的生产率悖论，即生产率水平显著低于非出口企业，而内资企业的出口符合异质性企业贸易理论的结论。

三、要素密集度不同

中国出口企业所属行业多数为劳动密集型，当出口产品的生产需要密集使用本地丰富要素时，国内市场的竞争比国外市场更加激烈，进而进入国内市场销售的企业需要更高的生产率，而出口国外市场的企业生产率反而较低。故而，对于资本密集型行业，出口企业的生产率高于非出口企业，没有

“出口—生产率悖论”现象；对于劳动密集型行业，出口企业的生产率会低于非出口企业，存在悖论现象。所以，行业的资本劳动比会影响悖论的形成，资本劳动比越低的行业，“出口—生产率悖论”愈加明显。

Lu（2010）使用1998~2007年的中国工业企业数据发现了“出口—生产率悖论”的证据，并根据不同企业的资本劳动比例分组，分析悖论的存在性，发现劳动密集型行业的悖论愈加明显，而资本密集型行业不存在悖论现象。论文扩展理论模型分析了要素密集度对于“出口—生产率悖论”的影响，指出当企业出口产品的生产中需要密集使用本国丰裕要素时（在中国为劳动要素），国内市场面临的竞争程度将高于国外市场，决定了国内市场的进入成本更高，只有生产率更高的企业才会“自选择”进入国内市场，而生产率低的企业将只出口国外市场。图4–7列示了不同要素密集度行业中，企业出口和供应国内市场选择的生产率临界值（Cutoff）水平。Z为生产率水平，Z_d为供应国内市场生产率临界值，Z_x为出口的生产率临界值。显然，劳动密集型行业中，出口企业的生产率水平低于内销企业。李建萍、张乃丽（2014）使用2008年989家上市企业的数据实证检验了“出口—生产率悖论”，发现国家间要素禀赋差异和部门间要素密集度差异会导致不同行业的企业在出口竞争力上存在差异，比较优势部门（劳动密集型）的生产率悖论现象突出，而比较劣势部门（资本密集型）的生产率悖论现象较弱。梁会君、史长宽（2014）使用2003~2007年中国工业企业数据的实证研究发现，不同资本劳动比的企业生产率对出口行为的影响不同，劳动密集型和资本密集型行业的企业存在不同程度的“出口—生产率悖论”，较高的资本劳动比会减弱悖论，较低的资本劳动比会增强悖论。

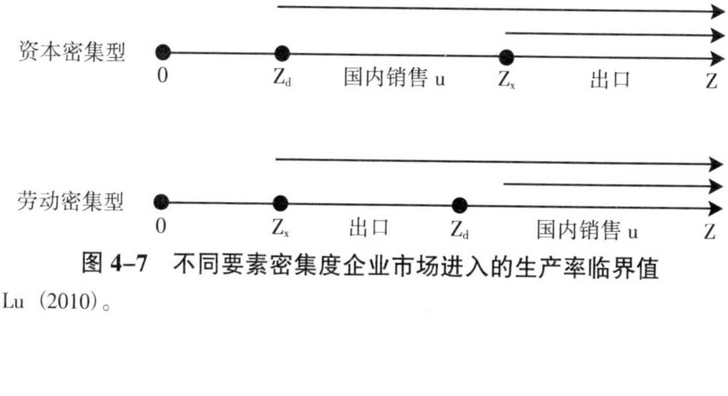

图4–7 不同要素密集度企业市场进入的生产率临界值

资料来源：Lu（2010）。

四、市场进入成本和贸易成本不同

一些研究文献认为，中国国内市场的进入成本较高且国内贸易成本高，甚至高于国外市场进入成本和出口的贸易成本，导致生产率低的企业“自选择”进入出口市场，而只有生产率高的企业才能在国内市场销售。这一解释要成立必须证明中国国内市场的进入成本确实高于国外市场，且国内贸易成本确实高于出口贸易成本，但现有文献多为理论分析，还不能够证明。

徐蕾、尹翔硕（2012）从贸易成本视角解释了中国出口企业的生产率悖论，指出国内市场不是一个统一的大市场，在国内市场销售的固定贸易成本甚至超过了出口固定成本，从而存在“出口—生产率悖论”现象。安虎森等（2013）从理论模型角度解释中国企业的“出口—生产率悖论”，发现当两国完全对称时，高生产率企业同时进入国内国外市场，而低生产率企业进入国内市场；当本国市场规模小同时进入成本高时，高生产率企业进入国内市场而低生产率企业选择出口，出口企业生产率低于内销企业。于春海、张胜满（2013）的分析表明，中国的外资企业或者加工贸易企业一般具有事前的国外销售经历和国外销售渠道，进入国外市场的成本低于进入国内市场，故而出口成为低生产率企业的自发选择。梁会君、史长宽（2014）也指出了国内较高的贸易成本是劳动密集型企业呈现生产率悖论的一个重要原因。

五、出口密度的差异

出口企业按照出口占总产出比重（称为出口密度）的不同可以划分为不同的类别，不同出口密度的企业在出口和生产率关系上的结果存在差异。实证分析发现，出口密度高的企业存在生产率悖论现象，而出口密度低的企业不存在生产率悖论。其中的机制可能是出口密度高的企业多数为加工贸易企业、在国外具有成熟销售渠道进而国外市场进入成本低的外资企业，对于这些企业来说，出口市场的固定进入成本低于国内市场，所以只有生产率高的企业才能在国内市场销售，从而出口企业生产率低于非出口企业。这一解释与加工贸易企业以及外资企业的原因具有很大的相关性。

范剑勇、冯猛（2013）使用1998~2007年中国工业企业数据，按照出口密度将出口企业划分为四组。实证分析发现，出口密度较低的组别（0~

25%）中，出口企业生产率远高于内销企业，且“出口学习效应”显著强烈而持续时间长；出口密度高的组别（75%~100%）中，出口企业生产率低于内销企业，存在生产率悖论现象，且没有“出口学习”效应。李春顶（2010）区分加工贸易企业的方法是将出口密度高于50%的企业界定为加工贸易企业，事实上也间接证明了出口密度不同是悖论的一个原因。

六、中国的市场分割和地方保护

相关文献指出，中国的国内市场是分割的，地方保护主义明显，导致企业在国内销售的进入成本和贸易成本都较高，甚至高于出口的成本，因此出口企业的生产率反而低于内销企业，存在“出口—生产率悖论”。这一解释与贸易成本和市场进入成本解释直接相关，是一个递进的关系，市场分割和地方保护是贸易成本和市场进入成本高的原因。

周世民、沈琪（2013）将市场分割和融资约束纳入到异质性企业贸易模型，推导出市场分割下会形成重出口而轻内销的特殊情形，融资约束又加剧贸易扭曲并形成过度出口，形成中国出口企业的生产率悖论。盛丹（2013）的研究发现，地方性行政垄断对中国外资企业的诸多限制及政策引导扭曲了企业的出口行为，形成了“出口—生产率悖论”。Yang 和 He（2014）的实证研究发现，中国市场存在本地保护，保护的利润较高，只有生产率高的企业能够分享和获得保护的利润，而生产率低的企业进入出口市场并通过“出口学习”效应提高生产率水平。

七、其他原因解释

对中国企业“出口—生产率悖论”的解释文献较多，我们无法一一列举。除了以上梳理的代表性解释外，还有其他的一些解释，如贸易中介的作用、生产率非出口决定因素、企业技术和制度的路径依赖等。Gao 和 Yin（2014）指出贸易中介的大量存在降低了出口市场进入成本，企业进入出口市场的成本低于进入国内市场，从而形成了悖论。赵伟、赵金亮（2011）认为生产率并不是中国企业出口的决定因素，而企业所有制的异质性更加重要，从而会存在悖论现象。聂文星、朱丽霞（2013）的研究认为，中国出口企业的生产率悖论是由企业技术和制度的路径依赖形成的，出口导向的政策形成企业出口的“自增强效应”和对出口的依赖，低生产率企业大量进入出口市场而拉低了生产率。

整体上，对于“出口—生产率悖论”的解释包括三个大的类别：第一个类别包括加工贸易、外资企业以及出口密度高的企业。这三者具有很大的相关性，加工贸易企业不少是外资企业或者中外合资企业，而中国的外资企业通常从事加工贸易；出口密度高的企业中很多会是加工贸易企业或外资企业，而加工贸易企业和外资企业的典型特征是出口密度高。第二个类别是要素密集度。认为不同要素密集度的企业，出口和内销的临界生产率水平存在相反的结果。资本密集型行业中，出口企业生产率高于内销企业；而劳动密集型行业中，出口企业生产率低于内销企业。这一解释在很大程度上对现有异质性企业贸易理论的适用性提出了挑战。第三个类别是市场分割和市场进入成本，两者是因果关系，市场分割和地方保护提高了市场进入成本和贸易成本，从而导致内销企业需要更高的生产率水平。表 4–5 梳理了现有“出口—生产率悖论”的解释和主要文献。

表 4–5　中国企业“出口—生产率悖论”的原因解释

解释	具体内容	文献
加工贸易企业	中国加工贸易企业占据“半壁江山”。加工贸易的特征是“两头在外”，出口市场进入成本低。加工贸易企业较低的生产率会在整体上拉低出口企业的生产率	李春顶（2010），Dai 等（2011），戴觅等（2014）
外资企业	外资企业在国外市场往往有成熟的销售渠道，出口面临国外市场的进入成本较低，只有较高生产率的企业才能销售国内市场	Lu 等（2010）、盛丹（2013）
要素密集度	对于资本密集型行业，出口企业的生产率高于非出口企业，没有“出口—生产率悖论”现象；而对于劳动密集型行业，出口企业的生产率会低于非出口企业，存在悖论现象	Lu（2010），李建萍、张乃丽（2014），梁会君、史长宽（2014）
市场进入成本和贸易成本	中国国内市场的进入成本较高且国内贸易成本高，甚至高于国外市场进入成本和出口的贸易成本，导致生产率低的企业“自选择”进入出口市场，而只有生产率高的企业才能在国内市场销售	徐蕾、尹翔硕（2012），安虎森等（2013），于春海、张胜满（2013），梁会君、史长宽（2014）
出口密度	出口密度高的企业存在生产率悖论现象，而出口密度低的企业不存在生产率悖论	范剑勇、冯猛（2013）
市场分割和地方保护	中国的国内市场是分割的，地方保护主义明显，导致企业在国内销售的进入成本和贸易成本都较高，甚至高于出口的成本，因此出口企业的生产率反而低于内销企业	Yang 和 He（2014），周世民、沈琪（2013），盛丹（2013）
其他	①贸易中介的作用；②生产率非出口决定因素，企业所有制异质性更重要；③企业技术和制度的路径依赖等	Gao 和 Yin（2014），赵伟、赵金亮（2011），聂文星、朱丽霞（2013）

资料来源：作者整理。

第六节　对中国经验的进一步考察

一、数据与模型

（一）样本

本书使用的企业样本取自中国工业企业数据库（1998~2007），该数据库按照最新的国民经济行业分类分年度收集中国数十万家企业的信息（平均每年收集 20 多万家企业的数据）。我们的样本抽取过程如下：首先，按照数据库中行业分类方法，选取所有 96 个 GBT 两位行业分类的企业作为样本选择源。其次，剔除一些包含明显不符合经济常识数据的样本点。筛选后进入最终样本的观察点总计 1706555 个，时间跨度是 10 年，每年平均约 17 万个企业。

（二）变量

我们关心的核心变量是企业的 TFP，在计算 TFP 时，我们采用 Griliches 和 Mairesse（1990）所提出的近似全要素生产率（Approximate TFP，ATFP）方法。该方法本质上是参数方法中"索洛残值法"的近似，它的优点是计算方便且集合了参数方法的优势。因此在文献中也是得到认可的，比如 Hea 和 Ries（2003）也采用了类似的方法。具体的计算公式如下：

$$ATFP = \ln\frac{Q}{L} - s \cdot \ln\frac{K}{L}. \tag{4-3}$$

式中，Q 为产出，L 为劳动投入，K 为资本投入，s 表示生产函数中资本的贡献度。本书借鉴 Hall 和 Jones（1999）的研究，将 s 设为 1/3。

产出 Q 采用企业的工业增加值，是指工业行业在报告期内以货币表现的工业生产活动的最终成果。这个指标比工业总产值更能反映特定时期的企业生产产值状况。但需要指出的是，在我们使用的数据库中，2001 年和 2004 年的工业增加值缺失。在这两年，我们只好采用工业总产值替代产出 Q。投入要素中的劳动力计算，依文献采用全部从业人员平均人数表示。资本 K 则由企业的总资产来表示。工业增加值、劳动力、资本和出口交货量的全样本描述性统计结果如表 4–6 所示。

表 4–6 样本变量的描述性统计

变量名称	平均值	中位数	最大值	最小值	标准差
Q	39900.02	7816.00	163000000.00	–63800000.00	466923.50
L	355.85	150.00	289938.00	50.00	1522.02
K	107365.10	18000.00	565000000.00	1.00	1254607.00
E（出口交货量）	18460.78	0.00	181000000.00	0.00	331182.70
Total Observations	1706555				

（三）模型

我们要检验的核心命题是：中国出口企业的 TFP 是否像异质性企业贸易理论所预测的那样，显著地高于国内企业。为此，我们构造了下面的回归方程：

模型（Ⅰ）$ATFP_i = \alpha + \beta D_x + \varepsilon_i$. (4–4)

式中，D_x 是将所有企业分为出口企业（$D_x = 1$）和国内企业（$D_x = 0$）的哑元变量。区分的办法是，如果企业出口值大于 0，则归为出口企业；否则归为国内企业。我们通过对 D_x 的系数 β 的估计值和显著性的分析从整体上检验上述命题：如果 β 显著地大于零，异质性企业贸易理论的结论就得到中国证据的支持；反之，则表明中国的情形是理论的反例。

由于中国是一个大经济体，不同行业、不同地区之间有较大的差异，这些差异在实证中应该加以仔细的考虑。基于此，我们对模型（Ⅰ）进行了如下的细化：第一，构造一个地区哑变量 D_c，如果是属于沿海地区的企业则 $D_c = 1$，否则为 0；第二，构造一个规模哑变量 D_s，如果在中国工业企业数据库中属于大型和中型企业则 D_s 取值为 1，否则为 0；第三，构造一个所有制哑元变量 D_o，如果属于国有企业取 1，否则取 0；第四，构造一个行业哑变量 D_m，如果属于制造业企业取 1，否则取 0。构造以上这些哑变量主要是为了细致地分析出口企业和国内企业之间的 TFP 差异，而不是为了考虑以这些哑变量指示的属性变量进行样本区分的 TFP 差异，因此，上述哑变量不仅作为控制变量进入模型，同时还以与是否出口企业的哑变量 D_x 的交叉项的形式进入到模型中。这样，得到更加细化的检验模型：

模型（Ⅱ）$ATFP_i = \theta + \delta D_x + \gamma D_x \times D_y + \kappa D_y + \zeta_i$. (4–5)

式中，D_y 的下标 y 分别指代 c，s，o，m。

对于模型（Ⅱ），我们关心在控制了地区等因素后出口企业哑元变量前的系数 δ 的显著性、交叉项前的系数 γ 的符号和显著性。如果 δ 与 γ 均显著而且其和为负，则表明即使在控制了诸如地区差异因素后，中国的情形仍然反对经典的贸易理论。

二、实证结果

（一）整体检验

由于中国的出口主要集中在制造业，我们选择 30 个重要的制造业，先进行一个初步分析。分别计算 1998~2007 年各年每个行业出口企业和非出口企业的 ATFP，然后进行直观的均值比较，统计出每年国内企业平均 ATFP 比出口企业平均 ATFP 高的行业总数，如表 4–7 所示。表 4–7 的结果清楚表明，除 2001 年（请注意，该年的 Q 值缺失，用工业总产值替代）外，几乎每年都有不少于一半的制造业违背了“出口企业 TFP 更高”的论断，同时这种趋势随着时间的推移愈显突出。

表 4–7 1998~2007 年我国制造业企业 30 个行业存在“生产率悖论”的情况

类型 \ 年份	1998	1999	2000	2001	2002	2003	2004	2005	2006	2007
存在悖论的行业总数	14	15	16	7	15	17	17	19	19	26
所占比例	0.47	0.50	0.53	0.23	0.50	0.57	0.57	0.63	0.63	0.87

然后，我们进行严格的计量检验。用全样本对模型（Ⅰ）进行逐年的估计，结果如表 4–8 所示。可以看到，自 2003 年以来，出口企业哑元变量前的系数显著为负，而且其绝对值有逐年增大的趋势。这表明，基于中国工业企业数据的检验，在整体上不支持异质性企业贸易理论中“出口企业 TFP 高于国内企业”进而“自我选择”地进入出口市场的结论；而且更为奇怪的是，这种异象在中国加入 WTO 之后愈加突出和明显。进一步对存在悖论、悖论较多以及一直无悖论和悖论较少的行业区别分析，我们发现这样的规律：存在悖论的行业一般都是出口企业多，出口企业占企业总数份额大，且出口值占总产值比重大；而无悖论行业则正好相反；这更加强化了中国的情形反对经典企业外贸理论的证据。

总结整体检验的结果，我们可以得到以下的结果：

结果 1： 我国工业企业在总体上存在“生产率悖论”，即国内企业生产率均值高于出口企业，且这种趋势在中国加入 WTO 后随着时间的推移愈加突出和明显。

表 4-8 中国外贸“生产率悖论”的整体检验

方程 1	1998 年	1999 年	2000 年	2001 年	2002 年	2003 年	2004 年	2005 年	2006 年	2007 年
β	0.194	0.163	0.194	0.220	0.048	-0.022	-0.035	-0.117	-0.151	-0.304
N	139560	149437	146600	163890	172618	189905	272576	264884	295070	330715

注：所有系数估计都能在 99%的显著水平上显著。N 表示样本数。

（二）引入地区、所有制、规模和行业等因素

表 4-9 给出了使用全样本对模型（Ⅱ）的逐年估计结果。方程 2~方程 5 分别估计了沿海地区哑元变量 D_c、国有企业哑元变量 D_o、大中型企业哑元变量 D_s 和制造业哑元变量 D_m 及其交叉项的模型估计结果。从所有交叉项前系数估计的显著性来看，这些因素都显著地影响检验结果。以下逐一分析。

表 4-9 考虑其他影响因素的中国外贸“生产率悖论”检验

年份	方程 2			方程 3			方程 4			方程 5		
	D_x	$D_x \times D_c$	Net	D_x	$D_x \times D_o$	Net	D_x	$D_x \times D_s$	Net	D_x	$D_x \times D_m$	Net
1998	0.1823	-0.1521	0.0302	-0.0091	0.1307	0.1216	0.2224	-0.1784	0.0440	0.3954	-0.2215	0.1739
1999	0.1263	-0.1271	-0.0008	-0.0571	0.1861	0.1290	0.1780	-0.1050	0.0731	0.3566	-0.2214	0.1352
2000	0.3024	-0.3187	-0.0163	-0.0557	0.4570	0.4013	0.2062	-0.0507	0.1554	0.3842	-0.2240	0.1601
2001	0.2448	-0.2955	-0.0507	-0.0083	0.2944	0.2861	0.2205	0.0757	0.2963	0.6209	-0.4774	0.1435
2002	0.0605	-0.1707	-0.1102	-0.0943	0.1992	0.1049	0.0409	0.0589	0.0998	0.2924	-0.2748	0.0175
2003	0.0596	-0.2392	-0.1795	-0.1384	0.2862	0.1478	-0.0278	-0.0620	-0.0898	0.4185	-0.4699	-0.0513
2004	0.0615	-0.2486	-0.1871	-0.1415	0.3840	0.2425	-0.0471	0.3059	0.2588	0.4315	-0.5191	-0.0875
2005	0.0688	-0.3022	-0.2334	-0.1761	0.4597	0.2836	0.0291	0.0291	0.0582	0.5622	-0.6932	-0.1309
2006	0.0372	-0.2921	-0.2549	-0.1929	0.3734	0.1805	-0.1562	0.0537	-0.1025	0.4156	-0.5755	-0.1599
2007	-0.2573	-0.0368	-0.2941	-0.3197	0.1626	-0.1571	-0.3117	0.1771	-0.1346	0.1985	-0.4963	-0.2978

注：所有系数估计都能在 99%的显著水平上通过检验；Net 是 D_x 与交叉项的系数之和。

从出口企业哑元变量与交叉项的系数之和（Net）的结果看，即便只考虑沿海地区或者制造业，中国外贸的生产率悖论仍然存在。从方程 2 的结果看，沿海地区哑元变量和出口企业哑元变量交叉项的系数均显著为负，而且绝对值较大，这强有力地证实了中国存在外贸的生产率悖论现象，这是因为中国的外贸企业大都集中在沿海地区。方程 5 的结果表明，制造业哑元变量和出口企业哑元变量交叉项的系数也是显著为负，原因是中国出口企业绝大

部分来自制造业。这两个方程估计的结果共同强有力地说明，以集中于沿海地区、制造业为主导的中国出口企业，存在着显著的生产率悖论；亦即，中国对外贸易的主体中，出口企业的 TFP 并非显著高于而是显著低于国内企业。

方程 3 和方程 4 的估计结果表明，在国有企业以及大中型企业中，生产率悖论不复存在。这意味着，在规模较大的、国有企业群体中，的确是 TFP 高的企业“自我选择”地进入出口市场，它们相对于只服务于国内市场的同类企业拥有更高的 TFP。但是，须注意的是，在我们使用的样本中，大中型企业的数量只占到总数的 12%，它们的出口额只占到出口总额的 30%；也就是说，就中国的出口而言，非国有的小企业是主力军，它们在数量上占到 88%，在出口总额中占到 70%。但是，这个主要的出口群体，并不遵循 TFP 高者“自我选择”地进入出口市场，因为对中国出口市场的主体而言，“生产率—出口”的异象是显著存在的，因此我们认为中国外贸存在着“生产率悖论”，对经典理论提出了挑战。

总结上述分析，可以得到以下几点结果：

结果 2：在沿海地区，出口企业较多，出口企业比国内企业 TFP 低的生产率悖论现象更为突出。

结果 3：制造业相对于其他行业，出口企业较多，出口企业 TFP 比国内企业低的生产率悖论现象更为突出。

结果 4：在中国的出口企业中，存在着比较明显的二元分化现象，在规模较大的国有企业群体中，TFP 比较高的企业会自我选择地进入出口市场；而作为中国出口主体的小规模、非国有企业，存在着显著的生产率悖论现象。

三、对加工贸易的进一步讨论

考虑到我国进出口贸易的一个重要特点是，加工贸易占据了很大的份额，在我们的样本中加工贸易的份额占到全部出口的 60%以上。而我国加工贸易主要利用廉价的劳动力资源，为国外加工和“贴牌”生产。加工贸易企业大多规模较小，私营为主，产品主要用于出口，它们的生产率较低。基于这样的现实，加工贸易企业的大量存在是不是导致中国出现“生产率—出口”异象的原因呢？对这个问题需要从两个方面回答。第一，要看剔除加工贸易企业后，“生产率—出口”异象是否还存在？但是，仅仅回答这个问题是不够的，因为非加工贸易在中国外贸总额中的比例较小，即使这个细分市场中没有生产率悖论现象，也不能从根本上消除悖论的存在。第二，我们还需要检验加工贸易企业之间是否存在生产率悖论，如果存在，则表明以加工贸易为主体的中国外贸是经典的异质性企业贸易理论的反例。

在对上面两个问题进行检验时，首先需要界定加工贸易企业，由于中国工业企业统计数据库没有明确标定加工贸易类型，我们只能退而求其次地采用间接方法。根据加工贸易企业的最终产品主要用于出口的特点，我们求出企业当年出口值占其当年总产值的比重，将这一比重大于50%的企业定义为加工贸易企业。这样的划分虽然存在不妥，但能够最大化地剔除加工贸易企业。为了回答第一个问题，从全样本中剔除加工贸易企业，然后对模型（Ⅰ）和模型（Ⅱ）进行估计，估计的结果如表4–10所示。

表4–10　对非加工贸易企业的检验

年份	方程1	方程2			方程3			方程4			方程5			N
	D_x	D_x	$D_x\times D_c$	Net	D_x	$D_x\times D_o$	Net	D_x	$D_x\times D_s$	Net	D_x	$D_x\times D_m$	Net	
1998	0.2405	0.1307	–0.0091	0.1216	0.1307	–0.0091	0.1216	–0.1784	0.2224	0.0440	–0.2215	0.3954	0.1739	114662
1999	0.2783	0.1861	–0.0571	0.1290	0.1861	–0.0571	0.1290	–0.1050	0.1780	0.0731	–0.2214	0.3566	0.1352	122439
2000	0.3113	0.4570	–0.0557	0.4013	0.4570	–0.0557	0.4013	–0.0507	0.2062	0.1554	–0.2240	0.3842	0.1601	146600
2001	0.2660	0.2944	–0.0083	0.2861	0.2944	–0.0083	0.2861	0.0757	0.2205	0.2963	–0.4774	0.6209	0.1435	163890
2002	0.3021	0.1992	–0.0943	0.1049	0.1992	–0.0943	0.1049	0.0589	0.0409	0.0998	–0.2748	0.2924	0.0175	136664
2003	0.2620	0.2862	–0.1384	0.1478	0.2862	–0.1384	0.1478	–0.0620	–0.0278	–0.0898	–0.4699	0.4185	–0.0513	148626
2004	0.0986	0.3840	–0.1415	0.2425	0.3840	–0.1415	0.2425	0.3059	–0.0471	0.2588	–0.5191	0.4315	–0.0875	224227
2005	0.3266	0.4597	–0.1761	0.2836	0.4597	–0.1761	0.2836	0.0291	–0.1222	–0.0931	–0.6932	0.5622	–0.1309	207324
2006	0.3182	0.3734	–0.1929	0.1805	0.3734	–0.1929	0.1805	0.0537	–0.1562	–0.1025	–0.5755	0.4156	–0.1599	233801
2007	0.0618	0.1626	–0.3197	–0.1571	0.1626	–0.3197	–0.1571	0.1771	–0.3117	–0.1346	–0.4963	0.1985	–0.2978	266013

注：所有系数估计都能在99%的显著水平上显著。Net是指D_x与交叉项的系数之和。

表4–10的结果表明，如果只考虑非加工贸易细分市场（在我们的样本中，只占外贸总额的约30%），生产率悖论现象得到明显的消除。方程1中出口企业哑元变量前的系数一律显著为正。方程2和方程3中考虑了沿海地区和国有企业的影响后，出口企业哑元变量前的系数与交叉项系数之和也都显著地大于零，表明非加工贸易企业群体不存在生产率悖论。但方程4和方程5的结果却显示，在2003年以后，即使是在非加工贸易企业这个群体中，生产率悖论并没有完全消除。方程4描述在非加工贸易企业中，大中型企业在2003年后出现了生产率悖论；而方程5描述的是非加工贸易企业中，制

造业企业在 2003 年后出现了生产率悖论。对样本的统计表明，在非加工贸易企业中，大中型规模的企业占到的比例是 50%左右；制造业企业占到的比例是 85%左右。这表明，即使在非加工贸易企业中，生产率悖论的现象仍然难以断言已被排除。

然后回答第二个问题，加工贸易群体都是出口企业，因此出口哑元变量 D_x 不再使用。此时需要对模型（Ⅰ）和模型（Ⅱ）进行修改。我们的基本逻辑是：首先对加工贸易企业按照出口额进行由小到大的排序，设计一个新的哑元变量 D_{tp}，如果企业属于排序中后 10%者，$D_{tp} = 1$；如果属于前 10%者，$D_{tp} = 0$。然后，用 D_{tp} 替代模型（Ⅰ）和模型（Ⅱ）中的 D_x。如果模型（Ⅰ）估计结果表明 D_{tp} 的系数显著为负，模型（Ⅱ）中 D_{tp} 的系数及与其他哑元变量交叉项的系数都显著，而且两者之和为负，则表明加工贸易企业存在显著的生产率悖论现象。事实上，这个检验是相当严格的，因为它等价于检验出口额最大的加工贸易企业是否比出口额最小的加工贸易企业拥有更高的生产率。如果这个检验都不能通过，我们有充分的理由推断：经典的异质性企业贸易理论不适用于加工贸易企业这一我国外贸的主体。表 4-11 给出了估计结果，可见，方程 1~方程 5 支持中国的加工贸易企业存在着显著的生产率悖论现象；对中国的加工贸易企业而言，出口越多的企业，其生产率却越低下。

表 4-11 对加工贸易企业的检验

年份	方程 1	方程 2			方程 3			方程 4			方程 5			N
	D_{tp}	D_{tp}	$D_{tp}\times D_c$	Net	D_{tp}	$D_{tp}\times D_o$	Net	D_{tp}	$D_{tp}\times D_s$	Net	D_{tp}	$D_{tp}\times D_m$	Net	
1998	−0.8285	0.1264	−0.9812	−0.8547	0.0053	−0.9597	−0.9544	−0.2415	−0.8681	−1.1096	0.4308	−1.2578	−0.8270	5580
1999	−0.8286	−0.2160	−0.7105	−0.9265	−0.0020	−0.9218	−0.9238	−0.1000	−0.8708	−0.9708	−0.2314	−0.5980	−0.8293	5454
2000	−0.8421	−0.0861	−0.7991	−0.8852	−0.2101	−0.9872	−1.1973	0.1101	−0.8946	−0.7845	0.7608	−1.5999	−0.8391	5730
2001	−2.9373		−2.7047	−2.7047	−1.7965	−2.2649	−4.0614	0.4200	−3.0680	−2.6480		−2.9372	−2.9372	6612
2002	−0.9964	0.3200	−1.2364	−0.9163	−0.1667	−1.0150	−1.1817	0.3731	−1.0027	−0.6296	−0.8777	−0.1272	−1.0049	6496
2003	−1.0282	0.1198	−1.1373	−1.0175	−0.1307	−1.0407	−1.1714	0.6737	−1.0368	−0.3632	−0.5096	−0.5203	−1.0299	7306
2004	−2.030589	2.0524	−3.1794	−1.1270	−3.4597	−1.5054	−4.9651		−2.0167	−2.0167		−2.0302	−2.0302	11718
2005	−1.0650	0.2634	−1.3049	−1.0415	−0.2897	−1.0762	−1.3659	0.6675	−1.0731	−0.4056	0.0817	−1.1464	−1.0647	11453
2006	−1.0304	0.3171	−1.2944	−0.9773	−0.3633	−1.0327	−1.3960	0.6284	−1.0425	−0.4141	0.0997	−1.1306	−1.0309	10895
2007	−1.0579	0.3717	−1.3559	−0.9842	−0.1271	−1.0607	−1.1878	0.5867	−1.0708	−0.4841	0.2794	−1.3326	−1.0532	11607

注：所有系数估计都能在 99%的显著水平上显著；Net 是指 D_x 与交叉项的系数之和；空格部分无数据结果。

总结上述分析，可以得到以下几点结果：

结果5：在非加工贸易企业中，生产率悖论得到一定的消除。但是在这个群体中，占有较大比例的大中型企业、制造业企业仍然存在生产率悖论现象。

结果6：在占据中国外贸半壁江山的加工贸易企业中，存在着显著的生产率悖论现象。

第七节　理论与现实思考及未来的研究方向

"出口—生产率悖论"目前只得到了中国企业数据的支持，从现有其他国家的实证研究结果看，仅有瑞士和韩国的数据略有存在悖论的迹象。瑞士的数据（Greenaway等，2005）发现出口企业和非出口企业生产率相当，并无显著差异，且企业没有"出口学习"效应；韩国数据（Aw等，2000）的结果是出口企业生产率略高于非出口企业，但并不十分显著。瑞士的情形可能是高度开放的经济环境形成的，导致国内外市场进入成本无差异，从而出口和非出口企业生产率相差无几，这与中国的情况大不相同。韩国的检验文献（Aw等，2000）使用20世纪80年代的数据，当时的韩国处于出口导向的经济发展时期，处于全球分工的制造环节，与中国目前的发展阶段有类似之处。但无论是瑞士还是韩国，仅仅发现了出口企业和内销企业生产率没有显著差异，与中国出口企业生产率反而低于内销企业的结果有根本性的差异。中国作为全球第一大贸易国和出口国，企业层面的出口特征显示了与最新的异质性企业贸易理论核心论断恰好相悖的结果，值得进行深入的研究和思考，对现有理论提出了挑战，对现实的中国企业出口行为选择提出了疑问。

一、中国企业"出口—生产率"关系的两种检验结果：悖论存在吗？

针对中国企业数据的"出口—生产率"关系检验出现有两种不同的结果，一类实证分析发现符合异质性企业贸易理论的论断，即出口企业具有更高的生产率；另一类实证分析却得出"出口—生产率悖论"的结果，即出口企业的生产率不仅不高于内销企业，反而低于内销企业。比较而言，支持存在“出口—生产率悖论”的文献整体上更多。那么，为何会有截然相反的结果？到底是否存在“出口—生产率悖论”？

根据对两类文献的梳理，出现两种实证结果可能存在以下几个方面的原因：第一，使用的数据不同。发现存在“出口—生产率悖论”的文献基本都是使用中国工业企业数据，并且悖论现象只出现在近些年份（2005 年之后），而其他一些未发现悖论的文献往往是使用世界银行调查数据（Kraay，1999），年度普查数据（唐宜红、林发勤，2009），或者是省级调查数据（易靖韬，2009；易靖韬、傅佳莎，2011），且这些数据的年份也较早。不同的数据具有不同的特征，导致实证结果的差异。第二，检验数据的企业类型不同。发现“出口—生产率悖论”的文献不少揭示了存在悖论的企业主要是加工贸易企业、外资企业或者出口密度高的企业，而未发现悖论的文献有一些是使用中国本土企业进行检验（张杰等，2009），或者其他类型企业数据。第三，生产率计算方法、计量模型的不同导致实证结果存在差异（钱学锋、王菊蓉，2011；赵伟等，2011；邱斌等，2012）。

当然，差异的实证结果也说明了，中国企业的“出口—生产率悖论”只是一个局部现象，是部分特殊的企业类型或中国贸易中的特有模式带来的结果；如果用以检验的样本没有包含存在悖论的企业，则不会检验出悖论特征。故而，出现两类不同实证结果的文献是不矛盾的，反而从不同的角度揭示了中国企业“出口—生产率”关系的真实状况。综合现有研究，可以肯定的一个结论是：中国企业的“出口—生产率悖论”在近些年份的全样本规模以上工业企业数据中是客观存在的，且悖论现象在加工贸易企业样本和外资企业样本中表现的更加突出。

二、理论思考：中国悖论对异质性企业贸易理论的挑战

生产率异质性是最新贸易理论的核心假定，而“出口—生产率”关系是异质性企业贸易理论的核心内容。中国出口企业的“生产率悖论”毫无疑问对现有理论提出了挑战，至少是提出了一个例外和特殊情形。问题的重点是，中国企业的“出口—生产率悖论”是对最新理论的颠覆性挑战还是一个补充和拓展。

现有文献发现，中国企业的“出口—生产率悖论”虽然在全样本数据中

显著存在，但主要是由加工贸易企业、外资企业或者出口密度高的企业引起的；剔除这一部分特殊的企业样本之后，其他类型企业样本的检验结果完全符合理论的论断。故而，异质性企业贸易理论的核心结论是正确可靠的，但是有约束条件的，中国的加工贸易企业和外资企业就是例外情形。那么，为何目前只有中国数据检验出悖论的结果，原因是中国对外贸易的特殊性，加工贸易占据总贸易的一半份额、是外商直接投资的大国。同时，由于企业数据的可获得性，与中国有相似类型的国家并没有可以对照的数据和文献可查，所以并不明确是否加工贸易企业和外资企业样本在各个国家都存在悖论的结果。

综上所述，中国企业的“出口—生产率悖论”并没有颠覆或者否定最新贸易理论的核心结论和正确性，而是提出了一个例外和约束条件，证明了中国的加工贸易企业、外资企业或者出口密度高的企业出口行为选择是不符合理论预期的。如果进一步研究能够证明，这类企业在多数国家都存在悖论的现象，则可以拓展有针对性的理论分析他们的“出口—生产率”关系选择。如果仅仅是中国的特例，也至少在理论上提出了一个特殊情形。故而，中国企业“出口—生产率悖论”是对最新前沿贸易理论的补充和拓展，提出了一个注解和约束条件，值得进一步的深入研究。

三、现实思考：中国企业出口的二元结构

三十多年的改革开放造就了中国对外贸易大国的地位，中国已经深处全球价值链的生产制造环节，加工贸易占据了对外贸易总额的一半份额。“出口—生产率悖论”清楚地说明了中国加工贸易企业的出口行为完全不同于一般贸易企业，中国企业的出口呈现出典型的二元结构。一方面，一般贸易企业按照异质性企业贸易理论的决策模式进入出口市场；另一方面，加工贸易企业的出口行为选择迥然不同。中国企业出口的二元结构引起了一系列的现实思考。

其一，加工贸易企业的出口贸易行为选择有何特点和决定因素，具有什么样的特征，需要理论和实证的进一步分析。其二，中国企业出口的二元结构为经济增长和就业带来了什么，是否具有可持续性，哪一种模式的出口发展对中国更加有利，未来如何转型，都值得开展进一步的研究。其三，在全球价值链深化，贸易和投资一体化不断推进的形势下，中国企业的二元出口

结构将如何转型和发展。

中国企业出口的二元结构随着“出口—生产率悖论”的发现而凸显，对于中国经济和对外贸易的转型发展，经济结构的优化升级和深化改革开放具有现实启发。

四、未来研究方向

中国企业的“出口—生产率悖论”研究正处于发现和解释阶段，受到了越来越多的关注，一系列的后续研究文献不断涌现。未来这一问题的研究具有较大的空间和潜力。

第一，悖论的进一步验证。首先，可以使用更多不同的中国企业样本数据开展实证检验，同时更加细致地划分企业类型、使用不同的生产率计算方法和计量模型进行检验，探究中国企业“出口—生产率悖论”的证据，并证实是否确实存在。其次，搜集其他类似国家的企业样本数据，如其他国家的加工贸易企业数据、外资企业数据等进行检验，探寻悖论是否仅仅在中国企业中存在，还是其他类似国家和同类企业中普遍存在。最后，使用同样的企业数据，进一步细致深入地分析存在悖论的企业类型，更多详细的表现特征，真正存在悖论的企业种类、行业种类、时间阶段、空间布局等，全面厘清悖论的分布。

第二，悖论原因的进一步探索与检验。首先，对于悖论的解释很多，到底背后真正的原因是什么，是加工贸易、外资企业还是出口密度高的企业（有文献称为“纯出口企业”，即 Pure Exporter）引起了悖论，需要有更多细致的实证检验进行验证。其次，中国企业“出口—生产率悖论”的原因是否具有一般性，即是否可以找到其他国家的数据验证原因的普遍适用性。

第三，悖论对理论的挑战和发展。首先，中国悖论存在的特例需要给理论加上注解和约束条件，能否在理论上进一步发展，将两种情形都包含在内，形成更加一般性的理论。其次，中国悖论的特例在理论上应该如何解释，例如加工贸易企业和外资企业的“出口—生产率”关系需要理论上的发展。

第四，悖论对中国经济的影响。中国企业的二元出口贸易结构有何特点，悖论的存在对于中国经济增长和收入分配及就业存在怎样的影响，悖论引发的二元出口结构是否可以持续，未来应该如何转型和发展，都是待解决和研究的问题。

第八节 小结

生产率异质性和“出口—生产率”关系是最新前沿的异质性企业贸易理论核心假设及主要内容，几乎所有国家的企业数据实证分析结果都支撑理论的判断。但近年来的一系列中国工业企业层面数据实证研究结果却发现了“出口企业生产率显著低于内销企业”的事实，这与前沿理论的核心论断正好相反，被称为“出口—生产率悖论”。悖论给异质性企业贸易理论带来了挑战，对中国企业的二元出口模式提出了质疑，理论和现实意义重大。本章从“出口—生产率悖论”在现有文献中的位置，“出口—生产率”关系的文献，中国企业“出口—生产率悖论”的证据，中国企业“出口—生产率悖论”的解释，对中国经验的进一步考察以及未来的研究方向等方面全面解析和梳理了中国企业的“出口—生产率悖论”问题。

第五章 异质性企业出口与FDI行为选择

第一节 引言

本章主要分析企业的国际化路径选择，也就是企业如何在出口贸易与对外直接投资之间做出抉择。以下各节分析的主要问题包括：首先，从理论上扩展现有模型框架，得到异质性企业生产率差异与国际化路径选择之间的关系；其次，以中国分行业企业数据估算了实际生产率水平，由此解析我国不同行业的应有国际化路径选择；最后，指出我国企业在出口和对外直接投资路径选择时应有的方法、思路和对策。

新—新贸易理论关于异质性企业出口与对外直接投资选择的文献已经在第二章中详细介绍。但实际上，企业出口贸易和对外直接投资选择的文献发展有其自身的脉络和历程，我们并没有对此进行总结。所以，这里仍有必要对企业国际化路径选择的早期文献进行一个简单的梳理和总结，以便更好地理解本章研究的历史发展进程和创新点。

一般来说，企业国际化是指企业由国内企业向国际企业的转变过程，其产品成为国际产品以及供应全球市场。Welch 和 Luostarinen（1998）定义企业国际化为在国际经营中增加投入的过程。故企业国际化的实质就是企业国际化经营的过程或进程。企业国际化的具体形式则包括出口贸易、国外设立销售代理以及对外直接投资（FDI）等，其中最主要的形式为出口和 FDI。

在企业国际化路径选择文献中，最早的先驱当属 Carlson（1966），他指出企业国际化存在的困难主要是缺乏国际市场经营的知识（Knowledge），而此可以通过不断试错获得。之后，Johanson 和 Vahlne（1977）以及 Johanson

和 Wiedersheim-Paul（1975）发现，企业国际化的知识通过逐个阶段的学习获取，这一过程就形成了乌普萨拉（Uppsala）企业国际化阶段理论。该理论主要研究企业国际化知识获取，企业的组织以及对于出口和投资的影响，发现企业国际化的过程基本遵循出口、国外直接销售以及对外直接投资的顺序过程。在理论的基础上，一系列经验研究也论证了该过程，包括 Bjorkman 和 Forsgren（1997）、Johanson 和 Vahlne（1990）、Andersen（1993）以及 Pedersen 和 Petersen（1998）。

在企业国际化阶段文献中，一个最重要的部分是企业国际化进入模式选择，以及这一模式在不同的时间阶段如何变化。Agarwal 和 Ramaswami（1992）指出，企业的国际化模式取决于行动的风险和收益、资源可获得性以及控制等因素。Douglas 和 Craig（1989）发现，有过国际化经验的企业更积极地参与国际经营，因为这些经验能够消除它们面临的不确定性。Agarwal 和 Ramaswami（1992）研究得出，实力强的企业更加倾向于对外直接投资（FDI），采用的方式可以是独立子公司或者合资。Hymer（1976）发现，国际化的企业具有一定的无形优势，较低的生产成本和交易成本。随后，有关文献对于出口和 FDI 选择进行了解析，Reid（1983）指出，出口和对外直接投资都能够提高企业效率，虽然它们需要不同的组织结构和管理能力；出口通常需要集中的决策以平衡不同市场的需要并获得最高效率，而对外直接投资则需要分散的决策以适应不同地区的状况。Claver 等（2007）则剖析了家族企业的国际化选择，认为市场投资和风险以及控制和潜在利润水平决定了企业选择，那些投入较少和潜在利润低的企业选择出口，反之两者都高的企业会选择 FDI，结论如图 5-1 所示。

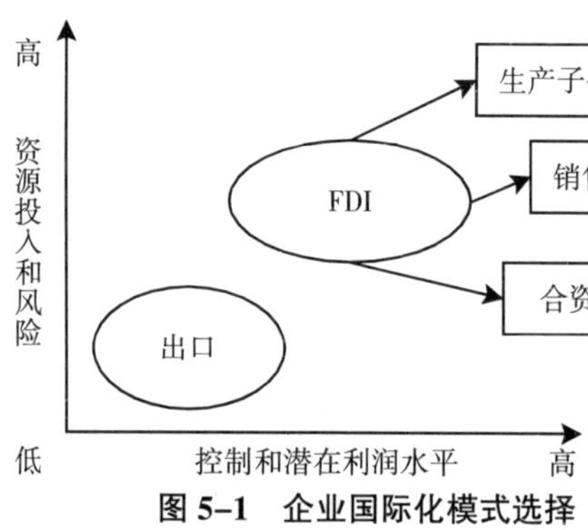

图 5-1 企业国际化模式选择

资料来源：Claver 等（2007）。

总体来说，传统的理论认为，出口贸易是商品的跨国流动，而 FDI 是要素的跨国流动，当商品和要素在全球之间可以完全流动且不存在交易成本时，两者之间是完全替代和无差异的。但实际情况是这一假设条件不符合现实，则当贸易壁垒和贸易的成本高于国际投资的交易成本时，FDI 是更优的；而如果贸易壁垒与贸易成本较低，低于 FDI 的交易成本，则出口贸易是更优的。

关于出口贸易、FDI 和企业选择的文献从企业角度将贸易和投资行为统一起来，这其实揭示了投资和贸易一体化的趋势和方向。也就是说，随着经济全球化和一体化的发展，企业的贸易和投资行为能够归纳在一个统一的框架中研究，影响其选择的因素是同一的。所以这两方面的理论，包括新—新贸易理论都可以纳入贸易投资一体化理论门下，只不过新—新贸易理论是在企业异质性的假设之下分析，而其他文献更多地从市场结构以及自然禀赋等角度阐述和解释。

第二节　异质性企业的选择：模型及其扩展

本节模型是新—新贸易理论框架下的一个扩展，以生产的边际成本差异表示企业异质性，假设固定的市场进入成本以及产品创新成本。模型以 Helpman 等（2004）为参考和基础，但对其假设进行了扩展，设定企业对于自身的生产率信息是清楚和对称的，能够确定自身是否应该进入市场，以及是否应该出口或者是 FDI，由此分析异质性企业的国际化行为选择和均衡结果。之所以做出这样的假设，是因为在均衡条件下，企业通过“试错”等措施必然能够了解自身应有的选择；且不完全信息虽然会影响单个企业进入成本，但对均衡状态下的选择并不产生作用。本模型实际也是顺延了 Melitz（2003）的经典 HMCFMEC 框架，只是将模型扩展到了研究出口与 FDI 的行为选择。

一、基本假设

先假设一个包含 M 个国家的经济，有 N+1 个不同的生产部门，使用单一生产要素劳动。其中有 1 个部门生产同质产品，定为记账单位（Numeraire），其生产率为单位劳动生产单位产出；另外的 N 个部门生产差异化产品。设定一个外生的比率 λn，表示总投资中用于生产 n 部门产品的比例，则生产同质产品的投资占总投资的比率为 $1-\sum_{n=1}^{N}\lambda_n$。再假定国家 i 的劳动要素禀赋为 L_i，工资率为 W_i。以代表性生产部门 n 为研究对象，其他部门的情形与其相同。此处我们将与 Melitz（2003）不同，假定企业进入市场需要支付一个固定成本 C_E，以劳动单位表示；另外用 β 表示企业的边际生产成本变量，则 1/β 可以表示企业生产率水平，其值越大则表示企业的生产率越高。另外，设 β 的密度函数为 f（β）。由于我们假设企业对于自身生产率信息充分，则它们在观察到固定市场进入成本时，能够自主决定是否要进入市场。

再设定其他成本。如果企业决定进入市场并生产，则还需承担一个生产的固定间接成本（Overhead Costs）C_D，同样以劳动单位表示。如果企业决定进入国际市场，若是选择出口，则须承担出口国的固定出口成本 C_X；若是选择对外直接投资（FDI），则在每一个投资市场须承担额外固定成本 C_I；一般来说，有 $C_I>C_X$ 成立，即对外直接投资的固定成本高于出口，因为出口的固定成本仅包括开拓国外市场和形成营销渠道的投资，而对外直接投资除此之外还包括额外的固定生产投资。实际上，出口与 FDI 比较起来，出口贸易节约了国外生产投入的成本，且能够发挥生产的规模经济效应；但 FDI 节省了出口所需支付的运输成本，且易于降低生产边际成本。我们假定一个“冰山”运输成本 θ，则 θ≥1，表示到达进口国的一单位商品，在出口国需要输出 θ 单位，而（θ-1）单位的商品则表示为运输成本。

二、模型分析

假定一国对于代表性部门 n 的产品偏好为标准常替代弹性（CES）形式，依照 Helpman 等（2004）的假设，替代弹性为 $\sigma=1/(1-\alpha)>1$，由此，可以求出国家 i 对于每一种产品的需求函数，为：

$$D(p)=\frac{\lambda E_i p^{-\sigma}}{\int_0^{n_i}[p_i(j)]^{\sigma-1}dj} \tag{5-1}$$

式中，E_i 表示国家 i 的总支出，n_i 表示国家 i 的差异产品总数，$p_i(j)$ 则为产品 j 的消费价格。这种情况下，生产率为 β 的垄断竞争企业会将其自身价格定为：

$$p_i = \frac{w_i \beta}{\alpha} \tag{5-2}$$

式（5–2）可以由垄断竞争厂商的利润最大化一阶条件解得，则有效的国内企业产品价格如式（5–2）所示。同时，j 国出口商生产的产品在 i 国的价格为：

$$p_j = \frac{\theta^{ji} w_j \beta}{\alpha} \tag{5-3}$$

式中，θ^{ji} 表示 j 国出口 i 国的运输成本系数。对于一个 i 国的企业来说，其可以供应国内市场，也可以销售国外市场，而进入国际市场的方式，主要包括出口和对外直接投资；且这里的 FDI 主要是指水平型（Horizontal）FDI①，即在国外生产自己的产品供应国外市场。

为了简化模型，设每个国家的单位劳动工资为 1，即 $w_i = 1$。由式（5–1）的需求函数，解得其产出是：

$$Q(p) = \frac{\lambda E_i}{\int_0^{n_i} [p_i(j)]^{\sigma-1} dj} \times \left(\frac{\beta}{\alpha}\right)^{-\sigma} \tag{5-4}$$

此时的价格是 $p = \beta/\alpha$。由 CES 效用函数的性质，企业生产的常边际成本为 α，则生产该产出的成本为：

$$C(Q) = \frac{\alpha\lambda E_i}{\int_0^{n_i} [p_i(j)]^{\sigma-1} dj} \times \left(\frac{\beta}{\alpha}\right)^{-\sigma} \tag{5-5}$$

所以，我们可以求得 i 国企业国内生产和国内销售的利润（不考虑固定的市场进入成本 C_E）为：

$$\prod_D = (1-\alpha) \times \frac{\lambda E_i}{\int_0^{n_i} [p_i(j)]^{\sigma-1} dj} \times \left(\frac{\beta}{\alpha}\right)^{1-\sigma} - C_D \tag{5-6}$$

① 水平型 FDI 与垂直型（Vertical）FDI 相对应，是指在国外复制国内的生产，得到最终产品并供应国外市场，而垂直型 FDI 则是指将企业产品的部分零部件设在国外生产，而为全部生产做准备，一般其产品属于中间品，不对外销售。

令 $A_i = \frac{1-\alpha}{\alpha^{1-\sigma}} \times \frac{\lambda E_i}{\int_0^{n_i} [p_i(j)]^{\sigma-1} dj}$，则上式可化简成 $\prod_D = \beta^{1-\sigma} A_i - C_D$。用同样的计算方法，可以分别求出 i 国企业出口 j 国和到 j 国直接投资的利润，分别用 Π_X 和 Π_I 表示，为：

$$\prod_X = (\theta^{ij}\beta)^{1-\sigma} A_j - C_X \tag{5-7}$$

$$\prod_I = \beta^{1-\sigma} A_j - C_I \tag{5-8}$$

按照先前假设的推理，在三个固定成本之间应该存在这样的关系，$C_I > C_X > C_D$，即 FDI 的固定成本最高，因为其不仅包括固定投资成本，还包括国外市场进入成本，出口的固定成本又高于国内销售，这是因为在国外设立销售机构和营销渠道需要更高的沟通成本。由此，我们将生产率为 β 的企业的三种不同销售方式下利润曲线画出，如图 5-2 所示。图中，横轴表示 $\beta^{1-\sigma}$，且 $\sigma > 1$，所以其与生产率 1/β 的变动呈正向关系，可以表示生产率变化；Π_D 和 Π_I 的斜率相同，是因为相同的企业的生产技术相同，差别只在于市场进入的固定成本不同；而 Π_X 的斜率之所以更为平坦，是由于出口须承担单位商品冰山运输成本，相当于增加了产品的边际成本，故利润的增加速度更为缓慢。

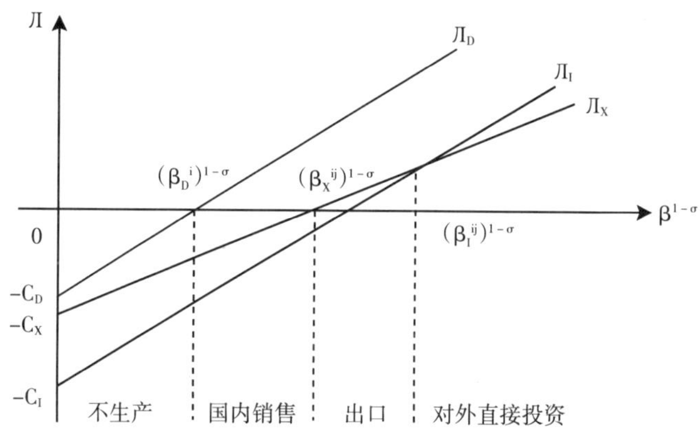

图 5-2 企业三种不同销售选择下的利润曲线

以上的分析告诉我们，生产率水平 $\beta^{1-\sigma}$ 位于 $[0, (\beta_D^i)^{1-\sigma}]$ 的企业将选择不进入市场，而位于 $[(\beta_D^i)^{1-\sigma}, (\beta_X^{ij})^{1-\sigma}]$ 的企业选择只供应国内市场，位于 $[(\beta_X^{ij})^{1-\sigma}, (\beta_I^{ij})^{1-\sigma}]$ 的企业选择同时供应国内市场和出口，位于 $[(\beta_I^{ij})^{1-\sigma}, +\infty]$ 的企业选择同时供应国内市场和 FDI。把不同生产率水平下的利润水平叠

加，可以得到不同生产率水平下企业的总利润函数，如图 5-3 所示。

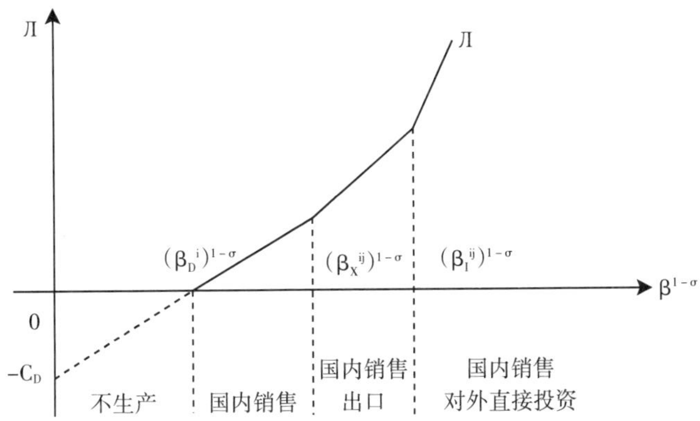

图 5-3　企业不同生产率下的利润水平

以上结果告诉我们，最有效率的企业会选择对外直接投资，而较有效率的企业会选择出口来供应国际市场，生产率一般的企业只在国内销售，生产率较低的企业则不会进入市场。接下来的问题是，我们需确定这些临界点和临界条件，也就是求出几个临界点的生产率值 $(\beta_D^{i})^{1-\sigma}$ 和 $(\beta_X^{ij})^{1-\sigma}$ 以及 $(\beta_I^{ij})^{1-\sigma}$。

由式（5-6），当 $Л_D = 0$ 时，可以求得第一个临界值，则：

$$(\beta_D^{i})^{1-\sigma}A_i = C_D \Rightarrow (\beta_D^{i})^{1-\sigma} = \frac{C_D}{A_i} \tag{5-9}$$

同理，由 $Л_X = 0$ 能够求出第二个临界值，得：

$$(\theta^{ij}\beta_X^{ij})^{1-\sigma}A_j = C_X \Rightarrow (\theta^{ij}\beta_X^{ij})^{1-\sigma} = \frac{C_X}{A_j} \tag{5-10}$$

第三个临界值实现的条件是 $Л_X = Л_I$。所以有：

$$[1-(\theta^{ij})^{1-\sigma}](\beta_I^{ij})^{1-\sigma}A_j = C_I - C_X \Rightarrow (\beta_I^{ij})^{1-\sigma} = \frac{C_I - C_X}{A_j[1-(\theta^{ij})^{1-\sigma}]} \tag{5-11}$$

由以上三个临界均衡点可以看出，企业的国内市场进入抉择主要取决于两个因素：一是市场进入成本，成本越高则进入的生产率要求越高；二是市场需求，这里的 A_i 实际代表了 i 市场的需求状况，需求越大则进入的生产率要求越低。企业的出口行为抉择同样取决于两个因素，即出口的固定成本投入以及国外市场的需求状况。企业对外直接投资行为抉择则取决于三方面的因素，一是投资和出口的固定成本差，该值反映了生产的规模经济状况，其差越大则 FDI 的生产率要求越高；二是国外市场的需求状况，需求越旺盛则越易于 FDI；三是运输成本，运输成本越高越利于刺激对外直接投资。

三、模型结论

总结以上模型分析，我们主要可以得到这样的两个结论：

第一，在国内销售、出口和对外直接投资的选择中，生产率低的企业选择国内销售更有利，生产率较高的企业选择出口更加有利，而生产率最高的企业应该选择对外直接投资来获取更高的利润；而在出口和 FDI 之间，存在更多的是一种替代关系，企业一般只会在出口与 FDI 之间选择其一，两者同时选择对其并不利；另外，国内销售是利润最高的市场，出口和 FDI 企业在供应国外市场的同时不会放弃国内市场。

第二，在影响企业市场进入选择的因素中，最根本的是其生产率水平。除此之外，影响市场进入的因素包括进入市场的固定成本和市场需求状况；影响企业出口选择的因素包括出口固定成本投入和国外需求状况；影响企业对外直接投资的因素包括产品规模经济效应情况、出口贸易成本和壁垒状况以及国外市场需求状况。

第三节　中国实证：基于分行业企业数据的生产率估算与矫正

以下我们以中国的实证数据来分析和检验模型结论，并重点分析和得出我国不同行业部门应该在出口贸易和对外直接投资的国际化路径中如何选择和遵循怎样的逐次推进过程。要达到实证研究的目的，我们需要度量和估算的是企业生产率状况。实际上，按照模型的要求，我们需要微观企业层面的数据，但由于我国企业层面的数据统计不完善，几乎不可能找到大量样本的不同企业详细数据。再者，因为企业层面数据对于模型检验虽然意义更大，但对于我国的实际指导意义却有限，而行业数据分析的结果反而能够更好地指导我国不同行业的出口和对外直接投资行为选择。故我们将选择我国行业的多年的面板数据进行分析。

一、实际生产率估算

在第三章中我们已经用 DEA 方法计算了我国分行业企业的全要素生产率情况，但由于该方法得到的结果是全要素生产率的增长率，而不是实际 TFP 值，所以我们必然重新计算各行业的实际生产率值。同时，以下的计算将不仅仅局限于制造业企业，将把所有的行业都包含在内进行分析。

选取 1997~2006 年 10 年间分行业的国有及规模以上非国有企业（年主营业务收入在 500 万元以上的企业）数据样本，数据来源于《中国统计年鉴》(1998~2007)，用三种不同的全要素生产率（TFP）核算方法，实证估算我国不同行业生产率状况。估算所需的数据如表 5-1 至表 5-5 所示。我们用工业增加值代表企业的年度总产值，由于缺乏企业的年度资本投入和存量资本数据，我们用资产总值近似代表，用年均从业人数代表企业的劳动总投入。对于价格因素的处理，用 1991 年为基期的工业品出厂价格指数对工业增加值以及出口贸易额进行价格平减，用 1991 年为基期的固定资产投资价格指数对资产总额进行价格平减。

表 5-1 2005~2006 年按行业分类我国全部国有及规模以上非国有工业企业主要指标

行业	2005 年				2006 年			
	企业数	工业增加值	资产总额	从业人数	企业数	工业增加值	资产总额	从业人数
煤炭开采和洗选业	5787	2888.25	8693.48	435.81	6797.0	3587.3	11070.0	463.7
石油和天然气开采业	174	4813.96	6751.78	85.58	175.0	5986.7	8155.6	93.3
黑色金属矿采选业	2087	426.5	1167.2	40.59	2495.0	588.1	1456.1	45.3
有色金属矿采选业	1529	427.6	968.64	41.87	1862.0	677.6	1459.1	45.3
非金属矿采选业	2242	280.51	682.49	42.96	2601.0	378.1	853.9	44.2
其他采矿业	14	2.7	5.87	0.21	16.0	1.8	2.2	0.1
农副食品加工业	14575	2745.96	5750.69	222.55	16356.0	3492.1	6924.3	238.6
食品制造业	5553	1168.32	3252.85	121.02	6056.0	1467.3	3689.0	128.1
饮料制造业	3519	1164.73	3513.79	89	3914.0	1439.1	4073.0	92.3
烟草制品业	190	2059.99	3261.78	19.67	179.0	2379.7	3521.3	19.0
纺织业	22569	3240.19	10357.97	590.96	25345.0	3963.0	11807.0	615.4
纺织服装、鞋、帽制造业	11865	1419.86	3188.77	346.06	13072.0	1833.7	3928.7	377.6
皮革、毛皮、羽毛（绒）及其制品业	6227	944.38	1955.44	228.84	6859.0	1172.9	2247.3	245.6

续表

行业	2005年				2006年			
	企业数	工业增加值	资产总额	从业人数	企业数	工业增加值	资产总额	从业人数
木材加工及木、竹、藤、棕、草制品业	5397	510.86	1338.73	83.33	6374.0	685.6	1616.0	91.6
家具制造业	3074	384.87	1032.78	71.27	3603.0	501.1	1320.5	83.8
造纸及纸制品业	7461	1146.4	4660	130.14	7892.0	1386.4	5325.5	134.8
印刷业和记录媒介的复制	4826	463.06	1772.83	66.9	5029.0	557.8	1973.8	69.0
文教体育用品制造业	3378	379.71	1014.56	109.8	3633.0	464.9	1172.6	114.4
石油加工、炼焦及核燃料加工业	1990	1981.64	6490.77	74.4	2160.0	2314.2	7584.8	76.8
化学原料及化学制品制造业	18716	4391.92	15175.85	339.99	20715.0	5398.8	18485.9	357.8
医药制造业	4971	1529.8	5549.83	123.44	5368.0	1808.1	6136.4	130.3
化学纤维制造业	1306	485.31	2461.41	42.63	1402.0	604.2	2736.4	43.4
橡胶制品业	3034	595.36	1956.28	79.64	3353.0	715.0	2250.4	82.1
塑料制品业	12041	1272.05	4432.38	183.28	13504.0	1668.9	5146.0	201.4
非金属矿物制品业	20111	2807.92	10370.69	418.18	21936.0	3656.2	11937.2	426.4
黑色金属冶炼及压延加工业	6649	5776.9	18950.65	287.49	6999.0	7004.5	23117.6	296.1
有色金属冶炼及压延加工业	5163	1929.65	6569.49	130.74	5863.0	3198.0	8562.9	136.8
金属制品业	13802	1693.38	4769.27	223.23	15573.0	2225.9	5898.5	248.3
通用设备制造业	19981	2966.96	9886.06	355.12	22905.0	3799.3	11700.8	378.7
专用设备制造业	10260	1681.56	6391.13	219.89	11615.0	2296.4	7671.6	234.7
交通运输设备制造业	11315	3830.52	16108.05	352.4	12586.0	4933.4	19606.8	374.6
电气机械及器材制造业	15366	3574.13	11062.69	367.21	16905.0	4618.0	13221.0	404.0
通信设备、计算机及其他电子设备制造业	8868	5722.11	18063.24	439.64	9709.0	7084.3	20500.9	505.1
仪器仪表及文化、办公用机械制造业	3723	733.19	2226.09	88.68	4084.0	967.9	2681.9	98.8
工艺品及其他制造业	5131	570.83	1365.98	125.51	5764.0	705.7	1664.6	136.0
废弃资源和废旧材料回收加工业	438	59.93	126.37	4.24	529.0	94.7	195.9	5.5
电力、热力的生产和供应业	5527	5719.79	39375.46	252.69	5731.0	6912.5	46456.9	259.1
燃气生产和供应业	484	134.52	1186.15	14.84	526.0	191.7	1465.7	14.5
水的生产和供应业	2492	261.64	2896.75	46.15	2476.0	315.1	3596.5	46.1

注：以上工业增加值和资产总额单位为亿元，从业人数单位为万人。
资料来源：《中国统计年鉴》(2006~2007)。

表 5-2　2003~2004 年按行业分类我国全部国有及规模以上非国有工业企业主要指标

行业	2003 年				2004 年			
	企业单位数	工业增加值	资产总额	从业人数	企业单位数	工业增加值	资产总额	从业人数
煤炭开采和洗选业	3139	1152.0	5433.0	376.6	3624	306.9	6727.4	388.2
石油和天然气开采业	112	2388.2	4945.0	72.7	125	1777.3	5484.2	76.1
黑色金属矿采选业	913	146.2	472.7	27.4	1050	86.8	587.0	29.2
有色金属矿采选业	1276	177.7	614.2	41.4	1281	111.1	710.4	39.6
非金属矿采选业	1827	162.9	712.4	45.6	1984	33.9	792.9	45.5
其他采矿业	13	2.4	44.8	1.7	13	0.2	2.0	0.2
农副食品加工业	11192	1466.4	4141.8	181.7	12244	234.0	4843.2	190.9
食品制造业	4636	667.1	2307.3	101.1	4950	132.6	2638.7	107.0
饮料制造业	3194	796.0	3192.5	89.0	3332	170.3	3381.8	89.1
烟草制品业	255	1573.5	2799.5	21.2	223	371.3	3014.6	20.2
纺织业	14863	1906.7	7801.3	499.2	17144	279.8	8678.3	519.2
纺织服装、鞋、帽制造业	9717	916.5	2377.3	289.2	10901	152.5	2770.5	320.3
皮革、毛皮、羽毛（绒）及其制品业	4518	591.4	1334.3	165.4	4885	99.0	1669.8	181.9
木材加工及木、竹、藤、棕、草制品业	3501	265.7	906.9	63.8	4181	52.8	1053.7	70.0
家具制造业	2046	183.0	616.2	43.4	2323	39.9	769.4	52.8
造纸及纸制品业	5570	681.4	3293.5	114.0	6086	141.1	3728.0	118.0
印刷业和记录媒介的复制	4084	334.5	1370.9	59.4	4354	80.7	1535.8	61.8
文教体育用品制造业	2516	249.9	711.6	87.1	2761	42.8	853.0	93.8
石油加工、炼焦及核燃料加工业	1323	1287.5	3979.0	59.7	1536	267.4	4774.7	62.7
化学原料及化学制品制造业	13803	2464.9	10704.1	311.3	15172	856.3	12118.6	315.7
医药制造业	4063	1024.7	4316.5	115.4	4397	279.6	4798.0	118.5
化学纤维制造业	937	295.3	1595.1	34.2	1053	63.0	1982.5	38.7
橡胶制品业	2016	370.0	1423.8	62.2	2245	71.9	1595.1	64.7
塑料制品业	8382	763.2	2959.7	140.9	9473	141.7	3471.0	152.2
非金属矿物制品业	16245	1749.1	7583.3	396.2	17980	391.7	8756.1	407.2
黑色金属冶炼及压延加工业	4119	2824.0	12021.2	255.9	4947	1038.9	14798.0	261.4
有色金属冶炼及压延加工业	3367	902.1	4042.6	106.6	3830	277.7	5009.1	115.6
金属制品业	9746	971.0	3256.6	171.2	11225	239.6	4013.6	191.6
通用设备制造业	12546	1590.4	6604.6	283.5	14900	424.5	8036.5	308.4
专用设备制造业	7129	1008.2	4816.1	205.3	8135	216.9	5420.1	209.1
交通运输设备制造业	8281	2897.0	11916.4	311.8	9389	771.9	13739.0	327.5

续表

行业	2003年				2004年			
	企业单位数	工业增加值	资产总额	从业人数	企业单位数	工业增加值	资产总额	从业人数
电气机械及器材制造业	10400	2023.5	7373.5	265.1	11760	487.0	8840.2	298.6
通信设备、计算机及其他电子设备制造业	5856	3482.5	12087.0	273.5	6638	821.9	15097.3	333.4
仪器仪表及文化、办公用机械制造业	2515	445.0	1524.0	72.0	2788	98.4	1786.3	78.3
工艺品及其他制造业	4259	347.7	884.5	103.2	4632	57.5	1054.8	109.4
废弃资源和废旧材料回收加工业	107	10.7	26.0	1.4	133	1.2	30.7	1.8
电力、热力的生产和供应业	4998	3606.1	25651.0	238.4	4971	708.2	27300.7	239.3
燃气生产和供应业	352	75.3	818.7	14.7	382	8.7	902.6	14.5
水的生产和供应业	2406	190.7	2149.0	46.3	2416	5.1	2496.0	46.5

注：以上工业增加值和资产总额单位为亿元，从业人数单位为万人。
资料来源：《中国统计年鉴》(2004~2005)。

表 5-3　2001~2002 年按行业分类我国全部国有及规模以上非国有工业企业主要指标

行业	2001年				2002年			
	企业数	工业增加值	资产总额	从业人数	企业数	工业增加值	资产总额	从业人数
煤炭采选业	2603	698.7	4274.7	329.5	2812	1906.0	4815.0	326
石油和天然气开采业	90	2018.8	4240.2	72.8	84	1937.1	4402.0	77
黑色金属矿采选业	646	72.3	341.2	14.2	696	86.3	392.1	16
有色金属矿采选业	1310	141.8	555.1	32	1291	150.8	561.2	32
非金属矿采选业	1749	125.4	698.8	29.4	1711	142.5	727.6	27
木材及竹材采运业	431	55.4	403.6	64.9	383	55.7	727.6	59
食品加工业	10381	944.7	3128.9	98.3	10413	1112.7	3414.5	95
食品制造业	4563	451.9	1798.9	61.7	4615	553.0	2081.7	60
饮料制造业	3307	642.6	2852.6	75	3287	709.6	2975.1	73
烟草加工业	320	1093.1	2450.4	24.8	287	1359.6	2567.0	23
纺织业	12065	1387.5	6196.3	300.7	13248	1569.1	6680.5	280
服装及其他纤维制品制造	8037	688.1	1905.8	121.3	9061	746.1	2078.6	130
皮革毛皮羽绒及其制品业	3539	391.8	1006.0	54.8	3932	458.0	1136.2	57
木材加工及竹藤棕草制品业	2808	192.9	758.0	27.8	3033	213.9	809.2	26
家具制造业	1625	117.6	397.7	15.4	1767	139.3	448.6	17
造纸及纸制品业	5027	474.9	2709.8	61.1	5285	570.9	2940.2	58

续表

行业	2001 年				2002 年			
	企业数	工业增加值	资产总额	从业人数	企业数	工业增加值	资产总额	从业人数
印刷业记录媒介的复制	3691	244.0	1114.5	51.4	3806	279.5	1162.4	48
文教体育用品制造业	2024	179.9	551.6	26.2	2327	204.5	629.9	29
石油加工及炼焦业	1027	883.3	3941.2	56.3	1144	1003.9	3874.9	56
化学原料及制品制造业	12031	1601.3	9039.4	229.6	12637	1862.6	9723.3	217
医药制造业	3488	722.4	3281.1	81.9	3681	834.7	3693.6	82
化学纤维制造业	885	222.1	1531.2	29.8	909	248.9	1563.1	26
橡胶制品业	1777	248.3	1161.0	39.8	1822	292.6	1249.9	37
塑料制品业	6884	545.0	2265.9	56.3	7665	646.8	2538.0	59
非金属矿物制品业	14707	1211.9	6298.8	218.7	15305	1365.2	6679.6	207
黑色金属冶炼及压延加工业	3176	1530.2	9796.2	204.3	3333	1799.5	9597.6	189
有色金属冶炼及压延加工业	2823	591.2	3170.5	78.6	2942	626.1	3383.4	74
金属制品业	9274	713.3	2745.8	89.3	10039	841.2	2991.5	87
普通机械制造业	10027	971.6	5027.4	203.4	10767	1153.0	5399.0	187
专用设备制造业	6391	636.9	3321.4	145.4	6546	781.8	3662.6	136
交通运输设备制造业	7114	1633.7	8858.6	231.5	7470	2177.2	9879.2	226
电气机械及器材制造业	8675	1378.4	5763.8	137.1	9385	1584.7	6238.4	140
电子及通信设备制造业	4824	2035.0	8469.7	142.9	5320	2520.9	9780.0	155
仪器仪表文化办公用机械	2018	237.9	1076.8	44.3	2146	268.5	1194.2	44
电力蒸汽热水生产供应业	4873	2696.3	20485.3	219.4	4946	3165.7	22304.4	220
煤气的生产和供应业	320	46.1	621.6	18.7	329	53.1	712.1	18
自来水的生产和供应业	2398	162.0	1662.1	45.9	2420	171.0	1901.4	47

注：以上工业增加值和资产总额单位为亿元，从业人数单位为万人。
资料来源：《中国统计年鉴》（2002~2003）。

表 5-4 1999~2000 年按行业分类我国全部国有及规模以上非国有工业企业主要指标

行业	1999 年				2000 年			
	企业单位数	工业增加值	资产总额	从业人数	企业单位数	工业增加值	资产总额	从业人数
煤炭采选业	2795	565.0	3875.9	343	2666	583.1	3868.5	343
石油和天然气开采业	75	1438.5	4085.1	80	82	2209.0	4088.1	80
黑色金属矿采选业	578	53.0	323.3	15	598	62.3	326.0	15
有色金属矿采选业	1428	126.0	514.8	35	1439	139.8	548.9	35
非金属矿采选业	1817	118.4	575.8	33	1770	122.6	669.1	33
木材及竹材采运业	564	66.5	411.1	73	498	61.5	401.5	73

续表

行业	1999年				2000年			
	企业单位数	工业增加值	资产总额	从业人数	企业单位数	工业增加值	资产总额	从业人数
食品加工业	11231	761.9	3121.5	113	10676	835.3	3078.2	113
食品制造业	4963	344.6	1611.1	67	4691	415.8	1684.4	67
饮料制造业	3579	585.8	2665.0	84	3409	618.9	2742.8	84
烟草加工业	352	892.1	1850.7	27	343	935.8	1973.8	27
纺织业	10981	1117.1	5872.5	327	10968	1272.8	5917.0	327
服装及其他纤维制品制造	6611	506.0	1633.7	120	7064	592.0	1758.8	120
皮革毛皮羽绒及其制品业	3192	283.6	920.1	58	3164	323.6	939.1	58
木材加工及竹藤棕草制品业	2420	132.9	648.4	31	2552	157.5	694.9	31
家具制造业	1473	78.0	320.7	16	1498	94.9	363.5	16
造纸及纸制品业	4657	355.6	2108.6	66	4672	412.6	2512.0	66
印刷业记录媒介的复制	3824	197.9	910.7	58	3703	201.4	973.7	58
文教体育用品制造业	1807	140.2	492.8	28	1879	155.3	516.0	28
石油加工及炼焦业	988	590.2	3582.9	61	993	788.0	3785.9	61
化学原料及制品制造业	11337	1216.9	8176.1	254	11430	1415.8	8688.0	254
医药制造业	3272	514.9	2433.2	83	3301	633.9	2798.9	83
化学纤维制造业	803	252.5	1872.6	33	834	295.8	1808.4	33
橡胶制品业	1805	202.6	1131.5	43	1783	219.0	1118.8	43
塑料制品业	6047	387.8	1860.0	61	6230	464.4	2052.2	61
非金属矿物制品业	14366	1004.6	6019.6	240	14540	1126.7	6113.1	240
黑色金属冶炼及压延加工业	3042	1081.2	8563.9	222	2997	1299.3	9228.3	222
有色金属冶炼及压延加工业	2426	405.0	2709.1	80	2538	512.7	2866.7	80
金属制品业	8176	540.7	2422.8	96	8376	609.5	2545.6	96
普通机械制造业	9160	743.6	4548.6	222	9338	840.8	4787.9	222
专用设备制造业	6470	515.7	3115.2	163	6406	581.0	3255.3	163
交通运输设备制造业	6701	1193.1	7460.0	244	6850	1323.6	8129.7	244
电气机械及器材制造业	7624	1002.6	4921.4	145	7845	1231.5	5260.2	145
电子及通信设备制造业	4289	1348.0	6175.5	138	4459	1824.3	7518.8	138
仪器仪表文化办公用机械	1817	180.5	932.2	46	1860	214.4	984.5	46
电力蒸汽热水生产供应业	4941	2161.8	15663.3	218	4825	2328.6	18626.9	218
煤气的生产和供应业	295	36.6	555.8	19	300	34.7	610.9	19
自来水的生产和供应业	2405	146.3	1403.1	45	2408	150.9	1523.2	45

注：以上工业增加值和资产总额单位为亿元，从业人数单位为万人。
资料来源：《中国统计年鉴》(2000~2001)。

表 5-5　1997~1998 年按行业分类我国全部国有及规模以上非国有工业企业主要指标

行业	1997 年				1998 年			
	企业单位数	工业增加值	资产总额	从业人数	企业单位数	工业增加值	资产总额	从业人数
煤炭采选业	1810	557.8	3064.9	493	3202	1299.7	897.2	405
石油和天然气开采业	52	1111.1	3020.0	116	76	1796.3	913.3	109
黑色金属矿采选业	233	23.4	233.6	20	577	150.9	125.5	16
有色金属矿采选业	788	68.8	389.9	54	1416	339.0	121.7	40
非金属矿采选业	987	51.2	355.4	54	1849	328.3	132.2	43
木材及竹材采运业	739	83.4	409.9	111	634	161.3	101.9	88
食品加工业	8057	269.5	1861.2	190	11909	3516.0	708.7	141
食品制造业	4089	82.0	578.2	114	5368	1214.0	497.9	77
饮料制造业	2737	271.3	1205.8	123	3817	1579.9	668.0	94
烟草加工业	289	805.6	1601.6	33	352	1374.7	276.9	30
纺织业	3391	340.4	2684.1	596	11276	4376.3	1330.8	393
服装及其他纤维制品制造	935	24.4	142.8	162	6768	2018.1	503.8	127
皮革毛皮羽绒及其制品业	595	17.6	139.1	85	3312	1191.9	245.3	62
木材加工及竹藤棕草制品业	1045	21.3	214.0	67	2487	492.1	166.4	39
家具制造业	482	5.5	41.5	30	1470	294.7	93.0	19
造纸及纸制品业	1536	87.7	709.8	124	4763	1244.0	489.1	84
印刷业记录媒介的复制	3155	76.0	376.1	90	3863	544.2	251.9	69
文教体育用品制造业	415	9.9	65.3	35	1785	552.5	161.1	30
石油加工及炼焦业	353	491.6	2538.9	74	1052	2329.4	803.6	67
化学原料及制品制造业	4855	522.1	4520.2	392	11303	4627.8	1793.9	304
医药制造业	1775	150.5	981.5	101	3280	1372.7	500.6	86
化学纤维制造业	204	41.8	550.8	50	803	826.5	434.1	40
橡胶制品业	533	61.3	401.8	69	1785	765.6	254.6	52
塑料制品业	1408	31.7	297.3	101	6016	1497.8	539.3	73
非金属矿物制品业	6259	277.4	2464.2	387	14496	3204.5	1543.2	284
黑色金属冶炼及压延加工业	914	769.2	6485.3	321	3260	3883.2	1961.6	256
有色金属冶炼及压延加工业	662	170.8	1537.3	98	2405	1628.7	608.0	84
金属制品业	2227	61.4	495.2	174	8132	2150.7	674.0	119
普通机械制造业	3787	268.5	2189.1	403	9282	2579.8	1053.2	275
专用设备制造业	3797	224.2	1769.1	274	6638	1920.3	680.2	197
交通运输设备制造业	3644	448.3	4000.0	346	6779	4212.0	1579.2	279
电气机械及器材制造业	2268	151.4	1132.3	227	7544	3628.6	1148.9	170
电子及通信设备制造业	1346	214.8	1617.8	165	4166	4893.6	1167.2	134

续表

行业	1997年				1998年			
	企业单位数	工业增加值	资产总额	从业人数	企业单位数	工业增加值	资产总额	从业人数
仪器仪表文化办公用机械	1016	41.8	397.8	79	1821	692.8	255.3	53
电力蒸汽热水生产供应业	4476	1201.9	8598.4	220	4994	3616.8	2978.0	218
煤气的生产和供应业	258	6.8	394.7	19	291	103.3	211.7	19
自来水的生产和供应业	2262	96.9	922.0	43	2363	269.7	456.6	44

注：以上工业增加值和资产总额单位为亿元，从业人数单位为万人。
资料来源：《中国统计年鉴》（1998~1999）。

第一种方法是最简单的计算行业劳动生产率，用 LTFP 表示，也就是年均单位劳动产出，为使数据简化，取其结果的自然对数值，即 LTFP=lnQ/L，这里 Q 是行业年度总产值，L 为年度平均劳动投入。

第二种方法是遵照 Griliches 和 Mairesse（1990）计算近似全要素生产率（Approximate TFP），用 ATFP 表示，其公式如下：

$$ATFP = \ln Q/L - s\ln K/L \qquad (5\text{-}12)$$

式中，Q 为产出，L 为劳动投入，K 为资本投入，s 表示生产函数中资本的贡献度，其值在 0~1，如果为 0 则生产率等于劳动生产率，如果为 1，则生产率为资本生产率（Q/K），这里再引用 Hall 和 Jones（1999）而设定 s=1/3。我们选取 2003~2006 的近年度数据，分别核算各年度的 LTFP 和 ATFP，并求出四年的均值。取近年度均值的目的是使结果更加真实和理想，可从一定程度上平滑单个年度的外部突发冲击影响，同时相隔时间较短的 4 年也不会太多损害生产率的当前真实度。计算的结果如表 5-6 所示。

表 5-6 我国分行业工业企业劳动生产率以及 ATFP 计算结果

行业	2006年		2005年		2004年		2003年		平均值	
	LTFP	ATFP	LTFP	ATFP	LTFP	ATFP	LTFP	ATFP	LTFP	ATFP
煤炭开采和洗选业	11.256	7.129	11.102	7.034	8.975	4.955	10.328	6.369	9.426	6.372
石油和天然气开采业	13.371	8.811	13.240	8.714	12.362	7.865	12.703	8.226	11.844	8.404
黑色金属矿采选业	11.775	7.548	11.562	7.373	10.298	6.228	10.885	6.866	10.160	7.004
有色金属矿采选业	11.915	7.688	11.534	7.417	10.241	6.209	10.668	6.698	10.173	7.003
非金属矿采选业	11.357	7.300	11.087	7.095	8.918	4.895	10.483	6.497	9.452	6.447
其他采矿业	12.329	8.159	11.764	7.584	8.987	5.158	9.515	5.363	9.912	6.566
农副食品加工业	11.894	7.701	11.723	7.569	9.414	5.266	11.299	7.186	9.990	6.931
食品制造业	11.648	7.458	11.478	7.310	9.425	5.287	11.097	6.985	9.828	6.760

续表

行业	2006 年		2005 年		2004 年		2003 年		平均值	
	LTFP	ATFP	LTFP	ATFP	LTFP	ATFP	LTFP	ATFP	LTFP	ATFP
饮料制造业	11.957	7.625	11.782	7.487	9.859	5.576	11.401	7.138	10.139	6.957
烟草制品业	14.041	9.230	13.862	9.088	12.123	7.384	13.516	8.819	12.164	8.630
纺织业	11.073	7.018	10.912	6.887	8.592	4.583	10.551	6.564	9.210	6.263
纺织服装、鞋、帽制造业	10.791	6.940	10.622	6.812	8.469	4.679	10.364	6.592	9.034	6.256
皮革、毛皮、羽毛（绒）及其制品业	10.774	6.966	10.628	6.843	8.602	4.793	10.485	6.718	9.084	6.330
木材加工及木、竹、藤、棕、草制品业	11.223	7.196	11.024	7.028	8.929	4.955	10.637	6.682	9.410	6.465
家具制造业	10.999	7.009	10.897	6.935	8.929	4.966	10.649	6.695	9.307	6.401
造纸及纸制品业	11.541	7.246	11.386	7.123	9.389	5.168	10.999	6.807	9.726	6.586
印刷业和记录媒介的复制	11.301	7.112	11.145	6.983	9.477	5.336	10.938	6.822	9.622	6.563
文教体育用品制造业	10.613	6.767	10.451	6.640	8.425	4.619	10.264	6.494	8.905	6.130
石油加工、炼焦及核燃料加工业	12.616	8.015	12.493	7.933	10.660	6.146	12.282	7.812	10.811	7.477
化学原料及化学制品制造业	11.924	7.539	11.769	7.433	10.208	5.922	11.279	7.030	10.221	6.981
医药制造业	11.841	7.486	11.727	7.389	10.069	5.765	11.394	7.117	10.144	6.939
化学纤维制造业	11.844	7.392	11.643	7.220	9.699	5.316	11.365	7.015	9.980	6.736
橡胶制品业	11.374	7.201	11.222	7.085	9.315	5.177	10.993	6.879	9.624	6.586
塑料制品业	11.325	7.175	11.148	7.016	9.139	5.026	10.900	6.815	9.530	6.508
非金属矿物制品业	11.359	7.178	11.115	6.974	9.172	5.079	10.695	6.641	9.529	6.468
黑色金属冶炼及压延加工业	12.374	7.851	12.211	7.745	10.590	6.175	11.611	7.258	10.608	7.257
有色金属冶炼及压延加工业	12.362	7.913	11.902	7.526	10.087	5.760	11.346	7.064	10.354	7.066
金属制品业	11.404	7.278	11.237	7.146	9.434	5.350	10.946	6.894	9.686	6.667
通用设备制造业	11.516	7.302	11.333	7.154	9.530	5.373	10.935	6.815	9.760	6.661
专用设备制造业	11.491	7.259	11.245	7.051	9.247	5.092	10.802	6.680	9.626	6.521
交通运输设备制造业	11.788	7.399	11.596	7.252	10.068	5.752	11.439	7.155	10.085	6.890
电气机械及器材制造业	11.647	7.414	11.486	7.281	9.699	5.500	11.243	7.064	9.912	6.815
通信设备、计算机及其他电子设备制造业	11.851	7.547	11.776	7.468	10.113	5.771	11.755	7.422	10.198	7.052
仪器仪表及文化、办公用机械制造业	11.492	7.322	11.323	7.178	9.439	5.326	11.032	6.945	9.737	6.693

续表

行业	2006年		2005年		2004年		2003年		平均值	
	LTFP	ATFP	LTFP	ATFP	LTFP	ATFP	LTFP	ATFP	LTFP	ATFP
工艺品及其他制造业	10.857	6.952	10.725	6.859	8.567	4.741	10.425	6.639	9.112	6.298
废弃资源和废旧材料回收加工业	12.055	7.794	11.859	7.657	8.780	4.770	11.270	7.216	9.888	6.859
电力、热力的生产和供应业	12.494	7.694	12.330	7.577	10.295	5.646	11.927	7.297	10.543	7.054
燃气生产和供应业	11.789	7.182	11.415	6.884	8.696	4.248	10.847	6.436	9.522	6.188
水的生产和供应业	11.133	6.611	10.945	6.495	6.998	2.601	10.627	6.277	8.643	5.496

第三种方法来自于 Head 和 Ries（2003），我们将其称为“H-R 方法”，生产率表示为 HTFP。假定一个柯布—道格拉斯（C-D）生产函数 $Q = AK^{\alpha}L^{\beta}$，用 μ 表示其规模报酬情况，也就是（α + β）的值，则企业的生产率可计算为：

$$HTFP = \frac{1}{\mu}\ln A + \frac{\mu - 1}{\mu}\ln Q \tag{5-13}$$

这里需要求出 μ 和 lnA 的值。我们用 1997~2006 年的年度数据，依次对每个行业分别进行 OLS 回归，求出分行业的 μ 和 lnA 值。回归方程设为：

$$\ln Q_i = \ln A_i + \beta_K \ln K_i + \beta_L \ln L_i + \varepsilon_i \tag{5-14}$$

式中，i 表示不同的行业。这里的回归实际上存在着一些难以回避的缺陷：首先，样本较短，只有 10 年的数据，但限于统计不完整，我们也无法进行样本扩展，好在解释变量数量较少，只有两个，所以结果也具有一定的可接受性。其次，无法真实获取每个行业的年度产值、资本和劳动量投入，只能用一些替代数据，所以也会影响回归结果。最后，统计数据本身的可靠性存在问题，且行业内部不同企业的生产技术存在差异，用一体化的 C-D 函数表示，必然存在一些问题。正是基于这些原因，导致了每个行业的回归结果很不理想，我们也只能大致的估算出各行业 HTFP 水平，如果从严格意义上来说是存在问题的；而实际来说，如果从理论上看，此方法是最为严谨也应该最为真实刻画企业和行业全要素生产率水平的。对这些回归的结果用表 5-7 列示。

以上结果中，需要说明的是，我们在 2003~2006 年年度数据的基础上去除了 3 个行业，分别是其他采矿业、工艺品及其他制造业以及废气资源和废旧材料回收加工业，主要是因为 2003 年之前的统计数据没有细分此三个行

表 5-7 分行业 C-D 生产函数 OLS 回归估计结果汇总

行业	lnA_i	$β_K$	$β_L$	R^2	S.E.	μ
煤炭采选业	-3.970425* (-0.344142)	0.303629* (0.743531)	1.400519* (0.731070)	0.549252	0.835284	1.704148
石油和天然气开采业	-0.370723* (-0.054857)	0.587307** (1.884198)	0.719373* (0.639017)	0.348422	0.470448	1.306680
黑色金属矿采选业	-0.959058* (-0.479639)	0.319606* (0.524094)	1.205210* (1.196132)	0.576664	0.711442	1.524816
有色金属矿采选业	2.129380* (0.350326)	0.275883* (0.705282)	0.369918* (0.238985)	0.675682	0.756338	0.645801
非金属矿采选业	9.161421* (1.412336)	0.321693* (-0.617831)	0.600060* (-0.463798)	0.363380	0.842049	0.921753
食品加工业	5.587515* (0.946625)	0.114827* (-0.194835)	0.462839* (0.420120)	0.224948	1.069211	0.577666
食品制造业	3.723699* (0.657815)	0.470151* (0.909495)	-0.239262* (-0.206913)	0.105695	1.007008	0.230889
饮料制造业	17.150020* (1.493034)	0.331891* (-0.650566)	1.799631* (-0.898216)	0.109734	0.746110	2.131522
烟草加工业	13.499000** (2.088441)	0.235357* (-0.674998)	1.466477* (-1.075395)	0.142745	0.557844	1.701834
纺织业	7.981055* (1.037780)	0.039478* (0.072224)	0.176713* (-0.152546)	0.313589	1.056799	0.216191
服装及其他纤维制品制造	2.366875* (0.569886)	0.957357** (2.220482)	-0.585054* (-0.676269)	0.421460	1.142948	0.372303
皮革毛皮羽绒及其制品业	1.393364* (0.396508)	0.853372* (1.571488)	-0.294981* (-0.385106)	0.282293	1.235603	0.558391
木材加工及竹藤棕草制品业	2.158202* (0.546245)	0.550924* (1.031663)	-0.138200* (-0.172615)	0.133808	1.125581	0.412724
家具制造业	0.408962* (0.176939)	0.865564** (2.096728)	0.244056* (-0.370913)	0.423185	1.122857	1.109620
造纸及纸制品业	4.456201* (0.873217)	0.306971* (0.710781)	0.146120* (-0.150008)	0.667521	0.995812	0.453091
印刷业记录媒介的复制	7.817723* (0.909881)	0.079497* (0.181477)	0.693097* (-0.419293)	0.546400	0.784765	0.772594
文教体育用品制造业	0.941616* (0.335630)	0.889785* (1.746513)	0.359475* (-0.513326)	0.324131	1.128310	1.249260
石油加工及炼焦业	0.922400* (-0.099860)	0.149423* (-0.364521)	2.166223* (1.006804)	0.133755	0.749243	2.315646
化学原料及制品制造业	4.740155* (0.515312)	0.127905* (0.295956)	0.291348* (0.199756)	0.017718	0.860071	0.419253

续表

行业	$\ln A_i$	β_K	β_L	R^2	S.E.	μ
医药制造业	3.725292* (0.548781)	0.235470* (0.575292)	0.211365* (0.124461)	0.373855	0.849145	0.446835
化学纤维制造业	6.475098* (0.735331)	0.189181* (0.319850)	0.653875* (−0.357548)	0.043406	1.033311	0.843056
橡胶制品业	3.653364* (0.716868)	0.145897* (0.299982)	0.226914* (0.200278)	0.022497	0.977649	0.372811
塑料制品业	1.681123* (0.426258)	0.781531* (1.696262)	0.311509* (−0.379709)	0.300183	1.141656	1.093040
非金属矿物制品业	5.689380* (0.841842)	0.262677* (0.513969)	0.142040* (−0.130613)	0.536379	0.944546	0.404717
黑色金属冶炼及压延加工业	0.506221* (−0.055318)	0.204106* (0.505296)	1.135658* (0.703347)	0.110338	0.815775	1.339764
有色金属冶炼及压延加工业	1.211555* (−0.192180)	0.015377* (0.029652)	1.676464* (0.972021)	0.181007	0.930044	1.691841
金属制品业	2.549211* (0.500066)	0.655303* (1.403195)	−0.226607* (−0.244145)	0.220578	1.090157	0.428696
普通机械制造业	3.705991* (0.518539)	0.268674* (0.612697)	0.186659* (0.160915)	0.357637	0.936117	0.455333
专用设备制造业	6.415593* (0.794295)	0.061719* (0.139236)	0.057269* (−0.041029)	0.202957	0.932630	0.118988
交通运输设备制造业	4.348811* (0.498335)	0.138414* (0.338491)	0.338656* (0.214604)	0.329695	0.872301	0.477070
电气机械及器材制造业	2.664674* (0.552272)	0.512761* (1.114061)	0.034620* (0.037220)	0.184108	1.054948	0.547381
电子及通信设备制造业	2.914177* (0.766004)	0.301983* (0.595353)	0.380091* (0.403928)	0.188550	1.064935	0.682074
仪器仪表文化办公用机械	2.380810* (0.499736)	0.431349* (0.830883)	0.052541* (0.043987)	0.110947	1.038738	0.483890
电力蒸汽热水生产供应业	18.450270* (−0.781926)	0.092062* (−0.225437)	5.011046* (1.039261)	0.182883	0.696716	5.103108
煤气的生产和供应业	5.457486* (0.274022)	0.309175* (0.272160)	1.288707* (−0.267873)	0.285510	1.180341	1.597882
自来水的生产和供应业	19.411060* (0.213277)	0.158726* (−0.134366)	3.503542* (−0.136951)	0.123079	1.330511	3.662268

注：括号中数字为回归系数的 T 统计量，* 表示未通过检验，** 表示 10%的水平下通过检验，*** 表示 5%的水平下通过检验；可见大多行业都不能通过 T 统计检验，由于我们这里采纳的是估算法，所以修正的办法是漠视和忽略回归中存在的问题，而不是试图去寻找其他计量方法或更新数据。

业；另外，1997~2002 年的数据相较之前的数据也多了木材及竹材采运业，我们同样予以剔除，所以最后的行业数为 36 个。接下来，在表 5-7 的基础上，可以计算 2003~2006 年的 HTFP 及其均值，结果如表 5-8 所示。

表 5-8 H-R 方法计算的我国分行业全要素生产率（HTFP）结果

行业	2003 年	2004 年	2005 年	2006 年	平均值
煤炭采选业	0.582883	0.036347	0.962658	1.052215	0.658526
石油和天然气开采业	1.541867	1.472517	1.706387	1.757555	1.619581
黑色金属矿采选业	1.086755	0.907134	1.455273	1.565854	1.253754
有色金属矿采选业	0.456324	0.713568	−0.025432	−0.277904	0.216639
非金属矿采选业	9.506785	9.639927	9.460640	9.435292	9.510661
食品加工业	4.342398	5.684319	3.883771	3.708036	4.404631
食品制造业	−5.534140	−0.152228	−7.400871	−8.159769	−5.311752
饮料制造业	11.591760	10.773218	11.793846	11.906129	11.516238
烟草加工业	10.967716	10.372176	11.078821	11.138326	10.889259
纺织业	9.532517	16.489605	7.610045	6.879982	10.128037
服装及其他纤维制品制造	−5.142045	−2.118552	−5.880013	−6.311259	−4.862968
皮革毛皮羽绒及其制品业	−2.552270	−1.138856	−2.922488	−3.093845	−2.426865
木材加工及竹藤棕草制品业	−2.714242	−0.415698	−3.644342	−4.062903	−2.709296
家具制造业	0.883187	0.732641	0.956651	0.982720	0.888800
造纸及纸制品业	1.960023	3.861224	1.332106	1.102628	2.063995
印刷业记录媒介的复制	8.407937	8.826461	8.312176	8.257408	8.450996
文教体育用品制造业	1.855359	1.503173	1.938806	1.979210	1.819137
石油加工及炼焦业	4.466562	3.573650	4.711585	4.799736	4.387883
化学原料及制品制造业	0.487963	1.952563	−0.312158	−0.598074	0.382574
医药制造业	−0.244733	1.363397	−0.740782	−0.947688	−0.142452
化学纤维制造业	6.621658	6.909130	6.529142	6.488361	6.637073
橡胶制品业	−0.148695	2.607106	−0.949143	−1.257109	0.063040
塑料制品业	2.103013	1.959669	2.146499	2.169611	2.094698
非金属矿物制品业	3.074973	5.275784	2.378735	1.990456	3.179987
黑色金属冶炼及压延加工业	2.392926	2.139335	2.574430	2.623293	2.432496
有色金属冶炼及压延加工业	3.498772	3.016951	3.809694	4.016279	3.585424
金属制品业	−3.220008	−1.354927	−3.961171	−4.325589	−3.215424
普通机械制造业	−0.678953	0.901149	−1.424850	−1.720631	−0.730821
专用设备制造业	2.711127	14.089220	−1.076609	−3.383753	3.084996
交通运输设备制造业	0.377966	1.827696	0.071778	−0.205575	0.517966
电气机械及器材制造业	−1.426651	−0.248831	−1.897066	−2.108939	−1.420372

续表

行业	2003 年	2004 年	2005 年	2006 年	平均值
电子及通信设备制造业	0.471107	1.144143	0.239639	0.140103	0.498748
仪器仪表文化办公用机械	−1.584042	0.025110	−2.116548	−2.412809	−1.522072
电力蒸汽热水生产供应业	10.200906	8.892164	10.571808	10.724088	10.097242
煤气的生产和供应业	5.032624	4.223180	5.249532	5.382090	4.971856
自来水的生产和供应业	9.117408	6.483226	9.347165	9.482412	8.607553

二、各行业全要素生产率的矫正

根据模型的结论，生产率最高的企业对外直接投资，而生产率次高的企业将对外出口，生产率低的企业不进入市场或者仅仅进入国内市场。但由于我国对外直接投资刚处于起步阶段，总体规模和产业都很有限，所以我们只能用出口贸易进行检验。检验的方法如下：按照模型理论，简单地推理即可得出，生产率越高的行业对外出口应该越多，因此我们可以将这些行业的出口贸易情况与其生产率情况对比，计算其相关性系数，从而验证两者的关系。与此同时，我们根据三个生产率与出口贸易额的相关性系数值情况，确定权数，进一步计算出更准确的加权全要素生产率。

根据《中国海关统计年鉴》(2003~2006) 的统计数据，我们得到年度分行业出口情况以及其 4 年均值，如表 5-9 所示。由于贸易统计的行业分类与以上企业行业分类方法不同，我们将企业行业按照出口贸易的分类归并，得到与之对应行业的平均生产率，结果如表 5-10 所示。

表 5-9 2003~2006 年我国分行业出口及均值情况

单位：千美元

分类	2003 年	2004 年	2005 年	2006 年	均值
食品及活动物	17531126	18864250	22480341	25723147	21149716
饮料及烟类	1019012	1213871	1183038	1193339	1152315
非食用原料	5032241	5842495	7484409	7859702	6554711.75
矿物燃料、润滑油及有关原料	11114225	14480292	17621878	17769656	15246512.75
化学成品及有关产品	19580771	26359748	35772126	44529591	31560559
按原料分类的制成品	69018441	100646182	129120653	174816107	118400345.8
机械及运输设备	187772544	268260336	352233915	456342593	316152347
杂项制品	126088430	156398168	194183386	238013798	178670945.5

资料来源：根据《中国海关统计年鉴》(2003~2006) 数据整理。

表 5-10 分行业三种生产率均值情况

行业	LTFP	ATFP	HTFP
食品及活动物	9.909	6.845	-0.454
食品加工业	9.990	6.931	4.405
食品制造业	9.828	6.760	-5.312
饮料及烟类	11.151	7.793	11.203
饮料制造业	10.139	6.957	11.516
烟草加工业	12.164	8.630	10.889
非食用原料	9.235	6.353	1.664
纺织业	9.210	6.263	10.128
皮革毛皮羽绒及其制品业	9.084	6.330	-2.427
木材加工及竹藤棕草制品业	9.410	6.465	-2.709
矿物燃料、润滑油及有关原料	10.211	7.046	2.652
煤炭采选业	9.426	6.372	0.659
石油和天然气开采业	11.844	8.404	1.620
黑色金属矿采选业	10.160	7.004	1.254
有色金属矿采选业	10.173	7.003	0.217
非金属矿采选业	9.452	6.447	9.511
化学成品及有关产品	9.885	6.728	2.863
医药制造业	10.144	6.939	-0.142
化学纤维制造业	9.980	6.736	6.637
塑料制品业	9.530	6.508	2.095
按原料分类的制成品	9.865	6.755	1.578
服装及其他纤维制品制造	9.034	6.256	-4.863
家具制造业	9.307	6.401	0.889
造纸及纸制品业	9.726	6.586	2.064
印刷业记录媒介的复制	9.622	6.563	8.451
石油加工及炼焦业	10.811	7.477	4.388
化学原料及制品制造业	10.221	6.981	0.383
橡胶制品业	9.624	6.586	0.063
非金属矿物制品业	9.529	6.468	3.180
黑色金属冶炼及压延加工业	10.608	7.257	2.432
有色金属冶炼及压延加工业	10.354	7.066	3.585
金属制品业	9.686	6.667	-3.215
机械及运输设备	9.671	6.618	0.291
文教体育用品制造业	8.905	6.130	1.819
普通机械制造业	9.760	6.661	-0.731

续表

行业	LTFP	ATFP	HTFP
交通运输设备制造业	10.085	6.890	0.518
电气机械及器材制造业	9.912	6.815	-1.420
仪器仪表文化办公用机械	9.737	6.693	-1.522
杂项制品	9.727	6.447	6.044
电子及通信设备制造业	10.198	7.052	0.499
电力蒸汽热水生产供应业	10.543	7.054	10.097
煤气的生产和供应业	9.522	6.188	4.972
自来水的生产和供应业	8.643	5.496	8.608

注：大类项目系根据小类项目生产率求均值所得。

将三种生产率均值与同年份行业出口贸易均值对应，如表 5-11 所示。用 Eview 软件求它们之间的两两相关性系数，得到如表 5-12 所示的结果。我们发现，此结果并不理想，不但行业生产率与其出口额之间没有很强的正相关性，反而表现了全体性较弱的负相关性。出现这样的结果，可能的原因在于：一是数据向量截面较短，只有 8 个行业的分类，所以趋势相关表现不明显；二是生产率计算结果真实性和可靠性存在一定问题，这样就无法寄希望于生产率与出口能够表现出很强的相关性了；三是由于我国在国际分工中的地位，决定了我国出口产品以劳动力密集的标准化产品为主，该类产品技术层次低，生产率水平自然较低，故而出现了生产率与出口额负相关的结果；四是我们分析的是行业情况，而模型结论实际针对的是企业情况，而企业生产率状况是要与行业内其他企业进行对比的，行业之间的生产率对比实际不一定能够反映一个企业在全球同一行业中的相对生产率状况，故而行业间生产率与出口之间的相关性表现不一定会非常明显。但无论怎样，虽然我们的实证检验结果表现出负的相关性，但相关关系还是存在的，并且 ATFP 的相关性表现最好，LTFP 相关性表现次之，而 HTFP 的相关性表现最差，这从某种程度上可以看作三种生产率的真实拟合效果。

表 5-11　相关系数求解所用数据

分类	LTFP	ATFP	HTFP	EX（千美元）
食品及活动物	9.909	6.845	-0.454	21149716.000
饮料及烟类	11.151	7.793	11.203	1152315.000
非食用原料	9.235	6.353	1.664	6554711.750
矿物燃料、润滑油及有关原料	10.211	7.046	2.652	15246512.750

续表

分类	LTFP	ATFP	HTFP	EX（千美元）
化学成品及有关产品	9.885	6.728	2.863	31560559.000
按原料分类的制成品	9.865	6.755	1.578	118400345.750
机械及运输设备	9.671	6.618	0.291	316152347.000
杂项制品	9.727	6.447	6.044	178670945.500

表 5-12 出口与三种生产率变动的相关性分析结果

Correlations	LTFP	ATFP	HTFP	EX
LTFP	1	0.9805	0.7539	-0.3319
ATFP		1	0.6721	-0.4001
HTFP			1	-0.2436
EX				1

假设生产率与出口额相关的理论是没有问题的，则通过以上的结果，我们可以求出一个加权的行业全要素生产率（Weighted TFP），简记为 WTFP，设其求解公式是：

$$WTFP = \lambda_1 LTFP + \lambda_2 ATFP + \lambda_3 HTFP \quad (\lambda_1 + \lambda_2 + \lambda_3 = 1) \tag{5-15}$$

用表 5-11 中三种生产率与出口额的相关性情况决定其权数，LTFP 的权数值等于其与出口之间的相关系数除以出口与三种生产率相关系数之和，其他的两个权数用同样的方法求出，得到它们的值为：

$$\lambda_1 = 0.3402;\ \lambda_2 = 0.4101;\ \lambda_3 = 0.2495 \tag{5-16}$$

所以，我们能够求得最后的分行业 WTFP 结果，按照由高到低的顺序排列，如表 5-13 所示。

表 5-13 加权全要素生产率分行业计算由高到低排列结果

序号	行业	TFP	序号	行业	TFP
1	烟草加工业	10.3943	10	自来水的生产和供应业	7.3418
2	饮料制造业	9.1753	11	食品加工业	7.3399
3	电力蒸汽热水生产供应业	8.9987	12	有色金属冶炼及压延加工业	7.3147
4	非金属矿采选业	8.2324	13	黑色金属冶炼及压延加工业	7.1920
5	纺织业	8.2286	14	煤气的生产和供应业	7.0173
6	印刷业记录媒介的复制	8.0734	15	专用设备制造业	6.7185
7	石油和天然气开采业	7.8800	16	非金属矿物制品业	6.6875
8	石油加工及炼焦业	7.8389	17	黑色金属矿采选业	6.6414
9	化学纤维制造业	7.8136	18	造纸及纸制品业	6.5245

续表

序号	行业	TFP	序号	行业	TFP
19	电子及通信设备制造业	6.4858	28	煤炭采选业	5.9841
20	化学原料及制品制造业	6.4354	29	普通机械制造业	5.8697
21	塑料制品业	6.4337	30	电气机械及器材制造业	5.8123
22	有色金属矿采选业	6.3869	31	仪器仪表文化办公用机械	5.6774
23	交通运输设备制造业	6.3857	32	金属制品业	5.2269
24	医药制造业	6.2613	33	木材加工及竹藤棕草制品业	5.1768
25	家具制造业	6.0130	34	皮革毛皮羽绒及其制品业	5.0806
26	文教体育用品制造业	5.9972	35	食品制造业	4.7904
27	橡胶制品业	5.9906	36	服装及其他纤维制品制造	4.4257

第四节　中国分行业的国际化路径选择：定量结果的启示和结论

对照模型结论与表 5-13 的结果，我们大致可以确定哪些行业应该成为我国对外直接投资的探索者和“前锋部队”，哪些行业应该加快出口步伐，哪些行业应该更多地供应国内市场。将这些行业按照生产率划分，大致可以分为四个层次。第一层次是生产率介于［8，10］的 6 个行业，属于生产率较高的行业，可以成为我国对外直接的主导行业，应该积极“走出去”；第二层次是生产率介于［7，8］的行业，这些行业生产率也较高，在加大出口的同时，也要开始迈开和寻求对外直接投资的步伐与机会；第三层次是生产率介于［6，7］的行业，它们应该成为出口贸易的主力；第四类是生产率介于［4，6］的行业，这些行业应该更多地供应国内市场。我们用图 5-4 对这些行业进行划分。

针对以上结果，需要说明以下几点：

第一，新—新贸易理论的结论实际是对企业而言的，即同行业内生产率最高的企业对外直接投资，生产率其次的企业出口，生产率较低的企业供应国内市场；而以上的分析是在行业之间进行的，故而说服力存在一定的局限；但总体来说，以上的结果是有价值和意义的。

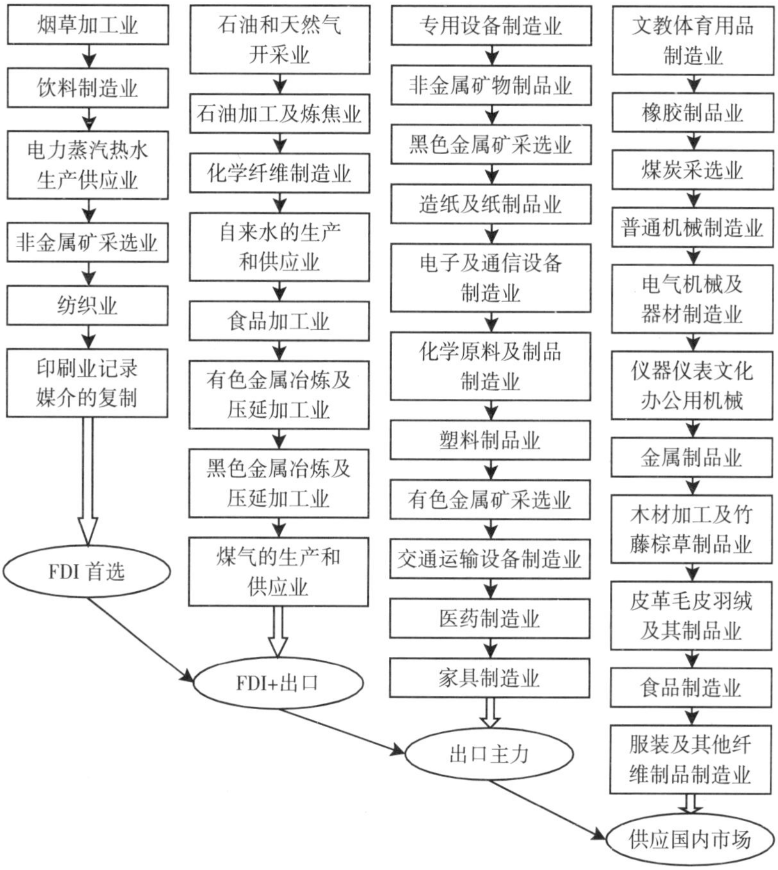

图 5-4　我国不同行业对外直接投资和出口的安排

第二，从 FDI 首选行业来看，电力蒸汽热水供应业显然存在问题，该行业一般都为国内供应行业，对外直接投资的可能性较小，但其国内生产率较高是不争的事实。

第三，从 FDI 加出口的重点行业看，自来水的生产和供应业也显然不符合现实，该行业一般也只供应国内市场。

第四，从供应国内市场行业看，文教体育用品制造业、橡胶制品业以及服装和其他纤维制品制造业也不符合现实，这些行业正是当前我国出口的主要行业之一。出现这一矛盾的原因之一是实证结果存在一定问题；原因之二可能也在于这些行业虽然是出口的主要行业，但其生产率状况已经决定了其应该退出出口市场，缩减规模，退而供应国内市场，其低附加值的贸易模式已经影响了我国贸易的质量，也带来了环境污染和贸易摩擦的成本。

以上结论是理论上分析的结果，实际上我国企业是否已经到了对外直接投资的阶段，还需要不断地摸索以及更多的实证研究支持，但限于数据缺失以及不同的行业情形差异，无法从多行业得到一个一般性的结论。在实际企业国际化行为选择中，我们认为，需要注意三个方面的问题：其一，对外直接投资要谨慎。我国整体行业和企业生产率水平并不高，尚没有到大规模对外直接投资的阶段，故不能急于求成，而要充分研究国外市场情况再有步骤地“走出去”。其二，根据自身的生产率状况决定国际化路径选择。如果生产率水平确实很高，应该毫不犹豫地积极开展对外直接投资；如果生产率水平不高，则应三思而后行。其三，生产率水平是一个相对概念，对企业来说更应该看自身在行业内的相对水平，而不是与其他行业相比的生产率水平。所以，给出的结论只是一个一般性的选择，对于具体企业来说，并不成立；即不是所有的饮料制造企业和纺织企业都应该“走出去”，也不是所有的食品制造企业都应该只供应国内市场；作为单个企业来说，关注的重点应该是企业在本行业内的相对生产率水平。

第五节　中国企业的出口和 FDI 抉择：基于理论和现实的解析

一直以来，我国企业参与国际化经营的方式主要是出口贸易。从 20 世纪 90 年代开始，“中国制造”逐渐风靡全球，我国被称为“世界工厂”，出口地位逐步提升，同时也积聚了大量的外汇储备。此时，经济形势和舆论发生了改变，两个方面的问题被广泛关注和争论。首先，随着出口剧增，贸易摩擦不断提升，人民币升值压力加大，外在出口环境恶化，出口面临挑战，此时对外直接投资被提上日程，因为其可以免除贸易摩擦和争端；其次，很多学者提出，我国出口的低端劳动力密集型产品附加值太低，利润空间太小，是以牺牲环境成本和扭曲劳动力价格来换取微薄贸易得益的，所以应该提升产业结构，鼓励国内企业“走出去”。那么中国企业到底应该如何选择，是继续出口还是对外直接投资，如果选择对外直接投资，又该注意什么问题，需要进行深入的探讨。

一、中国企业是否应该大规模“走出去”?

我国的对外直接投资真正有一定规模是从 20 世纪 90 年代初开始的，但其发展规模和我国的总体经济规模相比是严重滞后的，我国的对外直接投资存量占国内生产总值的比重大约只有 3%不到，而其他发展中国家的平均比重约为 10%，发达国家的比重约为 25%。同时，我国对外直接投资的增长速度也滞后于 GDP 的增长速度，如 2006~2007 年我国的对外直接投资流量额分别为 176.3 亿美元和 187.2 亿美元，增长率为 6.2%，落后于 GDP 的增长率。从我国对外直接投资的主体地区看，基本集中于经济较发达的地区，如广东、浙江、上海和江苏等；从对外直接投资的商品类型看，排前列的分别为采矿业，租赁和商务服务业，交通运输、仓储和邮政业以及批发和零售业，可见实体产业“走出去”的情况较少。

面对我国对外直接投资的现实形势，似乎“走出去”是有潜力和需要大力发展的，因为其已经滞后于经济总规模。那么我国企业是否应该“走出去”呢？得出答案的关键，需要明确这样的几个问题。首先，对外直接投资确实是我国企业未来的发展方向和增强竞争力的必由之路。国际贸易和投资的有关理论其实已经告诉我们，对外直接投资和跨国经营是较高层次的国际化路径，也是形成跨国公司、真正做大做强企业的必须。新—新贸易理论也说明了，只有生产率高的企业才能够对外直接投资，也即对外直接投资是企业竞争力强的必要条件。其次，决定一个企业是否应该“走出去”的根本是企业的获益和利润，企业在进行出口和 FDI 选择时，也主要考虑两者给企业带来的收益情况。所以对于我国企业来说，目前的情况并不是是否应该对外直接投资，而是企业能够从对外直接投资中获得什么，收益能否超过出口。最后，我们回答中国企业是否应该“走出去”，是回答中国的大部分出口企业是否应该“走出去”，而并不是回答是否有个别企业或个别行业应该“走出去”。基于这样的情形，可以判定，中国企业目前还没有到大规模“走出去”的阶段，而只能是少部分有实力和生产效率高的企业应该“走出去”。理由和分析如下：

其一，从邓宁的“投资发展周期论”分析。为了定量化所有权优势、内部化优势和区位优势，找到对外直接投资和一国国内经济指标之间的关系，邓宁对 67 个国家的 1967~1978 年对外直接投资和人均 GNP 之间的关系进行了研究，并将一国的投资发展周期划分为四个阶段：第一阶段，人均 GNP 在 400 美元以下。处于这一阶段的国家最贫穷，对外资的吸引力很小，也无任何对外直接投资能力，净对外直接投资为负数。第二阶段，人均 GNP 在 400~2000 美元。这一阶段的国家引进外资规模不断扩大，但对外直接投资额仍较少，净对外直接投资仍为负数。第三阶段，人均 GNP 为 2000~4750 美元，进入该阶段的国家拥有所有权优势的企业对外直接投资有所增加，并可能大幅上升，但拥有区位优势仍设法引进外资，净对外直接投资仍为负数。第四阶段，人均 GNP 为 4750 美元以上，该国进入发达国家行列，拥有强大的所有权优势，净对外直接投资额为正。对照我国居民收入的情况，我国 2007 年城镇居民的人均年可支配收入为 13789 元，粗略估算按照 1 美元兑 7.0 元的汇率，相当于 1969.8 美元，处于第二阶段末期和第三阶段初期，也就是说只有具有所有权优势的企业才能够逐步对外直接投资，而大多数的企业还应该继续选择出口贸易。

其二，从新—新贸易理论分析。新—新贸易理论告诉我们，生产效率很高的企业应该“走出去”。那么我国企业是否具有很高的生产效率，从而应该走出国门呢？众多的研究发现，我国企业与国外相关产业相比，效率不高，生产率较低，虽然有一些产业发展较快，全要素生产率（TFP）提高迅速，但总体效率不高，所以我国企业还不具备全面“走出去”的条件。

其三，当前现实的国际化环境不利于我国企业“走出去”。全球通货膨胀以及次债危机引起世界经济增长放缓，必然会引起各国的保护主义滋生，在这样的背景下，企业对外直接投资会遭遇较多的限制，再加上我国企业缺乏国际经营的经验，所以大规模的“走出去”为时尚早。

二、中国企业“走出去”的策略选择和注意问题

以上的分析似乎说明，中国企业还没有到全面或者大规模“走出去”的阶段，但这不是说所有的企业都应该继续维持出口的格局。那些生产率较高、竞争力较强的企业还是应该积极和大胆地迈出国门，分享国外市场强劲的需求。这里，需要分析和解决的问题是，我国企业应该如何“走出去”。

一方面，需要确定哪些企业应该“走出去”。按照模型结论，那些生产率高的企业应该对外直接投资，以上已经得出了我国 FDI 的首选行业。除此之外，企业在“走出去”抉择时，还需要综合考虑自身的所有权优势、内部

化优势和区位优势，做到万事俱备，这样才能在开拓海外市场的过程中胸有成竹、取得成功。

另一方面，选择合适的进入策略。国际直接投资的进入策略主要有“绿地投资”和收购兼并两种方式，它们各有自身的优势和缺点，企业应该根据行业的特点和自身的经济实力情况，选择合适的策略。关于这一策略的选择，下一章将详细重点论述。

同时，做好“走出去”的准备工作。包括学习和了解东道国的有关经济、政治、法律以及人文环境和规定，引进和培养具有国际化经营理论和知识的人才，打破和改变国内经营的固有思维和定式，注意分析国际经济形势的变化以及对于企业经营带来的挑战和风险等。

综上所述，我国现阶段还没有到企业大规模和整体性“走出去”的阶段，国际贸易和出口依然是中国企业未来参与国际化的主要形式，然而我们的一些竞争力较强的企业也可以和应该大胆地“走出去”，到更广阔的国际市场中寻找需求，增强自身竞争力。对于“走出去”的企业，应该选择好合适的进入策略，还要做好准备工作，在国际竞争中取得主动和胜利。

第六节　小结

本章在整理了相关研究文献及其主要结论的基础上，从理论和实证两个方面研究了异质性企业的国际化路径选择问题。理论模型中引入企业行为确定和边际成本确定性假设，得到结论显示，对外直接投资企业的全要素生产率最高，出口企业全要素生产率其次，而只供应国内市场的企业生产率最低。实证研究部分用三种方法计算了我国分行业企业的全要素生产率情况，并检验了模型的真伪，结果显示模型结论是符合现实的。另外，在实证的基础上，我们还剖析了我国分行业企业的国际化路径应有的选择。以该理论的思想为指导，本章深入解析了我国企业是否应该“走出去”还是继续出口。结果认为，我国企业尚没有到大规模“走出去”阶段，出口贸易仍是一段时间以内的主要选择，企业在“走出去”的过程中，需要谨慎和细致分析研究，否则可能损失惨重。

第六章　异质性企业FDI进入方式选择

第一节　引言

本章主要是在新—新贸易理论的模型框架内，分析异质性企业如何在对外直接投资的两种进入方式，即绿地投资和跨国并购之间的抉择。分析的思路和内容包括：对现有模型进行了简化，推导出企业选择的主要结论；根据理论的结果，结合我国企业对外直接投资的状况和背景，重点分析我国企业该如何选择。在做理论研究之前，有必要简单介绍企业对外直接投资进入方式的有关问题。

对外直接投资进入东道国的方式主要为绿地投资（Greenfield Investment）和跨国并购（Cross-border Merger & Acquisitions，M&A）两种，每一种方式中又包括合资与独资两类。所谓绿地投资，又称新建投资，是指跨国公司以“一揽子”生产要素投入的方式在东道国兴建全新的企业，形成新的生产能力，它不考虑东道国的相应产业市场原来是否存在着一定的生产能力。跨国并购，是跨国兼并和跨国收购的合称；跨国兼并是指跨国公司与东道国当地企业资产合并后建立一家新的实体或合并成为一家现有的企业；跨国收购是指跨国公司收购一家东道国现有的当地企业或外国子公司的控股股份，即10%以上的股权。

相关国际直接投资的资料显示，20 世纪 80 年代以前，绝大多数跨国公司进行对外直接投资时，是以绿地投资方式进入东道国的；80 年代以来，跨国并购的方式超过了绿地投资；1989~1996 年，全球跨国并购投资额连续8 年增长，在全世界范围内，跨国并购额已经占到了对外直接投资额的一半以上，1988 年这一比例高达 70%。即使在 1999 年以后，跨国并购额连年下降的情况下，其在全球对外直接投资额中所占的比重仍然接近 50%。2000 年之后，这一比例基本稳定并逐年小幅递增。

绿地投资和跨国并购作为国际直接投资的两种主要进入方式，各自具有自身的特点和优劣势，适用于不同的情形和企业。从直观上看，我们可以用表 6-1 总结它们的优缺点。

表 6-1 绿地投资和跨国并购的优缺点比较

类型	优点	缺点
绿地投资	①不易受到东道国法律和政策上的限制，以及当地舆论的抵制；②比并购的手续简便；③会享受东道国的优惠待遇；④新建企业所需的资本，一般可以做出准确的估价，不会遭遇并购中烦琐的后续工作	①需要一段营建期，投产较慢；②无法利用并购原有企业的销售渠道，不利于迅速进入东道国市场，以及其他国市场；③不利于迅速进行跨行业的经营以及实现产业与服务多样化；④经营风险大，组织管理难度大
跨国并购	①利用目标企业现有的生产设备、技术人员以及熟练工人，可以获得对企业发展非常有用的技术、专利和商标等无形资产；②可以缩短项目的建设周期；③利用原有企业的销售渠道，迅速进入当地以及国外市场，省去了艰难的市场开拓阶段；④可以迅速扩大经营范围和经营地点，增加经营方式，促进产业多样化，扩大生产规模；⑤减少市场竞争对手；⑥并购后，出售目标企业的股份和资产，可以获得更多的利润	①被并购企业所在国的会计制度与财务制度往往与投资者所在国有很大差异，难以准确评价被并购企业的真实情况，导致目标企业的实际资本低于并购支出；②东道国反托拉斯法的存在以及对外来资本股权和被并购企业行业的限制成为其法律和政策制约因素；③当并购数量或并购金额较大时，会招致当地舆论的抵制；④存在文化排斥现象，为并购后新企业融入当地社会带来一定程度的困难；⑤并购后整合成本较高

资料来源：班允浩（2004）。

在以上背景知识的基础上，由于第二章的文献只是从新—新贸易理论的框架层面介绍了相关的文献，而对于企业 FDI 进入方式的系统和专门文献并没有涉及，从理解理论发展的脉络角度看，有必要对 FDI 进入方式的文献做一简单梳理。

对 FDI 进入方式的研究由来已久，文献集中在理论和实证两个方面，探讨影响跨国企业进入方式行为选择的因素和条件，总体来说，这些文献有代表性的 15 个，如表 6-2 所示，其研究视角主要包括交易成本和内部化理论视角，组织学习（Organizational-learning）视角，信息经济学视角，企业发展理论视角，产业组织视角以及制度理论视角等。以下我们详细介绍。

表 6-2 FDI 进入方式研究的主要文献情况

代表文献	理论视角	母国	东道国	时间限度	样本容量	研究方法
Wilson（1980）	实证探索	多国	多国	1900~1967 年	/	OLS
Caves 和 Mehra（1986）	企业发展理论，交易成本/内部化理论，代理理论，产业组织理论	多国	美国	1974~1980 年	138	Binary Probit
Forsgren（1989）	交易成本/内部化理论，网络理论	瑞典	多国	1970~1982 年	33	OLS
Zejan（1990）	交易成本/内部化理论，产业组织理论	瑞典	多国	1969~1978 年	250	Binary Probit
Hennart 和 Park（1993）	交易成本/内部化理论，产业组织理论，信息经济学理论，企业增长理论，不完全资本市场理论	日本	美国	1978~1980 年；1984~1987 年	270	Binary Logit
Andersson 和 Svensson（1994）	资源基础理论	瑞典	多国	1961~1990 年	1000	Binary Logit
Cho 和 Padmanabhan（1995）	交易成本/内部化理论，组织学习理论，议价模型	日本	多国	1969~1991 年	756	Binary Logit
Hennart，Larimo 和 Chen（1996）	交易成本/内部化理论，产业组织理论，信息经济学理论	日本和芬兰	美国	1978~1993 年	401	Binary Logit
Meyer 和 Estrin（1997）	交易成本/内部化理论，产业组织理论	德国和英国	多国	1990s	211	Binary Logit
Barkema 和 Vermeulen（1998）	组织学习理论	荷兰	多国	1966~1994 年	829	Binary Logit
Padmanabhan 和 Cho（1999）	组织学习理论	日本	多国	1969~1991 年	752	Binary Logit
Brouthers 等（2000）	制度理论，文化模型，交易成本/内部化理论	日本	西欧 6 国	1981~?	136	Binary Logit
Harzing（2002）	所有权—区位—内部化折衷理论，制度理论	多国	多国	1990s	277	Binary Logit
Larimo（2003）	交易成本/内部化理论	北欧 4 国	多国	1960~1999 年	3524	Binary Logit
Chen 和 Zeng（2004）	进入壁垒理论	日本	美国	1978~1980 年；1984~1987 年	269	Binary Logit

资料来源：Slangen 和 Hennart（2007）。

一、交易成本、内部化理论

该理论是企业跨国经营进入方式选择的一个重要研究视角，最早由Buchley 和 Casson（1976），Rugman（1981）和 Hennart（1982）等创立，它们关注比较中间投入品的市场交易成本与内部化生产成本之间的大小，由此企业在 FDI 和出口之间选择。后来，该理论被扩展到分析企业对外直接投资的进入模式选择，Hennart 和 Park（1993）认为，如果通过绿地投资获取中间投入品的成本低于用兼并方式，则选择绿地投资；反之则反是。

在跨国公司的对外投资中，其希望控制的一个重要投入是技术知识，此要素在市场交易中非常昂贵。控制技术知识的跨国公司可以通过海外投资获取规模经济和范围经济，此类企业选择绿地投资方式能够节约交易成本，很好地控制技术（Hennart 和 Park，1993）。缺乏此类技术的企业，通过市场交易的成本高昂，而通过跨国并购的方式获取国外技术成本较低（Hennart 等，1996）。所以企业的技术水平和状况决定了其进入模型选择，技术水平高的企业选择绿地投资，技术水平低的企业选择跨国并购。

影响到企业跨国投资交易成本的还包括企业的国际化经营经验以及在东道国经营的经验。那些具有丰富跨国经营经验和知识以及富有东道国经营经验的企业能够以较低的成本建立分支机构，所以对于他们来说，应该以绿地投资的方式进入国外市场。而那些缺乏国际经营经验以及对东道国经营情况不了解的企业，通过跨国并购利用国外企业的管理经营经验则可以降低成本，相关文献包括 Caves（1996）、Hennart 和 Park（1993）以及 Larimo（2003）。另外，产品生产的经验及知识也影响到交易成本和企业的 FDI 进入方式选择，如果跨国公司企图通过对外直接投资生产某种自身需要的中间投入品，若其掌握该投入品生产的最先进知识和技术，一般会选择绿地投资，若其并不掌握生产该投入品的技术知识，通过跨国并购的方式能够节约成本（Caves，1996；Hennart 和 Park，1993）。

交易成本、内部化理论的另一个研究视角认为，生产产品种类多样的企业更加倾向于跨国并购，因为该类企业的比较优势在于产出和管理控制（Caves 和 Mehra，1986；Zejan，1990）；而生产产品种类少的企业，为了控制核心技术，且其优势不在于管理控制上，一般会选择绿地投资（Larimo，2003）。

一些文献还将交易成本和内部化理论扩展到文化距离（Cultural Distance）领域。所谓文化距离，是指母国和东道国之间的习惯和文化认同度以及企业经营与管理上的差异程度（Hofstede，2001）。两国之间的文化距离越远，跨国投资的沟通和交易成本越高，会影响企业的投资行为选择（Hennart，2000）。而文化距离对于两种投资进入模式的成本影响是不同的，当文化距离远时，跨国并购方式增加的成本更多，因为两种管理模型的协调磨合非常困难，此时绿地投资的交易成本更低，因为新建的企业更容易制定管理模式和协调（Larimo，2003）。所以，母国和投资国的文化距离越远，越应该采用绿地投资的直接投资方式（Cho 和 Padmanabhan，1995）。

二、组织学习（Organizational-learning）理论

过去的十余年中，这一视角的研究被充分重视，该理论认为，企业对外直接投资并设立更多的分支机构，一个重要的目的是获取国外的技术知识和经验，这时跨国并购就是一个更好的选择，能够更多地学习国外知识。而那些已经掌握重要技术知识且具有丰富国际投资经验的跨国企业，则会选择绿地投资来扩张市场，增强竞争力（Fiol 和 Lyles，1985；Huber，1991；March，1991）。

Berkema 和 Vermeulen（1998）实证检验了一些多产品种类的跨国公司，发现这些公司大多希望通过对外投资获取技术知识和技能，发现这些企业都更倾向于绿地投资而甚于跨国并购，且其发现了绿地投资与产品类型（Product Diversity）之间的倒 U 形关系。Padmanabhan 和 Cho（1999）还发现了影响企业对外投资进入模式的另外两个因素，即企业的绿地投资经验和跨国并购经验，一个具备绿地投资经验的企业再次对外投资时会优先选择自己熟悉的投资方式，反之熟悉跨国并购的企业再次对外投资时会优先选择并购。

三、信息经济学理论

信息经济学主要关注信息对于经济行为和决策的影响，运用到对外投资进入方式选择中，重点分析信息不对称对于企业重建和并购的影响。这一信息不对称主要影响到企业的跨国并购，此种选择下，投资企业对于并购企业的信息不完全，对其估值以及实际情况通常不了解。如果企业缺乏对于东道

国的经营经验，该不对称信息的影响更大，故这些企业在选择进入东道国市场方式时，倾向于绿地投资，可以减少信息不对称的负面效应。如果企业对于东道国投资和企业情况非常了解，信息是对称的，则倾向于选择跨国并购模式（Hennart 和 Park，1993；Hennart et al.，1996）。

同样地，如果跨国企业投资一个全新的行业，则其采用并购方式的不对称信息成本更高，所以应选择绿地投资方式；而若跨国企业投资自身熟悉的行业或者自身主导行业，信息不对称的影响会较小，可以采用跨国并购（Hennart 和 Park，1993）。

四、企业成长（Growth of the Firm）理论

企业成长理论是从企业发展需要的人才约束角度分析问题，其认为，跨国企业的海外扩张需要大量的相关人才。在绿地投资的情形下，这些人才需要由母公司供给；在并购的情况下，这些人才可以从国外公司获取。如果跨国企业的国外投资规模巨大，需要大量的管理人才，则母公司无法供给，此时采用并购的方式能够利用国外的人才；而如果跨国企业的国外投资规模较小，国内母公司能够供给相应的人才，则绿地投资方式更宜（Barney，1991；Wernerfelt，1984）。

五、产业组织理论

该文献一般从国外相关产业的组织特征来解析其对于跨国企业海外投资进入模式选择的影响。该理论认为，绿地投资和跨国并购方式的一个重要不同点在于，绿地投资会增加东道国的产品供给，尤其是对于具有一定市场集中度的产业来说，跨国企业必须大规模投资才能与其国内相关产业竞争，而大规模竞争会增加供给，降低价格和减少利润，还会招致当地企业的报复和排挤，此时采用并购方式则可以避免供给增加的后果（Caves 和 Mehra，1986；Meyer 和 Estrin，1997）。然而，一些东道国政府为了避免跨国公司的进入损害国内的产业利润，往往会制定反并购的法律和措施，此时只有采用绿地投资方式进入东道国市场。

产业的发展与创新速度也会影响企业的进入模式，一个发展缓慢的产业，如果采用绿地投资方式会由于需要较长时间而失去先发优势的市场份

额，此时跨国并购更好（Zejan，1990）。对于发展和创新速度很快的产业，同样需要采用并购方式，因为绿地投资需要一定的时间，这样等到投资转化成产品时，其已经被淘汰了（Caves 和 Mehra，1986）。所以那些发展速度很快和很慢的产业都应该采用并购的方式进入国外市场。

六、制度理论

相关文献指出，企业对外直接投资面临两方面的制度协调问题，一方面要保持与母公司相同的规则制度和经营理念，涉及内部协调问题；另一方面要保持与东道国制度规则和企业经营相同的理念，涉及外部协调问题。一般来说，绿地投资易于保持内部协调，跨国并购则易于保持外部协调。对于一个企业来说，选择对外直接投资的市场进入模式时，要视其经营目标进行选择。如果企业的投资目标是实现全球扩张战略，则绿地投资更适宜；而如果企业投资的目标是跨国获取低成本投入品，则并购方式更好（Kostova 和 Zaheer，1999；Rosenzweig 和 Singh，1991；Harzing，2002）。

以上提到的所有影响企业对外直接投资进入模式选择的因素可以划分为宏观因素、中观因素和微观因素三个方面。宏观因素包括文化差异、东道国的所有制结构、法律制度和经济发展状况等；中观因素包括产业的多元化、产业技术水平和产业集中度等；微观因素主要包括投资企业在东道国的经验、企业的战略选择和扩张方式等。如表 6-3 所示。

表 6-3　影响企业 FDI 进入方式选择的因素及主要文献

因素		相关关系	主要文献
宏观因素	文化差异	差异越大，越宜绿地投资，不宜跨国并购	Kogut 和 Singh（1988）；Hennart 和 Reddy（1997）
	东道国所有制结构	私有经济比重大，则宜跨国并购；反之则宜绿地投资	Sumon 等（2003）
	东道国法律和规章制度	相关关系不确定	Davis 等（2000）；Morck 和 Yeung（1991）；Caves（1996）；Brouthers（2002）
	东道国经济发展状况	与绿地投资正相关，与跨国并购负相关	Harry 和 Freek（1998）
中观因素	跨国企业产业多元化	与跨国并购正相关，与绿地投资负相关	Chatterjee（1990）；Zejan（1990）；Mudambi（2002）
	产业技术水平	母国产业 R&D 密度越高，越宜绿地投资；反之则跨国并购	Doukas（1995）；Hennart 和 Park（1993）

续表

因素		相关关系	主要文献
中观因素	产业集中度	东道国产业集中度高于母国，则采用绿地投资的概率高	Chen 和 Zeng（2004）
微观因素	企业在东道国的经营经验	经验越丰富，采取跨国并购的可能性越大	Kogut（1988）；Anand 和 Delios（2001）
	企业的战略选择	进行水平和垂直扩张时，绿地投资可能性大；反之则跨国并购	Dubin（1975）；Hzrzing（2002）；Wilson（1980）

资料来源：根据以上相关文献介绍整理。

新—新贸易理论诞生后，有关研究者将异质性企业假设引入相关模型框架，剖析企业的生产率对于其对外直接投资进入模式选择的影响。

第二节　绿地投资、跨国并购与异质性企业 FDI 方式抉择：一个理论框架

将异质性假设引入分析企业对外直接投资的模式是新—新贸易理论体系的一个重要扩展，不仅有利于我们更好地理解全球化背景下企业的生产组织选择，推进新—新贸易理论的发展；同时也丰富了跨国投资进入模式选择的文献，为其提供了一个新的研究思路和方向。本节的模型遵照 Nocke 和 Yeaple（2007）的一般均衡理论框架，关注于不同的研究目标和视角，抛弃了其将并购活动分为国内并购和国外并购的划分，只分析跨国并购；并且不像原文一样同时分析企业的出口、绿地投资和并购等多重选择，而仅专注于研究绿地投资和跨国并购之间的抉择。

一、模型设定

假设一个同质的两国经济，两个国家分别记为 A 和 B，令 I 为单个国家的总收入水平，生产只使用一种生产要素 L（劳动），由于两国同质，劳动价格及工资水平可以标准化为 1。再设定每个国家各有两个差异化产业部门 E 和 F，而代表性消费者对于该两种产品门类的消费偏好为 C-D 效应函数，

而对于每一种产品门类中的差异化产品的消费偏好为 CES 效用函数。假设每个国家会将其总收入的 αi 比例消费于产业 i，这里 i = E，F，则其消费每一产品种类的效用为：

$$U_i = \left[\int_{j \in \Omega_i} Q(j)q(j)^{1-\rho_i} dj \right]^{1/\rho_i}, \quad \rho_i = \frac{\sigma_i - 1}{\sigma_i}, \quad \sigma_i > 1 \tag{6-1}$$

式中，Q(j) 和 q(j) 分别表示产品类型 j 的消费水平和质量水平，j 为产品类别，即 j = E 或 F，σ_i 表示替代弹性。再假设每个国家的市场中有一系列的企业，这些企业的能力和竞争力不同。我们对企业的能力进行区分，有些能力，如技术和组织能力等，很容易在国际转移和流动，我们定义为可流动能力（Mobile Capability）；而另一些能力，如本地市场知识和偏好等，不能够在跨国间转移和流动，我们定义为不可流动能力（Non-mobile Capability）。企业的生产技术，很容易在跨国间流动，则为可流动的。所以，企业的流动能力与其边际成本之间存在反向关系，若用 β 表示企业的移动能力，其边际成本表示为 c，则存在关系 $c(\beta) = \beta^{-1}$，$\beta > 0$。假设企业的不可流动能力会影响其产品质量水平，企业使用 A 国的不可流动能力在 A 国生产的产品质量定为 ηA，也就是 $q^A = \eta^A$，而如果使用 A 国的不可流动能力在 B 国生产，产品的质量水平定为 $q^B = \gamma i \eta^A$，且 $\gamma_i \in (0, 1)$，即 γ_i 表示用 A 国的不可流动能力在 B 国生产时的产品质量损失。

假设企业生产的可流动能力与不可流动能力在外部市场的交易成本很高，就是说每一个企业都面临着自己特定的可流动能力和不可流动能力，而不存在知识技术的外溢和传播。对于一个企业来说，供应国内市场一般都是采用国内生产的方式，供应国际市场则可以在出口和对外直接投资之间抉择，这一抉择问题已经在其他相关文献中进行了研究和分析。这里由研究目标的需要，我们假设企业选择了 FDI，这时又存在绿地投资和跨国并购两种投资模式选择，绿地投资即在国外建立一个相同的生产分支，所用可流动能力与不可流动能力都与其本国相同。跨国并购即兼并或收购国外的同产业企业，国外分支企业的可流动能力将选择两者中更有效率的，不可流动能力选择国外并购企业的本国优势能力。

假定市场中存在一系列的潜在进入者，它们首先选择是否进入国内市场，如果进入市场，则需要承担一个固定的进入成本 $C_{e,I}$，进入市场的企业会有一个自身能力水平，其可流动能力为 β，设其分布函数为 H_i；不可流动能力为 η，在 A 国的不可流动能力则为 η^A，设其分布函数为 G_i，由于 B 国特有的不可流动能力在 A 国会不起作用，即有 $\eta^B = 0$（A≠B）。所以我们可以用（β，η）表示一个具体的企业。如果进入市场的企业对外直接投资，采用绿地投资的方式时，需要支付一个固定的市场适应调整成本 $C_{F,i}$，用以代表用 A 国的不可流动能力在 B 国经营管理的额外成本。若企业采用跨国并购的方式进入他国市场，需要支付一个兼并的购买成本，用企业的总股值价格表示，记为 $V_i(\beta, \eta)$，表示可流动能力为 β 且不可流动能力为 η 的企业的并购价格。所以，A 国的企业可以通过并购（β′，η′）的 B 国企业而进入 B 国市场，此时该企业将使用最有效率的可流动能力，而在不同的市场用各国特定的不可流动能力。实际上，一般来说，兼并国外其他企业的跨国公司在技术上必然居于领先地位，所以其在国外生产也会使用自身原有的可流动能力。

由上可得，整个模型的思路是，企业首先选择是否进入国外市场，其次根据利润最大化原则决定采取什么样的进入模式，最后企业之间竞争并获取利润。

二、模型分析

在模型设定基础上，以下求解模型的均衡以及均衡条件下异质性企业的绿地投资和跨国并购行为选择。我们采用反推法，从企业的利润开始。由式（6-1）的代表性消费者效用最大化，能够求解出 A 国单个企业产品的市场需求函数为：

$$Q^A(j) = \theta_i I(P_i^A)^{\sigma_i - 1} q^A(j) p^A(j)^{-\sigma} \tag{6-2}$$

这里 $p^A(j)$ 是产品类 j 在 A 国的价格，P_i^A 表示产品 i 在 A 国的总价格指数，其值为：

$$P_i^A = \left[\int_{j \in \Omega_i} q^A(j) q^A(j)^{1-\sigma_i} dj \right]^{\frac{1}{1-\sigma_i}} \tag{6-3}$$

由于两个国家是同质的，所以两国的价格指数相等，即 $P_i^A = P_i^B = Pi$ 成立。用 $c_i^A(j)$ 表示在 A 国销售产品类 j 的边际成本，这一边际成本中包括产品运输成本，设定企业在两国市场可以采用价格歧视，则利润最大化结果推出，每个企业会以固定的成本加成溢价来定价，所以 $p^A(j) = c_i^A(j)/\lambda_i$。则企业在本国即 A 国销售产品类别 j 的总利润是：

$$\pi_j^A = \frac{\theta I q^A(j)\left[c_i^A(j)\right]^{1-\sigma_i}}{\sigma_i(\lambda_i P_i)^{1-\sigma_i}} \tag{6-4}$$

这里，把溢价调整的需求水平 D_i 定义为：

$$D_i = \frac{\theta I}{\sigma_i(\lambda_i P_i)^{1-\sigma_i}} \tag{6-5}$$

故式（6-4）结果可以化简为：

$$\pi_j^A = D_i q^A(j)\left[c_i^A(j)\right]^{1-\sigma_i} \tag{6-6}$$

可见，企业在本国的总利润由企业的流动能力 β，企业的产品质量水平 q 等因素决定。接着分析企业选择跨国并购后的情况，并购后企业的类型可以定义为（β，η^A，η^B）。由前面的分析可得企业在绿地投资和跨国并购选择下的利润函数分别为：

$$\begin{cases}\pi_g = (1+\gamma)D\beta\eta - C_F \\ \pi_a = D\beta(\eta+\eta') - V_i(\beta', \eta')\end{cases} \tag{6-7}$$

式中，$V_i(\beta', \eta')$ 表示并购国外企业的价格，在股权并购的情形下，就是国外企业的股价成本，由于企业跨国投资选择并购的目的是为了获取不可流动的能力，所以在均衡条件下应该有 $V_i(\beta', \eta') = V_i(0, \eta')$，否则跨国企业就会选择并购 $V_i(0, \eta')$ 类型以节约成本。同时，被并购的目标企业的不能流动能力需要具备如下条件：

$$\eta' = \text{argmax}_{\eta''} D\beta(\eta+\eta'') - V_i(0, \eta') \tag{6-8}$$

以下分析考虑企业异质性来源的两种极端情况。一种情况是，企业异质性仅在于可流动能力 β，而不在于不可流动能力 η，由式（6-7）的结果可见，$V_i(\beta', \eta') = V_i(0, \eta')$ 在 η 不变的情况下保持不变，故跨国并购利润随着可流动能力增加的增长速度远大于绿地投资。所以此种情形下，生产率高的企业会选择跨国并购，生产率低的企业会选择绿地投资。另一种情况是，企业异质性仅在于不可流动能力 η，而不在于可流动能力 β，再由式（6-7）可见，在 β 增加时，绿地投资利润的增长速度快于跨国并购，所以此种情况下，生产率高的企业会选择绿地投资，而只有生产率低的企业选择跨国并购。这里，企业异质性的来源与表现形式起了重要作用。

再看企业的市场进入选择，在均衡条件下，企业的进入利润为 0，此时不会再有其他进入者，否则将入不敷出，出现亏损的局面。此时，应该有：

$$\int_0^{+\infty}\int_0^{+\infty} V_i(\beta,\ \eta)dH_i(\beta)dG_i(\eta) = C_{e,i} \tag{6-9}$$

为了详细分解以上推论，以下我们对每个国家的两个差异化产业部门进行定义和均衡分析，设产业 E 的企业异质性表现在可流动的能力上，而产业 F 的企业异质性表现在不可流动能力上。

（一）首先分析产业 E 的市场均衡结果

假设在 A 国，E 产业内的代表性企业可流动能力为 β，服从连续分布 H；其不可流动能力 η 的分布 G 为阶梯函数（Step Function），取值为 0 或 1，取值相应概率是 1–μ 和 μ。如此，对外直接投资后的企业类型大致分为（β，0，1）、（β，1，0）或（β，1，1）三类，其中（β，1，0）为绿地投资型，（β，0，1）和（β，1，1）为跨国并购型，两种类型下的利润函数为：

$$\begin{cases}\pi_g^E = (1+\gamma)D\beta - C_F \\ \pi_a^E = 2D\beta - V(0,\ 1)\end{cases} \tag{6-10}$$

就式（6–10）对 β 求导，结果如下：

$$\begin{cases}\dfrac{\partial \pi_g^E}{\partial \beta} = (1+\gamma)D \\ \dfrac{\partial \pi_a^E}{\partial \beta} = 2D\end{cases},\ \gamma\in(0,\ 1) \tag{6-11}$$

显然 $2D > (1+\gamma)D$，所以能够得到以下命题。

命题 1： 对于企业异质性主要存在于可流动能力的产业，生产率相对较高的企业应该选择跨国并购的对外直接投资模式，而生产率相对较低的企业应该选择绿地投资的对外直接投资模式。

（二）产业 F 的市场均衡结果

同样假设在 A 国，F 产业内的代表性企业，其不可流动能力 η 服从函数为 G 的连续分布；而可流动能力 β 的分布 H 为阶梯函数，取值为 0 或 1，取值相应概率是 1–ν 和 ν。对外直接投资后企业的类型包括（1，η）和（0，η），而一般来说，对外直接投资的企业比供应国内市场以及出口的企业效率更高，所以实际的跨国投资企业类型仅是（1，η）。根据式（6–7）计算不同市场进入模式下的企业利润函数是：

$$\begin{cases}\pi_g^F = (1+\gamma)D\eta - C_F \\ \pi_a^F = D\eta - V(0,\ \eta)\end{cases} \tag{6-12}$$

对上式求关于 η 的倒数，得到结果：

$$\begin{cases} \dfrac{\partial \pi_g^F}{\partial \eta} = (1+\gamma)D \\ \dfrac{\partial \pi_a^F}{\partial \eta} = D - \dfrac{\partial V(0,\ \eta)}{\partial \eta} \end{cases} \tag{6-13}$$

对于 $V(0,\ \eta)$ 来说，η 越大表示企业的生产率越高，而生产率高的企业的并购价格和成本必然更高，故 $V(0,\ \eta)$ 是关于 η 的增函数，即 $\partial V(0,\ \eta)/\partial \eta > 0$，而 $\gamma \in (0,\ 1)$，故有：

$$\frac{\partial \pi_g^F}{\partial \eta} > \frac{\partial \pi_a^F}{\partial \eta} \tag{6-14}$$

所以有以下命题 2 成立。

命题 2： 对于企业异质性主要存在于不可流动能力的产业，生产率相对较高的企业应该选择绿地投资的对外直接投资模式，而生产率相对较低的企业应该选择跨国并购的对外直接投资模式。

至此，我们得到了不同产业和不同企业情形下，企业对外直接投资的模式选择结果，这一选择模式如图 6-1 所示。

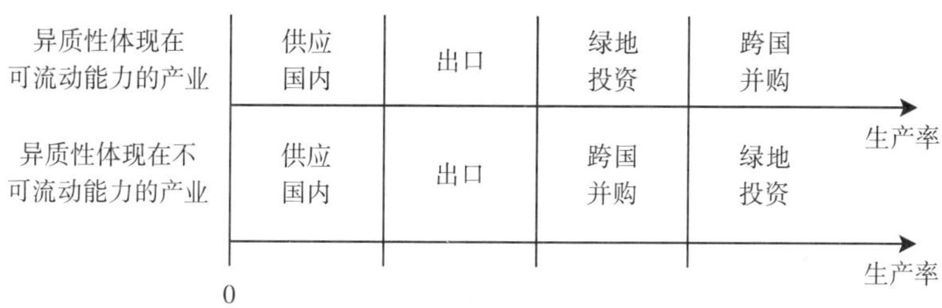

图 6-1 企业的对外直接投资行为选择

三、模型结论

模型将企业的生产率和能力分为可流动能力和不可流动能力，从企业异质性的来源不同将产业分为不同的类型，再从企业生产率的异质性角度剖析了影响企业对外直接投资因素的不同结果。我们得到，对于异质性主要体现在可流动能力的产业，生产率高的企业会选择跨国并购，生产率低的企业会选择绿地投资；相反，对于异质性主要体现在不可流动能力的企业，生产率高的企业会选择绿地投资，而生产率低的企业会选择跨国并购。两种不同的结果告诉我们，选择跨国并购的企业可能是生产率高的企业，也可能是生产率低的企业，仅仅从企业生产率的差异上并不能解释其对外直接投资模式的选择。

本节的结论并没有推翻先前理论的结果，如果将新—新贸易理论关于企业不出口、出口以及对外直接投资选择的结果结合起来，则一个总的结论是：生产率最低的企业会选择只供应国内市场，稍高一些的企业选择出口贸易的国际化路径形式，而生产率更高的企业才选择对外直接投资；但在对外直接投资模式的选择上，依据不同的产业特征会有不同的选择。

第三节　中国企业 FDI 抉择的宏观背景

在以上理论的基础上，以下的重点是解析我国企业应该如何在绿地投资与跨国并购之间进行抉择。在分析这一现实问题之前，必须对我国企业对外直接投资的发展情况和历程具有详细的了解，才能全面地把握和给出合理的抉择。故本节将对中国企业 FDI 的历程进行详解，为进一步的研究奠定宏观背景。

一、中国企业对外直接投资的现状

（一）从我国企业对外直接投资的总量看

我国对外直接投资的总量由 1978 年的 0.21 亿美元增长到 2008 年的 406.5 亿美元，增长了近 2000 倍，年均增长率 25.4%，发展速度是可观的。但与我国接受外商直接投资的数值比较起来，发展是缓慢的，其只占到利用外资的平均 0.16；其占 GDP 的比重平均为 0.003，显然发展是严重滞后的。表 6-4 和图 6-2 列示了改革开放三十年来我国企业对外直接投资的情况，用 ODI（Overseas Direct Investment）表示；以及利用外资的情况，用 FDI（Foreign Direct Investment）表示。可以清楚地看出我国企业对外直接投资的发展状况和水平。

表 6-4 1978~2008 年我国对外直接投资、利用外资及 GDP 情况

单位：亿美元，%

年份	ODI		FDI		GDP		ODI/FDI	ODI/GDP
	数值	增长率	数值	增长率	数值	增长率		
1978	0.21	/	3.20	/	2137.8	13.8	0.0656	0.0001
1979	0.35	66.67	3.70	15.63	2382.6	11.4	0.0946	0.0001
1980	0.36	2.86	3.80	2.70	2665.9	11.9	0.0947	0.0001
1981	0.41	13.89	4.10	7.89	2868.8	7.6	0.1000	0.0001
1982	0.44	7.32	4.30	4.88	2812.7	8.8	0.1023	0.0002
1983	0.93	111.36	6.36	47.91	3018.0	12.0	0.1462	0.0003
1984	1.34	44.09	12.58	97.80	3097.6	20.9	0.1065	0.0004
1985	6.29	369.40	16.59	31.88	3070.1	25.1	0.3791	0.0020
1986	4.50	−28.46	18.75	13.02	2975.9	14.0	0.2400	0.0015
1987	6.45	43.33	23.14	23.41	3239.7	17.4	0.2787	0.0020
1988	8.50	31.78	31.94	38.03	3994.5	24.7	0.2661	0.0021
1989	7.80	−8.24	33.87	6.04	3552.1	13.0	0.2303	0.0022
1990	8.30	6.41	34.87	2.95	3507.2	9.9	0.2380	0.0024
1991	9.13	10.00	43.66	25.21	3949.6	16.7	0.2091	0.0023
1992	40.00	338.12	111.56	155.52	4672.7	23.6	0.3586	0.0086
1993	44.00	10.00	275.15	146.64	4099.7	31.2	0.1599	0.0107
1994	20.00	−54.55	337.87	22.79	5771.7	13.1	0.0592	0.0035
1995	20.00	0.00	358.49	6.10	7308.8	10.9	0.0558	0.0027
1996	21.41	7.05	401.80	12.08	8577.4	10.0	0.0533	0.0025
1997	25.63	19.71	442.36	10.09	9538.0	9.3	0.0579	0.0027
1998	26.34	2.77	437.52	−1.09	10195.1	7.8	0.0602	0.0026
1999	17.74	−32.65	403.19	−7.85	10831.5	7.6	0.0440	0.0016
2000	9.16	−48.37	407.72	1.12	11985.2	8.4	0.0225	0.0008
2001	68.85	651.64	468.46	14.90	13248.8	8.3	0.1470	0.0052
2002	25.18	−63.43	527.43	12.59	14537.7	9.1	0.0477	0.0017
2003	28.55	13.38	535.05	1.44	15781.5	10.0	0.0534	0.0018
2004	54.98	92.57	606.30	13.32	16410.7	10.1	0.0907	0.0034
2005	122.61	123.01	724.06	19.42	19810.9	10.4	0.1693	0.0062
2006	176.33	43.81	694.68	−4.06	23546.5	11.6	0.2538	0.0075
2007	187.20	6.16	826.58	18.99	34160.7	11.9	0.2265	0.0055
2008	406.50	117.15	923.95	11.78	43992.3	9.0	0.4400	0.0092

注：2008 年 GDP 数据为初步值，GDP 美元值用人民币美元汇率当年中间价换算而得。
资料来源：根据《中国统计年鉴》（1996~2006）以及商务统计数据与各年度对外投资年报。

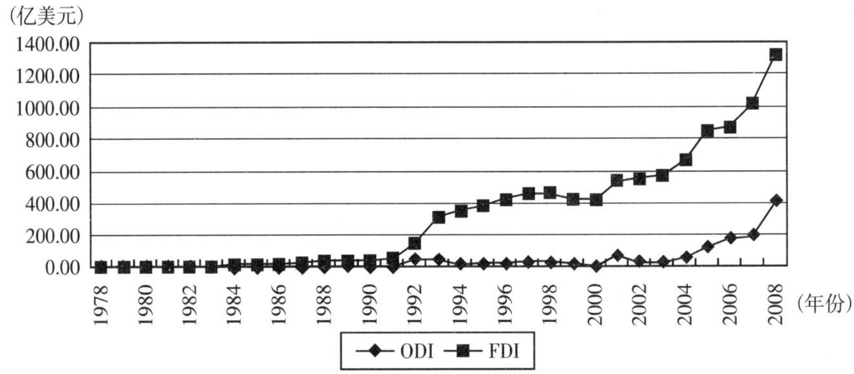

图 6-2 1978~2008 年我国 ODI 和 FDI 情况

(二) 从我国企业对外直接投资的区域分布看

主要分布在亚洲，占到对外直接投资总额的一半以上，其次美洲和非洲也是重要的投资地区。表 6-5 列示了 1979~2007 年末我国对外直接投资存量的区域分布情况。

表 6-5 1979~2007 年末我国对外直接投资存量的区域分布

单位：亿美元，%

地区	1979~2002 年		2003 年		2004 年		2005 年		2006 年		2007 年	
	规模	比重	规模	比重	规模	比重	规模	比重	规模	比重	规模	比重
亚洲	54.8	58.7	266	80.1	334.8	74.8	409.5	71.6	480	64	153.8	62.6
非洲	8.2	8.8	4.9	1.5	9	2	16	2.8	25.6	3.4	15.7	5.9
欧洲	5.6	6	4.87	1.5	6.77	1.5	12.7	2.2	22.7	3	10.9	5.8
拉美	6.6	7.1	46.2	13.9	82.7	18.5	114.7	20	197	26.3	49	18.5
北美	12.7	13.6	5.49	1.6	9.09	2	12.63	2.2	15.9	2.1	11.3	4.3
大洋洲	5.5	5.9	4.72	1.4	5.44	1.2	6.5	1.1	9.39	1.3	7.7	2.9
世界	93.4	100	332.2	100	447.8	100	572.1	100	750.3	100	248.4	100

资料来源：根据各年度中国对外直接投资公报数据整理。

再从投资的国别情况看，截至 2007 年末，中国香港、开曼群岛、英属维尔京群岛是存量集中的前三位国家和地区，其存量达到 922.2 亿美元，占存量规模的 78.2%。至 2007 年末我国对外直接投资存量前 20 位国家情况如表 6-6 所示。

表 6-6 1978~2007 年末我国对外直接投资存量前 20 位国家情况

序号	国家（地区）	存量（亿美元）	序号	国家（地区）	存量（亿美元）
1	中国香港	687.8	11	英国	9.5
2	开曼群岛	168.1	12	中国澳门	9.1
3	英属维尔京群岛	66.3	13	德国	8.5
4	美国	18.8	14	南非	7.0
5	澳大利亚	14.4	15	印度尼西亚	6.8
6	新加坡	14.4	16	尼日利亚	6.3
7	俄罗斯联邦	14.2	17	哈萨克斯坦	6.1
8	加拿大	12.5	18	蒙古	5.9
9	韩国	12.1	19	苏丹	5.7
10	巴基斯坦	10.7	20	日本	5.6

资料来源：2007 年中国对外直接投资统计公报。

（三）从对外直接投资的行业分布看

行业分布比较齐全，商务服务业、批发零售业、金融业和采矿业、交通运输/仓储和邮政业合计占存量的 80%以上。其中租赁和商务服务业投资额 305.2 亿美元，占 25.9%；批发和零售业 202.3 亿美元，占 17.2%；金融业 167.2 亿美元，占 14.2%。具体情况如图 6-3 所示。

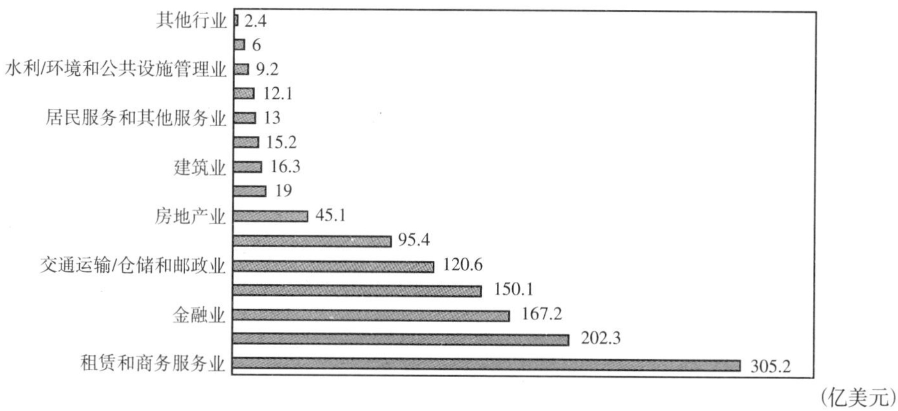

图 6-3 1978~2007 年末我国对外直接投资行业存量分布

资料来源：2007 年中国对外直接投资统计公报。

表 6-7 是我国 2003~2007 年对外直接投资流量的行业分布，可以看出，采矿业，交通运输、仓储物流业，租赁与商业服务等行业占据重要地位，金融服务以及批发零售的比重不断增长。

表 6-7 2003~2007 年中国对外直接投资流量的行业分布

单位：亿美元，%

行业	2003 年		2004 年		2005 年		2006 年		2007 年	
	规模	比重	规模	比重	规模	比重	规模	比重	规模	比重
农业与养殖业等	0.86	3.0	2.89	5.3	1.05	0.9	1.85	0.9	2.72	1.03
采矿业	13.8	48.4	18	32.7	16.8	13.7	85.4	40.4	40.63	15.33
制造业	6.2	21.8	7.56	13.8	22.8	18.6	9.07	4.3	21.27	8.02
电力及公共设施	0.38	1.3	0.78	1.4	0.77	0.6	1.19	0.6	1.51	0.57
交通运输、仓储物流	0.86	3.0	8.29	15.1	5.77	4.7	13.76	6.5	40.65	15.34
批发零售	3.6	12.6	8.0	14.6	22.6	18.4	11.14	5.3	66.04	24.92
金融服务	/	/	/	/	/	/	35.3	16.7	16.68	6.29
房地产	/	/	0.01	0.02	1.16	0.9	3.84	1.8	9.09	3.43
租赁与商业服务	2.8	9.8	7.49	13.6	49.4	40.3	45.2	21.4	56.07	21.15
合计	28.5	100	54.98	100	122.6	100	211.6	100	265.06	100

资料来源：根据各年度中国对外直接投资公报数据整理。

（四）从对外直接投资来源地区分布看

广东是我国对外直接投资存量最多的省份，其次为上海，以后依次分别为山东、北京、江苏、浙江、福建、黑龙江、辽宁以及四川等。1978~2007 年末的对外直接投资前 10 个省市区的情况如表 6-8 所示。

表 6-8 1978~2007 年末我国对外直接投资前 10 位省市情况

序号	省、市、区	存量（亿美元）
1	广东省	72.43
2	上海市	30.25
3	山东省	16.14
4	北京市	15.92
5	江苏省	11.65
6	浙江省	11.63
7	福建省	9.16
8	黑龙江省	7.11
9	辽宁省	4.44
10	四川省	4.43

资料来源：2007 年中国对外直接投资统计公报。

表 6-9 是 2003~2007 年全国各省市对外直接投资流量情况表，显然中央总量远大于地方，且长三角与珠三角地区投资所占份额较大且增长速度较快。

表 6-9　2003~2007 年我国各省市非金融类对外直接投资流量情况

单位：万美元

年份 省、市、自治区	2003	2004	2005	2006	2007
北京市	30054	15739	11306	5612	15295
天津市	544	1754	1887	2808	7993
河北省	110	1286	8538	4880	5394
山西省	4562	411	562	1849	8347
内蒙古自治区	220	667	2181	2522	4235
辽宁省	847	4141	3019	9701	12833
吉林省	163	2887	1083	2948	8322
黑龙江省	744	5645	16643	21796	17851
上海市	5224	20564	66680	44863	52266
江苏省	2490	5733	10828	12403	51899
浙江省	3665	7225	15817	21528	40346
安徽省	200	614	1902	3412	5079
福建省	6162	1591	4253	9584	36847
江西省	320	93	654	48	1536
山东省	8883	7523	15904	12666	18928
河南省	607	469	8538	763	7036
湖北省	176	131	485	286	903
湖南省	255	296	3067	5921	14088
广东省	9555	13893	20708	62997	114101
广西壮族自治区	208	450	321	390	2620
海南省	/	/	6	343	122
重庆市	/	985	590	1691	8713
四川省	147	506	2666	2831	29120
贵州省	/	/	/	/	51
云南省	251	491	2072	2907	13641
西藏自治区	/	/	/	/	/
陕西省	21	234	302	115	2058
甘肃省	83	317	3770	2087	15364
青海省	102	/	100	80	110
宁夏回族自治区	/	137	109	1818	569

续表

省、市、自治区＼年份	2003	2004	2005	2006	2007
新疆维吾尔自治区	27	216	861	172	8535
地方合计	75714	97282	205748	239705	525341
中央合计	209751	452517	1020369	1523692	1958488
合计	285465	549799	1226117	1763397	2483829

资料来源：2007 年中国对外直接投资统计公报。

（五）从投资主体的构成性质看

我国对外直接投资主体保持多元化的格局，有限责任公司所占比重最大，位于首位；其次是国有企业，占 19.7%，私营企业对外投资的主体数量占 11%，位于投资主体数量的第三位。1978~2007 年末境内投资主体按照登记注册类型分布情况如图 6–4 所示。

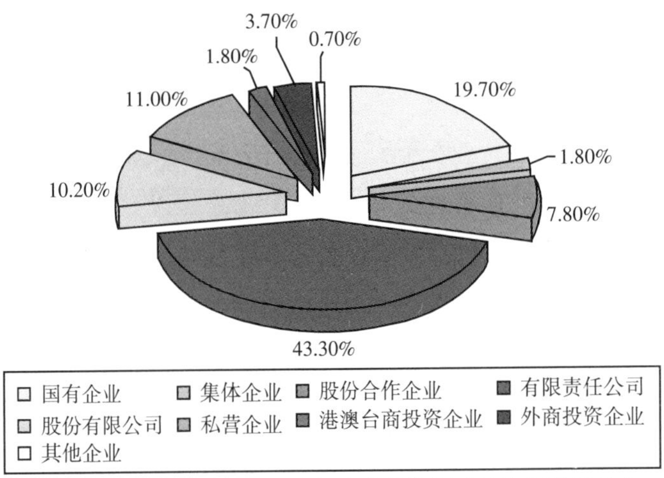

图 6–4　1978~2007 年末境内投资主体按照登记注册类型分布

资料来源：2007 年中国对外直接投资统计公报。

截至 2007 年末，在非金融类对外直接投资主体中，中央企业及单位仅占 10.3%，各省市区的投资主体占了 89.7%。其中，浙江、江苏、广东、山东、福建、上海和黑龙江六省一市的境内投资主体数量占境内投资主体总数的 68.7%；浙江省的境内投资主体数量最多，占境内投资主体总数的 23.2%；70%的私营企业投资主体来自浙江、福建两省。

（六）从对外直接投资的具体企业看

基本是国有大中型企业占据投资主导地位，其中中国石油、中国航空以及中国化工等企业位居对外投资的前列。表 6-10 列出了 1978~2007 年末我国非金融类对外直接投资存量前 40 家公司情况。

表 6-10 1978~2007 年末我国非金融类对外直接投资存量前 40 家公司

排名	企业名称	排名	企业名称
1	中国石油天然气集团公司	21	中国国旅集团有限公司
2	中国石油化工集团公司	22	上海汽车工业（集团）总公司
3	中国海洋石油总公司	23	联想控股有限公司
4	中国远洋运输（集团）总公司	24	中国电力投资集团公司
5	华润（集团）有限公司	25	海尔集团电器产业有限公司
6	中国中信集团公司	26	中国冶金科工集团公司
7	中粮集团有限公司	27	广州越秀集团有限公司
8	中国移动通信集团公司	28	中国对外贸易运输集团总公司
9	中国中化集团公司	29	宝钢集团有限公司
10	招商局集团有限公司	30	中兴通讯股份有限公司
11	深业（集团）有限公司	31	上海海外联合投资股份有限公司
12	中国海运集团总公司	32	中国华能集团公司
13	中国航空集团公司	33	中国联合通信有限公司
14	中国化工集团公司	34	中国有色矿业集团有限公司
15	中国建筑工程总公司	35	首钢总公司
16	中国中钢集团公司	36	中国保利集团公司
17	中国网络通信集团公司	37	TCL 集团股份有限公司
18	中国铝业公司	38	广东省航运集团有限公司
19	广东粤海控股有限公司	39	新疆中新资源有限公司
20	中国五矿集团公司	40	深圳市投资控股有限公司

资料来源：2007 年中国对外直接投资统计公报。

二、中国企业对外直接投资的发展历程

中国对外直接投资是在改革开放后逐步发展起来的。1979 年 8 月，国务院颁布了 15 项经济改革措施，其中第 13 项明确规定允许出国办企业，这是新中国成立以来第一次把对外直接投资作为一项政策确定下来。1979 年 11 月，北京友谊商业服务公司与日本东京丸一商事株式会社在东京合作兴

办了“京和股份有限公司”，这是中国实行改革开放政策后在国外开办的第一家合资企业，拉开了中国对外直接投资的序幕。改革开放20多年来，中国对外直接投资大致经历了三个发展阶段。

（一）自发探索阶段（1979~1984年）

改革开放初期，企业发展的重点是解决从计划经济向商品经济（当时提法）转变中的经营机制问题，从对外开放角度看，政府的重点是扩大进出口和利用外资，企业的对外直接投资并未引起广泛的注意，只有少数外经贸公司从自身经营发展的需要出发，开始在国外设立窗口企业，主要目的是为贸易服务，方便往来。20世纪80年代初，随着中国改革开放力度的进一步加大，一些大的外向型企业开始探索对外直接投资。但总的来看，这一时期参与对外直接投资活动的企业为数不多。1979~1984年，中国企业在国外投资兴办非贸易性企业共计113家，平均每年不到20家，总投资额为2亿多美元，平均每年为3400万美元，平均每家企业为170万美元，其中，中方投资额为1.27亿美元，平均每年为2100多万美元，平均每家企业为110多万美元，中方投资占投资总额比例为62.3%。这一时期投资主体主要是中央和地方外贸专业公司和省市国际经济合作公司，如中国化工进出口总公司、中国五金矿产进出口总公司、上海机械进出口公司、上海对外经济技术合作公司和福建国际经济技术合作公司等；投资领域主要集中在餐饮、承包建筑工程、咨询服务、贸易等行业，加工制造业的投资较少；投资主要分布在发展中国家和港澳地区。

（二）起步阶段（1985~1991年）

1985年，中国原对外经济贸易部根据国务院的指示精神，制定了在国外开办非贸易性企业的审批管理办法，指出“只要是经济实体，有资金来源，具有一定的技术水平和业务专长，有合作对象人，均可申请到国外开设合资经营企业”，从而使中国企业在境外的投资活动有章可循。在此背景下，1985~1987年，中国出现了第一次对外直接投资高潮，1985年中国对外直接投资流出流量达6.29亿美元，比1984年增长达369.4%；1987年中国在国外兴办的企业达124家，协议投资金额为13亿美元，是前8年的3.19倍，中方投资额为3.5亿美元，是前8年总和的1.38倍。1985~1991年，中国批准在海外投资兴办的非贸易性企业共859家，平均每年兴办128家，协议投资总额为29.44亿美元，平均每年投资额为4.2亿美元，平均每家企业投资额为328万美元，中方投资额占协议投资额的46.8%。这一时期投资主体已由专业外贸公司和省、市国际经济技术合作公司向大中型生产企业和综合金融企业扩展，如首都钢铁公司、中国国际信托投资公司、深圳赛格集团等；投资的领域也由餐饮、服务向资源开发、制造加工、交通运输等 20 多个行业延伸；投资区域由发展中国家和港澳地区扩展到部分发达国家（苏丽萍，2006）。

（三）积极推进阶段（1992~2001 年）

伴随着对外开放，引进先进技术、资金和管理经验，中国经济取得了快速发展，一些产业的竞争力大大增强，具备了将一些成熟技术向国外有需求的市场进行转移的能力。我国逐渐形成了买方市场格局，产业结构面临重大调整，国内资源相对短缺的矛盾日益突出。通过企业的海外经营更好地利用国内外两个市场、两种资源，成为我国国民经济发展的迫切任务。我国有效利用外资的同时发展有比较优势的对外投资，有利于改进我国参与国际分工的水平和层次，取得更多比较优势。另外，区域集团化迅速发展、贸易保护主义有所抬头，对外直接投资成为我国规避贸易壁垒、开拓国际市场、扩大出口的有效途径。

由于整个中国国民经济发展过程中存在过热现象，1992~1998 年，国家实行经济结构调整、紧缩银根，中国经济进入调整恢复期。国务院开始对海外投资进行清理整顿，严格审批手续，因此海外企业发展速度缓慢。1998 年，十五届二中全会明确指出“在积极扩大出口的同时，要有领导有步骤地组织和支持一批有实力的国有企业“走出去”，到国外，主要是到非洲、中亚、中东、中欧、南美等地投资办厂”，从事境外加工贸易，扩大出口，实现成熟产业的国际转移。1999 年 2 月，国务院办公厅转发的外经贸部、国家经贸委、财政部《关于鼓励企业开展境外带料加工装配业务的意见》为稍后形成的我国“走出去”战略打下了基础。随后，国务院各有关部门又分别制定了具体实施的配套文件，改进与发展我国对外直接投资管理体制。此后，对外直接投资呈现出加速的态势。

这一阶段，中方新增海外投资额 11.89 亿美元，2001 年则新增 7.9 亿美元。中国的海外投资取得了突破性进展，特别是境外加工贸易和资源开发成效显著。对外直接投资主体日趋多元化。虽然企业大多力量薄弱，但有一定跨国经营基础的企业按照各自发展战略不断完善其投资结构和区域布局，同时带动其他企业的跨国经营继续向前发展。对外直接投资行业分布越来越广泛，对外生产性项目投资增加较快。截至 1992 年底，我国在 120 多个国家和地区创办各类企业4117家。其中，近50%分布在美国、前苏联、泰国、日本、澳大利亚、加拿大、新加坡、马来西亚和德国等国家和地区，40%左右集中在中国港澳地区。在非洲仅有183家，拉美143家，分别占我国境外企业总数的4.5%和3.5%。截至1994年底，我国企业已在147个国家和地区投资兴办了1763家非贸易性海外企业，投资总额为17.58亿美元。投资集中分布的情况有所加剧。按境外投资企业数目来排列，前10名共占境外投资企业总数的55.98%。按境外投资金额来排列，前10名共占境外投资总额的97.84%，其中在美国、加拿大、澳大利亚三国的投资占我国对外投资总额的58%。我国对外投资集中在发达国家和新兴工业化国家和地区。

截至2001年底，我国累计设立各类境外企业6610家，中方协议投资额84亿美元。对外投资企业已遍布世界160多个国家和地区。投资涉及的行业也从初期集中在贸易方面，发展到资源开发、生产加工、交通运输、工程承包、医疗卫生、旅游餐饮及咨询服务等众多领域，但是服务贸易、生产加工和资源类投资仍然是投资的主要行业。这些海外企业分布的地区格局是：中国港澳地区（46.8%），北美（13.6%），亚洲（11.0%），非洲（9.1%），欧洲（5.9%），大洋洲（6.2%），拉美（7.4%）。从单个国家和地区看，2001年占我国企业对外直接投资额前四名的国家和地区分别是：中国香港（35.22亿美元）、美国（6.49亿美元）、加拿大（4.32亿美元）和澳大利亚（3.78亿美元）。由以上区位选择变动趋势可见，我国对外直接投资企业的区位分布很不平衡，主要集中在北美、欧洲和亚洲等发达国家和地区，对拉美和非洲等发展中国家和地区投资比较少。投资在中国香港的企业多属于贸易型企业。

（四）加速发展阶段（2002年至今）

中国在“十五”期间启动并实施了“走出去”战略，鼓励和支持有条件的各种所有制企业对外投资和跨国经营，主动参与各种形式的国际经济技术合作。2001年12月中国加入WTO，国内企业不失时机地开展对外投资。2003年中方投资总额达28.54亿美元，比2002年增长190.0%。投资规模增长很快，2006年，我国非金融类对外直接投资161.3亿美元，同比增长31.6%。

“十五”期间，我国对外直接投资单个项目的平均对外投资额由2002年的281万美元增加到2004年的448万美元。一批境外研发中心、产业集聚区逐步建立。我国从事跨国经营的企业30000多家，对外承包工程企业1800

多家，对外劳务合作企业 600 多家。国有大型企业继续发挥主导作用，非公企业逐步成为“走出去”的主力军，部分优势企业正在发展成集境内外研发、生产、销售、服务于一体的跨国企业，并在全球为其各价值链环节选址。

截至“十五”末，对外直接投资额超过 500 亿美元。全方位、宽领域的“走出去”格局逐渐形成，对外投资、承包工程、劳务合作等业务遍及近 200 个国家和地区，基本形成“亚洲为主，发展非洲，拓展欧美、拉美和南太”的多元化市场格局。对外经济合作拓展到以工业制造、建筑、石油化工、资源开发、交通运输、水利电力、电子通信、商业服务、农业等行业为主，并广泛涉及国民经济其他诸多领域如环保、航空航天、核能和平利用以及医疗卫生、旅游餐饮、咨询服务等。我国东部及沿海省区“走出去”的优势相对明显，中西部和东北地区以及边境省区“走出去”步伐加快。

2004 年，为了推进对外投资便利化的进程，在 2003 年行政审批改革试点的基础上，商务部根据《行政许可法》和《国务院关于投资体制改革的决定》下发了《关于境外投资开办企业核准事项的规定》，并与国务院港澳办联合下发了《关于内地企业赴香港、澳门投资开办企业核准事项的规定》。上述规定在全国范围内下放境外投资核准权限，简化手续，进一步体现了在市场化原则下国家投资体制改革的精神和政府职能转变的要求，对推动中国企业对外投资起到了积极的促进作用。与此同时，《对外投资国别产业导向目录(一)》、《在拉美地区开展纺织加工贸易类投资国别指导目录》、《在亚洲地区开展纺织服装加工贸易类投资国别指导目录》的发布，积极引导企业开展对外投资活动，为企业境外投资创造了良好的服务环境。现在，国家商务部制定了扶持中国企业“集群式”“走出去”的计划，通过资金补贴、进出口银行或国开行政策性长期低息贷款的方式支持中标的企业，支持企业在海外建立工业园区。我国政府的这些举措都影响着企业积极开展对外直接投资实践(张娟，2007)。2006 年，商务部决定筹资 200 亿元在多个国家建立境外经济贸易合作区，以支持我国企业“走出去”，迄今为止已经审核建立了两批共 19 个境外经贸合作区，推动我国企业集群式对外直接投资。

三、中国企业对外直接投资的主要影响因素

相关文献告诉我们，影响企业对外直接投资的因素包括宏观经济、中观

产业以及微观企业三个方面，因素和变量很多，由于中观和微观的数据难以搜集，同时具体行业和企业的分析也缺乏代表性，这里我们只从宏观层面对影响我国对外直接投资的因素进行分析。

借鉴王英、刘思峰（2008）的因素分析，并考虑数据的可获得性和可计算性，我们把影响因素分为三类：第一，中国的经济发展状况数据，用年度 GDP 来代表；第二，中国经济的对外开放程度，用年度 FDI 和出口 EX 以及外汇储备 RES 代表；第三，世界经济形势和一体化情况数据，用世界总产出 WGDP 以及世界总贸易量 WIM 来代表。由此，可以设定以下的回归方程：

$$ODI = \alpha_0 + \alpha_1 FDI + \alpha_2 GDP + \alpha_3 RES + \alpha_4 EX + \alpha_5 WGDP + \alpha_6 WIM + \varepsilon \tag{6-15}$$

式中，ODI 表示我国的对外直接投资；FDI 表示国外对我国的直接投资，也就是我国利用国外直接投资的数值；GDP 表示我国的国内生产总值；RES 表示我国的外汇储备情况；EX 表示我国的出口；WGDP 表示世界的总产出情况；WIM 表示世界总进口也就是总贸易额情况。我们用表 6-11 描述这些变量的情况以及数据的来源。

表 6-11　回归分析变量描述及数据来源情况

变量		描述	数据来源及时间长度
被解释变量	ODI	海外直接投资	《中国对外直接投资统计公报》《中国统计年鉴》；1978~2008 年
解释变量	FDI	对外直接投资	《中国对外直接投资统计公报》《中国统计年鉴》；1978~2008 年
	GDP	国内生产总值	《中国统计年鉴》；1978~2008 年
	RES	外汇储备	《中国统计年鉴》，国家外汇管理局网站统计数据；1978~2008 年
	EX	出口	《中国对外经济贸易年鉴》；1978~2008 年
	WGDP	世界总产出	UNCTAD 数据库，IMF 统计数据库；1978~2008 年
	WIM	世界总进口	UNCTAD 数据库，IMF 统计数据库；1978~2008 年

表 6-12 是分析所用数据情况，用 Eviews 软件解析各变量相互之间的相关关系，得到表 6-13 的结果，可见变量之间的相关关系显著，基本都在 0.8 以上，说明我们选择的变量具有代表性和显著性。

表 6-12 回归分析所用数据

单位：亿美元

年份	ODI	FDI	GDP	RES	EX	WGDP	WIM
1978	0.21	3.20	2137.83	1.67	97.50	96865.67	15034.61
1979	0.35	3.70	2382.61	8.40	136.60	100643.43	15891.58
1980	0.36	3.80	2665.90	-12.96	181.20	104568.53	16797.40
1981	0.41	4.10	2868.78	27.08	220.10	106450.76	16998.97
1982	0.44	4.30	2812.72	69.86	223.20	107195.92	16658.99
1983	0.93	6.36	3017.99	89.01	222.30	110197.40	17108.78
1984	1.34	12.58	3097.57	82.20	261.40	115156.29	18614.35
1985	6.29	16.59	3070.13	26.44	273.50	119071.60	19191.40
1986	4.50	18.75	2975.90	20.72	309.40	140327.50	20862.50
1987	6.45	23.14	3239.74	29.23	394.40	160934.60	24419.20
1988	8.50	31.94	3994.48	33.72	475.20	180788.60	28012.10
1989	7.80	33.87	3552.05	55.50	525.40	189451.80	30336.40
1990	8.30	34.87	3507.21	110.93	620.90	218984.80	34323.70
1991	9.13	43.66	3949.57	217.12	718.40	229709.80	35433.20
1992	40.00	111.56	4672.67	194.43	849.40	245493.10	37694.80
1993	44.00	275.15	4099.69	211.99	917.40	250089.70	37254.30
1994	20.00	337.87	5771.73	516.20	1210.10	266760.90	42357.10
1995	20.00	358.49	7308.82	735.97	1488.35	294183.10	50564.80
1996	21.41	401.80	8577.40	1050.49	1511.85	300474.40	53092.00
1997	25.63	442.36	9538.03	1398.90	1828.77	299061.20	56548.40
1998	26.34	437.52	10195.08	1449.59	1838.08	196977.90	55869.20
1999	17.74	403.19	10831.47	1546.75	1949.31	308142.00	58110.80
2000	9.16	407.72	11985.24	1655.74	2492.11	316244.80	65847.70
2001	68.85	468.46	13248.80	2121.65	2660.73	313627.70	63441.70
2002	25.18	527.43	14537.71	2864.07	3256.15	325709.00	65833.90
2003	28.55	535.05	15781.53	4032.51	4384.69	365269.80	76715.00
2004	54.98	606.30	16410.68	6099.32	5936.53	409604.30	93703.00
2005	122.61	724.06	19810.91	8188.72	7623.29	446736.30	106371.00
2006	176.33	694.68	23546.54	10663.44	9693.34	470860.06	116157.13
2007	187.20	826.58	34160.67	15282.49	12181.55	495344.78	124520.45
2008	406.50	923.95	43992.33	18088.28	8030.95	512186.51	129625.78

注：GDP 美元值根据国家外汇管理局统计数据中各年度人民币与美元汇率中间价核算得到。

资料来源：ODI 和 FDI 数据来自各年度《中国对外贸易统计年鉴》以及《中国对外直接投资统计公报》；GDP、RES 以及 EX 数据来自各年度《中国统计年鉴》；WGDP 和 WIM 数据来自 IMF 统计数据和各年度《World Economic Outlook》。

表 6-13　变量之间的相关系数

变量	ODI	FDI	GDP	RES	WGDP	WIM	EX
ODI	1.000000	0.749800	0.921298	0.937226	0.743946	0.806434	0.786894
FDI		1.000000	0.908605	0.838207	0.951788	0.967794	0.881421
GDP			1.000000	0.974725	0.882924	0.942270	0.915117
RES				1.000000	0.830808	0.907428	0.937248
WGDP					1.000000	0.973552	0.891006
WIM						1.000000	0.949648
EX							1.000000

再用以上数据对式（6-15）进行 OLS 回归分析，得到表 6-14 的结果，可见方程拟和度较好，决定系数 R^2 达到 0.963815；除个别变量外，其他均较为显著，T 统计量在合理范围内。所以得到拟合方程为：

$$ODI = -3.749378 + 0.027293FDI - 0.004926GDP + 0.039034RES - 0.032261EX + 0.000135WGDP + 0.000637WIM + \varepsilon \tag{6-16}$$

表 6-14　OLS 回归结果

Variable	Coefficient	Std. Error	t-Statistic	Prob.
C	-3.749378	15.44066	-0.242825	0.8102
FDI	0.027293	0.059286	0.460364	0.6494
GDP	-0.004926	0.002955	-1.666865	0.1085
RES	0.039034	0.006069	6.432069	0.0000
WGDP	0.000135	0.000139	0.970765	0.3413
WIM	0.000637	0.001036	0.614933	0.5444
EX	-0.032261	0.005688	-5.671705	0.0000
R-squared	0.963815	Mean dependent var		43.53194
Adjusted R-squared	0.954769	S.D. dependent var		82.42404
S.E. of regression	17.52964	Akaike info criterion		8.761343
Sum squared resid	7374.920	Schwarz criterion		9.085147
Log likelihood	-128.8008	F-statistic		106.5431
Durbin-Watson stat	1.940977	Prob（F-statistic）		0.000000

回归结果说明，我国对外直接投资与国外对我国直接投资呈正相关关系，但显著性检验结果不理想。一方面，说明国外对我国的投资为我国企业“走出去”起到了示范作用，且可能对国内企业在国内的投资存在挤出效应，从而有利于我国对外直接投资的发展；另一方面，显著性不明显，说明两者

之间可能不存在推动和相关的关系。

我国对外直接投资与国内生产总值（GDP）呈负向关系，但相关系数较小，且显著性检验同样不太理想。说明我国经济的增长和发展中，对外直接投资的贡献很小，且其严重滞后于 GDP 的增长，故而出现了负向的结果；但显著检验不理想说明两者之间的相关关系不明朗，甚至可能不存在。

我国外汇储备与对外直接投资呈正向关系，且关系显著，检验结果也很理想。说明外汇储备的增加确实能增强我国对外直接的发展，从直观上两者关系也很显然，外汇储备增加，这些储备必须通过对外投资消耗和运用，故而必然增加我国的 FDI。

我国出口贸易与对外直接投资呈负向关系，且关系显著，检验结果理想。说明我国的对外贸易与直接投资之间是一种替代关系，贸易挤出了投资；同时说明，当我国外贸发展遇到阻碍和困难时，通过 FDI 可以达到替代与维持经济增长的作用。

世界总产水平对我国对外直接投资的作用是正向的，但显著性检验不太理想。说明世界总产出的增加，会增加我国的 FDI，这符合直观的理解；世界总产出增加，对我国商品的需求增加，我们需要通过对外直接投资供应国际市场，故而是正向关系。

世界总贸易量对我国对外直接投资的影响是正向的，但正向关系不明显，且显著性检验不理想。说明世界贸易的发展对我国企业直接投资起到积极推动作用，原因在于世界贸易的发展决定了自由化和一体化程度的提升，我国企业“走出去”具有更大的市场空间，则对外直接投资必然能够发展。

综上所述，我们用 1978~2008 年的数据实证检验了影响我国对外直接投资的宏观因素，结果完全符合理论的解析和一般直觉，其中影响最大和最显著的因素是我国外汇储备规模和出口贸易水平。当然，实际的影响因素是复杂的，限于数据和现有研究方法的狭隘，我们不可能得到绝对准确的结果。

四、中国对外直接投资的政策体系

当前我国对外直接投资的政策是 2004 年构筑的新体系，该体系的建立经历了一系列的发展和演变过程。党的十五届五中全会关于“十五”计划的《建议》中首次提出实施“走出去”战略，2002 年党的十六大进一步提出要

"在更大范围、更广领域和更高层次上参与国际经济技术合作和竞争，充分利用国际国内两个市场，优化资源配置，拓宽发展空间，以开放促改革促发展。实施'走出去'战略是对外开放新阶段的重大举措"。随着中国对外经济开放程度的日益加大，中国原有对外直接投资政策体系已经显得不适应中国"走出去"战略指导思想。

20 世纪 90 年代初期形成的我国对外直接投资政策体系不鼓励中国企业的海外投资。1991 年国家计委（现为发改委）向国务院递交了《关于加强海外投资项目管理意见》；同年 8 月，国家计委印发《关于编制、审批境外投资项目的项目建议书和可行性研究报告的规定》的通知，明确了海外投资的审批细则，这在此后 10 多年的时间内成为对中国境外投资影响最大的政策法规。

《关于编制、审批境外投资项目的项目建议书和可行性研究报告的规定》从审批程序和投资规模上严格限制了中国企业海外投资的自主权，明确了政府对企业境外投资项目可行性的审批权，还规定"可行性研究包括编制项目建议书和可行性研究报告两个阶段"。在投资规模上，国家计委实行严格的权限管理，"中方投资额在 100 万美元以上（含 100 万美元）的项目以及虽在 100 万美元以下，但需向国家申请资金，或其境外贷款需国内担保，或产品返销国内等需国家综合平衡的项目"，必须"报送国家计委，由国家计委会同有关部门审批。"此外，该规定还设置了较长的审批时间，"在收到符合要求的送审文件之日起六十天内决定批准或不批准"。

2004 年 7 月颁布的《国务院关于投资体制改革的决定》（以下简称《决定》）是我国投资管理体系的一个转折性文件。过去，不分资金来源，也无论投资建设项目的性质，都要根据投资规模的大小，由各级政府或者有关部门先行进行审批。企业投资的方向、规模是政府决定，而不是由企业独自决策。《决定》指出，企业在投资活动中享有主体地位，企业的投资决策权应该由企业自己行使。政府一律不再实行审批制，将区别情况实行核准制和备案制。政府要转变管理职能，确立企业的投资主体地位，最终建立起市场引导投资、企业自主决策、银行独立审贷、融资方式多样、中介服务规范、宏观调控有效的新型投资体制。

在《决定》的指导下，2004 年 10 月，国家发改委颁布了《境外投资项目核准暂行管理办法》（以下简称《办法》），提出了国家在境外投资方面基本操作模式。《办法》是对 1991 年《关于编制、审批境外投资项目的项目建议书和可行性研究报告的规定》的取代，《办法》取消了政府境外投资的审批权，取而代之的是核准权，明确了政府在企业境外投资问题上主要发挥引导、服务和支持作用，企业对境外投资的经济效益无须征求政府意见，具有自主权。商务部 2004 年 10 月出台了《关于境外投资开办企业核准事项的规定》（以下简称《规定》）替代了原有的《对外经济贸易部关于在境外举办非贸易性企业的审批和管理规定（试行稿）》。

在境外投资日常管理方面，除了 2002 年 10 月原外经贸部先后颁布的《境外投资联合年检暂行办法》和《境外投资综合绩效评价办法（试行）》外，商务部于 2004 年 11 月下达了商务部关于印发《国别投资经营障碍报告制度》的通知。这三个文件共同规范了中国政府在境外投资方面的监督与服务工作。所以，目前中国对外直接投资政策体系主要由对外直接投资核准政策、对外直接投资鼓励政策、对外直接投资监督与服务政策三部分组成（张洁颖、周煊，2007）。如图 6–5 所示。

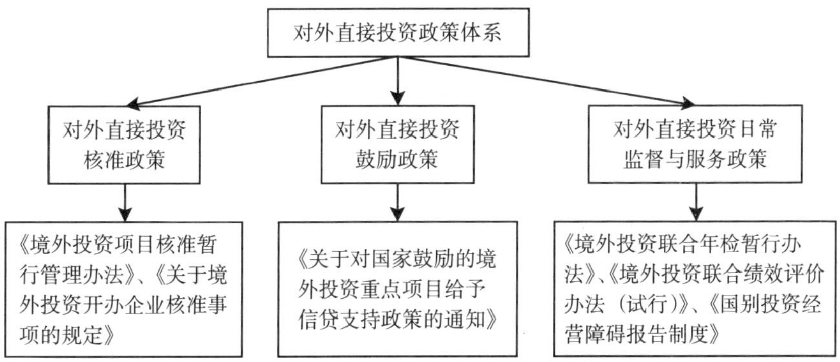

图 6–5 我国对外直接投资最新政策体系情况

资料来源：根据张洁颖、周煊（2007）整理。

第四节 中国企业如何选择 FDI 方式：绿地投资 or 跨国并购

绿地投资和跨国并购是两种主要的对外直接投资模式，两种模式各有利弊，适宜于不同的国家状况，行业情形以及企业现实，总体来说没有整齐划一的标准答案。那么我国企业在选择“走出去”模式时，应该考虑哪些因素，如何根据自身情况进行选择，以及政府在企业的选择过程中应该如何行动和提供服务。这些是本节将要分析和解决的问题。

一、中国企业现有的对外直接投资模式

我国企业在现实中不断摸索和创新投资模式，根据自身条件和所处行业以及实施战略的不同，形成了多种行之有效且独具特色的 FDI 模式。详细来说，可以细分为九种。

（一）自主品牌的新建或并购模式

该模式指我国某些企业在海外投资过程中，不论采取绿地投资方式还是采取跨国并购投资方式均坚持在全球各地树立自主品牌，靠长期的投入培育自主的国际知名品牌，靠消费者认同自己的品牌来开拓海外市场。

该模式以海尔集团为代表。海尔集团在海外投资和跨国经营过程中，始终以创立世界知名的自主品牌为核心目标。早在 20 世纪 80 年代，海尔集团总经理张瑞敏就提出了“创海尔世界知名品牌”的战略。1998 年后海尔全力实施国际化战略，使海尔成为国际化的海尔，让海尔由中国名牌成长为世界名牌。海尔集团在海外投资办厂时，坚持打海尔的牌子，中方投资方是海尔，企业的名字是海尔，生产和销售的产品是海尔牌。由此看来，海外投资不仅是海尔占领国际市场的手段，更是其创立世界名牌的有效途径。海尔赋予了海外投资新的功能和含义。海尔采用的“先难后易”策略是由海外创牌模式决定的：先进入欧美等在国际经济舞台上分量最重的发达国家和地区，靠质量让当地消费者认同海尔品牌，取得当地名牌地位，然后靠品牌优势以高屋建瓴之势进入发展中国家。海尔在美国、欧洲实施设计、生产、销售“三位一体”的本土化战略，正是为了在欧美国家树立起本土化的名牌形象，进而让海尔成为世界名牌。随着一个个本土化的名牌崛起于世界各地，海尔实施的创世界名牌的目标正在成为现实。

由于创自主品牌定位很高，所以企业在跨国经营的初期注定要经历较长的困难期，之后品牌才能逐渐被消费者认识、认知和认同，才能打开局面。这种投资要求企业拥有雄厚的资金和较强的经营管理能力，拥有具有一定影响和知名度的品牌，同时还需要国内投资企业有熟谙国外当地市场情况的专业人才来成功地打造和管理品牌。

（二）海外资产并购模式

该模式指中方企业作为收购方购买海外目标企业的全部或主要的运营资产，或收购其一定数量的股份，以实现对其进行控制或参股的投资行为。中方企业并购目标企业后一般不承担目标企业原有的债权债务及可能发生的赔偿，只承接目标企业原有的资产和业务。

2000 年 4 月，万向集团整体收购美国舍勒公司即属于海外资产并购模式。另外，像海尔集团收购意大利电冰箱制造厂、北京东方电子集团收购韩国现代电子、中国海洋石油有限公司并购西班牙瑞普索公司在印度尼西亚五大油田的部分权益、中国石油天然气股份有限公司出资 2 亿多美元收购印度尼西亚油气田资产、中国网通（香港）公司牵头收购亚洲环球电信网络资产、华立集团收购飞利浦在美国圣何塞的 CDMA 移动通信部门、上海制皂集团有限公司收购美国 SPS 公司和 Polystor 公司可充电电池生产资产项目等也属于这类投资模式。

由于目前国际直接投资业务中主要的方式是并购投资，而不是新建投资方式，所以应当说海外资产并购模式是一种比较流行的海外投资方式。还有，资产并购模式以大量非上市企业为交易对象，上市公司终归只是海外企业群体中的小部分，因而这一模式比海外股权并购模式具有更广阔的应用空间，更适合广大中小企业。随着我国海外投资规模的日趋扩大，并购投资日益成为企业海外投资的重要方式，其中资产并购模式会被更多的企业选用。

（三）海外股权并购模式

该模式指我国公司购买一家海外目标公司（通常都是上市公司）发行在外的具有表决权的股份或认购其新增注册资本，所获得的股份达到一定比例可对该公司行使经营管理控制权的一种海外投资行为。在海外股权并购模式下，其交易的对象是海外目标公司的股权，而最终取得的是对目标公司的控制权，我国企业作为收购方成为海外目标公司的新股东。近年来，国内企业选择股权并购模式进行海外投资的事例逐步增多，如 2001 年万向集团并购在美国纳斯达克上市的美国以工公司、2003 年北京东方电子集团收购上市公司冠捷科技等都属于此类并购。

2003 年 8 月，北京东方电子集团以 10.5 亿港元收购在中国香港和新加坡两地上市的冠捷科技有限公司股份 3.56 多亿股，以占有其超过 26.36%的股份成为冠捷科技第一大股东。冠捷科技是一家专业从事 CRT 显示器、液晶显示器、PDP 显示器以及液晶电视类产品的研发、制造和销售的高科技企业。通过本次海外股权收购，北京东方电子集团将自此拥有从TFT-LCD面板到显示器整机的技术和生产能力，以及遍及全球的市场、研发、服务体系，从而奠定了实现“通过产业整合提高产业核心竞争力”的战略目标。

在股权并购模式下，作为投资主体的我方并购企业可以是上市公司也可以是非上市公司，但海外目标企业一般为在股票交易所挂牌交易的上市公司。股权并购实施过程复杂，但法律程序简单。在法律程序上，只要并购方取得股权优势后即可进行董事和监事的改选。股权收购完成后，海外目标公司作为我方公司的海外子公司存在，拥有独立的法律地位。由于买卖协议的签订方是我方收购企业和海外目标公司的不同股东，故该投资模式的交易决策具有分散性。

采用股权并购方式进行投资，由于不增加海外目标公司及其股东的税收支出，故收购成本较低；同时可以运用股权并购方式取得目标公司的控股权，使目标公司在经营上与我方公司形成一个整体，为我方公司的国际化战略服务。采用这种模式，在股权收购条件下，我方企业要对海外目标公司的一切债务负责。另外，由于并购交易决策具有分散性，可能会遇到少数股东的阻挠。

随着国际证券市场的发展，股权并购模式日渐通行。采用股权并购模式进行海外投资，我方企业既可以扩大生产规模和市场份额，实现规模经济效益，又可以节约交易成本，获得生产要素内部化收益。运用股权并购方式我方公司可以在部分出资控股的情况下，以“小资本”控制“大资本”取得海外目标公司的控制权，实现企业资本滚动式发展，迅速实现企业海外扩张的目标；通过股权并购，还可实现我方企业海外间接上市的目标，即买壳或借壳上市。

（四）共享品牌的海外并购模式

该模式以TCL为代表，即将自己在国际上不知名的品牌和国际上知名的品牌结合，带动国内产品“走出去”，如TCL和德国斯耐德，特别是和法国汤姆逊及阿尔卡特等品牌的结合，大大带动了TCL产品的出口，也带动了TCL品牌的提升。这种模式的优点是品牌长期的共享，但从长远来看，还需要最终推出自己的品牌。

由于劳动力成本过高，欧洲的家电行业不断萎缩，破产企业越来越多。随着产业结构的调整，在欧洲家电市场上，欧洲本土品牌已经所剩无几，其余均为日本及韩国品牌，如索尼、JVC、三星等。即使挂着欧洲品牌，相当一部分也是来自欧洲之外的合资企业产品或 OEM 贴牌产品。这些因素都为 TCL 通过资本方式进入欧洲市场提供了绝佳条件。如 TCL 国际控股有限公司出资 820 万欧元成功全资并购德国民族名牌施耐德，其中包括“施耐德”等著名品牌的商标权益。施耐德是一家拥有 113 年历史的老牌家电生产厂家，拥有 3 条彩电生产线，可年产彩电 10 万台，在欧洲有颇为畅通的销售渠道。其在欧盟拥有不小的市场份额，即使是 2001 年，销售也是 41 万台，超过欧盟给予中国 7 家家电企业配额的总和。TCL 此次入主施耐德，正是看重欧洲远高出美国及中国的电视机市场规模。以德国为例，德国的电视机拥有量为 560 万台，目前年市场规模在 590 万台，是欧洲最大的电视机单一市场。

（五）海外研发投资模式

该模式指我国一些高科技企业而非传统的制造企业或资源开发企业通过建立海外研发中心，利用海外研发资源，使研发国际化，取得居国际先进水平的自主知识产权，并将对外直接投资与提供服务结合起来。首创这一海外投资模式的是华为技术有限公司。

华为在全球建立了 8 个地区部和 23 个分支机构，在美国硅谷和达拉斯、印度班加罗尔、瑞典斯德哥尔摩、俄罗斯莫斯科等地建立了多家海外研发中心，并通过各种激励政策吸引国内外优秀科技人才进行研发，从而能够及时掌握业界最新动态。华为作为中国驰名商标在 86 个国家和地区注册 60 多件次。华为依托全球化技术开发网络，利用遍布世界各地的研发机构，以提供优质的产品和服务、更快的响应速度和更好的性能价格，帮助全球运营商确立可持续赢利的运营模式。现在，华为的设备已经在非洲、南美、东南亚、东欧等 40 多个国家和地区昼夜运转，靠着掌握越来越多的核心技术，华为在世界电信市场上已经能与跨国公司比肩较量。

高科技企业参与国际竞争，开展海外投资，必须拥有强大的技术开发实力和技术创新能力，拥有自主知识产权。而中国高科技企业的弱势和薄弱环节正在于普遍缺乏自主知识产权，技术创新能力严重不足。要解决这个问题，完全可以学习华为的做法，进行海外研发投资，建立研发中心，利用海外的研发资源，推动研发国际化取得居于国际先进水平的自主知识产权，提升科技国际竞争力。

（六）集群式“温州模式”

这种模式主要是众多的中小企业以集群的形式联合起来，通过在海外建立专业市场或营销网点，将一些具有成本竞争力的产品推销到世界各地，如温州鞋、温州打火机、温州眼镜以及义乌小五金，分水中国制笔等，产品销售到全世界。

温州民营企业早在20世纪80年代就开始在国内办专业市场，积累了许多经验后开始在海外兴办专业市场。1998年，温州民企在海外设立首家专业市场——巴西中华商城。此后，连续建立7个海外专业市场。除巴西中华商城外，还有阿联酋中国商城（2000年），迪拜中国商城（2002年），喀麦隆中国商城（2001年），荷兰中国城（2001年），蒙古乌兰巴托正品商场（2002年）。2002年，温州市建立了“海外市场建设协调机制”和“走出去扶持资金”，积极支持民营企业对外直接投资，鼓励企业国际化经营。

温州企业在海外市场的建设中，利用了在海外的亲戚朋友或其他网络，这种自发的，经常是家族型的企业，往往有着非常强大的灵活性和活力，是中国中小企业大面积“走出去”的开始，具有中国特色，是一种值得鼓励的模式。但是这种模式的挑战是如何加强行业协调，加强对当地文化的理解，与当地文化进行融合，逐步实现当地化经营，只有这样才能加强国际竞争力。

（七）国家战略主导投资模式

该模式指我国一些大型能源企业开展海外投资主要是政府的推动，注重的是国家的宏观利益，是为国家经济的可持续发展和国家能源安全的需要而向海外资源开发方面进行的投资。海外能源开发投资是落实国家能源安全战略的重要步骤，这类投资需要巨额资金投入，投资回收期限长，投资风险大，需要政府推动和承担主要风险。在这种模式中，即包括新建海外企业也包括通过资产或股权并购而设立的海外企业。现阶段，这种投资模式主要体现在能源战略方面，今后将向资源战略扩展。

开展该模式海外投资的代表性企业当属我国三大石油巨头即中石化、中石油和中海油。石油能源是保证中国经济发展最重要的能源，开展国家战略主导模式的海外能源投资是解决能源瓶颈的重要途径。近年来，三大石油巨头积极实施国家提出的“走出去”战略，着眼国家长期能源安全，纷纷进行海外油气田的投资开发，先后启动了二十几个项目。三大石油巨头与国外的很多合作项目采取的是“份额油”的方式，即中国石油企业在当地的石油建设项目中参股或投资，每年从该项目的石油产量中分取一定的份额。这种方式一定程度上保证了石油进口数量以及价格稳定。

（八）境外加工贸易投资模式

该模式指我国有些企业通过在境外建立生产加工基地，开展加工装配业务，以企业自带设备、技术、原材料、零配件投资为主，经加工组装成制成品后就地销售或再出口到别的国家和地区，借此带动和扩大国内设备、技术、原材料、零配件出口。境外加工贸易投资模式由于适合我国目前经济结构调整的要求，近年来日益成为企业海外投资的一种重要模式。

近年，华源集团境外加工贸易投资的规模已接近 3 亿美元，起到了示范和龙头作用。1992 年诞生于上海浦东新区的华源集团，是以纺织业为支柱产业的大型国有企业集团。20 世纪 90 年代中后期，我国纺织业面临的是国内市场萎缩、生产能力过剩，而在国际市场上又不断受到以出口配额和保障措施等为主要形式的贸易壁垒的限制。在当时内忧外患的情况下，华源集团抛弃单纯依靠出口占领海外市场的传统做法，另辟蹊径开展境外加工贸易，先后在塔吉克斯坦、尼日尔、墨西哥、加拿大和泰国等地投资建立海外生产加工基地并合理利用原产地规则，有效绕过国外贸易壁垒，规避反倾销，拓展了海外市场，带动和扩大了国内设备、技术、原材料、零配件出口。华源集团在墨西哥和加拿大设立了两个纺织企业，利用《北美自由贸易协定》中规定的贸易区成员国境内生产的棉纱或纤维制成的纺织品享有免税、免配额的优惠政策，扩大了对北美尤其是美国的棉纱和面料产品出口。此外，深圳康佳集团、珠海格力集团和江苏春兰集团等企业的海外投资也多属于境外加工贸易投资模式。

境外加工贸易投资模式的最大特征是两个互动：即投资与贸易的互动和对外经济贸易业务与国内经济的互动。通过对外投资带动和促进外贸出口是第一个互动；通过对外投资与出口加快国内产业结构调整和优化是第二个互动。这些投资的主要目的是开拓国外市场、带动出口，优化国内产业结构。境外加工贸易投资模式的第二个特征是企业开展海外投资的主要方式是在海外建立生产基地，开展加工装配业务，以企业自带设备、技术、原材料、零配件投资为主，经加工组装成制成品后就地销售或再出口到别的国家和地区。

采用这种投资模式的企业一般是我国技术成熟、国内生产能力过剩的纺织服装、家电、轻工、机械、原料药等行业的制造业企业，投资集中在亚、非、拉和前苏联东欧国家等发展中国家与地区。企业开展海外投资的条件是企业国内生产能力过剩，但其产品在国外又有布场。

企业采取境外加工贸易模式开展海外投资，首要的优点是可以将成熟的技术设备和过剩的生产能力搬迁到市场销路较好的国家及地区，这样能够使企业过剩的生产能力继续发挥作用，继续获得收益。其次采用这种投资模式，主要是以国内的技术、设备、原材料、零配件等实物作为出资物，另外再加小部分外汇资金，可以节约外汇支出，符合一些企业的实际需要。最后企业采取境外加工贸易模式开展海外投资，还能够合理地利用原产地规则，规避和突破各种贸易壁垒，有效拓展海外市场（任宝东，2006）。

（九）境外经贸合作区模式

该模式指由国家商务部牵头，与政治稳定且同我国关系较好的国家政府达成一致，然后以国内审批通过的企业为建设经营主体，由该企业与国外政府协议和签约，在国外建设经济贸易合作区；再由该企业开展对外招商，吸引国内外相关企业入驻，形成产业集群，所以相当于我国企业以集群和抱团的方式集体对外直接投资；在合作区建设中，通过审核授权后，国家将给予2亿~3亿元的财政支持和不超过20亿元的中长期贷款。所以在境外经贸合作区建设中，企业是“走出去”的主体，政府提供的是服务功能以及保障企业权益功能。

境外经贸合作区建设是分批开展进行的。第一批于2006年11月底审批结束，共批准了8家境外经贸合作区；第二批于2007年底审批结束，共批准了11家境外经贸合作区，包括如赞比亚中国有色工业园、尼日利亚广东经济贸易合作区、中国广西印尼沃诺吉利经贸合作区等。

境外经贸合作区是我国企业探索“走出去”路径的一项重要战略，有利于发挥企业的群体优势，有利于政府给予相关政策扶持，将推动我国企业对外直接投资的发展。以下我们会详细介绍该种模式，这里不再赘述。

以上介绍的九种细分模式，实际上都可以归纳到绿地投资和并购两种模式框架下，由此我们可以归纳我国企业对外直接投资的模式，如图6–6所示。

二、新—新贸易理论视角的解析与启示

新—新贸易理论是国际贸易理论的最新前沿和方向，最大的特征和创新是把企业的异质性引入相关模型和框架，该异质性主要体现在生产率上。也就是说，同一行业内不同企业的生产效率是不同的，这是决定企业出口和对外直接投资行为选择的主要因素。生产率高的企业，通过对外直接投资供应国际市场更加有利于其自身发展和壮大；生产率相对较低的企业选择出口贸易作为供应国际市场的路径更加有利；那些生产率更低的企业只有供应国内

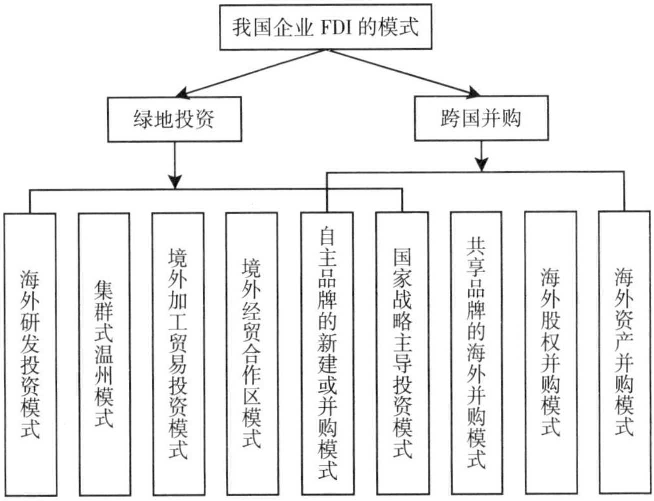

图 6-6 我国企业对外直接投资模式

资料来源：根据以上资料整理。

市场才能更好地发展。随后，相关研究将企业异质性扩展到研究企业的对外直接投资模式，即绿地投资和跨国并购之间的选择。这些研究中，企业的异质性同样体现在生产率和核心能力上，在此基础上又引入了另一种差异，即不同产业中，体现企业差异的能力（Capability）的跨国流动性（Mobility）不一样。有些能力容易在国际间流动，如技术等因素，而有些能力不能够在国际流动，如适合特殊国家国情的管理经验以及营销方式等。企业生产率差异主要体现在不可流动能力的产业，生产率高的企业会选择跨国并购的对外直接投资方式，因为这种方式可以帮助它们获取国外企业已有的不可流动能力。而生产率差异主要体现在可流动能力的产业，生产率高的企业会选择绿地投资，这样可以控制核心竞争力，取得竞争优势；相反生产率低的企业会选择跨国并购来获取国外企业的可流动能力。

所以，新—新贸易从产业和企业的双重异质性角度得到了企业的对外直接投资模式选择的结论，且不同的产业其结论是不同的。这样的结果给我国企业对外直接投资模式的选择以众多启示。首先，企业在选择模式时，要根据国别、产业以及自身的不同情况进行综合考虑，不可只看到某一方面的因素而忽视其他，要知道不同的行业具有不同的选择标准，没有放之四海而皆准的结果。其次，企业生产率异质性是决定选择的主要因素，要正确认识和评估自身的生产率水平，也应重视培养和提高生产率，再根据产业的特点选择确实符合企业成长和发展的对外直接投资模式。再次，将新—新贸易理论的结果进行具体的扩展，可以得到，那些以技术优势为生产率差异的行业，由于技术可以跨国流动，则生产率越高的企业应该绿地投资；那些以本土化管理经验和资源优势为生产率差异的行业，由于这些优势和能力不能跨国流动，则生产率高的企业应该选择跨国并购。最后，针对当前我国企业和产业发展水平的现实和特点，可以得到一个大致的投资模式选择：高新技术类产业，其核心竞争力为技术，我国的水平不高且生产率较低，应该更多选择跨国并购的方式进入国际市场，设立分支机构，或者在国外设立研发中心，以不断增强竞争力和获取市场份额；劳动力密集型产业，其核心竞争力为资源和劳动力要素成本，我国生产率并不高，不应该大量对外直接投资，即便要“走出去”，也应该更多选择绿地投资方式。

三、中国政府应有的行为选择

在企业对外直接投资以及进行模式选择中，政府的职能定位和扮演的角色在于服务、指导和搭建平台上，不应该干预企业的选择，更不要强制性地限制和约束企业行为。具体来说，政府在企业的对外直接投资中应该完善并提供的服务包括以下几个方面：

（1）建立和完善对外直接投资的促进服务体系。首先，要加强对外直接投资保险方面的促进措施。当前，我国的对外直接投资集中在发展中国家，政治风险发生的可能性较大，虽然新近成立的中国出口信用保险公司已经向国家鼓励的境外投资重点项目提供风险保障服务，但不属于国家鼓励的境外投资企业仍然缺乏风险保障。因此，为了保证我国企业对外直接投资的利益和安全，政府应加大政策性风险基金投入，提供更好更优的风险保障服务。其次，强化信息咨询服务。中国企业对外直接投资尚处于初级阶段，不仅需要政府的引导，更需要政府提供各种服务，特别是信息咨询服务，因为企业在收集各国投资环境和市场信息方面的手段十分有限，且成本高昂。企业自己收集、分析信息必然存在大量重复劳动，是资源的浪费。政府应全面、系统、准确、及时地向企业提供对外直接投资相关信息，供企业参考，并向企业提供咨询服务，使企业避免投资决策失误，提高投资的经济效益。建议尽快建立对外直接投资信息咨询服务中心，为企业提供与对外直接投资有关的东道国政治、经济、法律、社会文化、具体的投资机会等准确、翔实的信息以及中国企业在东道国投资经营成功与失败的典型案例，并为企业提供市场调研、项目可行性研究分析、商务谈判、投资策略等咨询服务和技术层面的帮助，适时举办境外投资市场咨询介绍会，提供对外直接投资实务培训和政策服务。

（2）制定总体战略规划，为企业搭建投资平台，指导和扶持重点企业对外直接投资。对外直接投资是经济全球化背景下，增强我国企业竞争力和推动我国经济增长的重要措施，是未来一个阶段我国企业重点发展的方向，所以我国政府应尽早做出总体战略规划，并将其纳入国民经济中长期发展规划之中。对外直接投资总体战略规划应包括总体规模、投资主体、产业定位、区位选择、可享受的优惠政策等内容。通过制定和定期更新对外直接投资国别产业导向目录，并通过审核制度，以及对属于战略规划的投资给予政策优惠，确保对外直接投资的规模、流向符合我国的总体战略。此外，还应充分发挥驻外使领馆商务参赞处的作用，搜集东道国的经济发展规划和产业发展政策等信息，并协助相关管理机构对进入东道国投资的企业规模、数量进行控制，对企业在东道国市场的进入方式、投资产业等提供指导，协调企业对外直接投资，避免相互竞争。另外，政府应根据规划，扶持相关重点企业积极“走出去”，并为它们的投资活动搭建平台，如建立境外经贸合作区或者其他类似的政府间合作形式，以利于企业的对外直接投资。

（3）改革完善对外直接投资的管理制度。目前中国对外直接投资的管理机构不统一，职能分散在不同部门中，容易出现重复管理和遗漏管理并存的局面，造成办事效率低下和管理资源的浪费。为此，应借鉴美国、日本等国家的做法，尽快设立一个统一、独立的管理机构，如“对外投资委员会”，统一制定中国对外直接投资的有关战略规划、方针政策和管理措施，依法审核国内企业对外投资开办企业并实施监督管理，并能协调国家外汇局、中国人民银行、财政部等各部门的相关管理工作，争取做到“一个窗口对外”，以提高办事效率。另外，要简化对外直接投资的审核手续，能不审批的尽量不审批，特别是对于属于非国有企业的投资，除特殊领域外，应由企业自主决策，实行备案制。对于确实需要保留审批的，要精简审批内容，减少审批环节，提高审批效率（苏丽萍，2006）。

（4）为企业对外直接投资提供经济和金融支持。目前，我国已为企业“走出去”提供了一些金融支持手段。例如，中央外贸发展基金、援外优惠贷款、援外合资合作项目基金以及有关银行，都可以对从事境外加工贸易的企业提供专项资金扶持；境外加工贸易企业申请经批准的周转外汇贷款以及国内银行对境外加工贸易项目提供的人民币长期贷款，可以申请中央外贸发展基金予以贴息。我们应尽快将这些金融措施构成一个相对完整的支持体系，加大对企业对外投资的资金支持力度。同时降低申请程序的复杂性，简化审批过程，减少企业的成本，使各项金融支持措施充分发挥作用。在当前我国拥有巨额外汇储备的情况下，我们应该可以有条件提供这些支持措施，同时也为这些巨额外汇储备找到一条较好的出路，并有助于减轻人民币升值的压力。无论发达国家还是新兴工业化国家和地区，都对其海外投资给予一定的金融支持。日本、中国台湾和中国香港均建立了便捷有效的海外投资融资制度，政府、银行、保险公司和其他金融机构共同参与，为企业投融资提供便利。近来，日本、韩国、中国台湾的进出口银行正在努力扩大与海外直接投资有关的融资和保险业务，降低保险费、简化承保手段、开发新险种、扩大承保范围。日本、马来西亚还鼓励本国跨国公司在境外上市融资。中国台湾的“中国银行”在海外分行中存放定量外汇，专供台商融通外币资金。台湾对外投资企业可享受“华侨贷款信用保证基金”和“中国输出入银行”等机构提供的信用担保、低息融资和投资保险。为配合南向政策和外交需要，中国台湾的“海外合作基金”和“中小企业发展基金”受命优先向有关企业发放低息贷款。美国政府下属的进出口银行专门承担商业银行无法接受的风险，向美国海外投资企业提供更大的资金支持（项本武，2005）。

（5）重视和培养相关人才。跨国经营人才的缺乏是困扰我国企业“走出去”的一个重要问题。可以尝试借鉴其他国家的经验，采取办培训班、公开招募人才、建立培训中心等方式，加强对人才的培养。如美国中小企业局通过退休经理服务中心，吸收约 13000 名高级退休商业管理人员以自愿方式为企业提供咨询和培训服务。美国还建立了遍布各州的约 950 个小企业发展中心，为小企业提供培训服务。丹麦的 IFU 专门招募一般具有硕士以上的商科或金融学历，并在工商金融企业具有相当工作经历的管理人员，派遣到世界各地的办事处，从事项目管理工作；对其中工作业绩优秀、有培养前途的项目管理人员，选送参加 MBA 等课程的培训。

四、中国企业应有的行为选择

企业在决定其对外直接投资模式时，总的原则是审时度势，谨慎细致，在全面考察和调研宏观经济、中观的行业特点以及微观自身情况的背景下，做出合理而优化的投资决策。具体来说，应该从以下几个方面做起：

（1）做好成本和收益核算，既不能盲目行为，也不宜畏首畏尾。对于一个企业来说，其是否应该对外直接投资，以及到底应该选择怎样的投资模式，是由不同情况下的成本和收益共同决定的，哪种选择的利润最高则应选择该种策略。这要求企业必须全面地把握外部和内部的形势，准确地核算出不同选择的成本与收益，在此基础上做出正确的决策。所以在决策时，既要避免冲动和盲目，也不能一厢情愿地决定偏好；但也无须畏首畏尾，固步不前，从而丢失良机。

（2）对于技术密集型产业，应更多地选择跨国并购模式。根据新—新贸易理论，技术密集型产业中，技术是生产率差异的核心，而技术是可以跨国流动的，所以此种行业中，生产率高的企业应选择跨国并购，生产率低的企业应选择绿地投资。我国的技术密集型产业总体技术水平不高，即生产率较低，所以基本很难走出国门，但也存在一些具有技术和生产率优势的企业，则应该选择跨国并购的模式。根据传统的理论理解，技术密集型产业的核心是技术，跨国并购方式能够更多的获得技术溢出收益，所以应该选择该模式。

（3）对于劳动力密集型产业，应更多选择绿地投资模式。由新—新贸易理论，劳动力密集型产业的核心竞争力是劳动力成本优势，生产率差异主要体现在劳动力价格和劳动效率，这种优势基本是不能跨国流动的；我国的现实情况是，劳动力密集型产业的优势主要体现在劳动力价格较低，但技术和生产率上又不具有优势，故而应该继续选择出口贸易；如果要对外直接投资，应该选择绿地投资的方式。从一般性的理论和直觉上也很容易理解这一结论，劳动力密集型产业的对外投资必定是为了利用国外的更廉价劳动力，而不能够获取国外的技术或者管理经验，绿地投资的方式更加容易控制并直接有效。

（4）加强与政府和其他企业的合作交流，争取更多的支持和帮助。企业的对外直接投资活动涉及多方当事人和群体，如果能够获得帮忙和便利，则能够起到事半功倍的效果。首先，要争取本国政府的扶持和帮助，不仅体现在资金扶持，政策优惠，以及相关指导等方面，还可以利用其游说和谈判能力，争取维护自身在国外的更多权益。其次，要争取外国政府的理解、支持和提供便利。跨国投资的区位在国外，涉及国外的法律和法规，也离不开与国外政府的往来，这可通过游说、公关和交流等策略赢得国外政府的支持，必定可以获益匪浅。最后，争取国内外企业的帮助。企业经营中离不开上下游企业的供给需求，也离不开竞争者的理解和帮忙，所以处理好与相关企业的关系是投资获利与发展壮大的必需条件和要求。

(5) 提高竞争力和生产率是企业成长的关键。无论是古典理论还是新—新贸易理论都告诉我们，企业的竞争力和生产率是其发展壮大的关键因素，是在国际市场上立于不败之地的本质原因，而企业的生产率水平也决定了其能否“走出去”对外直接投资。故而企业应重视研发和科技创新投入，不断增强实力，才能够在对外直接投资中游刃有余，获取更多的市场份额。

第五节　中国绿地投资方式的一个案例及其评析：境外经贸合作区建设

境外经贸合作区建设是当前我国推动企业，尤其是中小企业“走出去”的一个重要模式，正在积极的推动和发展之中，以其作为一个案例，并结合相关理论做出评析，对于指导我国实际具有重要的现实价值和意义。

2006 年下半年，商务部决定筹资 200 亿元在多个国家建立境外经济贸易合作区，作为我国实施“走出去”战略的一项重要举措。经过近两年的建设，共分两批批准了 19 家境外经贸合作区，而近期来自于商务部的消息称，第三批招标批建工作也已经提上研究日程。2008 年 6 月 9 日在浙江宁波举行的浙江投资贸易洽谈会上，其中的 15 个经贸合作区联合布展，并称合作区已经完成了基础设施配套，具备了项目进区的条件，且目前的一切运行情况良好。这意味着我国企业正在探索以一种全新的方式走出国门，开展对外直接投资，分享国际市场的资源和发掘开拓国际市场的需求。

一、境外经贸合作区建设的现状和特点

我国的境外经贸合作区建设始于 2006 年，是一种没有国际经验可以借鉴的全新对外投资方式。其做法是由国家商务部牵头，与政治稳定且同我国关系较好的国家政府达成一致，然后以国内审批通过的企业为建设经营主

体，由该企业与国外政府协议和签约，在国外建设经济贸易合作区；再由该企业开展对外招商，吸引国内外相关企业入驻，形成产业集群，所以相当于我国企业以集群和抱团的方式集体对外直接投资；在合作区建设中，通过审核授权后，国家将给予 2 亿~3 亿元的财政支持和不超过 20 亿元的中长期贷款。所以在境外经贸合作区建设中，企业是“走出去”的主体，政府提供的是服务功能以及保障企业权益功能。

事实上，境外经贸合作区是没有固定模式的，它是在我国企业国际经营的过程中逐渐产生和形成的。早期的雏形由一些企业推动和实施，例如最早的有海尔美国工业园、福建华侨实业公司在古巴建立的境外加工贸易小区等。不过当时这些园区的作用和地位仅仅是概念性的，市场定位不清晰。后来，随着我国贸易发展，顺差不断增加，贸易摩擦严重，一些国有企业也开始探索建立境外园区，如 2004 年天津市保税区投资公司在美国南卡州设立了天津美国商贸工业园。而随着我国对外贸易摩擦和争端不断增加，企业对外投资的愿望愈加强烈，理论界也一致认为我国企业应该大胆地“走出去”，迎接国际市场的挑战。此背景下，境外经贸合作区建设规划应运而生，其目的是鼓励和支持我国企业，尤其是具有一定竞争优势的中小企业“走出去”，开拓国外市场、规避贸易摩擦、提高企业竞争力、缓解外汇储备过多的压力。

境外经贸合作区建设是分批开展进行的。第一批于 2006 年 11 月底审批结束，共批准了 8 家境外经贸合作区；第二批于 2007 年底审批结束，共批准了 11 家境外经贸合作区，具体情况如表 6-15 所示。目前这些经贸合作区正在建设之中，少数合作区已经有相关企业入驻。

表 6-15　我国批准设立的境外经贸合作区情况

次序		名称	投资企业	产业定位
第一批	1	赞比亚中国有色工业园	中国有色矿业集团有限公司	以铜钴开采为基础，以铜钴冶炼为核心，形成有色金属矿冶产业群
	2	泰国罗勇工业区	中国华立集团	最终形成集制造、会展、物流和商业生活区于一体的现代化综合园区
	3	巴基斯坦海尔家电工业区	海尔集团	家电企业集聚区；一期已建成投产，为海尔企业自用，二、三期园区主要面向国内企业招商
	4	柬埔寨太湖国际经济合作区	红豆集团	以轻纺服装、机械电子和高新技术为主；同时发展保税、物流等配套服务
	5	尼日利亚广东经济贸易合作区	广东新广国际集团	合作区包括加工园区、工业园区和科技园区，同时成为境外原材料基地和经济技术推广基地

续表

次序		名称	投资企业	产业定位
第一批	6	天利（毛里求斯）经济贸易合作区	山西天利实业集团	定性为自由港区，具备“境内关外”特性，所有入区企业为自由港公司，享受免关税、免增值税待遇
	7	俄罗斯圣彼得堡波罗的海经济贸易合作区	上海实业集团	以房地产开发为主，建成宾馆、商贸、办公、餐饮、文化、教育和休闲等设施
	8	俄罗斯乌苏里斯克经济贸易合作区	中国康吉国际投资有限公司	产业定位于鞋类、服装、家电、家居、木业、建材、皮革等，建设期5年，计划引进60家中国企业
第二批	9	委内瑞拉中国科技工贸区	山东浪潮集团	主要产业定位为电子、家电和农机等产业，工贸区采取滚动发展的方式，分两期开发
	10	尼日利亚莱基自由贸易区	江宁经济技术开发区和南京北亚集团联合投资	计划经过5年建设，发展成为基础设施健全、企业集群、产能突出、经贸繁荣、服务周到、安全有序、辐射带动能力强的现代产业集聚区
	11	越南中国（深圳）经济贸易合作区	中航集团、中深国际公司、海王集团等	以电子信息和服装加工为主导产业；分为电子信息区、服装区、综合服务及配套区
	12	中国龙江经济贸易合作区	前江投资管理有限责任公司	产业规划主要集中在轻工、电子、建材、化工、服装等行业；园区提供土地租赁、标准厂房租赁、标准厂房出售等多种入园方式
	13	墨西哥中国（宁波）吉利工业经济贸易合作区	浙江吉利美日汽车有限公司	项目以吉利美日汽车公司投资为主，一期项目以汽车整车生产和汽车零部件生产为主
	14	埃塞俄比亚东方工业园	江苏永钢集团有限公司	产业定位主要为冶金、建材、机械，5年内拟引进80个工业项目
	15	埃及苏伊士经贸合作区	天津泰达投资控股有限公司	位于埃及东北部，地处苏伊士运河南端；已有一批中资企业入驻，取得了良好的经济效益
	16	阿尔及利亚中国江铃经济贸易合作区	中鼎国际、江铃汽车集团	规划引进汽车、建筑材料及其相关企业100家，预计总体投资额为38亿元
	17	韩中工业园区	中国东泰华安国际投资有限公司	位于韩国务安企业城市内；集科技、文化和旅游等多功能为一体的特色高科技产业园
	18	中国广西印尼沃诺吉利经贸合作区	广西农垦集团	产业定位是以木薯为主要原料的精细化工及建材、制药等行业，以及与此相关的国内市场相对饱和的行业；将吸引50家以上中国企业入区建厂
	19	中俄托木斯克木材工贸合作区	烟台西北林业有限公司、中国国际海运集装箱股份有限公司	建成以木材深加工为产业支柱，融工贸商和休闲办公为一体的一流境外合作区；面向全国招商，造纸、印刷等企业均可在此直接开设工厂

资料来源：根据有关资料整理。

在这些境外经贸合作区的设立和建设过程中，呈现出如下特点：其一，境外经贸合作区采取“政府为主导，企业为主体，市场化经营为原则”的运作模式，是一种政府扶持下的企业境外投资行为。其二，从投资区位选择看，经贸合作区大多位于南亚、非洲及东欧等欠发达地区。其三，从投资的行业看，主要是传统的能源、资源、农业、轻工、冶炼、电子等多重领域。其四，从投资企业看，主导企业大多是国内经济实力较强并具有一定国际经营经验的公司。

二、境外经贸合作区的优势和问题

境外经贸合作区是我国企业探索“走出去”路径的一项战略，有利于发挥企业的群体优势，有利于政府给予相关政策扶持，从理论上看是一个较为理想的对外直接投资路径选择，其优势如下：

第一，境外经贸合作区以政府的支持为后盾，避免了单个企业实力弱小的风险。当前的国际市场是一个变幻莫测、竞争激烈的市场，主要的垄断企业控制了绝大多数的市场，在此环境下，中国相对弱小的企业单枪匹马闯荡国际市场，必然面临太大的风险和压力，很难取得成功。境外经贸合作区以两国政府之间的协议为基础，以中国政府强大的经济实力为后盾，以抱团的方式集体“走出去”，能够抵御和排除风险，增强企业境外投资成功的概率。

第二，集群方式“走出去”能够发挥集群效应。集群的方式有利于企业之间产生互补协同效应，有利于提高产业境外投资集中度，有助于减少无序投资的资金资源浪费。同时，集群的企业形成一个整体，增强了竞争力，也拥有了更大的与东道国政府谈判的实力，有利于争取更加优惠的政策。

第三，境外经贸合作区能够提升企业对外直接投资的经验，增强竞争力。我国企业对外直接投资的经验不足，对于国际市场的了解也不够，经贸合作区提供了国内企业一个体验国际市场环境，培养国际经营经验的机会，同时国外广阔的市场也为企业竞争力提升，扩大规模提供了机遇。

第四，境外经贸合作区能够规避贸易摩擦和争端，顺应企业国际化经营的大趋势。我国不断增加的贸易顺差已经引起了主要贸易伙伴的强烈不满，贸易摩擦愈演愈烈，再加上人民币升值的影响，出口形势已经严重恶化。此时企业“走出去”，第一可以规避贸易摩擦，第二可以消化过多的外汇储备，从而减少国内的货币流动性，对于抑制通货膨胀同样起到积极作用。

虽然具有以上的众多优势，但我们也要看到，境外经贸合作区同样会存在一些问题、弊端和风险，也不一定就能够成功地实现企业“走出去”的既定目标。其存在的问题主要有：

第一，合作区的建设方式是一次性投入，再逐步招商，具有一定的盲目性和风险。由于可以取得政府补贴和贷款，牵头企业必然具有过度开发和建设的激励，这样极有可能导致合作区开发规模过大和一次性投入过多，将来一旦东道国国内投资环境恶化或者是既定投资计划在东道国根本没有市场和需求，则损失较大。

第二，东道国大都为欠发达国家，投资风险较大。欠发达国家国内的经济环境、基础设施环境、制度环境、信用环境等都存在一定的缺陷，这些问题都会在一定程度上给投资增加风险。且这些国家国内需求有限，出口相关辅助产业不足，会对产品的销售造成障碍，形成投资风险。

第三，合作区的定位尚有不明确之处。在这些境外经贸合作区中，还有一些合作区对于产业的选择以及未来的规划不十分明确，同时还存在对于合作区定位过高，产业选择过杂的现象。例如，很多合作区的规划都是将其打造成一个集商贸、物流、服务、休闲等一体化的全能区域，这样的规划虽然非常美好，但往往会忽视东道国的国情和需要。实际上，合作区应该根据东道国国内要素资源，更多地走专注型产业道路，而较少建设全能型区域。

第四，境外经贸合作区建设步伐较快，可能会不适合我国企业现状。商务部境外经贸合作区的最终规划是分步骤建设 50 个，目前一二批已经批准建设 19 个。这些合作区的招商定位大都是国内的中小企业，我国中小企业的特点是竞争力薄弱，利用的是国内廉价劳动力资源获取微薄利润，对于这些中小企业，是否能从对外投资中获益，是否具有对外投资的能力，值得怀疑。合作区建设的特点是固定资产投资等沉默成本较高，如果建设步伐过快，将来损失会很严重。

鉴于以上分析，境外经贸合作区是我国企业对外直接投资的一个很好途径和形式，具有很多的优势；但与此同时，也存在很多的不确定性和风险。政府和企业在果断推进的过程中，也都需要谨慎分析和慎重行动。

三、政府行为选择和定位

在对外经贸合作区的建设中，政府的作用主要是服务和扶持两个方面，努力为企业创造良好的“走出去”环境以及融资上的支持，争取东道国政府更多的政策优惠以及为企业提供对外投资的公共物品，以及对企业的行为进行一定的指导和监督也是必不可少的。具体说来，包括以下几个方面：

（1）执行好服务和扶持的职能。包括对于企业“走出去”要给予鼓励和资金支持，提供税收优惠；要帮助企业积极与东道国政府协调谈判，最大限度地争取优惠条件，帮助企业了解和熟悉东道国的有关情况和环境；为企业的投资决策提供指导和必要的建议；一旦投资企业的合法权益在东道国被侵害，应该发挥政府强大的作用，通过各种方式维护企业的正当权益。不过，在服务和扶持的过程中，要摆正位置，由企业自主决策经营，而不能管理和管制太多，使企业失去灵活性。

（2）执行好宏观调控和规划职能。境外经贸合作区能够得到政府的有力资金扶持，企业的投资动机和热情必然非常强烈，容易出现一哄而上的非理性结果。所以需要政府发挥规划、协调作用，在设立合作区时，既要突出企业的主体地位，又要保持政府给予其在设立合作区立项上必要的指导；对合作区的布局进行规划和统筹安排，避免合作区的功能定位重复；在合作区具体产业选择上，政府要充分分析和研究，保证产业选择的准确无误。

（3）执行好审查和监督职能。在项目的审批阶段，严格把关，充分论证，保证项目的合理性和盈利性，避免企业的盲目行为；在开发企业的选择上，既要考虑企业的经济实力和竞争能力，也要考虑投资企业的产业特征和成长性以及国家的产业发展导向。项目建设实施后，要做好监督和检查工作，保证项目按照既定的计划实施；同时要对合作区的建设给予指导，尽可能地促使项目健康稳定和成功的开展。

（4）提供好企业对外直接投资的公共物品。具体可以建立企业对外直接投资的知识培训和指导体系，帮助企业培养相关人才；建立东道国的国内环境和风俗习惯资料库，使企业能够及时和便捷地了解有关投资国情况；同时有必要建设东道国国内投资环境预警体系，实施监控东道国国内的政治、社会和经济环境的变化，及时帮助企业调整生产规模，一旦遭遇东道国国内动乱，可以及时预警，减少损失。

四、企业行为选择与定位

企业是境外经贸合作区的建设主体，也是主要的参与者。对企业来说，到国外投资将面临一个全新和不同的经营环境及习惯，同时也会大大增加投资风险，所以应该慎重行事，在考虑到国外投资环境和要素禀赋的基础上，根据自身企业的特点和需要，在充分可行性分析的基础上决定是否“走出去”。具体说来，企业应该重点注意做好以下工作：

（1）做好项目的可行性分析与调研。估算好企业对外直接投资的成本和收益，充分考虑各种可能的风险，分析企业的所有权优势、内部化优势和区位优势，只有在项目确实具有充分收益性的情况下才能走出国门。切莫盲目跟风，在对国外情况尚不了解的情况下主观臆断地认为投资潜力和收益丰厚，如此带来的风险是可想而知的。

（2）利用好国内和国外政府的平台，争取尽可能多的政策优惠。企业一旦决定投资后，要利用好我国政府所搭建的良好平台和政策扶持，同时也要处理好与东道国政府的关系，争取更多的优惠。另外，要注意建立与东道国企业的良好关系，吸引东道国企业参与和入股企业的生产和经营，只有当地企业参与后，合作区的成长才能与东道国自身的利益结合起来。

（3）重视本地化工作。合作区是在国外生产和经营，必须得到本地的支持和帮助才能成功运行，所以做好本土化工作至关重要。首先，合作区建设和开发要实现本土化；本土人才更加了解国内情况，也便于和本地单位及个人沟通，能够增加开发的效率。其次，合作区经营要实现本土化；境外经贸合作区建成之后，需要和当地的公安、消防、税务、工会、物流、海关、金融等方面打交道，通过任用当地人才，能够顺利熟悉各个环节，更快更好地做好工作。

（4）重视跨国经营人才培养。人才是企业参与国际竞争的重要资源，中国企业要想真正“走出去”，需要引进具有先进管理经验和技术技能，并且了解东道国国内情况，又具备跨国经营素质的人才。这样的人才国内非常稀缺，另外，合作区大都位于不发达的地区和国家，这对于高端人才的吸引更加微弱，所以培养和引进相关的人才对于“走出去”的企业来说意义重大。

第六节　小结

本章主要研究了企业的对外直接投资模式选择问题，重点解析跨国企业如何在绿地投资和跨国并购之间抉择。本部门通过扩展一个新—新贸易理论模型框架，将不同产业的企业异质性进行了分类，分为可流动能力差异和不可流动能力差异，然后在企业生产率差异的假设下开展分析。结果得出，对于异质性表现在可流动能力差别的产业，生产率高的企业选择跨国并购，生产率低的企业选择绿地投资；而对于异质性表现在不可流动能力差别的产业，生产率高的企业选择绿地投资，生产率低的企业选择跨国并购。

在理论的基础上，结合中国实际，解析了中国企业的三十年对外直接投资状况，指出我国的对外直接投资发展规模和水平严重滞后于利用外资和 GDP 发展水平，必须提高我国企业的对外直接投资水平；以此作为宏观背景，根据模型的结论，重点分析了中国企业的对外直接投资模式选择，提出对于技术密集型产业，应该更多地采用跨国并购方式；而对于劳动力密集型产业，应该更多地采用绿地投资的方式。另外，作为一个绿地投资的案例，我们还结合理论对当前正在实践的境外经贸合作区建设进行了评析和政策建议。

第七章　总　结

第一节　主要研究结论

异质性企业出口贸易行为选择的理论和实证研究得出的主要结论包括：①企业的边际生产成本差异，而生产率的差异是决定企业是否出口的关键因素，生产率高的企业会选择出口，而生产率低的企业选择供应国内市场；②出口贸易会提高全社会平均生产率，但对于单个企业生产率的影响作用方向不确定，且贸易会减少市场中企业的数量；③中国分行业企业面板数据的实证检验结果支持了理论模型的结论，即出口企业的生产率高于只供应国内市场的企业，但出口贸易与企业生产率的提高不存在正向因果关系；④中国制造业企业数据的实证检验发现我国出口企业存在与新—新贸易理论结论正好相反的“生产率悖论”，但其背后的原因是我国大量存在加工贸易企业，除这些企业后的实证结果同样与理论相符。

异质性企业出口贸易和对外直接投资行为选择的理论及实证研究得出的结论主要有：①在出口和对外直接投资的选择中，生产率低的企业选择出口更加有利，而生产率高的企业应该选择对外直接投资来获取更高的利润；在出口和 FDI 之间，多数情况下存在的是替代关系，企业一般只会在出口与 FDI 之间选择其一，两者同时选择对其并不利。②在影响企业市场进入选择的因素中，最根本的是其生产率水平；除此之外，影响市场进入的因素包括进入市场的固定成本和市场需求状况；影响企业出口选择的因素包括出口固定成本投入和国外需求状况；影响企业对外直接投资的因素包括产品规模经济效应情况、出口贸易成本和壁垒状况以及国外市场需求状况。

异质性企业对外直接投资模式选择的理论和实证研究得出的结论包括：

①异质性表现在可流动能力的产业，生产率高的企业会选择跨国并购，而生产率低的企业会选择绿地投资；相反，异质性表现在不可流动能力的企业，生产率高的才会选择绿地投资，而生产率低的企业会选择跨国并购。②仅从企业生产率差异并不能够解释企业跨国并购和绿地投资选择的特征，故生产率差异并不能够解释企业贸易和投资行为的全部，异质性必须引入更多的要素才能更好地解释和指导现实。

第二节　研究结果对于中国的政策启示

异质性企业出口贸易行为选择理论和实证研究对于我国的政策启示包括以下几个方面：①出口贸易能够提高一国企业的平均生产率，所以我国应该继续重视对外贸易的发展，不断开放国内市场和开拓国际市场，逐步实现贸易自由化。②出口贸易具有贸易转移效应，对生产率高的企业有利，增加其市场份额，但不利于生产率低的企业，会迫使它们退出市场；所以，我国在对外开放的过程中须遵循渐进原则，对于一些弱势产业和领域，须逐步开放，适当给予保护，从而免受贸易自由化的伤害。③生产率最重要，是决定企业出口的关键因素，所以应该鼓励企业创新和提高生产率，优化出口贸易结构，更多地注重质量和效益，限制和废除“两高一资”产业发展。④“出口至上”的战略需要抛弃，不要对企业出口给予任何形式的补贴，因为不是所有的企业都能够从出口中获益，对那些生产率低的企业，供应国内市场的利润更高，故不要为了出口而补贴企业，扭曲了市场，使得社会总收益受损。⑤针对我国经济形势的特点，应该实行“市场主导的非对称出口促进战略”，即以市场主导的自由贸易战略为主要方向，对于那些技术含量高的重点产业有区别地鼓励和支持其对外出口的一种策略措施。

异质性企业出口贸易和对外直接投资行为选择理论与实证研究的结果对于我国的政策启示包括：①对外直接投资要谨慎。我国整体行业和企业生产率水平并不高，尚没有到大规模对外直接投资的阶段，故不能急于求成，而要充分研究国外市场情况再有步骤地“走出去”。②根据自身的生产率状况决定国际化路径选择。如果生产率水平确实很高，应该毫不犹豫地积极开展对外直接投资；而如果生产率水平不高，则应三思而后行。③根据当前我国有关行业企业的实际，不是所有的企业都适合“走出去”，也不是所有的企业都需要出口。总体来看，可以重点考虑“走出去”的行业包括烟草加工业、饮料制造业、电力蒸汽热水生产供应业、非金属矿采选业、纺织业、印刷业等；重点考虑出口的行业包括专业设备制造业、非金属矿物制品、黑色金属矿采选业、造纸及纸制品业、电子及通信设备制造业、化学原料及制品制造业、塑料制品业、交通运输设备制造业、家具制造业等。

异质性企业出口贸易和对外直接投资行为选择的理论与实证研究结果对于我国的政策启示有：①企业在选择模式时，要根据国别、产业以及自身的不同情况进行综合考虑，不可只看到某一方面的因素而忽视其他，要知道不同的行业具有不同的选择标准，没有放之四海而皆准的结果。②企业生产率异质性是决定选择的主要因素，要正确认识和评估自身的生产率水平，也应重视培养和提高生产率，再根据产业的特点选择确实符合企业成长和发展的对外直接投资模式。③对于技术密集型产业，应更多地选择跨国并购投资模式。④对于劳动力密集型产业，应偏向于绿地投资模式。

第三节　未来发展方向及进一步研究思路

新—新贸易理论目前还处于提出和发展的初期，无论是理论还是实证都还不够成熟和完善。总体来说，未来的发展方向是：理论框架和模型会不断扩展到分析和解释贸易及投资的各种问题，与此同时，企业异质性的表示形式也会不断扩展和多样化，不会仅仅局限于生产率的差异，单个的因素是不可能解释很多现象的。从实证来说，其会随着理论的发展而不断发展和推进。

新—新贸易理论的进一步研究思路会不断扩展理论模型，出现更多的企业异质性变量，解释多种多样的企业贸易和投资行为。从中国应用角度说，未来应该进一步扩展的方向是，大量获取和搜集微观的企业数据，分析中国企业的贸易投资行为，扩展理论的框架和结论，并用以指导中国的对外贸易和对外直接投资。总之，理论的发展主要用以解释现实并指导现实，故总体来说，新—新贸易理论的发展方向必定是更加完善、更能解释现实、更加具有现实指导价值。

附 录

表 1 1991~2006 年我国物价水平情况（以 1991 年为基期）

年份	工业品出厂价格指数（1991 = 100）	固定资产投资价格指数（1991 = 100）
1991	100	100
1992	106.8	115.3
1993	132.4	145.9
1994	158.3	161.1
1995	181.8	170.6
1996	187.1	177.4
1997	186.5	180.4
1998	178.9	180.0
1999	174.5	179.3
2000	179.5	181.3
2001	177.1	182.0
2002	173.2	182.4
2003	177.2	186.4
2004	188.0	196.8
2005	197.3	199.9
2006	203.2	202.9

资料来源：根据《中国统计年鉴》（2006）数据计算整理。

表 2 1997 年我国分行业企业产出和投入以及价格调整后的数额

行业	企业单位数	工业增加值	固定资产净值	从业人数	Q	K	L
食品加工业	8057	269.5	717.1	190	144.49	397.53	190.00
食品制造业	4089	82.0	232.3	114	43.97	128.76	114.00
饮料制造业	2737	271.3	399.2	123	145.47	221.27	123.00
烟草加工业	289	805.6	406.3	33	431.98	225.22	33.00

续表

行业	企业单位数	工业增加值	固定资产净值	从业人数	Q	K	L
纺织业	3391	340.4	1069.5	596	182.49	592.82	596.00
服装及其他纤维制品制造	935	24.4	46.3	162	13.10	25.66	162.00
皮革毛皮羽绒及其制品业	595	17.6	46.0	85	9.43	25.48	85.00
木材加工及竹藤棕草制品业	1045	21.3	91.9	67	11.44	50.95	67.00
家具制造业	482	5.5	14.7	30	2.95	8.12	30.00
造纸及纸制品业	1536	87.7	285.2	124	47.02	158.11	124.00
印刷业记录媒介的复制	3155	76.0	164.4	90	40.76	91.15	90.00
文教体育用品制造业	415	9.9	16.2	35	5.29	8.97	35.00
石油加工及炼焦业	353	491.6	1027.5	74	263.57	569.58	74.00
化学原料及制品制造业	4855	522.1	1974.7	392	279.95	1094.62	392.00
医药制造业	1775	150.5	274.4	101	80.70	152.10	101.00
化学纤维制造业	204	41.8	239.1	50	22.41	132.56	50.00
橡胶制品业	533	61.3	120.7	69	32.88	66.89	69.00
塑料制品业	1408	31.7	107.7	101	17.01	59.70	101.00
非金属矿物制品业	6259	277.4	1067.7	387	148.75	591.83	387.00
黑色金属冶炼及压延加工业	914	769.2	2469.0	321	412.42	1368.63	321.00
有色金属冶炼及压延加工业	662	170.8	667.0	98	91.55	369.71	98.00
金属制品业	2227	61.4	158.5	174	32.92	87.86	174.00
普通机械制造业	3787	268.5	709.8	403	143.94	393.48	403.00
专用设备制造业	3797	224.2	583.1	274	120.20	323.22	274.00
交通运输设备制造业	3644	448.3	1233.5	346	240.37	683.75	346.00
电气机械及器材制造业	2268	151.4	334.5	227	81.19	185.43	227.00
电子及通信设备制造业	1346	214.8	366.2	165	115.15	202.97	165.00
仪器仪表文化办公用机械	1016	41.8	128.9	79	22.43	71.42	79.00

注：企业单位数的单位为个，工业增加值和固定资产净值的单位为亿元，从业人数单位为万人。
资料来源：根据《中国统计年鉴》（1998）有关数据计算整理。

表 3　1998 年我国分行业企业产出和投入以及价格调整后的数额

行业	企业单位数	工业增加值	固定资产净值	从业人数	Q	K	L
食品加工业	11909	3516.0	1546.72	141	1965.34	859.29	141.00
食品制造业	5368	1214.0	671.75	77	678.57	373.19	77.00
饮料制造业	3817	1579.9	1055.07	94	883.10	586.15	94.00
烟草加工业	352	1374.7	869.22	30	768.43	482.90	30.00

续表

行业	企业单位数	工业增加值	固定资产净值	从业人数	Q	K	L
纺织业	11276	4376.3	2683.73	393	2446.21	1490.96	393.00
服装及其他纤维制品制造	6768	2018.1	897.43	127	1128.04	498.57	127.00
皮革毛皮羽绒及其制品业	3312	1191.9	555.81	62	666.25	308.78	62.00
木材加工及竹藤棕草制品业	2487	492.1	269.5	39	275.09	149.72	39.00
家具制造业	1470	294.7	152.34	19	164.73	84.63	19.00
造纸及纸制品业	4763	1244.0	789.88	84	695.34	438.82	84.00
印刷业记录媒介的复制	3863	544.2	335.4	69	304.19	186.33	69.00
文教体育用品制造业	1785	552.5	307.72	30	308.81	170.96	30.00
石油加工及炼焦业	1052	2329.4	1053.48	67	1302.09	585.27	67.00
化学原料及制品制造业	11303	4627.8	2902.39	304	2586.83	1612.44	304.00
医药制造业	3280	1372.7	1105.59	86	767.32	614.22	86.00
化学纤维制造业	803	826.5	560.88	40	462.00	311.60	40.00
橡胶制品业	1785	765.6	507.52	52	427.94	281.96	52.00
塑料制品业	6016	1497.8	794.39	73	837.24	441.33	73.00
非金属矿物制品业	14496	3204.5	2175.67	284	1791.21	1208.71	284.00
黑色金属冶炼及压延加工业	3260	3883.2	2982.01	256	2170.59	1656.67	256.00
有色金属冶炼及压延加工业	2405	1628.7	1002.95	84	910.41	557.19	84.00
金属制品业	8132	2150.7	1232.97	119	1202.17	684.98	119.00
普通机械制造业	9282	2579.8	2386.33	275	1442.03	1325.74	275.00
专用设备制造业	6638	1920.3	1642.3	197	1073.38	912.39	197.00
交通运输设备制造业	6779	4212.0	3550.35	279	2354.39	1972.42	279.00
电气机械及器材制造业	7544	3628.6	2552.69	170	2028.27	1418.16	170.00
电子及通信设备制造业	4166	4893.6	3010.8	134	2735.36	1672.67	134.00
仪器仪表文化办公用机械	1821	692.8	496.17	53	387.23	275.65	53.00

注：企业单位数的单位为个，工业增加值和固定资产净值的单位为亿元，从业人数单位为万人。
资料来源：根据《中国统计年鉴》（1999）有关数据计算整理。

表 4 1999 年我国分行业企业产出和投入以及价格调整后的数额

行业	企业单位数	工业增加值	固定资产净值	从业人数	Q	K	L
食品加工业	11231	761.9	1229.14	113	436.60	685.52	113.00
食品制造业	4963	344.6	635.27	67	197.45	354.30	67.00
饮料制造业	3579	585.8	1037.86	84	335.69	578.84	84.00
烟草加工业	352	892.1	570.07	27	511.20	317.94	27.00

续表

行业	企业单位数	工业增加值	固定资产净值	从业人数	Q	K	L
纺织业	10981	1117.1	2375.06	327	640.18	1324.63	327.00
服装及其他纤维制品制造	6611	506.0	473.59	120	289.95	264.14	120.00
皮革毛皮羽绒及其制品业	3192	283.6	260.40	58	162.53	145.23	58.00
木材加工及竹藤棕草制品业	2420	132.9	276.08	31	76.16	153.98	31.00
家具制造业	1473	78.0	105.15	16	44.67	58.65	16.00
造纸及纸制品业	4657	355.6	848.11	66	203.76	473.01	66.00
印刷业记录媒介的复制	3824	197.9	368.50	58	113.43	205.52	58.00
文教体育用品制造业	1807	140.2	142.97	28	80.35	79.74	28.00
石油加工及炼焦业	988	590.2	1710.66	61	338.25	954.08	61.00
化学原料及制品制造业	11337	1216.9	3451.41	254	697.35	1924.94	254.00
医药制造业	3272	514.9	667.31	83	295.05	372.17	83.00
化学纤维制造业	803	252.5	911.98	33	144.73	508.63	33.00
橡胶制品业	1805	202.6	376.00	43	116.11	209.71	43.00
塑料制品业	6047	387.8	709.84	61	222.23	395.90	61.00
非金属矿物制品业	14366	1004.6	2691.26	240	575.70	1500.98	240.00
黑色金属冶炼及压延加工业	3042	1081.2	3700.40	222	619.57	2063.81	222.00
有色金属冶炼及压延加工业	2426	405.0	1156.08	80	232.12	644.77	80.00
金属制品业	8176	540.7	800.13	96	309.87	446.25	96.00
普通机械制造业	9160	743.6	1385.06	222	426.14	772.48	222.00
专用设备制造业	6470	515.7	932.25	163	295.55	519.94	163.00
交通运输设备制造业	6701	1193.1	2250.75	244	683.75	1255.30	244.00
电气机械及器材制造业	7624	1002.6	1353.44	145	574.54	754.85	145.00
电子及通信设备制造业	4289	1348.0	1411.72	138	772.47	787.35	138.00
仪器仪表文化办公用机械	1817	180.5	253.07	46	103.42	141.14	46.00

注：企业单位数的单位为个，工业增加值和固定资产净值的单位为亿元，从业人数单位为万人。
资料来源：根据《中国统计年鉴》(2000) 有关数据计算整理。

表 5　2000 年我国分行业企业产出和投入以及价格调整后的数额

行业	企业单位数	工业增加值	固定资产净值	从业人数	Q	K	L
食品加工业	10676	835.3	1232.67	113	465.34	679.91	113.00
食品制造业	4691	415.8	648.35	67	231.65	357.61	67.00
饮料制造业	3409	618.9	1057.87	84	344.79	583.49	84.00
烟草加工业	343	935.8	608.89	27	521.34	335.85	27.00

续表

行业	企业单位数	工业增加值	固定资产净值	从业人数	Q	K	L
纺织业	10968	1272.8	2319.03	327	709.10	1279.11	327.00
服装及其他纤维制品制造	7064	592.0	494.23	120	329.82	272.61	120.00
皮革毛皮羽绒及其制品业	3164	323.6	274.16	58	180.29	151.22	58.00
木材加工及竹藤棕草制品业	2552	157.5	306.36	31	87.76	168.98	31.00
家具制造业	1498	94.9	118.75	16	52.85	65.50	16.00
造纸及纸制品业	4672	412.6	1073.99	66	229.87	592.38	66.00
印刷业记录媒介的复制	3703	201.4	384.30	58	112.20	211.97	58.00
文教体育用品制造业	1879	155.3	152.44	28	86.52	84.08	28.00
石油加工及炼焦业	993	788.0	1990.02	61	438.99	1097.64	61.00
化学原料及制品制造业	11430	1415.8	3733.17	254	788.75	2059.11	254.00
医药制造业	3301	633.9	749.56	83	353.14	413.44	83.00
化学纤维制造业	834	295.8	900.42	33	164.78	496.64	33.00
橡胶制品业	1783	219.0	386.57	43	121.99	213.22	43.00
塑料制品业	6230	464.4	763.01	61	258.73	420.85	61.00
非金属矿物制品业	14540	1126.7	2759.58	240	627.70	1522.10	240.00
黑色金属冶炼及压延加工业	2997	1299.3	3985.88	222	723.84	2198.50	222.00
有色金属冶炼及压延加工业	2538	512.7	1202.58	80	285.62	663.31	80.00
金属制品业	8376	609.5	835.72	96	339.53	460.96	96.00
普通机械制造业	9338	840.8	1425.22	222	468.39	786.11	222.00
专用设备制造业	6406	581.0	944.83	163	323.66	521.14	163.00
交通运输设备制造业	6850	1323.6	2386.16	244	737.39	1316.14	244.00
电气机械及器材制造业	7845	1231.5	1409.22	145	686.07	777.29	145.00
电子及通信设备制造业	4459	1824.3	1564.49	138	1016.33	862.93	138.00
仪器仪表文化办公用机械	1860	214.4	258.40	46	119.42	142.53	46.00

注：企业单位数的单位为个，工业增加值和固定资产净值的单位为亿元，从业人数单位为万人。
资料来源：根据《中国统计年鉴》(2001) 有关数据计算整理。

表 6　2001 年我国分行业企业产出和投入以及价格调整后的数额

行业	企业单位数	工业增加值	固定资产净值	从业人数	Q	K	L
食品加工业	10381	944.7	1200.87	98.3	533.43	659.82	98.30
食品制造业	4563	451.9	692.07	61.7	255.15	380.26	61.70
饮料制造业	3307	642.6	1072.66	75	362.82	589.37	75.00
烟草加工业	320	1093.1	623.23	24.8	617.20	342.43	24.80

续表

行业	企业单位数	工业增加值	固定资产净值	从业人数	Q	K	L
纺织业	12065	1387.5	2394.28	300.7	783.47	1315.54	300.70
服装及其他纤维制品制造	8037	688.1	527.51	121.3	388.55	289.84	121.30
皮革毛皮羽绒及其制品业	3539	391.8	280.9	54.8	221.21	154.34	54.80
木材加工及竹藤棕草制品业	2808	192.9	337.8	27.8	108.93	185.60	27.80
家具制造业	1625	117.6	125.76	15.4	66.39	69.10	15.40
造纸及纸制品业	5027	474.9	1179.21	61.1	268.14	647.92	61.10
印刷业记录媒介的复制	3691	244.0	428.46	51.4	137.76	235.42	51.40
文教体育用品制造业	2024	179.9	158.58	26.2	101.56	87.13	26.20
石油加工及炼焦业	1027	883.3	2158.36	56.3	498.76	1185.91	56.30
化学原料及制品制造业	12031	1601.3	3886.1	229.6	904.16	2135.22	229.60
医药制造业	3488	722.4	842.61	81.9	407.92	462.97	81.90
化学纤维制造业	885	222.1	750	29.8	125.41	412.09	29.80
橡胶制品业	1777	248.3	443	39.8	140.20	243.41	39.80
塑料制品业	6884	545.0	854.04	56.3	307.75	469.25	56.30
非金属矿物制品业	14707	1211.9	2757.65	218.7	684.29	1515.19	218.70
黑色金属冶炼及压延加工业	3176	1530.2	4058.95	204.3	864.00	2230.19	204.30
有色金属冶炼及压延加工业	2823	591.2	1270.87	78.6	333.81	698.28	78.60
金属制品业	9274	713.3	905.33	89.3	402.76	497.43	89.30
普通机械制造业	10027	971.6	1447.54	203.4	548.63	795.35	203.40
专用设备制造业	6391	636.9	945.55	145.4	359.62	519.53	145.40
交通运输设备制造业	7114	1633.7	2529.44	231.5	922.47	1389.80	231.50
电气机械及器材制造业	8675	1378.4	1475.1	137.1	778.34	810.49	137.10
电子及通信设备制造业	4824	2035.0	1964.1	142.9	1149.09	1079.18	142.90
仪器仪表文化办公用机械	2018	237.9	269.38	44.3	134.33	148.01	44.30

注：企业单位数的单位为个，工业增加值和固定资产净值的单位为亿元，从业人数单位为万人。
资料来源：根据《中国统计年鉴》(2002) 有关数据计算整理。

表 7　2002 年我国分行业企业产出和投入以及价格调整后的数额

行业	企业单位数	工业增加值	固定资产净值	年均从业人数	Q	K	L
食品加工业	10413	1112.7	1257.6	95	642.43	689.45	95.00
食品制造业	4615	553.0	763.7	60	319.29	418.72	60.00
饮料制造业	3287	709.6	1106.6	73	409.72	606.68	73.00
烟草加工业	287	1359.6	608.3	23	784.99	333.52	23.00

续表

行业	企业单位数	工业增加值	固定资产净值	年均从业人数	Q	K	L
纺织业	13248	1569.1	2530.0	280	905.95	1387.07	280.00
服装及其他纤维制品制造	9061	746.1	578.1	130	430.77	316.96	130.00
皮革毛皮羽绒及其制品业	3932	458.0	307.8	57	264.41	168.73	57.00
木材加工及竹藤棕草制品业	3033	213.9	352.4	26	123.51	193.18	26.00
家具制造业	1767	139.3	147.3	17	80.45	80.75	17.00
造纸及纸制品业	5285	570.9	1268.0	58	329.61	695.15	58.00
印刷业记录媒介的复制	3806	279.5	458.5	48	161.39	251.37	48.00
文教体育用品制造业	2327	204.5	187.0	29	118.08	102.50	29.00
石油加工及炼焦业	1144	1003.9	2113.7	56	579.63	1158.83	56.00
化学原料及制品制造业	12637	1862.6	4133.1	217	1075.43	2265.94	217.00
医药制造业	3681	834.7	978.9	82	481.90	536.66	82.00
化学纤维制造业	909	248.9	763.5	26	143.72	418.59	26.00
橡胶制品业	1822	292.6	455.6	37	168.91	249.78	37.00
塑料制品业	7665	646.8	907.1	59	373.46	497.30	59.00
非金属矿物制品业	15305	1365.2	2873.7	207	788.20	1575.50	207.00
黑色金属冶炼及压延加工业	3333	1799.5	4290.1	189	1038.97	2352.02	189.00
有色金属冶炼及压延加工业	2942	626.1	1361.3	74	361.51	746.34	74.00
金属制品业	10039	841.2	934.9	87	485.70	512.55	87.00
普通机械制造业	10767	1153.0	1527.9	187	665.72	837.65	187.00
专用设备制造业	6546	781.8	965.3	136	451.36	529.24	136.00
交通运输设备制造业	7470	2177.2	2679.1	226	1257.03	1468.81	226.00
电气机械及器材制造业	9385	1584.7	1543.9	140	914.97	846.43	140.00
电子及通信设备制造业	5320	2520.9	2290.8	155	1455.50	1255.89	155.00
仪器仪表文化办公用机械	2146	268.5	287.5	44	155.05	157.64	44.00

注：企业单位数的单位为个，工业增加值和固定资产净值的单位为亿元，从业人数单位为万人。
资料来源：根据《中国统计年鉴》(2003) 有关数据计算整理。

表 8　2003 年我国分行业企业产出和投入以及价格调整后的数额

行业	企业单位数	工业增加值	固定资产净值	年均从业人数	Q	K	L
食品加工业	11192	1466.4	1411.8	181.7	827.55	757.38	181.66
食品制造业	4636	667.1	801.9	101.1	376.46	430.20	101.07
饮料制造业	3194	796.0	1149.8	89.0	449.19	616.85	89.00
烟草加工业	255	1573.5	602.5	21.2	887.97	323.20	21.22

续表

行业	企业单位数	工业增加值	固定资产净值	年均从业人数	Q	K	L
纺织业	14863	1906.7	2850.0	499.2	1076.02	1528.98	499.16
服装及其他纤维制品制造	9717	916.5	637.3	289.2	517.23	341.89	289.19
皮革毛皮羽绒及其制品业	4518	591.4	360.1	165.4	333.72	193.17	165.37
木材加工及竹藤棕草制品业	3501	265.7	379.1	63.8	149.95	203.40	63.83
家具制造业	2046	183.0	186.5	43.4	103.25	100.03	43.39
造纸及纸制品业	5570	681.4	1416.1	114.0	384.55	759.73	113.95
印刷业记录媒介的复制	4084	334.5	527.6	59.4	188.75	283.06	59.41
文教体育用品制造业	2516	249.9	204.5	87.1	141.04	109.69	87.14
石油加工及炼焦业	1323	1287.5	2123.7	59.7	726.55	1139.32	59.66
化学原料及制品制造业	13803	2464.9	4414.4	311.3	1391.02	2368.26	311.33
医药制造业	4063	1024.7	1156.6	115.4	578.30	620.47	115.40
化学纤维制造业	937	295.3	762.4	34.2	166.62	409.01	34.22
橡胶制品业	2016	370.0	473.4	62.2	208.78	253.99	62.24
塑料制品业	8382	763.2	1021.0	140.9	430.70	547.73	140.91
非金属矿物制品业	16245	1749.1	3102.8	396.2	987.07	1664.61	396.22
黑色金属冶炼及压延加工业	4119	2824.0	4807.4	255.9	1593.69	2579.09	255.91
有色金属冶炼及压延加工业	3367	902.1	1508.4	106.6	509.10	809.22	106.60
金属制品业	9746	971.0	936.6	171.2	547.97	502.46	171.24
普通机械制造业	12546	1590.4	1687.6	283.5	897.51	905.36	283.49
专用设备制造业	7129	1008.2	1256.9	205.3	568.96	674.28	205.31
交通运输设备制造业	8281	2897.0	2936.0	311.8	1634.86	1575.10	311.77
电气机械及器材制造业	10400	2023.5	1678.0	265.1	1141.92	900.19	265.12
电子及通信设备制造业	5856	3482.5	2690.3	273.5	1965.29	1443.30	273.46
仪器仪表文化办公用机械	2515	445.0	364.9	72.0	251.15	195.75	71.96

注：企业单位数的单位为个，工业增加值和固定资产净值的单位为亿元，从业人数单位为万人。
资料来源：根据《中国统计年鉴》（2004）有关数据计算整理。

表 9　2004 年我国分行业企业产出和投入以及价格调整后的数额

行业	企业单位数	工业增加值	固定资产净值	从业人数	Q	K	L
食品加工业	12244	233.95	1597.79	190.87	124.44	811.89	190.87
食品制造业	4950	132.59	923.37	106.96	70.53	469.19	106.96
饮料制造业	3332	170.31	1203.45	89.06	90.59	611.51	89.06
烟草加工业	223	371.28	618.85	20.17	197.49	314.46	20.17

续表

行业	企业单位数	工业增加值	固定资产净值	从业人数	Q	K	L
纺织业	17144	279.84	3153.38	519.16	148.85	1602.33	519.16
服装及其他纤维制品制造	10901	152.52	740.76	320.26	81.13	376.40	320.26
皮革毛皮羽绒及其制品业	4885	99.01	410.61	181.90	52.66	208.64	181.90
木材加工及竹藤棕草制品业	4181	52.83	426.22	69.96	28.10	216.58	69.96
家具制造业	2323	39.86	233.09	52.79	21.20	118.44	52.79
造纸及纸制品业	6086	141.05	1575.49	118.03	75.03	800.55	118.03
印刷业记录媒介的复制	4354	80.69	593.76	61.82	42.92	301.71	61.82
文教体育用品制造业	2761	42.78	233.61	93.79	22.76	118.70	93.79
石油加工及炼焦业	1536	267.42	2275.46	62.73	142.24	1156.23	62.73
化学原料及制品制造业	15172	856.26	4727.41	315.66	455.46	2402.14	315.66
医药制造业	4397	279.55	1373.15	118.51	148.70	697.74	118.51
化学纤维制造业	1053	63.03	879.40	38.67	33.53	446.85	38.67
橡胶制品业	2245	71.90	536.16	64.74	38.24	272.44	64.74
塑料制品业	9473	141.67	1172.95	152.20	75.36	596.01	152.20
非金属矿物制品业	17980	391.73	3598.20	407.19	208.37	1828.35	407.19
黑色金属冶炼及压延加工业	4947	1038.93	5430.24	261.39	552.62	2759.27	261.39
有色金属冶炼及压延加工业	3830	277.69	1812.70	115.58	147.71	921.09	115.58
金属制品业	11225	239.56	1090.35	191.59	127.43	554.04	191.59
普通机械制造业	14900	424.45	1904.71	308.36	225.77	967.84	308.36
专用设备制造业	8135	216.85	1374.61	209.13	115.35	698.48	209.13
交通运输设备制造业	9389	771.88	3319.25	327.48	410.57	1686.61	327.48
电气机械及器材制造业	11760	486.95	1924.03	298.57	259.02	977.66	298.57
电子及通信设备制造业	6638	821.87	3500.68	333.40	437.16	1778.80	333.40
仪器仪表文化办公用机械	2788	98.44	406.59	78.33	52.36	206.60	78.33

注：企业单位数的单位为个，工业增加值和固定资产净值的单位为亿元，从业人数单位为万人。
资料来源：根据《中国统计年鉴》（2005）有关数据计算整理。

表 10　2005 年我国分行业企业产出和投入以及价格调整后的数额

行业	企业单位数	工业增加值	固定资产净值	从业人数	Q	K	L
食品加工业	14575	2745.96	1935.52	222.55	1391.77	968.24	222.55
食品制造业	5553	1168.32	1101.21	121.02	592.15	550.88	121.02
饮料制造业	3519	1164.73	1260.37	89.00	590.33	630.50	89.00
烟草加工业	190	2059.99	632.65	19.67	1044.09	316.48	19.67

续表

行业	企业单位数	工业增加值	固定资产净值	从业人数	Q	K	L
纺织业	22569	3240.19	3705.94	590.96	1642.27	1853.90	590.96
服装及其他纤维制品制造	11865	1419.86	849.35	346.06	719.65	424.89	346.06
皮革毛皮羽绒及其制品业	6227	944.38	492.54	228.84	478.65	246.39	228.84
木材加工及竹藤棕草制品业	5397	510.86	521.39	83.33	258.93	260.83	83.33
家具制造业	3074	384.87	299.89	71.27	195.07	150.02	71.27
造纸及纸制品业	7461	1146.40	2058.98	130.14	581.04	1030.01	130.14
印刷业记录媒介的复制	4826	463.06	689.49	66.90	234.70	344.92	66.90
文教体育用品制造业	3378	379.71	289.44	109.80	192.45	144.79	109.80
石油加工及炼焦业	1990	1981.64	2745.08	74.40	1004.38	1373.23	74.40
化学原料及制品制造业	18716	4391.92	5720.89	339.99	2226.01	2861.88	339.99
医药制造业	4971	1529.80	1641.66	123.44	775.37	821.24	123.44
化学纤维制造业	1306	485.31	1068.89	42.63	245.98	534.71	42.63
橡胶制品业	3034	595.36	683.79	79.64	301.75	342.07	79.64
塑料制品业	12041	1272.05	1474.10	183.28	644.73	737.42	183.28
非金属矿物制品业	20111	2807.92	4285.00	418.18	1423.17	2143.57	418.18
黑色金属冶炼及压延加工业	6649	5776.90	6687.44	287.49	2927.98	3345.39	287.49
有色金属冶炼及压延加工业	5163	1929.65	2317.09	130.74	978.03	1159.12	130.74
金属制品业	13802	1693.38	1316.02	223.23	858.28	658.34	223.23
普通机械制造业	19981	2966.96	2286.91	355.12	1503.78	1144.03	355.12
专用设备制造业	10260	1681.56	1553.33	219.89	852.29	777.05	219.89
交通运输设备制造业	11315	3830.52	3882.57	352.40	1941.47	1942.26	352.40
电气机械及器材制造业	15366	3574.13	2320.18	367.21	1811.52	1160.67	367.21
电子及通信设备制造业	8868	5722.11	4277.13	439.64	2900.21	2139.63	439.64
仪器仪表文化办公用机械	3723	733.19	500.90	88.68	371.61	250.58	88.68

注：企业单位数的单位为个，工业增加值和固定资产净值的单位为亿元，从业人数单位为万人。
资料来源：根据《中国统计年鉴》(2006) 有关数据计算整理。

表 11　2006 年我国分行业企业产出和投入以及价格调整后的数额

行业	企业单位数	工业增加值	固定资产净值	年均从业人数	Q	K	L
食品加工业	16356	3492.1	2299.3	238.6	1718.55	1133.20	238.60
食品制造业	6056	1467.3	1273.8	128.1	722.07	627.79	128.13
饮料制造业	3914	1439.1	1393.7	92.3	708.21	686.90	92.26
烟草加工业	179	2379.7	651.7	19.0	1171.13	321.17	18.99

续表

行业	企业单位数	工业增加值	固定资产净值	年均从业人数	Q	K	L
纺织业	25345	3963.0	4168.8	615.4	1950.29	2054.58	615.43
服装及其他纤维制品制造	13072	1833.7	999.0	377.6	902.42	492.34	377.57
皮革毛皮羽绒及其制品业	6859	1172.9	555.0	245.6	577.19	273.53	245.63
木材加工及竹藤棕草制品业	6374	685.6	606.2	91.6	337.39	298.77	91.62
家具制造业	3603	501.1	394.7	83.8	246.60	194.53	83.80
造纸及纸制品业	7892	1386.4	2324.9	134.8	682.30	1145.84	134.77
印刷业记录媒介的复制	5029	557.8	748.9	69.0	274.49	369.07	68.97
文教体育用品制造业	3633	464.9	321.9	114.4	228.81	158.65	114.38
石油加工及炼焦业	2160	2314.2	3130.6	76.8	1138.89	1542.92	76.79
化学原料及制品制造业	20715	5398.8	7022.5	357.8	2656.88	3461.07	357.78
医药制造业	5368	1808.1	1838.7	130.3	889.81	906.22	130.28
化学纤维制造业	1402	604.2	1150.0	43.4	297.33	566.78	43.40
橡胶制品业	3353	715.0	800.3	82.1	351.85	394.42	82.14
塑料制品业	13504	1668.9	1650.0	201.4	821.30	813.23	201.41
非金属矿物制品业	21936	3656.2	4880.2	426.4	1799.31	2405.23	426.39
黑色金属冶炼及压延加工业	6999	7004.5	8439.6	296.1	3447.07	4159.49	296.13
有色金属冶炼及压延加工业	5863	3198.0	2754.8	136.8	1573.82	1357.70	136.82
金属制品业	15573	2225.9	1563.5	248.3	1095.44	770.58	248.26
普通机械制造业	22905	3799.3	2730.4	378.7	1869.71	1345.70	378.74
专用设备制造业	11615	2296.4	1836.9	234.7	1130.09	905.33	234.65
交通运输设备制造业	12586	4933.4	4699.6	374.6	2427.86	2316.21	374.58
电气机械及器材制造业	16905	4618.0	2686.8	404.0	2272.62	1324.20	403.98
电子及通信设备制造业	9709	7084.3	4923.9	505.1	3486.37	2426.76	505.07
仪器仪表文化办公用机械	4084	967.9	576.0	98.8	476.35	283.89	98.80

注：企业单位数的单位为个，工业增加值和固定资产净值的单位为亿元，从业人数单位为万人。
资料来源：根据《中国统计年鉴》（2006）有关数据计算整理。

表 12　1998~1999 年 DEA 方法求解的我国分行业生产率情况

行业	1998 年					1999 年				
	effch	techch	pech	sech	tfpch	effch	techch	pech	sech	tfpch
食品加工业	5.277	1.192	2.990	1.765	6.292	0.396	0.703	0.612	0.647	0.278
食品制造业	4.465	1.192	4.462	1.001	5.324	0.436	0.703	0.458	0.953	0.306
饮料制造业	1.926	1.191	1.940	0.992	2.294	0.546	0.707	0.782	0.699	0.387
烟草加工业	1.000	1.520	1.000	1.000	1.520	1.000	0.798	1.000	1.000	0.798

续表

行业	1998年					1999年				
	effch	techch	pech	sech	tfpch	effch	techch	pech	sech	tfpch
纺织业	4.469	1.192	2.259	1.979	5.330	0.419	0.703	0.868	0.482	0.295
服装及其他纤维制品制造	3.717	1.192	2.918	1.274	4.432	0.690	0.703	0.700	0.986	0.485
皮革毛皮羽绒及其制品业	4.890	1.192	3.910	1.253	5.832	0.738	0.703	0.835	0.884	0.519
木材加工及竹藤棕草制品业	6.864	1.192	6.730	1.024	8.185	0.383	0.703	0.450	0.946	0.269
家具制造业	4.487	1.192	1.000	4.487	5.350	0.557	0.703	1.000	0.557	0.391
造纸及纸制品业	4.468	1.192	4.483	0.997	5.328	0.387	0.708	0.485	0.798	0.274
印刷业记录媒介的复制	3.062	1.192	3.113	0.983	3.651	0.481	0.703	0.485	0.993	0.338
文教体育用品制造业	2.567	1.192	0.850	3.019	3.061	0.794	0.703	1.144	0.694	0.558
石油加工及炼焦业	3.675	1.400	1.639	2.242	5.144	0.293	0.736	0.572	0.512	0.216
化学原料及制品制造业	5.260	1.192	1.490	3.530	6.273	0.321	0.709	0.935	0.344	0.228
医药制造业	2.001	1.212	1.980	1.011	2.425	0.891	0.708	0.981	0.908	0.630
化学纤维制造业	7.503	1.261	7.645	0.981	9.464	0.350	0.736	0.410	0.874	0.258
橡胶制品业	2.589	1.192	2.496	1.037	3.087	0.519	0.703	0.534	0.971	0.365
塑料制品业	2.584	1.192	5.230	1.068	6.659	0.421	0.705	0.475	0.887	0.297
非金属矿物制品业	2.944	1.192	2.265	2.183	5.896	0.368	0.704	0.955	0.385	0.259
黑色金属冶炼及压延加工业	2.665	1.189	0.836	4.386	4.359	0.324	0.728	1.050	0.323	0.236
有色金属冶炼及压延加工业	2.574	1.188	3.422	1.629	6.622	0.311	0.713	0.530	0.618	0.222
金属制品业	2.928	1.192	3.767	1.043	4.684	0.563	0.703	0.690	0.815	0.396
普通机械制造业	2.493	1.192	1.798	1.387	2.973	0.721	0.703	0.931	0.775	0.507
专用设备制造业	2.653	1.192	1.914	1.386	3.163	0.687	0.703	0.890	0.772	0.483
交通运输设备制造业	2.883	1.206	1.547	1.864	3.477	0.641	0.707	1.028	0.623	0.453
电气机械及器材制造业	2.807	1.302	3.540	0.793	3.656	0.739	0.712	0.937	0.789	0.526
电子及通信设备制造业	2.056	1.434	3.370	0.907	4.383	0.675	0.768	1.000	0.675	0.518
仪器仪表文化办公用机械	2.751	1.192	3.644	1.029	4.473	0.742	0.703	0.842	0.881	0.522

表 13　2000~2001 年 DEA 方法求解的我国分行业生产率情况

行业	2000年					2001年				
	effch	techch	pech	sech	tfpch	effch	techch	pech	sech	tfpch
食品加工业	1.113	0.965	0.910	1.236	1.075	1.017	1.161	1.144	0.889	1.181
食品制造业	1.204	0.965	1.151	1.046	1.162	0.892	1.161	0.926	0.964	1.036
饮料制造业	1.055	0.965	0.879	1.200	1.019	0.897	1.161	0.997	0.900	1.042
烟草加工业	1.000	0.992	1.000	1.000	0.992	1.000	1.223	1.000	1.000	1.223
纺织业	1.188	0.965	0.842	1.411	1.147	0.925	1.161	0.977	0.947	1.074
服装及其他纤维制品制造	1.142	0.965	1.144	0.998	1.102	0.954	1.161	0.950	1.005	1.108

续表

行业	2000年					2001年				
	effch	techch	pech	sech	tfpch	effch	techch	pech	sech	tfpch
皮革毛皮羽绒及其制品业	1.104	0.965	1.098	1.005	1.065	1.035	1.161	1.043	0.993	1.202
木材加工及竹藤棕草制品业	1.088	0.965	1.069	1.018	1.050	0.973	1.161	0.961	1.013	1.130
家具制造业	1.097	0.965	1.000	1.097	1.059	1.026	1.161	1.000	1.026	1.191
造纸及纸制品业	1.933	0.965	0.970	0.962	0.901	0.918	1.161	1.039	0.884	1.066
印刷业记录媒介的复制	0.993	0.965	0.994	0.999	0.959	0.952	1.161	0.940	1.013	1.106
文教体育用品制造业	1.058	0.965	1.028	1.029	1.021	0.976	1.161	0.989	0.987	1.133
石油加工及炼焦业	1.273	1.020	1.140	1.116	1.298	0.955	1.289	1.070	0.948	1.231
化学原料及制品制造业	1.095	0.965	0.860	1.274	1.057	0.952	1.161	1.014	0.939	1.105
医药制造业	1.116	0.965	1.090	1.023	1.077	0.888	1.161	0.975	0.911	1.032
化学纤维制造业	1.116	1.020	1.091	1.023	1.139	0.654	1.289	0.652	1.003	0.843
橡胶制品业	1.070	0.965	1.074	0.996	1.033	0.867	1.161	0.852	1.018	1.007
塑料制品业	1.134	0.965	1.074	1.056	1.095	0.919	1.161	1.090	0.911	1.067
非金属矿物制品业	1.114	0.965	0.829	1.344	1.075	0.943	1.161	0.964	0.978	1.095
黑色金属冶炼及压延加工业	1.136	0.965	0.888	1.279	1.097	1.013	1.161	1.056	0.960	1.177
有色金属冶炼及压延加工业	1.239	0.965	1.033	1.200	1.196	0.956	1.161	1.030	0.928	1.110
金属制品业	1.099	0.965	0.999	1.099	1.061	0.947	1.161	1.039	0.911	1.099
普通机械制造业	1.119	0.965	0.890	1.258	1.080	0.997	1.161	1.171	0.851	1.158
专用设备制造业	1.132	0.965	0.982	1.152	1.093	0.960	1.161	1.037	0.926	1.115
交通运输设备制造业	1.065	0.965	0.820	1.300	1.029	1.020	1.161	1.160	0.922	1.185
电气机械及器材制造业	1.201	0.965	0.963	1.248	1.160	0.937	1.161	1.112	0.843	1.088
电子及通信设备制造业	1.243	0.965	1.000	1.243	1.200	0.779	1.161	1.000	0.779	0.904
仪器仪表文化办公用机械	1.184	0.965	1.190	0.996	1.144	0.933	1.161	0.935	0.997	1.083

表 14　2002~2003 年 DEA 方法求解的我国分行业生产率情况

行业	2002年					2003年				
	effch	techch	pech	sech	tfpch	effch	techch	pech	sech	tfpch
食品加工业	0.883	1.306	0.977	0.904	1.153	1.005	1.167	1.030	0.975	1.173
食品制造业	0.870	1.306	0.952	0.914	1.136	0.983	1.167	1.080	0.976	1.148
饮料制造业	0.840	1.306	0.913	0.920	1.097	0.924	1.167	0.921	1.003	1.078
烟草加工业	1.000	1.306	1.000	1.000	1.338	1.000	1.196	1.000	1.000	1.196
纺织业	0.840	1.306	0.913	0.920	1.097	0.923	1.167	0.880	1.049	1.077
服装及其他纤维制品制造	0.776	1.306	0.767	1.012	1.014	0.954	1.167	0.979	0.974	1.113
皮革毛皮羽绒及其制品业	0.837	1.306	0.874	0.958	1.093	0.944	1.167	0.949	0.995	1.102
木材加工及竹藤棕草制品业	0.834	1.306	0.867	0.962	1.089	0.988	1.167	1.020	0.969	1.153

续表

行业	2002年					2003年				
	effch	techch	pech	sech	tfpch	effch	techch	pech	sech	tfpch
家具制造业	0.794	1.306	1.000	0.794	1.037	0.888	1.167	1.000	0.888	1.036
造纸及纸制品业	0.877	1.306	0.997	0.880	1.146	0.915	1.167	0.875	1.045	1.068
印刷业记录媒介的复制	0.840	1.306	0.846	0.993	1.097	0.890	1.167	0.870	1.023	1.039
文教体育用品制造业	0.757	1.306	0.847	0.894	0.988	0.956	1.167	1.195	0.800	1.116
石油加工及炼焦业	0.852	1.371	0.926	0.920	1.168	0.960	1.226	1.135	0.846	1.177
化学原料及制品制造业	0.858	1.306	0.939	0.914	1.121	1.060	1.167	0.958	1.107	1.238
医药制造业	0.780	1.306	0.892	0.875	1.019	0.889	1.167	0.953	0.933	1.038
化学纤维制造业	0.958	1.339	0.916	1.045	1.283	0.916	1.196	0.983	0.931	1.095
橡胶制品业	0.899	1.306	0.912	0.986	1.174	1.041	1.167	1.056	0.986	1.216
塑料制品业	0.877	1.306	0.951	0.922	1.145	0.897	1.167	0.944	0.950	1.047
非金属矿物制品业	0.848	1.306	0.990	0.933	1.108	1.015	1.167	0.927	1.095	1.185
黑色金属冶炼及压延加工业	0.873	1.306	0.949	0.920	1.140	1.198	1.167	1.181	1.015	1.399
有色金属冶炼及压延加工业	0.776	1.306	0.892	0.870	1.013	1.113	1.167	1.174	0.948	1.299
金属制品业	0.896	1.306	0.961	0.933	1.170	0.986	1.167	0.974	1.013	1.151
普通机械制造业	0.882	1.306	0.995	0.887	1.152	1.069	1.167	1.072	0.997	1.247
专用设备制造业	0.944	1.306	1.080	0.936	1.232	0.848	1.167	0.954	0.889	0.989
交通运输设备制造业	0.987	1.306	1.076	0.918	1.289	1.039	1.167	0.963	1.079	1.213
电气机械及器材制造业	0.862	1.306	0.970	0.889	1.126	1.005	1.167	1.010	1.004	1.174
电子及通信设备制造业	0.834	1.306	1.000	0.834	1.088	1.007	1.167	1.000	1.007	1.175
仪器仪表文化办公用机械	0.830	1.306	0.883	0.940	1.084	1.118	1.167	1.080	1.035	1.305

表15　2004~2005年DEA方法求解的我国分行业生产率情况

行业	2004年					2005年				
	effch	techch	pech	sech	tfpch	effch	techch	pech	sech	tfpch
食品加工业	0.614	0.229	0.740	0.872	0.140	1.785	0.253	1.827	0.977	9.378
食品制造业	0.751	0.229	0.833	0.902	0.172	1.361	0.253	1.458	0.933	7.151
饮料制造业	0.890	0.229	0.959	0.928	0.203	1.203	0.253	1.183	1.017	6.320
烟草加工业	1.000	0.229	1.000	1.000	0.231	1.000	0.253	1.000	1.000	5.336
纺织业	0.577	0.229	0.666	0.867	0.132	1.815	0.253	1.726	1.052	9.536
服装及其他纤维制品制造	0.623	0.229	0.684	0.911	0.142	1.496	0.253	1.595	0.938	7.858
皮革毛皮羽绒及其制品业	0.639	0.229	0.663	0.964	0.146	1.465	0.253	1.345	1.090	7.696
木材加工及竹藤棕草制品业	0.770	0.229	0.798	0.965	0.176	1.456	0.253	1.321	1.102	7.651
家具制造业	0.759	0.229	1.000	0.759	0.173	1.383	0.253	1.000	1.383	7.264
造纸及纸制品业	0.810	0.229	0.970	0.893	0.185	1.146	0.253	1.320	0.868	6.019

续表

行业	2004年					2005年				
	effch	techch	pech	sech	tfpch	effch	techch	pech	sech	tfpch
印刷业记录媒介的复制	0.933	0.229	0.913	1.022	0.213	0.911	0.253	0.948	0.960	4.783
文教体育用品制造业	0.652	0.229	1.000	0.652	0.149	1.320	0.253	1.000	1.320	6.934
石油加工及炼焦业	0.796	0.229	0.792	1.005	0.186	1.098	0.253	1.285	0.854	5.953
化学原料及制品制造业	1.412	0.229	1.260	1.120	0.323	0.781	0.253	0.863	0.905	4.102
医药制造业	1.000	0.229	1.160	0.862	0.229	0.843	0.253	0.891	0.947	4.430
化学纤维制造业	0.806	0.229	0.872	0.923	0.184	1.167	0.253	1.341	0.870	6.131
橡胶制品业	0.747	0.229	0.740	1.010	0.171	1.196	0.253	1.180	1.014	6.284
塑料制品业	0.703	0.229	0.793	0.887	0.161	1.316	0.253	1.415	0.930	6.915
非金属矿物制品业	0.841	0.229	0.936	0.898	0.192	1.109	0.253	1.065	1.042	5.826
黑色金属冶炼及压延加工业	1.418	0.229	1.186	1.195	0.324	0.832	0.253	1.000	0.832	4.370
有色金属冶炼及压延加工业	1.115	0.229	1.248	0.894	0.255	1.002	0.253	1.155	0.867	5.262
金属制品业	0.923	0.229	1.042	0.886	0.211	1.079	0.253	1.145	0.942	5.668
普通机械制造业	1.029	0.229	1.196	0.860	0.235	1.073	0.253	1.075	0.998	5.635
专用设备制造业	0.856	0.229	0.954	0.897	0.196	1.264	0.253	1.271	0.994	6.642
交通运输设备制造业	1.026	0.229	1.169	0.877	0.235	0.783	0.253	0.773	1.012	4.106
电气机械及器材制造业	0.914	0.229	1.069	0.854	0.209	1.121	0.253	1.124	0.997	5.891
电子及通信设备制造业	0.790	0.229	1.000	0.790	0.180	1.050	0.253	1.000	1.050	5.515
仪器仪表文化办公用机械	0.864	0.229	0.911	0.949	0.198	1.114	0.253	1.020	1.112	5.852

表 16 DEA 方法求解的 2006 年及平均分行业生产率情况

行业	2006年					average				
	effch	techch	pech	sech	tfpch	effch	techch	pech	sech	tfpch
食品加工业	0.955	1.105	1.022	0.934	1.055	1.091	1.074	1.170	0.986	1.172
食品制造业	0.968	1.105	1.037	0.933	1.070	1.066	1.074	1.113	0.957	1.144
饮料制造业	0.996	1.105	1.057	0.942	1.101	0.979	1.075	1.033	0.947	1.052
烟草加工业	1.000	1.105	1.000	1.000	1.133	1.000	1.142	1.000	1.000	1.142
纺织业	0.969	1.105	1.070	0.963	1.072	1.055	1.074	1.046	1.009	1.133
服装及其他纤维制品制造	0.979	1.105	1.065	0.919	1.082	1.073	1.074	1.076	0.997	1.153
皮革毛皮羽绒及其制品业	0.983	1.105	0.938	1.047	1.086	1.130	1.074	1.112	1.016	1.213
木材加工及竹藤棕草制品业	1.029	1.105	0.961	1.071	1.138	1.114	1.074	1.170	1.006	1.197
家具制造业	0.882	1.105	1.000	0.882	0.975	1.070	1.074	1.000	1.070	1.149
造纸及纸制品业	0.955	1.105	1.034	0.923	1.056	1.006	1.075	1.100	0.914	1.081
印刷业记录媒介的复制	0.989	1.105	1.025	0.964	1.093	0.985	1.074	0.991	0.994	1.058
文教体育用品制造业	0.982	1.105	1.000	0.982	1.085	1.028	1.074	1.000	1.028	1.104

续表

行业	2006年					average				
	effch	techch	pech	sech	tfpch	effch	techch	pech	sech	tfpch
石油加工及炼焦业	0.946	1.162	0.985	0.960	1.099	0.986	1.144	1.014	0.973	1.128
化学原料及制品制造业	0.893	1.105	1.018	0.877	0.987	1.052	1.075	1.021	1.030	1.131
医药制造业	0.941	1.105	1.050	0.936	1.040	0.997	1.077	1.069	0.933	1.073
化学纤维制造业	1.032	1.105	1.075	0.960	1.140	1.056	1.112	1.160	0.955	1.174
橡胶制品业	0.915	1.105	0.997	0.918	1.011	0.995	1.074	1.020	0.992	1.068
塑料制品业	1.045	1.105	1.096	0.954	1.155	1.072	1.074	1.129	0.950	1.151
非金属矿物制品业	1.019	1.105	1.113	0.916	1.127	1.051	1.074	1.055	0.996	1.129
黑色金属冶炼及压延加工业	0.857	1.105	1.000	0.857	0.947	1.042	1.078	1.050	1.037	1.123
有色金属冶炼及压延加工业	1.243	1.105	1.398	0.889	1.374	1.105	1.075	1.162	0.951	1.189
金属制品业	0.987	1.105	1.067	0.925	1.090	1.080	1.074	1.139	0.948	1.160
普通机械制造业	0.956	1.105	1.021	0.937	1.057	1.080	1.074	1.140	0.978	1.160
专用设备制造业	1.030	1.105	1.160	0.931	1.138	1.065	1.074	1.094	0.974	1.144
交通运输设备制造业	0.949	1.105	1.066	0.890	1.049	1.051	1.076	1.041	1.010	1.131
电气机械及器材制造业	0.995	1.105	1.050	0.947	1.100	1.084	1.086	1.177	0.920	1.177
电子及通信设备制造业	0.959	1.105	1.000	0.959	1.060	1.032	1.107	1.145	0.902	1.143
仪器仪表文化办公用机械	1.024	1.105	0.963	1.063	1.131	1.122	1.074	1.124	0.998	1.205

表 17　1998~2006 年我国分行业出口总额情况

单位：千美元

年份 行业	1998	1999	2000	2001	2002	2003	2004	2005	2006
食品加工、制造业	10171536	10073071	11896906	12432709	14276864	17280620	18533999	26556989	27195738
饮料制造业	397265	435001	442940	487221	550935	525926	700291	645793	627736
烟草加工业	577992	336321	301895	386191	432658	493086	513580	537246	565603
纺织业	12817448	13042964	16134634	16825234	20561997	26900190	33427927	41050174	48683029
服装及其他纤维制品制造	30048083	30078059	36070930	36650213	41301516	52060761	61856414	74162523	95387773
皮革毛皮羽绒及其制品业	551562	563050	837203	1312964	1451653	1736009	2278713	2485869	2884699
木材加工及竹藤棕草制品业	1047956	1338230	1655513	1851931	2370724	2887695	4384360	5465265	7410770
家具制造业	2821435	3458647	4582042	5061908	6680003	9035240	12618535	16571814	20891108
造纸及纸制品业	954675	886316	1354816	1432282	1645658	2217437	2722834	3776495	5185134
石油加工及炼焦业	2658054	2240974	4666020	3929739	4054604	5830301	5891966	10033084	11012527

续表

行业＼年份	1998	1999	2000	2001	2002	2003	2004	2005	2006
化学原料及制品制造业	1183581	1408123	1543428	1765178	1970386	2444139	3583186	4615301	5444481
医药制造业	1692333	1678718	1788492	1978496	2323574	2860553	3234308	3777728	4486238
橡胶制品业	906732	1082874	1438121	1475355	1816513	2323586	3488251	5101262	6963584
塑料制品业	435980	434722	523976	533933	683258	933872	1568152	2492322	3446407
非金属矿物制品业	3786227	3967933	4700201	4847228	6144893	7690535	10305734	13671725	17410145
有色金属冶炼及压延加工业	2583997	2746315	3362548	3336640	3828905	5450057	9276279	10940238	18230223
金属制品业	6540608	6974795	8672102	9579580	11811689	14999672	20884558	27351372	35529360
普通机械制造业	3601389	4191372	5850580	7214890	9405339	13548321	19863570	25787417	33755613
专用设备制造业	1241307	1372967	1946157	2373367	2863847	4026479	5607939	7923287	11716029
交通运输设备制造业	3583779	3944544	6565774	6623627	7596459	11412189	16351362	21722462	27464026
电气机械及器材制造业	13885198	17860975	24023205	25232416	31898293	42314343	59488100	75502736	101721919
电子及通信设备制造业	11110950	13060905	19508267	23758740	32016800	45032474	68496735	94855981	123615227
仪器仪表文化办公用机械	1567478	1872959	2604880	2500192	3382757	6219972	11056444	16971051	20894480

资料来源：根据《中国海关统计年鉴》（1998~2006）数据计算整理。

表 18　1998~2000 年我国制造业企业分行业生产率均值情况

行业	1998 年				1999 年				2000 年			
	ATFP 均值		LTFP 均值		ATFP 均值		LTFP 均值		ATFP 均值		LTFP 均值	
	X 企业	D 企业	X 企业	D 企业	X 企业	D 企业	X 企业	D 企业	X 企业	D 企业	X 企业	D 企业
13	2.2014	2.0288	3.8685	3.5773	2.1963	2.0654	3.8396	3.6296	3.2569	2.1605	3.9254	3.7433
14	1.9221	1.6762	3.5795	3.1649	1.8948	1.7203	3.5682	3.2262	1.9805	1.8218	3.6718	3.3608
15	2.0417	1.7428	3.869	3.3282	2.0382	1.7771	3.9082	3.3931	2.1286	1.8807	4.0181	3.516
16	3.4069	2.4602	5.6086	4.3537	3.4399	2.3955	5.6504	4.2946	3.3637	2.3734	5.586	4.3024
17	1.6418	1.6496	3.1396	3.1151	1.6867	1.7147	3.1848	3.192	1.7949	1.8275	3.3031	3.3248
18	1.8084	1.8768	3.1792	3.2528	1.7381	1.8383	3.0555	3.1919	1.7912	1.9072	3.103	3.2764
19	1.8734	2.0418	3.318	3.5186	1.6985	1.9574	3.06	3.4198	1.7933	2.0607	3.1603	3.5479
20	1.9353	1.8891	3.4911	3.2895	1.8972	1.907	3.4116	3.3394	1.8991	1.9619	3.4268	3.3764
21	1.8586	1.951	3.4493	3.3663	1.8426	1.9671	3.3996	3.4052	1.8723	2.005	3.4232	3.4599
22	1.9046	1.791	3.5596	3.261	1.8471	1.8062	3.48	3.304	1.9509	1.8738	3.6187	3.398

续表

行业	1998年				1999年				2000年			
	ATFP 均值		LTFP 均值		ATFP 均值		LTFP 均值		ATFP 均值		LTFP 均值	
	X 企业	D 企业	X 企业	D 企业	X 企业	D 企业	X 企业	D 企业	X 企业	D 企业	X 企业	D 企业
23	1.9434	1.5548	3.6747	2.9643	1.8538	1.5758	3.5823	3.0264	1.916	1.6484	3.654	3.1468
24	1.7642	1.7916	3.1507	3.1754	1.6904	1.7302	3.0475	3.1327	1.7291	1.8357	3.0919	3.2468
25	2.0042	2.1482	3.8492	3.8044	2.2215	2.1615	4.2428	3.8562	2.3278	2.3122	4.3749	4.0386
26	1.965	1.9031	3.6817	3.4743	2.0468	1.9178	3.7828	3.5076	2.1378	1.9969	3.9052	3.6117
27	2.0157	1.8467	3.7581	3.472	2.0702	1.8984	3.8281	3.5581	2.1771	2.0123	3.9718	3.7038
28	1.9569	1.8543	3.7525	3.5151	1.9228	1.8769	3.7071	3.5755	1.9909	2.0607	3.7683	3.7678
29	1.6935	1.7645	3.221	3.1761	1.7089	1.7823	3.2429	3.2323	1.7964	1.8436	3.3395	3.309
30	1.9743	1.9568	3.637	3.5023	1.8485	1.9291	3.4762	3.4827	1.9201	2.0152	3.5365	3.601
31	1.8878	1.6047	3.5005	3.0358	1.7999	1.6284	3.3542	3.0781	1.8909	1.6904	3.4528	3.1557
32	1.7425	1.9215	3.5152	3.4628	1.8357	1.9467	3.6103	3.5093	1.9249	2.047	3.727	3.6251
33	1.9687	2.0771	3.7371	3.7076	2.0418	2.1243	3.8082	3.7625	2.1719	2.1644	3.965	3.8151
34	1.8311	1.9313	3.4015	3.4508	1.8159	1.9417	3.3741	3.4602	1.9028	1.9841	3.4664	3.5252
35	1.6652	1.7068	3.2661	3.1705	1.7076	1.7161	3.3237	3.2022	1.8455	1.7984	3.4849	3.3096
36	1.7015	1.6426	3.3155	3.1212	1.7252	1.6557	3.3639	3.1581	1.8403	1.753	3.504	3.2867
37	1.7413	1.7239	3.4586	3.2284	1.8175	1.7467	3.545	3.2789	1.9057	1.7904	3.6433	3.3432
39	0.6972	0.8146	2.3157	2.3397	0.868	0.8911	2.522	2.4559	0.8872	0.9994	2.5525	2.6072
40	1.877	1.8724	3.5361	3.4649	1.8733	1.8965	3.5256	3.5028	1.9958	2.0055	3.6549	3.635
41	1.9545	1.9791	3.6096	3.6762	1.9126	2.0044	3.584	3.7142	1.9926	2.0864	3.6713	3.8274
42	1.8425	1.7046	3.461	3.2567	1.796	1.7571	3.3952	3.3345	1.87	1.8126	3.5	3.4073
43	1.957	1.9551	3.3416	3.3944	1.7843	1.8854	3.1078	3.3126	1.8531	1.9452	3.1775	3.382

资料来源：计算所得。

表 19　2001~2003 年我国制造业企业分行业生产率均值情况

行业	2001年				2002年				2003年			
	ATFP 均值		LTFP 均值		ATFP 均值		LTFP 均值		ATFP 均值		LTFP 均值	
	X 企业	D 企业	X 企业	D 企业	X 企业	D 企业	X 企业	D 企业	X 企业	D 企业	X 企业	D 企业
13	3.8002	3.6011	5.492	5.1935	2.3609	2.4173	4.0545	4.0293	2.4127	2.5338	4.1071	4.1724
14	3.3772	3.0525	5.084	4.618	2.0599	2.0352	3.7717	3.6171	2.1625	2.161	3.8988	3.7752
15	3.5097	2.9563	5.398	4.6233	2.339	2.0581	4.2379	3.7293	3.3944	2.1478	4.3257	3.8423
16	4.1254	3.2938	6.471	5.2542	3.9223	2.5459	6.2685	4.507	3.9408	2.6596	6.3045	4.6559
17	3.252	3.2397	4.772	4.7477	1.9268	2.003	3.4515	3.53	2.0198	2.0819	3.5641	3.6091
18	3.1805	3.2268	4.482	4.5731	1.8309	1.9559	3.1187	3.3083	1.8936	2.0282	3.2029	3.3904
19	3.2225	3.4779	4.569	4.957	1.8757	2.1933	3.218	3.6632	1.9312	2.2547	3.2804	3.7143

续表

行业	2001年				2002年				2003年			
	ATFP均值		LTFP均值		ATFP均值		LTFP均值		ATFP均值		LTFP均值	
	X企业	D企业	X企业	D企业	X企业	D企业	X企业	D企业	X企业	D企业	X企业	D企业
20	3.3505	3.2802	4.849	4.7226	1.9802	2.1458	3.4879	3.5755	2.0939	2.1993	3.6002	3.624
21	3.2843	3.2889	4.834	4.7588	1.9535	2.1489	3.4887	3.6358	3.9484	2.2115	3.496	3.7306
22	3.4681	3.2771	5.158	4.825	2.1297	2.0667	3.8403	3.6324	2.1105	2.1562	3.8471	3.7595
23	3.2782	2.758	5.025	4.2877	2.0601	1.8575	3.792	3.4366	1.9855	1.9707	3.7002	3.5977
24	3.1377	3.1592	4.496	4.5698	1.8293	2.0046	3.1862	3.4419	1.8632	2.0253	3.2405	3.4536
25	3.9919	3.6879	6.04	5.4653	2.6391	2.4381	4.7088	4.2224	2.8835	2.681	4.9917	4.5187
26	3.6608	3.4211	5.46	5.0698	2.3455	2.2384	4.1639	3.9055	2.4195	2.3607	4.2237	4.0474
27	3.4382	3.1136	5.265	4.8431	2.2973	2.1717	4.1482	3.9396	2.3838	2.2251	4.2436	4.0201
28	3.5171	3.4617	5.248	5.1447	2.1205	2.119	3.8606	3.8305	2.4144	2.3804	4.347	4.1538
29	3.1549	3.0885	4.751	4.5836	1.9195	1.9958	3.5127	3.5198	2.0483	2.1103	3.6787	3.6618
30	3.3831	3.4199	5.005	5.0224	2.0338	2.1469	3.652	3.7621	2.0494	2.2215	3.6723	3.8572
31	3.1242	2.9124	4.692	4.4086	1.9659	1.8874	3.5319	3.4005	2.0677	2.0223	3.6494	3.5752
32	3.6149	3.5805	5.463	5.1769	3.3507	2.2754	4.2344	3.9044	2.4868	2.4875	4.368	4.1593
33	3.8075	3.8403	5.667	5.5386	2.2352	2.3904	4.1049	4.0711	2.3983	2.5346	4.2684	4.2606
34	3.3597	3.4016	4.933	4.9676	2.0568	2.1615	3.6283	3.7452	2.0995	2.2428	3.6696	3.862
35	3.2034	3.0546	4.852	4.5922	2.0289	2.0003	3.6916	3.5598	2.1356	2.1361	3.8268	3.7332
36	3.1689	2.915	4.874	4.4857	2.0574	1.9644	3.7929	3.5681	2.1288	2.1078	3.9009	3.7497
37	3.3927	3.0576	5.153	4.6331	2.1292	1.9885	3.8931	3.5852	2.1738	2.1161	3.9422	3.7401
39	—	—	—	—	1.0121	1.289	2.7329	2.9812	2.1623	2.2734	3.8248	3.9727
40	3.4499	3.3842	5.105	5.0372	2.1096	2.1634	3.7633	3.8471	2.1783	2.2907	3.9093	4.0647
41	3.4107	3.3331	5.11	5.0874	2.1426	2.1915	3.8524	3.9608	2.0202	2.1407	3.6299	3.8517
42	3.1864	2.9559	4.807	4.589	2.0127	2.0002	3.6556	3.6627	2.0155	2.1713	3.3701	3.6588
43	3.1919	3.21	4.522	4.653	1.9338	2.0504	3.2644	3.5007	2.9901	2.6801	5.0637	4.3909

资料来源：计算所得。

表20 2004~2006年我国制造业企业分行业生产率均值情况

行业	2004年				2005年				2006年			
	ATFP均值		LTFP均值		ATFP均值		LTFP均值		ATFP均值		LTFP均值	
	X企业	D企业	X企业	D企业	X企业	D企业	X企业	D企业	X企业	D企业	X企业	D企业
13	3.955	4.085	5.665	5.7667	2.7574	2.8068	4.4457	4.5114	2.8912	2.927	4.6245	4.665
14	3.6129	3.504	5.3582	5.1558	2.4113	2.4224	4.1413	4.097	2.5724	2.585	4.3354	4.2971
15	3.8125	3.3744	5.7702	5.1076	2.6373	2.4819	4.4955	4.2393	2.8175	2.625	4.7276	4.4112
16	4.8275	3.4213	7.2573	5.3935	3.9383	2.8522	6.2425	4.8787	4.2088	2.99	6.5597	5.0403

续表

行业	2004年				2005年				2006年			
	ATFP 均值		LTFP 均值		ATFP 均值		LTFP 均值		ATFP 均值		LTFP 均值	
	X 企业	D 企业	X 企业	D 企业	X 企业	D 企业	X 企业	D 企业	X 企业	D 企业	X 企业	D 企业
17	3.5266	3.5931	5.0714	5.1502	2.2033	2.3094	3.7745	3.8957	2.3241	2.441	3.9378	4.0674
18	3.242	3.3119	4.5403	4.6645	2.0279	2.157	3.3594	3.5394	2.1312	2.28	3.5043	3.6864
19	3.3331	3.6444	4.6601	5.0856	2.0686	2.3278	3.4273	3.7692	2.1795	2.48	3.5705	3.9581
20	3.5721	3.5667	5.0864	5.0225	2.3664	2.4399	3.8865	3.9297	2.5169	2.553	4.0831	4.0623
21	3.4427	3.5435	4.9726	5.0639	2.1647	2.3077	3.6983	3.8803	2.2216	2.472	3.8023	4.0701
22	3.6587	3.6337	5.4012	5.2784	2.3965	2.3317	4.1146	4.004	2.5058	2.468	4.2653	4.1753
23	3.3435	3.2063	5.0699	4.8608	2.1641	2.1613	3.9032	3.8596	2.2743	2.262	4.0454	3.9952
24	3.2755	3.3893	4.6649	4.8283	2.0001	2.2168	3.4272	3.69	2.0833	2.298	3.5514	3.7939
25	4.4461	4.1014	6.5493	5.9864	3.0551	2.9114	5.0736	4.8456	3.1301	3.107	5.2299	5.0883
26	3.9238	3.8647	5.7805	5.6011	2.6923	2.662	4.5445	4.4327	2.8228	2.808	4.7198	4.6105
27	3.6893	3.3554	5.5805	5.2062	2.6101	2.4523	4.5084	4.3268	2.7407	2.553	4.6679	4.4481
28	3.9428	4.0582	5.8698	5.883	2.4608	2.6171	4.4318	4.4554	2.5822	2.759	4.6194	4.6431
29	3.3582	3.4755	4.9584	5.0421	2.1537	2.3504	3.7706	3.9644	2.3031	2.513	3.9682	4.1466
30	3.5484	3.7184	5.1942	5.3787	2.2095	2.3832	3.8655	4.0689	2.3171	2.521	4.0134	4.2327
31	3.4605	3.3883	5.0494	5.0045	2.4747	2.29	4.0639	3.9422	2.6167	2.465	4.2474	4.1537
32	4.2326	4.1543	6.1609	5.8731	2.9199	2.801	4.8728	4.5717	3.0085	2.931	5.0476	4.74
33	4.0755	4.2329	5.973	5.9895	2.7398	2.8511	4.6751	4.6609	2.9924	3.104	4.9873	4.9659
34	3.5625	3.687	5.1299	5.322	2.2699	2.402	3.8716	4.0629	2.3621	2.539	4.0111	4.2412
35	3.6331	3.5544	5.339	5.175	2.3355	2.3783	4.0509	4.0358	2.4447	2.531	4.2128	4.2224
36	3.5546	3.4873	5.3346	5.1632	2.3632	2.4021	4.1434	4.1151	2.4897	2.531	4.311	4.2747
37	3.6541	3.5001	5.4178	5.1446	2.3114	2.3024	4.0828	3.9866	2.4432	2.418	4.2765	4.1346
39	3.6244	3.7297	5.2714	5.4431	2.2315	2.47	3.8967	4.2155	2.3501	2.616	4.0691	4.3966
40	3.5599	3.5281	5.2694	5.2749	2.2232	2.3289	3.9456	4.0917	2.3499	2.429	4.1107	4.2123
41	3.3861	3.4818	5.0016	5.2388	2.1295	2.39	3.7759	4.1611	2.2591	2.513	3.9497	4.3065
42	3.3277	3.5675	4.6904	5.1137	2.1198	2.33	3.5119	3.8787	2.2119	2.419	3.6441	3.9891
43	4.2318	4.3463	6.1576	6.1402	3.0974	2.8808	5.0944	4.6707	3.3094	3.001	5.3695	4.8337

资料来源：计算所得。

表 21 2007 年我国制造业企业分行业生产率均值情况

行业	2007 年			
	ATFP 均值		LTFP 均值	
	X 企业	D 企业	X 企业	D 企业
13	2.81	3.0821	4.5902	4.8515
14	2.6259	2.7602	4.4488	4.4949
15	2.8743	2.8375	4.9112	4.6501
16	4.5465	3.1992	7.0638	5.2876
17	2.381	2.5827	4.0436	4.2475
18	2.1973	2.3628	3.5994	3.7882
19	2.2706	2.6261	3.692	4.1413
20	2.5257	2.7655	4.1361	4.3018
21	2.2492	2.6633	3.8585	4.2722
22	2.3806	2.623	4.1684	4.3506
23	2.244	2.4276	4.0299	4.1909
24	2.1573	2.4265	3.6488	3.9492
25	3.3581	3.3158	5.6897	5.3382
26	2.948	2.9755	4.8692	4.7907
27	2.7527	2.7627	4.6575	4.6309
28	2.7792	2.9037	4.8826	4.7875
29	2.3415	2.6977	4.0024	4.359
30	2.3184	2.6637	4.0198	4.3885
31	2.5725	2.6869	4.2264	4.3996
32	3.0991	3.1356	5.2124	4.9863
33	3.0196	3.2525	5.0151	5.1335
34	2.4071	2.6909	4.0885	4.4088
35	2.4973	2.6965	4.2684	4.4082
36	2.467	2.7088	4.3041	4.4619
37	2.4416	2.6005	4.2671	4.336
39	2.3309	2.7389	4.0331	4.5156
40	2.3347	2.4954	4.0563	4.2155
41	2.2468	2.6707	3.9037	4.4457
42	2.3125	2.5757	3.7816	4.1481
43	3.0858	3.1943	5.1801	5.0841

资料来源：计算所得。

表 22　2007 年我国制造业企业分行业生产率均值各地区情况（1）

行业	北京				天津				河北			
	ATFP 均值		LTFP 均值		ATFP 均值		LTFP 均值		ATFP 均值		LTFP 均值	
	X 企业	D 企业	X 企业	D 企业	X 企业	D 企业	X 企业	D 企业	X 企业	D 企业	X 企业	D 企业
13	1.887	1.893	3.815	3.722	2.779	2.419	4.789	4.386	2.307	3.013	4.114	4.759
18	1.804	2.129	3.225	3.721	1.94	1.957	3.26	3.388	2.213	2.509	3.564	3.819
19	1.736	2.04	3.261	3.814	1.935	2.451	3.57	3.948	3.157	3.111	4.623	4.703
行业	辽宁				吉林				黑龙江			
	ATFP 均值		LTFP 均值		ATFP 均值		LTFP 均值		ATFP 均值		LTFP 均值	
	X 企业	D 企业	X 企业	D 企业	X 企业	D 企业	X 企业	D 企业	X 企业	D 企业	X 企业	D 企业
13	2.679	3.041	4.389	4.832	2.96	3.015	4.833	4.821	2.763	2.642	4.731	4.479
18	2.246	2.428	3.524	3.795	2.39	2.241	3.77	3.638	3.289	2.045	4.464	3.707
19	2.506	3.663	4.043	5.32	2.262	3.07	3.523	4.604	3.972	3.038	6.194	4.938
行业	浙江				安徽省				福建省			
	ATFP 均值		LTFP 均值		ATFP 均值		LTFP 均值		ATFP 均值		LTFP 均值	
	X 企业	D 企业	X 企业	D 企业	X 企业	D 企业	X 企业	D 企业	X 企业	D 企业	X 企业	D 企业
13	2.551	2.503	4.47	4.414	2.77	3.186	4.499	4.968	2.435	2.817	4.135	4.574
18	2.074	2.052	3.552	3.533	2.029	2.181	3.299	3.484	2.244	2.339	3.624	3.719
19	2.147	2.237	3.647	3.786	2.656	2.901	4.168	4.552	2.277	2.546	3.595	3.974
行业	河南省				湖北省				湖南省			
	ATFP 均值		LTFP 均值		ATFP 均值		LTFP 均值		ATFP 均值		LTFP 均值	
	X 企业	D 企业	X 企业	D 企业	X 企业	D 企业	X 企业	D 企业	X 企业	D 企业	X 企业	D 企业
13	3.201	3.5	5.065	5.217	2.997	3.165	4.813	4.939	3.236	3.248	5.067	4.935
18	2.41	2.833	3.851	4.319	2.554	2.352	3.794	3.7	2.129	2.73	3.457	4.167
19	3.494	3.386	5.156	5.114	2.567	2.787	3.933	4.324	3.35	2.832	4.796	4.211
行业	重庆市				四川省				陕西省			
	ATFP 均值		LTFP 均值		ATFP 均值		LTFP 均值		ATFP 均值		LTFP 均值	
	X 企业	D 企业	X 企业	D 企业	X 企业	D 企业	X 企业	D 企业	X 企业	D 企业	X 企业	D 企业
13	2.898	3.045	4.536	4.691	3.439	3.337	5.197	5.053	3.644	2.887	5.706	4.701
18	1.508	2.23	2.941	3.826	1.996	2.752	3.267	4.193	2.415	2.367	3.823	3.788
19	3.251	2.861	4.63	4.264	3.053	3.005	4.588	4.482	—	—	—	—

资料来源：计算所得。

表 23　2007 年我国制造业企业分行业生产率均值各地区情况（2）

行业	山西				内蒙古			
	ATFP 均值		LTFP 均值		ATFP 均值		LTFP 均值	
	X 企业	D 企业	X 企业	D 企业	X 企业	D 企业	X 企业	D 企业
13	3.336	2.161	5.374	4.058	3.628	3.536	5.463	5.307
18	1.18	1.645	2.614	3.261	2.596	2.534	4.052	4.098
19	—	—	—	—	3.035	3.334	4.826	4.974

行业	上海				江苏			
	ATFP 均值		LTFP 均值		ATFP 均值		LTFP 均值	
	X 企业	D 企业	X 企业	D 企业	X 企业	D 企业	X 企业	D 企业
13	2.269	2.731	4.265	4.719	3.018	3.174	4.75	4.917
18	2.38	2.364	3.87	3.883	2.428	2.493	3.836	3.862
19	2.391	2.424	3.964	4.016	2.477	2.547	3.885	4.054

行业	江西省				山东省			
	ATFP 均值		LTFP 均值		ATFP 均值		LTFP 均值	
	X 企业	D 企业	X 企业	D 企业	X 企业	D 企业	X 企业	D 企业
13	2.693	3.26	4.436	5.023	3.131	3.213	4.865	4.915
18	2.646	2.648	3.98	4.054	2.477	2.677	3.872	4.091
19	2.448	2.584	3.496	3.941	2.759	3.039	4.168	4.575

行业	广东省				广西			
	ATFP 均值		LTFP 均值		ATFP 均值		LTFP 均值	
	X 企业	D 企业	X 企业	D 企业	X 企业	D 企业	X 企业	D 企业
13	2.564	2.926	4.398	4.785	2.641	3.104	4.515	4.975
18	2.021	2.262	3.374	3.709	1.958	2.294	3.166	3.636
19	1.993	2.278	3.34	3.667	2.322	3.551	3.496	5.081

行业	海南省				云南省			
	ATFP 均值		LTFP 均值		ATFP 均值		LTFP 均值	
	X 企业	D 企业	X 企业	D 企业	X 企业	D 企业	X 企业	D 企业
13	2.129	2.178	3.851	4.069	2.098	2.209	4.029	4.08
18	—	—	—	—	—	—	—	—
19	—	—	—	—	—	—	—	—

资料来源：计算所得。

表 24　1978~2008 年我国 GDP 总值和三产 GDP 总值有关情况

年份	GDP（亿元）		GDP 第一产业（亿元）			GDP 第二产业（亿元）			GDP 第三产业（亿元）		
	累计	增长率（%）	累计	增长率（%）	占比（%）	累计	增长率（%）	占比（%）	累计	增长率（%）	占比（%）
1978	3645.2	13.8	1027.5	9.1	28.2	1745.2	15.6	47.9	1607.0	17.1	44.1
1979	4062.6	11.4	1270.2	23.6	31.3	1913.5	9.6	47.1	1769.7	10.1	43.6
1980	4545.6	11.9	1371.6	8.0	30.2	2192.0	14.6	48.2	1996.5	12.8	43.9
1981	4891.6	7.6	1559.5	13.7	31.9	2255.5	2.9	46.1	2048.4	2.6	41.9
1982	5323.4	8.8	1777.4	14.0	33.4	2383.0	5.7	44.8	2162.3	5.6	40.6
1983	5962.7	12.0	1978.4	11.3	33.2	2646.2	11.0	44.4	2375.6	9.9	39.8
1984	7208.1	20.9	2316.1	17.1	32.1	3105.7	17.4	43.1	2789.0	17.4	38.7
1985	9016.0	25.1	2564.4	10.7	28.4	3866.6	24.5	42.9	3448.7	23.7	38.3
1986	10275.2	14.0	2788.7	8.7	27.1	4492.7	16.2	43.7	3967.0	15.0	38.6
1987	12058.6	17.4	3233.0	15.9	26.8	5251.6	16.9	43.6	4585.8	15.6	38.0
1988	15042.8	24.7	3865.4	19.6	25.7	6587.2	25.4	43.8	5777.2	26.0	38.4
1989	16992.3	13.0	4265.9	10.4	25.1	7278.0	10.5	42.8	6484.0	12.2	38.2
1990	18667.8	9.9	5062.0	18.7	27.1	7717.4	6.0	41.3	6858.0	5.8	36.7
1991	21781.5	16.7	5342.2	5.5	24.5	9102.2	17.9	41.8	8087.1	17.9	37.1
1992	26923.5	23.6	5866.6	9.8	21.8	11699.5	28.5	43.5	10284.5	27.2	38.2
1993	35334.0	31.2	6963.8	18.7	19.7	16454.0	40.6	46.6	14188.0	38.0	40.2
1994	48198.0	13.1	9471.0	4.0	19.7	22445.0	18.4	46.6	16281.0	11.0	33.8
1995	60794.0	10.9	12020.0	5.0	19.8	28679.0	13.9	47.2	20094.0	9.8	33.1
1996	71177.0	10.0	13886.0	5.1	19.5	33835.0	12.1	47.5	23456.0	9.4	33.0
1997	78973.0	9.3	14265.0	3.5	18.1	37543.0	10.5	47.5	27165.0	10.7	34.4
1998	84402.0	7.8	14618.0	3.5	17.3	39004.0	8.9	46.2	30780.0	8.3	36.5
1999	89677.0	7.6	14548.0	2.8	16.2	41034.0	8.1	45.8	34095.0	9.3	38.0
2000	99215.0	8.4	14716.0	2.4	14.8	45556.0	9.4	45.9	38942.0	9.7	39.3
2001	109655.0	8.3	15516.0	2.8	14.2	49512.0	8.4	45.2	44627.0	10.2	40.7
2002	120333.0	9.1	16239.0	2.9	13.5	53897.0	9.8	44.8	50197.0	10.4	41.7
2003	135823.0	10.0	17068.0	2.5	12.6	62436.0	12.7	46.0	56318.0	9.5	41.5
2004	159878.0	10.1	20956.0	6.3	13.1	73904.0	11.1	46.2	65018.0	10.0	40.7
2005	183867.9	10.4	23070.4	5.2	12.6	87364.6	11.7	47.5	73432.9	10.5	39.9
2006	211923.0	11.6	24040.0	5.0	11.3	103162.0	13.0	48.7	84721.0	12.1	40.0
2007	249530.0	11.9	28095.0	3.7	11.3	121381.0	13.4	48.6	100054.0	12.6	40.1
2008	130619.0	10.4	11800.0	3.5	9.0	67419.0	11.3	51.6	51400.0	10.5	39.4

注：2008 年数据截至 6 月。

资料来源：根据《中国统计年鉴》历年数据整理。

表 25 1978~2007 年我国 GDP 支出法有关数据

单位：亿元

年份	GDP		最终消费			资本形成总额			货物和服务净出口		
	累计	增长率（%）	累计	增长率（%）	占 GDP 比（%）	累计	增长率（%）	占 GDP 比（%）	累计	增长率（%）	占 GDP 比（%）
1978	3605.6	/	2239.1	/	62.1	1377.9	/	38.2	-11.4	/	-0.3
1979	4092.6	13.5	2633.7	17.6	64.4	1478.9	7.3	36.1	-20.0	75.4	-0.5
1980	4592.9	12.2	3007.9	14.2	65.5	1599.7	8.2	34.8	-14.7	-26.5	-0.3
1981	5008.8	9.1	3361.5	11.8	67.1	1630.2	1.9	32.6	17.1	-216.3	0.3
1982	5590.0	11.6	3714.8	10.5	66.5	1784.2	9.5	31.9	91.0	432.2	1.6
1983	6216.2	11.2	4126.4	11.1	66.4	2039.0	14.3	32.8	50.8	-44.2	0.8
1984	7362.7	18.4	4846.3	17.5	65.8	2515.1	23.4	34.2	1.3	-97.4	0.0
1985	9076.7	23.3	5986.3	23.5	66.0	3457.5	37.5	38.1	-367.1	-368.1	-4.0
1986	10508.5	15.8	6821.8	14.0	64.9	3941.9	14.0	37.5	-255.2	-30.5	-2.4
1987	12277.4	16.8	7804.6	14.4	63.6	4462.0	13.2	36.3	10.8	-104.2	0.1
1988	15388.6	25.3	9839.5	26.1	63.9	5700.2	27.8	37.0	-151.1	-152.1	-1.0
1989	17311.3	12.5	11164.2	13.5	64.5	6332.7	11.1	36.6	-185.6	22.8	-1.1
1990	19347.8	11.8	12090.5	8.3	62.5	6747.0	6.5	34.9	510.3	-375.0	2.6
1991	22577.4	16.7	14091.9	16.6	62.4	7868.0	16.6	34.9	617.5	21.0	2.7
1992	27565.2	22.1	17203.3	22.1	62.4	10086.3	28.2	36.6	275.6	-55.4	1.0
1993	36938.1	34.0	21899.9	27.3	59.3	15717.7	55.8	42.6	-679.5	-346.6	-1.8
1994	50217.4	36.0	29242.2	33.5	58.2	20341.1	29.4	40.5	634.1	-193.3	1.3
1995	63216.9	25.9	36748.2	25.7	58.1	25470.1	25.2	40.3	998.6	57.5	1.6
1996	74163.6	17.3	43919.5	19.5	59.2	28784.9	13.0	38.8	1459.2	46.1	2.0
1997	81658.5	10.1	48140.6	9.6	59.0	29968.0	4.1	36.7	3549.9	143.3	4.4
1998	86531.6	6.0	51588.2	7.2	59.6	31314.2	4.5	36.2	3629.2	2.2	4.2
1999	91125.0	5.3	55636.9	7.9	61.1	32951.5	5.2	36.2	2536.6	-30.1	2.8
2000	98749.0	8.4	61516.0	10.6	62.3	34842.8	5.7	35.3	2390.2	-5.8	2.4
2001	108972.4	10.4	66878.3	8.7	61.4	39769.4	14.1	36.5	2324.7	-2.7	2.1
2002	120350.3	10.4	71691.2	7.2	59.6	45565.0	14.6	37.9	3094.1	33.1	2.6
2003	136398.8	13.3	77449.5	8.0	56.8	55963.0	22.8	41.0	2986.3	-3.5	2.2
2004	160280.4	17.5	87032.9	12.4	54.3	69168.4	23.6	43.2	4079.1	36.6	2.5
2005	188692.1	17.7	97822.7	12.4	51.8	80646.3	16.6	42.7	10223.1	150.6	5.4
2006	221170.5	17.2	110413.2	12.9	49.9	94103.2	16.7	42.6	16654.1	62.9	7.5
2007	261770.1	18.4	128332.0	16.2	49.0	110250.8	17.2	42.1	23187.3	39.2	8.9

资料来源：根据《中国统计年鉴》历年数据整理。

表 26 1978~2008 年我国财政收支情况

单位：亿元

年份	财政预算收入完成额		财政预算支出完成额		财政盈余
	累计	增长率（%）	累计	增长率（%）	
1978	1132.2	29.5	1122.1	33.0	10.1
1979	1146.4	1.2	1281.8	14.2	-135.4
1980	1159.9	1.2	1228.8	-4.1	-68.9
1981	1175.8	1.4	1138.4	-7.5	37.4
1982	1212.3	3.1	1229.9	8.0	-17.6
1983	1366.9	12.8	1409.5	14.6	-42.6
1984	1642.9	20.2	1701.0	20.7	-58.1
1985	2004.8	22.0	2004.2	17.8	0.6
1986	2122.0	5.8	2204.9	10.0	-82.9
1987	2199.4	3.6	2262.2	2.6	-62.8
1988	2357.2	7.2	2491.2	10.1	-134
1989	2664.9	13.1	2823.8	13.3	-158.9
1990	2937.1	10.2	3083.6	9.2	-146.5
1991	3149.5	7.2	3386.6	9.8	-237.1
1992	3483.4	10.6	3742.2	10.5	-258.8
1993	4349.0	24.9	4642.3	24.1	-293.4
1994	5218.1	20.0	5792.6	24.8	-574.5
1995	6242.2	19.6	6823.7	17.8	-581.5
1996	7408.0	18.7	7937.6	16.3	-529.6
1997	8651.1	16.8	9233.6	16.3	-582.4
1998	9876.0	14.2	10798.2	16.9	-922.2
1999	11444.1	15.9	13187.7	22.1	-1743.6
2000	13395.2	17.1	15886.5	20.5	-2491.3
2001	16386.0	22.3	18902.6	19.0	-2516.5
2002	18903.6	15.4	22053.2	16.7	-3149.5
2003	21715.0	14.9	24650.0	11.8	-2935.0
2004	24430.4	12.5	21593.7	-12.4	2836.7
2005	28941.6	18.5	25326.3	17.3	3615.3
2006	36083.6	24.7	29611.2	16.9	6472.4
2007	48177.1	33.5	37084.8	25.2	11092.4
2008	40881.8	-15.1	27443.4	-26.0	13438.2

注：2008 年数据截至 7 月。
资料来源：根据《中国统计年鉴》历年数据整理。

表 27 1978~2008 年我国进出口有关情况

单位：亿美元

年份	进出口商品总额		出口商品总额		进口商品总额		贸易顺差	
	累计	增长率（%）	累计	增长率（%）	累计	增长率（%）	累计	增长率（%）
1978	206.4	/	97.5	/	108.9	/	-11.4	/
1979	293.3	42.1	136.6	40.1	156.7	43.9	-20.1	76.3
1980	381.4	28.9	181.2	33.8	200.2	24.8	-19.0	-5.5
1981	440.3	16.4	220.1	20.5	220.2	12.6	-0.1	-99.5
1982	416.1	-5.4	223.2	1.5	192.9	-12.4	30.3	-30400.0
1983	436.2	4.8	222.3	-0.5	213.9	10.9	8.4	-72.3
1984	535.5	22.8	261.4	17.6	274.1	28.1	-12.7	-251.2
1985	696.0	29.9	273.5	4.7	422.5	54.1	-149.0	1073.2
1986	738.5	6.1	309.4	13.1	429.1	1.6	-119.7	-19.7
1987	826.5	11.9	394.4	27.5	432.1	0.7	-37.7	-68.5
1988	1027.9	24.4	475.2	20.5	552.7	27.9	-77.5	105.6
1989	1116.8	8.7	525.4	10.6	591.4	7.0	-66.0	-14.8
1990	1154.4	3.4	620.9	18.2	533.5	-9.8	87.4	-232.4
1991	1356.3	17.5	718.4	15.7	637.9	19.6	80.5	-7.9
1992	1655.3	22.1	849.4	18.2	805.9	26.3	43.5	-46.0
1993	1957.0	18.2	917.4	8.0	1039.6	29.0	-122.2	-380.9
1994	2366.2	20.9	1210.1	31.9	1156.1	11.0	54.0	-144.2
1995	2809.5	117.9	1488.4	23.0	1321.2	14.3	167.2	209.6
1996	2901.2	3.3	1511.9	1.6	1389.3	5.2	122.5	-26.7
1997	3250.7	12.1	1828.8	21.0	1421.7	2.3	407.1	232.3
1998	3240.4	-0.3	1838.1	0.5	1402.4	-1.4	435.7	7.0
1999	3606.5	11.3	1949.3	6.1	1657.2	18.2	292.2	-33.0
2000	4743.0	31.5	2492.1	27.9	2250.9	35.8	241.2	-17.5
2001	5096.6	7.5	2660.7	6.8	2435.9	8.2	224.8	-6.8
2002	6209.6	21.8	3256.2	22.4	2953.3	21.2	302.9	34.7
2003	8515.7	37.1	4384.7	34.7	4131.0	39.9	253.7	-16.3
2004	11544.7	35.6	5936.5	35.4	5608.2	35.8	328.4	29.5
2005	14225.5	23.2	7623.3	28.4	6602.2	17.7	1021.1	211.0
2006	17611.3	23.8	9693.3	27.2	7917.9	19.9	1775.4	73.9
2007	21744.2	23.5	12181.6	25.7	9562.6	20.8	2618.9	47.5
2008	14816.0	-31.9	8031.0	-34.1	6785.0	-29.1	1245.9	-52.4

注：2008 年数据截至 7 月。

资料来源：根据《中国统计年鉴》历年数据整理。

表 28　1978~2008 年我国城镇和农村居民可支配收入情况

年份	城镇居民人均可支配收入（元）		农村居民人均现金收入（元）	
	年度累计	同比增长率（%）	年度累计	同比增长率（%）
1978	343.4	—	133.6	—
1979	—	—	161.0	20.5
1980	477.6	—	191.3	18.8
1981	458.0	-4.1	223.0	16.6
1982	495.0	8.1	270.0	21.1
1983	526.0	6.3	310.0	14.8
1984	608.0	15.6	355.0	14.5
1985	739.1	21.6	397.6	12.0
1986	899.6	21.7	423.8	6.6
1987	1002.2	11.4	462.6	9.2
1988	1181.4	17.9	544.9	17.8
1989	1375.7	16.4	601.5	10.4
1990	1510.2	9.8	686.3	14.1
1991	1700.6	12.6	708.6	3.2
1992	2026.6	19.2	784.0	10.6
1993	2577.4	27.2	921.6	17.6
1994	3178.4	23.3	1233.5	33.8
1995	3893.0	22.5	1595.6	29.4
1996	4380.0	12.5	1927.1	20.8
1997	5160.3	17.8	2131.2	10.6
1998	5425.1	5.1	2163.6	1.5
1999	5854.0	7.9	2206.6	2.0
2000	6280.0	7.3	2381.6	7.9
2001	6859.6	9.2	2534.7	6.4
2002	7702.8	12.3	2713.0	7.0
2003	8472.2	10.0	2929.5	8.0
2004	9421.6	11.2	3234.2	10.4
2005	10493.0	11.4	3255.0	0.6
2006	11759.0	12.1	3587.0	10.2
2007	13786.0	17.2	4140.0	15.4
2008	8065.0	14.4	2528.0	19.8

注：2008 年数据截至 6 月。
资料来源：根据 Wind 数据库及《中国民政统计年鉴》历年数据整理。

表 29 1978~2008 年我国外汇储备和黄金储备情况

年份	外汇储备（亿美元）		黄金储备（万盎司）	
	期末余额	同比增长率（%）	期末余额	同比增长率（%）
2008	18088.3	35.7	1929.0	0.0
2007	15282.5	43.3	1929.0	0.0
2006	10663.4	30.2	1929.0	0.0
2005	8188.7	34.3	1929.0	0.0
2004	6099.3	51.3	1929.0	0.0
2003	4032.5	40.8	1929.0	0.0
2002	2864.1	35.0	1929.0	20.0
2001	2121.7	28.1	1608.0	26.9
2000	1655.7	7.1	1267.0	0.0
1999	1546.8	6.7	1267.0	0.0
1998	1449.6	3.6	1267.0	0.0
1997	1398.9	33.2	1267.0	0.0
1996	1050.5	42.7	1267.0	0.0
1995	736.0	42.6	1267.0	0.0
1994	516.2	143.5	1267.0	0.0
1993	212.0	9.0	1267.0	0.0
1992	194.4	-10.5	1267.0	0.0
1991	217.1	95.7	1267.0	0.0
1990	110.9	99.9	1267.0	0.0
1989	55.5	64.6	1267.0	0.0
1988	33.7	15.4	1267.0	0.0
1987	29.2	41.1	1267.0	0.0
1986	20.7	-21.6	1267.0	0.0
1985	26.4	-67.8	1267.0	0.0
1984	82.2	-7.7	1267.0	0.0
1983	89.0	27.4	1267.0	0.0
1982	69.9	158.0	1267.0	0.0
1981	27.1	-309.0	1267.0	-1.0
1980	-13.0	-254.3	1280.0	0.0
1979	8.4	403.0	1280.0	0.0
1978	1.7	-82.5	1280.0	/

注：2008 年数据截至 6 月。

资料来源：根据《中国统计年鉴》历年数据整理。

表 30　回归分析所用数据

年份	GDP	EX	IM	CO	IV
1978	3645.2	167.6	187.4	2239.1	1377.9
1979	4062.6	211.7	242.9	2633.7	1478.9
1980	4545.6	271.2	298.8	3007.9	1599.7
1981	4891.6	367.6	367.7	3361.5	1630.2
1982	5323.4	413.8	357.5	3714.8	1784.2
1983	5962.7	438.3	421.8	4126.4	2039.0
1984	7208.1	580.5	620.5	4846.3	2515.1
1985	9016.0	808.9	1257.8	5986.3	3457.5
1986	10275.2	1082.1	1498.3	6821.8	3941.9
1987	12058.6	1470.0	1614.2	7804.6	4462.0
1988	15042.8	1766.7	2055.1	9839.5	5700.2
1989	16992.3	1956.0	2199.9	11164.2	6332.7
1990	18667.8	2985.8	2574.3	12090.5	6747.0
1991	21781.5	3827.1	3398.7	14091.9	7868.0
1992	26923.5	4676.3	4443.3	17203.3	10086.3
1993	35334.0	5284.8	5986.2	21899.9	15717.7
1994	48198.0	10421.8	9960.1	29242.2	20341.1
1995	60794.0	12451.8	11048.1	36748.2	25470.1
1996	71177.0	12576.4	11557.4	43919.5	28784.9
1997	78973.0	15160.7	11806.5	48140.6	29968.0
1998	84402.0	15223.6	11626.1	51588.2	31314.2
1999	89677.0	16159.8	13736.5	55636.9	32951.5
2000	99215.0	20634.4	18638.8	61516.0	34842.8
2001	109655.0	22024.4	20159.2	66878.3	39769.4
2002	120333.0	26947.9	24430.3	71691.2	45565.0
2003	135823.0	36287.9	34195.6	77449.5	55963.0
2004	159878.0	49103.3	46435.8	87032.9	69168.4
2005	183867.9	62648.1	54273.7	97822.7	80646.3
2006	211923.0	77594.6	63376.9	110413.2	94103.2
2007	249530.0	88977.3	69846.6	128332.0	110250.8
2008	275481.1	108463.4	91219.6	156693.4	139246.8

注：2008 年数据根据上半年报的出口、进口、消费、投资同比增长率估算而得。
资料来源：根据《中国对外经济统计年鉴》和《中国统计年鉴》历年数据整理。

参考文献

安虎森、皮亚彬、薄文广：《市场规模、贸易成本与出口企业生产率“悖论”》，《财经研究》2013 年第 5 期。

班允浩：《FDI 进入方式选择：绿地投资与跨国并购》，东北财经大学硕士学位论文，2004 年。

陈家勤：《对外贸易在全面建设小康社会中的重要作用——经济增长导向的外贸发展战略研究》，《国际经贸探索》2003 年第 2 期。

何亚东：《我国外贸发展战略的历史沿革与内涵调整》，《国际贸易》2008 年第 2 期。

戴觅、余淼杰、Madhura Maitra：《中国出口企业生产率之谜：加工贸易的作用》，《经济学季刊》2014 年第 2 期。

戴翔：《中国企业“走出去”的生产率悖论及其解释——基于行业面板数据的实证分析》，《南开经济研究》2014 年第 2 期。

范剑勇、冯猛：《中国制造业出口企业生产率悖论之谜：基于出口密度差别上的检验》，《管理世界》2013 年第 8 期。

黄玖立、李坤望：《出口开放、地区市场规模和经济增长》，《经济研究》2006 年第 6 期。

姜巍：《宏观经济内外均衡与我国外贸发展战略调整分析》，西北大学博士学位论文，2007 年。

李春顶：《境外经贸合作区建设与我国企业“走出去”》，《国际经济合作》2008 年第 7 期。

李春顶：《出口与增长：中国三十年经验实证（1978~2008）》，《财经科学》2009 年第 5 期。

李春顶：《企业非市场策略与国际贸易摩擦的形成及化解》，《财经研究》2007 年第 3 期。

李春顶：《技术性贸易壁垒的保护成本：测度、评价与政策启示》，《世界经济研究》2006 年第 12 期。
李春顶、尹翔硕：《知识产权保护、技术创新与南北贸易摩擦成因》，《当代经济科学》2008 年第 3 期。
李春顶、尹翔硕：《就业保护与国际贸易摩擦的产业分布》，《经济评论》2008 年第 4 期。
李春顶：《中国出口企业是否存在“生产率悖论”：基于中国制造业企业数据的检验》，《世界经济》2010 年第 7 期。
李春顶、石晓军、邢春冰：《“出口—生产率悖论”：对中国经验的进一步考察》，《经济学动态》2010 年第 8 期。
李春顶、尹翔硕：《我国出口企业的“生产率悖论”及其解释》，《财贸经济》2009 年第 11 期。
李丽、杜凌：《我国出口贸易对经济增长影响的实证分析》，《财贸研究》2007 年第 4 期。
李建萍、张乃丽：《比较优势、异质性企业与出口“生产率悖论”——基于对中国制造业上市企业的分析》，《国际贸易问题》2014 年第 6 期。
梁会君、史长宽：《中国制造业出口“生产率悖论”的行业分异性研究》，《山西财经大学学报》2014 年第 7 期。
李洁：《中国对外贸易与经济增长》，武汉大学硕士学位论文，2004 年。
李应振、李玉举：《论新特征的外贸发展战略》，《国际贸易问题》2006 年第 2 期。
聂文星、朱丽霞：《企业生产率对出口贸易的影响——演化视角下“生产率悖论”分析》，《国际贸易问题》2013 年第 12 期。
刘力：《摒弃“出口至上”：中国贸易战略的调整》，《财贸经济》2004 年第 9 期。
刘石成：《发展中国家对外贸易战略分析与现实选择》，《广东技术师范学院学报》2007 年第 8 期。
刘义圣：《中国对外贸易政策取向新探》，《东南学术》2002 年第 6 期。
马述忠、郑博文：《中国企业出口行为与生产率关系的历史回溯：2001~2007》，《浙江大学学报（人文社会科学版）》2010 年第 5 期。
牛艳红：《从出口导向到内需主导：我国外贸战略的调整》，《南昌高专学报》2007 年第 4 期。
钱学锋、王菊蓉、黄云湖、王胜：《出口与中国工业企业的生产率——自我选择效应还是出口学习效应》,《数量经济技术经济研究》2011 年第 2 期。

邱斌、刘修岩、赵伟:《出口学习抑或自选择:基于中国制造业微观企业的倍差匹配检验》,《世界经济》2012 年第 4 期。

任宝东:《我国对外直接投资模式选择研究》,辽宁大学硕士学位论文,2006 年。

盛丹:《地区行政垄断与我国企业出口的“生产率悖论”》,《产业经济研究》2013 年第 4 期。

石磊:《WTO 后过渡期我国对外贸易战略的调整》,华东师范大学硕士学位论文,2006 年。

苏丽萍:《对外直接投资:理论、实践和中国的战略选择》,厦门大学博士学位论文,2006 年。

孙少勤、邱斌、唐保庆、赵伟:《加工贸易存在“生产率悖论”吗?——一个经验分析与理论解释》,《世界经济与政治论坛》2014 年第 2 期。

唐宜红、林发勤:《异质性企业贸易模型对中国企业出口的适用性检验》,《南开经济研究》2009 年第 6 期。

汤二子、李影、张海英:《异质性企业、出口与“生产率悖论”——基于 2007 年中国制造业企业层面的证据》,《南开经济研究》2011 年第 3 期。

汤二子、刘海洋(2011):《中国出口企业“生产率悖论”存在性检验——来自 2005~2008 年中国制造业企业的证据》,《国际经贸探索》,2011 年第 11 期。

汤二子、刘海洋(2011b):《中国出口企业的“生产率悖论”与“生产率陷阱”——基于 2008 年中国制造业企业数据实证分析》,《国际贸易问题》2011 年第 9 期。

汤二子、孙振:《异质性生产率、产品质量与中国出口企业的“生产率悖论”》,《世界经济研究》2012 年第 11 期。

涂正革、肖耿:《中国工业增长模式的转变——大中型企业劳动生产率的非参数生产前沿动态分析》,《管理世界》2006 年第 10 期。

武敬云:《河北省外贸对经济增长作用研究》,首都经济贸易大学硕士学位论文,2006 年。

项本武:《中国对外直接投资的决定因素与经济效应的实证研究》,华中科技大学博士学位论文,2005 年。

徐蕾、尹翔硕:《贸易成本视角的中国出口企业“生产率悖论”解释》,《国际商务——对外经济贸易大学学报》2012 年第 3 期。

张洁颖、周煊：《“走出去”战略背景下中国对外直接投资政策体系的思考》，《国际贸易》2007 年第 4 期。

许和连：《出口贸易促进经济增长的理论、模型及实证研究》，湖南大学博士学位论文，2003 年。

杨瑞龙、刘刚：《企业的异质性假设和企业竞争优势的内生性分析》，《中国工业经济》2002 年第 1 期。

易行健：《我国出口、进口与经济增长之间关系的实证检验（1978~2004）》，《生产力研究》2006 年第 8 期。

易靖韬：《企业异质性、市场进入成本、技术溢出效应与出口参与决定》，《经济研究》2009 年第 9 期。

易靖韬、傅佳莎：《企业生产率与出口：浙江省企业层面的证据》，《世界经济》2011 年第 5 期。

尹翔硕：《加入 WTO 后的中国对外贸易战略》，上海：复旦大学出版社 2001 年版。

尹翔硕、李春顶：《国际贸易摩擦南北不对称与摩擦的形成——基于一个三国贸易模型的分析》，《南开经济研究》2007 年第 5 期。

尹翔硕、李春顶：《边际保护、加权福利与中美贸易摩擦的成因》，《财经问题研究》2008 年第 4 期。

尹翔硕、李春顶、孙磊：《国际贸易摩擦的类型、原因、效应及化解途径》，《世界经济》2007 年第 7 期。

尹晓波：《进出口贸易对我国经济增长关系的变因分析》，《运筹与管理》，2002 年第 12 期。

于春海、张胜满：《市场进入成本与我国出口企业生产率之谜》，《中国人民大学学报》2013 年第 2 期。

张鸿：《关于中国对外贸易战略调整的思考》，《国际贸易》2005 年第 9 期。

张蕾、胡宏力：《中国经济增长的路径依赖：制度变迁及政府行为》，《社会科学家》2008 年第 6 期。

张杰、李勇、刘志彪：《出口促进中国企业生产率提高吗？——来自中国本土制造业企业的经验证据：1999~2003》，《管理世界》2009 年第 12 期。

张娟：《中国企业对外直接投资的区位选择研究——基于价值链的视角》，复旦大学博士学位论文，2007 年。

张谊浩：《中国经济增长与对外贸易的关系之实证研究》，南京理工大学硕士学位论文，2001 年。

张应武：《对外直接投资与贸易的关系：互补或替代》，《国际贸易问题》2007 年第 6 期。

赵琪：《细解中国经济增长之谜：一种政治经济的解释》，《中国国情国力》2007 年第 2 期。

赵伟、李淑贞：《出口与企业生产率：由实证而理论的最新拓展》，《国际贸易问题》2007 年第 7 期。

赵伟、赵金亮：《生产率决定中国企业出口倾向吗——企业所有制异质性视角的分析》，《财贸经济》2011 年第 5 期。

赵伟、赵金亮、韩媛媛：《异质性、沉没成本与中国本土企业出口决定：来自中国微观企业的经验证据》，《世界经济》2011 年第 4 期。

周世民、沈琪：《中国出口企业的“生产率之谜”：理论解释》，《宏观经济研究》2013 年第 7 期。

周阳：《我国出口贸易与经济增长的实证研究》，《国际商务——对外经济贸易大学学报》2006 年第 5 期。

Abraham, K.G. and Taylor, S.K., "Firms' Use of Outside Contractors: Theory and Evidence", *Journal of Labor Economics*, Vol.14, No.3, 1996.

Agarwal, S. and Ramaswami, S.N., "Choice of Foreign Market Entry Mode: Impact of Ownership, Location and Internalization Factors", *Journal of International Business Studies*, Vol.23, No.1, 1992.

Andersson, T. and Svensson, R., "Entry Modes for Direct Investment Determined by the Composition of Firm-specific Skills", *Scand. J. Econ.*, Vol.96, 1994.

Andersen, O., "On the Internationalization Process of Firms: A Critical Analysis", *Journal of International Business*, Vol.24, No.2, 1993.

Andrew, B. B. and Jensen, J. B., "Exceptional Exporter Performance: Cause, Effect, or Both", *Journal of International Economics*, Vol.47, 1999.

Antras, P., "Firms, Contracts, and Trade Structure", *The Quarterly Journal of Economics*, Vol.11, 2003.

——"Incomplete Contracts and the Product Cycle", *American Economic Review*, Vol.95, 2005.

Antras, P. and Helpman, E., "Global Sourcing", *Journal of Political Economy*,

Vol.6, 2004.

Arnold, J. M. and Hussinger, K., "Export Behavior and Firm Productivity in German Manufacturing: A Frim -level Analysis", *Review of World Economics*, Vol.141, No.2, 2005a.

Arnold, J. M. and Hussinger, K., "Export versus FDI in German Manufacturing: Firm Performance and Participation in International Markets", Center for European Economic Research Discussion Paper, No.05-73, 2005b.

Aw, B.Y., Chung, S. and Roberts, M. J., "Productivity and Turnover in the Export Market: Micro -level Evidence from the Republic of Korea and Taiwan (China)", *The World Bank Economic Review*, Vol.14, 2000.

Aw, B.Y. and Hwang, A.R., "Productivity and the Export Market: A Firm-Level Analysis", *Journal of Development Economics*, Vol.47, 1995.

Aw, B.Y. and Roberts, M.J., Winston, T., "Export Market Participation, Investments in R&D and Worker Training, and the Evolution of Firm Productivity", *The World Economy*, Vol.30, No.1, 2007.

Aw, B.Y., Roberts, M.J. and Xu, D.Y., "R&D Investments, Exporting, and the Evolution of Firm Productivity", *American Economics Review: Papers & Proceedings*, Vol.98, No.2, 2008.

Balassa, B., "Exports and Economic Growth: Further Evidence", *Journal of Development Economics*, Vol.5, 1978.

Baldwin, R.E., "Heterogeneous Firms and Trade: Testable and Untestable Properties of the Melitz Model", Working Paper, 2005/06.

Baldwin, B. and Forslid, R., "Trade Liberalization with Heterogeneous Firms", CEPR Discussion Paper Series, No.4635, 2004/12.

Baldwin, J.R. and Gu, W., "Export -market Participation and Productivity Performance in Canadian Manufacturing", *Canadian Journal of Economics*, Vol.36, No.3, 2003.

Baldwin, R.E. and Nicoud, F.R., "The Impact of Trade on Intra -industry Reallocations and Aggregate Industry Productivity: A Comment", Working Paper, 2004/07.

——"Trade and Growth with Heterogeneous Firms", *CEPR Discussion Paper Series*, No.4965, 2005/03.

——"The Impact of Trade On Intra-industry Reallocations and Aggregate Industry Productivity: A Comment", *NBER Working Paper*, w10718, 2004.

——"Trade and Growth with Heterogeneous Firms", *Journal of International Economics*, Vol.74, 2008.

Baldwin, R.E. and Okubo, T., "Agglomeration and the Heterogeneous Firms Trade Model", Working Paper, 2005/09.

——"Agglomeration, Offshoring and Heterogeneous Firms", CEPR Discussion Paper, No.5663, 2006a.

——"Heterogeneous Firms, Agglomeration and Economic Geography: Spatial Selection and Sorting", *Journal of Economic Geography*, Vol.6, 2006b.

Barkema, H.G. and Vermeulen, F., "International Expansion through Start-up or Acquisition: A Learning Perspective", *Acad. Manage. J.*, Vol.41, No. 1, 1998.

Barney, J., "Firm Resources and Sustained Competitive Advantage", *Manage*, Vol.17, No.1, 1991.

Bernard, A.B., Eaton, J., Jensen, J.B. and Kortum, S., "Plants and Productivity in International Trade", *American Economic Review*, Vol.93, No.4, 2003.

Bernard, A.B. and Jensen, J.B., "Exporters, Jobs and Wages in U.S. Manufacturing, 1976-1987", *Brookings Papers on Economic Activity, Microeconomics*, 1995.

——"Exceptional Exporter Performance: Cause, Effect, or Both", *Journal of International Economics*, Vol.47, 1999.

——"Why Some Firms Export", Working Paper, 2001/04.

——"Exporting and Productivity in the USA", *Oxford Review of Economic Policy*, Vol.20, No.3, 2004.

——"Entry, Expansion, and Intensity in the US Export Boom, 1987-1992", *Review of International Economics*, Vol.12, No.4, 2004.

Bernard, A.B., Jensen, J.B. and Schott, P.K., "Importers, Exporters and Multinationals: A Portrait of Firms in the US that Trade Goods", Working Paper, 2007/05/08.

——"Trade Costs, Firms and Productivity", *Journal of Monetary Economics*, Vol.53, 2006.

Bernard, A.B., Jensen, J.B., Redding, S.J. and Schott, P.K., "Firms in International Trade", Working Paper, 2007a.

——"Comparative Advantage and Heterogeneous Firms", Review of Economic Studies, Vol.24, 2007b.

Bernard, A.B. and Wagner, J., "Export Entry and Exit by German Firms", NBER Working Paper, No.6538, 1998/04.

Bernard, A.B. and Wagner, J., "Exports and Success in German Manufacturing", *Weltwirtschaftaliches Archiv*, Vol.133, No.1, 1997.

Bernard, A.B., Redding, S.J. and Schott, P.K., "Multi-Product Firms and Trade Liberalization", Working Paper, 2006a.

——"Products and Productivity", Working Paper, 2006b.

Bhagwati, Jagdish N., Brecher, Richard A., Dinopoulos, Elias and Srinivasan, T.N., "Quid Pro Quo Foreign Investment and Welfare: A Political Economy Theoretical Model", *Journal of Development Economics*, Vol.27, 1987.

Bhagwati, Jagdish N., Dinopoulos, Elias and Kong, Kar-Yiu., "Quid Pro Quo Foreign Investment", *American Economic Review*, Vol.5, 1992.

Bigsten, A. and Gebreeyesus, M., "Firm Productivity and Exports: Evidence from Ethiopian Manufacturing", *Journal of Development Studies*, Vol.45, No.10, 2009.

Bjorkman, I. and Forsgren, M., "Nordic Contribution to International Business Research", In: The Nature of the International Firm. Nordic Contributions to International Business Research. Copenhagen Business School Press, 1997.

Blonigen, B., "In Search of Substitution between Foreign Production and Exports", *Journal of International Economics*, Vol.53, 2001.

Brouthers, K.D. and Brouthers, L.E., "Acquisition or greenfield start-up? Institutional, Cultural and Transaction Cost Influences", *Strateg. Manage. J.*, Vol.21, No.1, 2000.

Buckley, P.J. and Casson, M.C., "The Future of the Multinational Enterprise", Holmes & Meier Publishers, New York, 1976.

Bustos, P., "Rising Wage Inequality in the Argentinean Manufacturing Sector: The Impact of Trade and Foreign Investment on Technology and Skill Upgrading", Working Paper, 2005/11.

Cabral, L.M.B. and Mata, J., "On the Evolution of the Firm Size Distribution: Facts and Theory", *CEPR Discussing Paper*, No.3045, 2001.

Carlson, S., " International Business Research" , Uppsala: Acta University Upsaliensis Working Paper, 2000.

Cassiman, B., Golovko, E. and Ros, E.M., " Innovation, Exports and Productivity" , *International Journal of Industrial Organization*, Vol.28, 2010.

Castellani, D., " Export Behavior and Productivity Growth: Evidence from Italian Manufacturing Firms" , *Weltwirtschaftliches Archiv*, Vol.138, No. 4, 2002.

Caves, R.E., " Multinational Enterprise and Economic Analysis" , Cambridge University Press, Cambridge, New York, 1996.

Caves, R.E. and Mehra, S.K., " Entry of Foreign Multinationals into U.S. Manufacturing Industries", In: Porter, M.E. (Ed.), Competition in Global Industries. Harvard Business School Press, Boston, MA, 1986.

Chen, S.F. and Zeng, M., " Japanese Investors'Choice of Acquisitions vs. Startups in the US: the Role of Reputation Barriers and Advertising Outlays", *Int. J. of Research in Marketing*, Vol.21, 2004.

Cho, K.R. and Padmanabhan, P., " Acquisition versus New Venture: The Choice of Foreign Establishment Mode by Japanese Firms" , *J. Internat. Manage*. Vol.1, No.3, 1995.

Chow, P.C.Y., "Causality Between Export Growth and Industrial Development: Empirical Evidence from the NICs" , *Journal of Development Economics*, Vol.26, 1987.

Claver, E., Rienda, L. and Quer, D., " The Internationalization Process in Family Firms: Choice of Market Entry Strategies", *Journal of Management*, Vol.33, No.1, 2007.

Clerides, S.K., Lach, S. and Tybout, J.R., " Is Learning by Exporting Important? Micro -Dynamic Evidence from Colombia, Mexico, and

Morocco", *The Quarterly Journal of Economics*, Vol.113, No.3, 1998.

Cushman, D.O., "Exchange Rate Uncertainty and Foreign Direct Investment in the United States", *Wetwirtschaftliches Archiv*, Vol.124, 1988.

Dai, M., Maitra, M. and Yu, M., "Unexceptional Exporter Performance in China? The Role of Processing Trade", Peking University CCER Working Paper, November, 2011.

Damijan, J.P., Polanec, S. and Prasnikar, J., "Self-selection, Export Market Heterogeneity and Productivity Improvements: Firm Level Evidence from Slovenia", LICOS Discussion Paper, No.148, 2004.

Delgado, M.A., Farinas, J.C. and Ruano, S., "Firm Productivity and Export Markets: A Non-Parametric Approach", *Journal of International Economics*, Vol.57, 2002.

Dinopoulos, Elias and Bhagwati, Jagdish N., "Quid Pro Quo Foreign Investment and Market Structure", Unpublished Manuscript Presented at the 61st Annual Western Economic Association Conference, San Francisco, 1986.

Dinopoulos, Elias., "Quid Pro Quo Foreign Investment", *Economics and Politics*, Vol.2, 1989.

Dinopoulos, Elias and Wong, Kar-yiu, "Quid Pro Quo Foreign Investment and Political Intervention", In: International Trade and Global Development: Essays in Honour of Jagdish Bhagwati, London: Routledge, 1991, PP. 162-190.

Dollars, D., "Outward-oriented Developing Economies Really do Grow More Rapidly: Evidence for 95 LDCs, 1976-1985", *Economic Development and Cultural Change*, Vol.40, 1992.

Douglas, S. and Craig, C.S., "Evolution of Global Marketing Strategy: Scale, Scope and Synergy", *The Columbia Journal of World Business*, Vol.24, No.3, 1989.

Eaton, J. and Kortum, S., "International Technology Diffusion: Theory and Measurement", *International Economic Review*, Vol.40, 1999.

——"Technology, Geography, and Trade", Working Paper, 2000.

——"Technology, Trade, and Growth: A Unified Framework", *European*

Economic Review, Vol.45, 2001.

Edwards, S., "Openness, Productivity and Growth: What Do We Really Know", *Economic Journal*, Vol.108, 1998.

Egger, H. and Kreickemeier, U., "Fairness, Trade, and Inequality", *Journal of International Economics*, Vol.86, 2012.

Fare, R., Grosskopf, S. and Lovell, C.A.K., "Production Frontiers", Cambridge: Cambridge University Press, 1994.

Fare, R., Grosskopf, S. and Norris, M., "Productivity Growth, Technical Progress, and Efficiency Change in Industrialized Countries: Reply", *American Economic Review*, Vol.87, 1997.

Farrell, M.J., "The Measurement of Productive Efficiency", *Journal of Royal Statistical Society*, Series A, General, Vol.30, 1997.

Feenstra, R.C., "Integration of Trade and Disintegration of Production in the Global Economy", *The Journal of Economic Perspectives*, Vol.12, No. 4, 1998.

Feenstra, R.C. and Hanson, G.H., "Ownership and Control in Outsourcing to China: Estimating the Property-Rights Theory of the Firm", *Quarterly Journal of Economics*, Vol.120, 2005.

——"Contractual Versus Generic Outsourcing: The Role of Proximity", University of British Columbia, mimeo, 2005.

Fiol, C.M. and Lyles, M.A. "Organizational Learning", *Acad. Manage. Rev*, Vol.10, 1985.

Forsgren, M., "Foreign Acquisitions: Internalization or Network Interdependency", In: Cavusgil, S.T. (Ed.), Advances in Int. Marketing 3. JAI Press, Greenwich, CT, 1989, PP.141-159.

Frankel, J. and Romer, David., "Does Trade Cause Growth", *American Economic Review*, Vol.89, 1999.

Gao, Y. and Yin, X., "Trade Media, Processing Trade, and Unsolved Export Puzzle: Theory and Empirical Analysis", Working Paper, June, 2014.

Ghatak, A., "Vector-autoregression Modeling and forecasting Growth of South Korea", *Journal of Applied Statistics*, Vol.25, 1998.

Ghironi, F. and Melitz, M.J., "International Trade and Macroeconomic

Dynamics with Heterogeneous Firms", *Quarterly Journal of Economics*, Vol.3, 2005.

Girma, S., Greenaway, D. and Kneller, R., "Export Market Exit and Performance Dynamics: A Causality Analysis of Matched Firms", *Economic Letters*, Vol.80, No.2, 2003.

Girma, S., Greenaway, D. and Kneller, R., "Does Exporting Increase Productivity? A Microeconometric Analysis of Matched Firms", *Review of International Economics*, Vol.12, No.5, 2004.

Greenaway, D., Gullstrand, J. and Kneller, R., "Exporting May Not Always Boost Firm Productivity", *Review of World Economics*, Vol.141, No. 4, 2005.

Greenaway, D. and Kneller, R., "Exporting and Productivity in the United Kingdom", *Oxford Review of Economic Policy*, Vol.20, No.3, 2004.

Griliches, Z. and Mairesse, J., "R&D and Productivity Growth: Comparing Japan and US Manufacturing Firms", In: Hulten, C., Productivity Growth in Japan and the United States. The University of Chicago Press, 1990.

Grossman, G.M., "Outsourcing in a Global Economy", *Review of Economic Studies*, Vol.72, 2005.

Grossman, G.M. and Helpman, E., "Integration Versus Outsourcing in Industry Equilibrium", *Quarterly Journal of Economics*, Vol.117, 2002.

——"Managerial Incentives and International Organization of Production", *Journal of International Economics*, Vol.63, 2004.

——"Outsourcing in a Global Economy", *Review of Economic Studies*, Vol. 72, 2005.

Grossman, G.M., Helpman, E. and Szeidl, A., "Optimal Integration Strategies for the Multinational Firm", *Journal of International Economics*, Vol. 70, 2006.

Hall, R. and Jones, C., "Why Do Some Countries Produce So Much More Output Per Worker than Others", *Quart. J. Econ*, Vol.20, 1999.

Hansen, J.D. and Nielsen, U.M., "Economies of Scale and Scope, Firm Heterogeneity and Exports", Working Paper, 2007a.

——"Choice of Technology, Firm Heterogeneity, and Exports", Working

Paper, 2007b.

Harzing, A.W., " Acquisitions versus Greenfield Investments: International Strategy and Management of Entry Modes", *Strategy Manage. J.*, Vol. 23, 2002.

Head, K. and Ries, J., "Heterogeneity and the FDI versus Export Decision of Japanese Manufacturers", *Japanese Int. Economies*, Vol.17, 2003.

Head, K., Ries, J and Spencer, B.J., "Vertical Networks and U.S. Auto Parts Exports: Is Japan Different", *Journal of Economics and Management Strategy*, Vol.13, 2004.

Helpman, E., "Trade, FDI, and the Organization of Firms", Working Paper, 2006.

Helpman, E., Melitz, M.J. and Yeaple, S.R., " Export Versus FDI with Heterogeneous Firms", *The American Economic Review*, Vol.94, No. 1, 2004.

Hennart, J.F., "A Theory of Multinational Enterprise", University of Michigan Press, Ann Arbor, 1982.

——"Transaction costs Theory and the Multinational Enterprise", In: Pitelis, C., Sugden, R. (Eds.), The Nature of the Transnational Firm, second ed. Routledge, London, 2000.

Hennart, J.F., Larimo, J. and Chen, S.F., "Does National Origin Affect the Propensity of Foreign Investors to Enter theUnited States through Acquisitions", Proceedings of the University of Vaasa, Vaasa, Finland. Discussion paper No.189, 1996.

Hennart, J.F. and Park, Y.R., "Greenfield vs. Acquisition: The Strategy of Japanese Investors in the United States", *Manage Sci.* Vol.39, No.9, 1993.

Hofstede, G., " Culture's Consequences: Comparing Values, Behaviors, Institutions, and Organizations across Nations", second ed. Sage Publications, Thousand Oaks, 2001.

Holmes, T.J. and Stevens, J.J., "Exports, Borders, Distance, and Plant Size", *Journal of International Economics*, Vol.88, 2012.

Huber, G.P., " Organizational Learning: The Contributing Processes and literatures", *Organ. Sci.*, Vol.2 (special issue), 1991.

Hummels, D., Ishii, J. and Yi, K.M., "The Nature and Growth of Vertical Specialization in World Trade", *Journal of International Economics*, Vol. 54, 2001.

Hymer, S.M., "The International Operations of National Firms", Cambridge: MIT Press, 1976.

Johanson, J. and Vahlne, J.E., "The Internationalization Process of the Firm-a Model of Knowledge Development and Increasing Foreign Market Commitments", *Journal of International Business Studies*, Vol.8, 1977.

——"The Mechanisms of Internationalization", *International Marketing Review*, Vol.7, No.4, 1990.

Johanson, J. and Wiedersheim-Paul, F., "The Internationalization of the Firm-four Cases", *Journal of Management Studies*, Vol.12, 1975.

Jung, S.W. and Marshall, P.J., "Exports, Growth and Causality in Developing Countries", *Journal of Development Economics*, Vol.18, 1985.

Karunaratne, N.D., "Growth and Trade Liberalization in Australia: A VAR Analysis", *International Review of Economics and Business*, Vol.41, 1994.

Kasahara, H. and Lapham, B., "Productivity and the Decision to Import and Export: Theory and Evidence", *Journal of International Economics*, Vol. 89, 2013.

Keller, W., "International Technology Diffusion", *Journal of Economic Literature*, Vol.42, 2004.

Kimura, F. and Kiyota, K., "Exports, FDI, and Productivity: Dynamic Evidence from Japanese Firms", *Review of World Economics*, Vol.142, No.4, 2006.

Kortum, S., "Research, Patenting and Technological Change", *Econometrics*, Vol.65, 1997.

Kosteve, C., "Performance of Exporters: Scale Effects of Continuous Productivity Improvement", Katholieke Universiteit Leuven, LICOS Discussion Paper 159, 2005.

Kostova, T. and Zaheer, S., "Organizational Legitimacy Under Conditions of Complexity: The Case of the Multinational Enterprise", *Acad. Manage. Rev*, Vol.24, No.1, 1999.

Kraay, A., "Exports and Economic Performance: Evidence from A Panel of Chinese Enterprises", Working Paper, 1999.

Krueger, A.O., "Trade Policy and economic Development: How We Learn", *American Economic Review*, Vol.87, 1997.

Kwan, A.C.C. and Cotsomitis, J.A., "Economic Growth and the Expanding Export Sector: China 1952-1985", *International Economic Journal*, Vol. 5, 1991.

Kwan, A.C.C. and Kwok, B., "Exogeneity and the Export-led Growth Hypothesis: The Case of China", *Southern Economic Journal*, Vol.6, No. 1, 1995.

Langlois, R.N., "Firms, Markets and Economic Change", London: Routledge, 1995.

Larimo, J., "Form of Investment by Nordic Firms in World Markets", Bus Research, Vol.56, No.10, 2003.

Levchenko, A., "Institutional Quality and International Trade", IMF Working Paper, WP/04/231, 2004.

Loecker, J.D., "Do Exports Generate Higher Productivity? Evidence from Slovenia", *Journal of International Economics*, Vol.73, 2007.

Lu, D., "Exceptional Exporter Performance? Evidence from Chinese Manufacturing Firms", University of Chicago Job Market Paper, November, 2010.

Lu, J., Lu, Y. and Tao, Z., "Exporting Behavior of Foreign Affiliates: Theory and Evidence", *Journal of International Economics*, Vol.81, 2010.

Maizels, A., "Industrial Growth and World Trade", Cambridge: Cambridge University Press, 1963.

March, J.G., "Exploration and Exploitation in Organizational Learning", *Organ. Sci.*, Vol.2, 1991.

Rugman, A.M., "Inside the Multinationals: The Economics of Internal Markets", Croom Helm, London, 1981.

Marin D. and Verdier, T., "Power Inside the Firm and the Market: A General Equilibrium Approach", CEPR Discussion Paper, No.4358, 2002.

——"Globalization and the Employment of Talent", CEPR Discussion Paper,

No.4129, 2003.

——"Corporate Hierarchies and International Trade: Theory and Evidence", University of Munich, mimeo, 2005.

Markuson, James R. and Melvin, James R., "Factor Movements and Commodity Trade as Complements", *Journal of International Economics*, Vol. 13, 1983.

Markuson, James R. and Svensson, Lars E. O., "Trade in Goods and Factor with International Differences in Technology", *International Economic Review*, Vol.26, No.1, 1985.

Martin, P. and Rogers, C.A., "Industrial Location and Public Infrastructure", *Journal of International Economics*, Vol.39, 1995.

Mclaren, J., "Globalozation and Vertical Structure", *American Economic Review*, Vol.90, No.5, 2000.

McNab, R. M. and Moore, R. E. "Trade Policy, Export Expansion, Human Capital and Growth", *Journal of International Trade and Economic Development*, Vol.7, 1998.

Melitz, M.J., "The Impact of Trade on Intra-Industry Reallocations and Aggregate Industry Productivity", *Econometrica*, Vol.71, No.6, 2003.

Melitz, M.J. and Ottaviano, G.I.P., "Market Size, Trade, and Productivity", NBER Working Paper, No.11393, 2005.

Mengistae, T. and Pattillo, C., "Export Orientation and Productivity in Sub-Saharan Africa", IMF Staff Papers, Vol.51, No.2, 2004.

Meyer, K.E. and Estrin, S., "Privatization Acquisition and Direct Foreign Investment: Who Buys State-owned Enterprises", *MOCT-MOST: Economic Policy in Transitional Economies*, Vol.7, No.1, 1997.

Mundell, R. A., "International Trade and Factor Mobility", *American Economic Review*, Vol.6, 1957.

Namini, J.E. and Lopez, R.A., "Random Versus Conscious Selection into Export Markets—Theory and Empirical Evidence", Working Paper, 2006.

Nocke, Volker and Yeaple, Stephen. "Cross-border Mergers and Acquisitions vs. Greenfield Foreign Direct Investment: The Role of Firm Heterogeneity", *Journal of International Economics*, Vol.72, 2007.

——"Cross-Border Mergers and Acquisitions versus Greenfield Foreign Direct Investment: The Role of Firm Heterogeneity", Working Paper, 2006.

Namini, J.E. and Lopez, R.A., "Random Versus Conscious Selection into Export Markets—Theory and Empirical Evidence", Working Paper, 2006/10/11.

Nunn, N., "Relationship-specificity, Incomplete Contracts and the Patten of Trade", Department of Economic and Institute for Policy Analysis, University of Toronto, Mimeo, 2005.

Oldenski, L., "Export versus FDI and the Communication of Complex Information", *Journal of International Economics*, Vol.87, 2012.

Padmanabhan, P. and Cho, K.R., "Decision-specific Experience in Foreign Ownership and Establishment Strategies: Evidence From Japanese Firms", Int. Bus. Stud, Vol.30, No.1, 1999.

Pedersen, T. and Petersen, B., "Explaining Gradually Increasing Resource Commitment to a Foreign Market", *International Business Review*, Vol. 7, 1998.

Puga, D. and Trefler, D., "Knowledge Creation and Control in Organizations", NBER Working Paper, No.9121, 2002.

Qiu, L.D. and Spencer, B.J., "Keiretsu and Relationship-specific Investments: Implications for Market-Opening Policy", *Journal of International Economics*, Vol.58, 2002.

Ray, S.C. and Desli, E., "Productivity Growth, Technical Progress, and Efficiency Change in Industrialized Countries: Comment", *American Economic Review*, Vol.87, 1997.

Razin, A., Rubinstein, Y. and Sadka, E., "Which Countries Export FDI, and How Much", Working Paper, 2004.

Reid, S.D., "Firm Internationalization, Transaction Costs and Strategic Choice", *International Marketing Review*, Vol.1, No.2, 1983.

Roberts, M.J. and Tybout J.R., "Market Entry Costs, Producer Heterogeneity, and Export Dynamics", Working Paper, 2004.

Rodriguez, F. and Rodrik, D., "Trade Policy and Economic Growth: A Skeptic's Guide to the Cross-national Evidence", NBER Working Paper,

No.7081, 1999.

Rosenzweig, P.M. and Singh, J.V., "Organizational Environments and the Multinational Enterprise", *Acad. Manage. Rev*, Vol.16, No.2, 1991.

Rumelt, R.P., "Towards a Strategic Theory of the Firm", In Competitive Strategic Management, Englewood Cliffs, NJ: Prentice-Hall, 1984.

Slangen, Arjen and Hennart, J.F., "Greenfield or Acquisition Entry: A Review of the Empirical Foreign Establishment Mode Literature", *Journal of International Management*, Vol.13, 2007.

Shan, J. and Sun, F., "Export-led Growth Hypothesis for Australia: An Empirical Reinvestigation", *Applied Economics Letters*, Vol.5, 1998.

Spencer, B.J., "International Outsourcing and Incomplete Contracts", *Canadian Journal of Economics*, Vol.38, No.4, 2005.

Spencer, B.J. and Qiu, L.D., "Keiretsu and Relationship-specific Investments: A Barrier to Trade", *International Economic Review*, Vol.42, 2001.

Wagner, J., "The Causal Effects of Exports on Firm Size and Labor Productivity: First Evidence from a Matching Approach", *Economics Letters*, Vol.77, 2002.

Wagner, J., "Export Intensity and Plant Characteristics: What Can We Learn from Quantile Regression", *Review of World Economics*, Vol.142, No. 1, 2006.

Wagner, J., "Export and Productivity: A Survey of the Evidence from Firm-level Data", *The World Economy*, Vol.30, No.1, 2007.

Welch and Luostarinen., "Internationalization Evolution of a Concept", *Journal of General Management*, Vol.14, No.2, 1988.

Wernerfelt, B., "A Resource-based View of the Firm", *Strateg. Manage. J.*, Vol.5, 1984.

Wilson, B.D., "The Propensity of Multinational Companies to Expand Through Acquisitions", *Int. Bus. Stud*, Vol.11, 1980.

Yang, R. and He, C., "The Productivity Puzzle of Chinese Exporters: Perspectives of Local Protection and Spillover Effects", *Papers in Regional Science*, Vol.93, No.2, 2014.

Yasar, M., Nelson, C.H. and Rejesus, R.M., "Productivity and Exporting

Status of Manufacturing Firms: Evidence from Quantile Regress", *Emory University Department of Economics Working Paper*, 03–23 (October), 2003.

Yasar, M. and Rehesus, R.M., "Exporting Status and Firm Performance: Evidence from a Matched Sample", *Economic Letters*, Vol.88, No. 3, 2005.

Yeaple, S.R., "A Simple Model of Firm Heterogeneity, International Trade, and Wages", *Journal of Economics*, Vol.65, 2005.

Yeats, A.J., "Just how big is Global Production sharing", World Bank Working Papers, No.1871, 2001.

Zejan, M.C., "New Ventures or Acquisitions: The Choice of Swedish Multinational Enterprises", *Indust. Econom*, Vol.38, No.3, 1990.

索　引

C

D

E

G

J

K

L

M

N

P

Q

S

W

X

Y

Z

后 记

本书是在中央财经大学博士后科研工作站期间的科研成果，在博士论文的基础上进一步深化研究而成。新—新贸易理论是国际贸易的最新学术前沿，将中国企业数据应用于研究最新理论，并探求中国企业出口、对外直接投资等国际化行为选择的特征、表现和影响因素，是近年来国际贸易研究的主要方向之一。本书是国内较早使用中国企业数据对最新贸易理论进行系统研究的成果，虽然在不少方面仍然有待深化和细化，但其抛出的理论和现实问题很有价值。

感谢我的博士生导师，复旦大学经济学院的尹翔硕教授。尹老师学识渊博，对待科研一丝不苟、认真负责。本书的研究从拟题、框架到写作得到了导师无微不至的指点。

感谢我的博士后导师，中央财经大学的王广谦教授。王老师总是能够站在科研的高点给出高屋建瓴的建设性意见，点拨研究的方向和思路，我得到了王老师的很多指点和教导，受益匪浅。

感谢我在加拿大安大略大学经济系从事博士后研究的导师 John Whalley 教授。John 是国际经济领域的世界著名经济学家，对于本书的研究给出了很多建设性意见。

感谢中国博士后科研基金会、全国博士后管理委员会、中国社会科学院博士后管理委员会、中央财经大学博士后科研工作站、经济管理出版社对研究和出版的大力支持。

李春顶

2016 年 8 月

专家推荐表

第五批《中国社会科学博士后文库》专家推荐表 1			
推荐专家姓名	宋泓	行政职务	所长助理
研究专长	国际贸易	电　　话	
工作单位	中国社会科学院世界经济与政治研究所	邮　　编	100732
推荐成果名称	异质性企业国际化路径选择研究——新新贸易理论及其在中国的应用		
成果作者姓名	李春顶		

（对书稿的学术创新、理论价值、现实意义、政治理论倾向及是否达到出版水平等方面做出全面评价，并指出其缺点或不足）

著作使用中国企业数据实证检验了异质性企业贸易理论及中国企业的出口贸易和对外直接投资行为选择，研究主题属于最新前沿的新新贸易理论体系，揭示的中国现实问题对于指导中国企业出口和对外直接投资行为选择具有借鉴价值。著作使用的数据为大规模中国工业企业数据，研究方法恰当，研究结构可靠。著作政治理论方向正确，使用最新国际贸易理论研究中国现实问题，达到了出版的水平。著作的不足是在个别问题的研究上还有待进一步深化。

本人推荐著作由中国社会科学博士后文库出版。

签字：宋泓

2016 年 1 月 28 日

说明：该推荐表由具有正高职称的同行专家填写。一旦推荐书稿入选《博士后文库》，推荐专家姓名及推荐意见将印入著作。

<table>
<tr><th colspan="4">第五批《中国社会科学博士后文库》专家推荐表 2</th></tr>
<tr><td>推荐专家姓名</td><td>东艳</td><td>行政职务</td><td>研究室主任</td></tr>
<tr><td>研究专长</td><td>国际贸易</td><td>电　话</td><td>13811138371</td></tr>
<tr><td>工作单位</td><td>中国社会科学院世界经济与政治研究所</td><td>邮　编</td><td>100732</td></tr>
<tr><td>推荐成果名称</td><td colspan="3">异质性企业国际化路径选择研究——新新贸易理论及其在中国的应用</td></tr>
<tr><td>成果作者姓名</td><td colspan="3">李春顶</td></tr>
<tr><td colspan="4">（对书稿的学术创新、理论价值、现实意义、政治理论倾向及是否达到出版水平等方面做出全面评价，并指出其缺点或不足）
李春顶博士后的著作将最新前沿的新新贸易理论应用于研究中国企业的国际化路径行为选择，使用微观企业数据实证研究方法分析了中国企业的出口贸易行为选择，出口贸易与对外直接投资行为选择，以及对外直接投资的模式选择等。著作在理论上研究了最新的国际贸易理论，使用中国数据对理论进行了检验，具有学术创新和理论价值。现实中，使用最新理论对中国企业的行为进行了系统的研究，发现了一些有趣的现象和结论，指导了中国企业的国际化路径选择，具有现实价值。著作政治理论倾向正确，合乎科研规范，达到了出版的水平。
本人向《中国社会科学博士后文库》推荐这一著作出版。
签字：东艳
2016 年 1 月 28 日</td></tr>
<tr><td colspan="4">说明：该推荐表由具有正高职称的同行专家填写。一旦推荐书稿入选《博士后文库》，推荐专家姓名及推荐意见将印入著作。</td></tr>
</table>